新时代外国语言文学
新发展研究丛书

总主编 罗选民 庄智象

跨文化外语教育新发展研究

Intercultural Foreign Language Education: New Perspectives and Development

张红玲 / 著

清华大学出版社
北京

内 容 简 介

跨文化外语教育既关注语言知识和技能的培养,也重视外语学习作为学习者意义建构、社会实践、知识拓展和文化身份认同发展的本质特点,是新时代外语教育的重要理念。本书梳理过去二十余年国内外跨文化外语教育理论和实践研究成果,进一步丰富跨文化外语教育理论体系,明确其内涵、目标和原则、方法,介绍跨文化外语教学相关课程标准和研究方法,并就测试、评价、教师发展以及未来研究方向提出建议。

版权所有,侵权必究。举报:010-62782989,beiqinquan@tup.tsinghua.edu.cn。

图书在版编目(CIP)数据

跨文化外语教育新发展研究 / 张红玲著. —北京:清华大学出版社,2022.12
(新时代外国语言文学新发展研究丛书)
ISBN 978-7-302-62338-0

Ⅰ.①跨⋯　Ⅱ.①张⋯　Ⅲ.①外语教学—教育研究　Ⅳ.① H09

中国国家版本馆 CIP 数据核字(2023)第 004380 号

策划编辑:郝建华
责任编辑:郝建华　徐博文
封面设计:黄华斌
责任校对:王凤芝
责任印制:朱雨萌

出版发行:清华大学出版社
网　　址:http://www.tup.com.cn, http://www.wqbook.com
地　　址:北京清华大学学研大厦 A 座　邮　编:100084
社 总 机:010-83470000　邮　购:010-62786544
投稿与读者服务:010-62776969, c-service@tup.tsinghua.edu.cn
质量反馈:010-62772015, zhiliang@tup.tsinghua.edu.cn

印　刷　者:大厂回族自治县彩虹印刷有限公司
装　订　者:三河市启晨纸制品加工有限公司
经　　销:全国新华书店
开　　本:155mm×230mm　印　张:24.75　字　数:378 千字
版　　次:2022 年 12 月第 1 版　印　次:2022 年 12 月第 1 次印刷
定　　价:148.00 元

产品编号:088102-01

中国英汉语比较研究会
"新时代外国语言文学新发展研究丛书"
编委会名单

总主编
罗选民　庄智象

编　委
（按姓氏拼音排序）

蔡基刚	陈　桦	陈　琳	邓联健	董洪川
董燕萍	顾曰国	韩子满	何　伟	胡开宝
黄国文	黄忠廉	李清平	李正栓	梁茂成
林克难	刘建达	刘正光	卢卫中	穆　雷
牛保义	彭宣维	冉永平	尚　新	沈　园
束定芳	司显柱	孙有中	屠国元	王东风
王俊菊	王克非	王　蔷	王文斌	王　寅
文秋芳	文卫平	文　旭	辛　斌	严辰松
杨连瑞	杨文地	杨晓荣	俞理明	袁传有
查明建	张春柏	张　旭	张跃军	周领顺

总　　序

　　外国语言文学是我国人文社会科学的一个重要组成部分。自1862年同文馆始建，我国的外国语言文学学科已历经一百五十余年。一百多年来，外国语言文学学科一直伴随着国家的发展、社会的变迁而发展壮大，推动了社会的进步，促进了政治、经济、文化、教育、科技、外交等各项事业的发展，增强了与国际社会的交流、沟通与合作，每个发展阶段无不体现出时代的要求和特征。

　　20世纪之前，中国语言研究的关注点主要在语文学和训诂学层面，由于"字"研究是核心，缺乏区分词类的语法标准，语法分析经常是拿孤立词的意义作为基本标准。1898年诞生了中国第一部语法著作《马氏文通》，尽管"字"研究仍然占据主导地位，但该书宣告了语法作为独立学科的存在，预示着语言学这块待开垦的土地即将迎来生机盎然的新纪元。1919年，反帝反封建的"五四运动"掀起了中国新文化运动的浪潮，语言文学研究（包括外国语言文学研究）得到蓬勃发展。中华人民共和国成立后，尤其是改革开放以来，外国语言文学学科的发展势头持续迅猛。至20世纪末，学术体系日臻完善，研究理念、方法、手段等日趋科学、先进，几乎达到与国际研究领先水平同频共振的程度，取得了令人瞩目的成绩，有力地推动和促进了人文社会科学的建设，并支持和服务于改革开放和各项事业的发展。

　　无独有偶，在处于转型时期的"五四运动"前后，翻译成为显学，成为了解外国文化、思想、教育、科技、政治和社会的重要途径和窗口，成为改造旧中国的利器。在那个时期，翻译家由边缘走向中国的学术中心，一批著名思想家、翻译家，通过对外国语言文学的文献和作品的译介塑造了中国现代性，其学术贡献彪炳史册，为中国学术培育做出了重大贡献。许多西方学术理论、学科都是经过翻译才得以为中国高校所熟悉和接受，如王国维翻译教育学和农学的基础读本、吴宓翻译哈佛大学白璧德的新人文主义美学作品等。这些翻译文本从一个侧面促成了中国高等教育学科体系的发展和完善，社会学、人类学、民俗学、美学、教育学等，几乎都是在这一时期得以创建和发展的。翻译服务对于文化交流交融和促进文明互鉴，功不可没，而翻译学也在经历了语文学、语言学、文化学等转向之后，日趋成熟，如今在让中国了解世界、让世界了解中国，尤其是"一带一路"建设、人类命运共同体构建，讲好中国故事、传递好中国声音等方面承担着重要使命与责任，任重而道远。

20世纪初，外国文学深刻地影响了中国现代文学的形成，犹如鲁迅所言，要学普罗米修斯，为中国的旧文学窃来"天国之火"，发出中国文学革命的呐喊，在直面人生、救治心灵、改造社会方面起到不可替代的作用。大量的外国先进文化也因此传入中国，为塑造中国现代性发挥了重大作用。从清末开始特别是"五四运动"以来，外国文学的引进和译介蔚然成风。经过几代翻译家和学者的持续努力，在翻译、评论、研究、教学等诸多方面成果累累。改革开放之后，外国文学研究更是进入繁荣时代，对外国作家及其作品的研究逐渐深化，在外国文学史的研究和著述方面越来越成熟，在文学理论与文学批评的译介和研究方面、在不断创新国外文学思想潮流中，基本上与欧美学术界同步进展。

外国文学翻译与研究的重大意义，在于展示了世界各国文学的优秀传统，在文学主题深化、表现形式多样化、题材类型丰富化、批评方法论的借鉴等方面显示出生机与活力，显著地启发了中国文学界不断形成新的文学观，使中国现当代文学创作获得了丰富的艺术资源，同时也有力地推动了高校相关领域学术研究的开展。

进入21世纪，中国的外国语言学研究得到了空前的发展，不仅及时引进了西方语言学研究的最新成果，还将这些理论运用到汉语研究的实践；不仅有介绍、评价，也有批评，更有审辨性的借鉴和吸收。英语、汉语比较研究得到空前重视，成绩卓著，"两张皮"现象得到很大改善。此外，在心理语言学、神经语言学和认知语言学等与当代科学技术联系紧密的学科领域，外国语言学学者充当了排头兵，与世界分享语言学研究的新成果和新发现。一些外语教学的先进理念和语言政策的研究成果为国家制定外语教育政策和发展战略也做出了积极的贡献。

习近平总书记指出："要着力推进国际传播能力建设，创新对外宣传方式，加强话语体系建设，着力打造融通中外的新概念新范畴新表述，讲好中国故事，传播好中国声音，增强在国际上的话语权。"为贯彻这一要求，教育部近期提出要全面推进新工科、新医科、新农科、新文科等建设。新文科概念正式得到国家教育部门的认可，并被赋予新的内涵和定位，即以全球新技术革命、新经济发展、中国特色社会主义新时代为背景，突破传统的文科思维模式与文科建构体系，创建与新时代、新思想、新科技、新文化相呼应的新文科理论框架和研究范式。新文科具备传统文科和跨学科的特点，注重科学技术、战略创新和融合发展，立足中国，面向世界。

新文科建设理念对外国语言文学学科建设提出了新目标、新任务、新要求、新格局。具体而言，新文科旗帜下的外国语言文学学科的发展目标是：服务国家教育发展战略的知识体系框架，兼备迎接新科技革命的挑战能力，彰显人文学科与交叉学科的深度交融特点，夯实中外政治、文化、社会、历史等通识课程的建设，打通跨专业、跨领域的学习机制，确立多维立体互动教学模式。这些新文科要素将助推新文科精神、内涵、理念得以彻底贯彻落实到教育实践中，为国家培养出更多具有融合创新的专业能力，具有国际化视野，理解和通晓对象国人文、历史、地理、语言的人文社科领域外语人才。

进入新时代，我国外国语言文学的教育、教学和研究发生了巨大变化，无论是理论的探索和创新，方法的探讨和应用，还是具体的实验和实践，都成绩斐然。回顾、总结、梳理和提炼一个年代的学术发展，尤其是从理论、方法和实践等几个层面展开研究，更有其学科和学术价值及现实和深远意义。

鉴于上述理念和思考，我们策划、组织、编写了这套"新时代外国语言文学新发展研究丛书"，旨在分析和归纳近十年来我国外国语言文学学科重大理论的构建、研究领域的探索、核心议题的研讨、研究方法的探讨，以及各领域成果在我国的应用与实践，发现目前研究中存在的主要不足，为外国语言文学学科发展提出可资借鉴的建议。我们希望本丛书的出版，能够帮助该领域的研究者、学习者和爱好者了解和掌握学科前沿的最新发展成果，熟悉并了解现状，知晓存在的问题，探索发展趋势和路径，从而助力中国学者构建融通中外的话语体系，用学术成果来阐述中国故事，最终产生能屹立于世界学术之林的中国学派！

本丛书由中国英汉语比较研究会联合上海时代教育出版研究中心组织研发，由研究会下属29个二级分支机构协同创新、共同打造而成。罗选民和庄智象审阅了全部书稿提纲；研究会秘书处聘请了二十余位专家对书稿提纲逐一复审和批改；黄国文终审并批改了大部分书稿提纲。本丛书的作者大都是知名学者或中青年骨干，接受过严格的学术训练，有很好的学术造诣，并在各自的研究领域有丰硕的科研成果，他们所承担的著作也分别都是迄今该领域动员资源最多的科研项目之一。本丛书主要包括"外国语言学""外国文学""翻译学""比较文学与跨文化研究"和"国别和区域研究"五个领域，集中反映和展示各自领域的最新理论、方法和实践的研究成果，每部著作内容涵盖理论界定、研究范畴、研究视角、研究方法、研究范式，同时也提出存在的问题，指明发展的前景。总之，本丛书基于外国语言文学学科的五个主要方向，借助基础研究与应用研究的有机契合、共时研究与历时研究的相辅相成、定量研究与定性研究的有效融合，科学系统地概括、总结、梳理、提炼近十年外国语言文学学科的发展历程、研究现状以及未来的发展趋势，为我国外国语言文学学科高质量建设与发展呈现可视性极强的研究成果，以期在提升国家软实力、构建人类命运共同体过程中承担起更重要的使命和责任。

感谢清华大学出版社和上海时代教育出版研究中心的大力支持。我们希望在研究会与出版社及研究中心的共同努力下，打造一套外国语言文学研究学术精品，向伟大的中国共产党建党一百周年献上一份诚挚的厚礼！

罗选民　庄智象
2021 年 6 月

前　言

人类进入 21 世纪之后，经济全球化、文化多样化、社会信息化的时代特征日益凸显，世界各国人民不可避免地置身于一个多元文化的生活和工作语境，需要与不同文化背景的人们相处与合作。2020 年，新冠疫情的爆发和传播进一步印证人类命运与共、各国携手合作的现实需求，培养具有跨文化能力的全球公民成为新时代教育的历史使命和发展趋势。

在外语教育中培养学生的跨文化能力得到各国教育主管机构和学界的普遍认可和高度重视。在我国，以立德树人教育根本任务为导向，各级各类外语教学标准和教学大纲都将跨文化能力纳入其中，作为外语学科育人的重要目标任务。近几年，围绕跨文化外语教育理论与实践的学术研讨和教师培训越来越多，理论研究成果日益丰富，教师们对跨文化外语教学实践的认识更加深入。外语教育的本质是跨文化教育，跨文化外语教育将语言学习与跨文化学习有机融合，既关注语言知识和技能的培养，也重视外语学习作为意义建构、社会实践、知识拓展和文化身份认同发展的本质特点，其内涵和外延较之传统外语教学更加丰富、深远，涉及语言学、心理学、传播学、社会学、文化人类学教育学等多个学科。经过二十余年的发展，跨文化外语教育研究与实践虽然取得了丰硕的成果，但尚未实现其应有的目标和效果。

本书旨在梳理过去二十余年国内外跨文化外语教育理论研究的成果和实践探索的经验，分析当前跨文化外语教育面临的问题，并在阐述跨文化外语教育相关基础理论和教学模型的基础上，进一步明确跨文化外语教育的内涵、目标、原则和方法，破解跨文化教学中的测评难题，探究外语教师的跨文化教学能力发展，比较分析各国文化外语教育相关教学标准，介绍跨文化外语教育资源和研究方法，并就未来研究方向提出建议。

本书是上海外国语大学跨文化研究中心张红玲团队共同努力的结果。参与撰稿的人员包括：张红玲、吴诗沁、赵涵、虞怡达、姚春雨、赵富霞、李芳。另外，李湘莲老师为本书的统稿做出了重要贡献。最后，特别感谢"新时代外国语言文学新发展研究丛书"总主编罗选民、庄智象教授的组织策划，感谢清华大学出版社外语分社郝建华社长对本书撰写的大力支持。

跨文化外语教育研究方兴未艾。我们希望本书关于跨文化教育助力外语学科立德树人的论述能对外语教育改革有所启发，也恳请各位专家同行不吝赐教，共同探究跨文化外语教育理论和实践。

张红玲

2022 年 12 月

目 录

第1章 新时代外语教育的价值与目标 … 1

1.1 外语教育的时代背景 … 1
- 1.1.1 全球公民教育 … 2
- 1.1.2 跨文化教育 … 3
- 1.1.3 核心素养教育 … 5

1.2 新时代外语教育的价值定位 … 6
- 1.2.1 关于外语教育价值定位的讨论 … 7
- 1.2.2 新时代外语教育的价值阐释 … 8

1.3 新时代外语教育的多元目标 … 11
- 1.3.1 母语能力为目标的谬误 … 11
- 1.3.2 对交际能力为目标的质疑 … 12
- 1.3.3 新时代外语教育的三维目标框架 … 14

1.4 小结 … 17

第2章 跨文化外语教育的历史与现状 … 19

2.1 外语教育中的文化理解 … 19
- 2.1.1 20世纪90年代前 … 20
- 2.1.2 20世纪90年代后 … 24

2.2 外语教育中的文化教学 … 26
- 2.2.1 20世纪60年代 … 26
- 2.2.2 20世纪70年代 … 27
- 2.2.3 20世纪80年代 … 28
- 2.2.4 20世纪90年代 … 33
- 2.2.5 进入21世纪后 … 36

2.3 我国跨文化外语教育发展历史与现状分析 ········ 49
2.3.1 跨文化外语教育发展历史的分析总结 ········ 49
2.3.2 跨文化外语教育研究现状的问题剖析 ········ 52
2.4 小结 ········ 55

第3章 语言与文化的哲学辨析 ········ 57
3.1 思维、语言与文化、社会之关系概述 ········ 58
3.1.1 思维的认知解读：生物性 ········ 58
3.1.2 思维的哲学解读：理性主体性 ········ 59
3.1.3 思维的文化解读：符号性 ········ 60
3.1.4 思维的社会解读：身份认同 ········ 61
3.2 思维与语言 ········ 64
3.2.1 理性主义哲学：语言是人类理性存在的哲学表达 ········ 64
3.2.2 生成语法：语言是普遍心理机制的表达 ········ 66
3.2.3 认知神经语言学：语言是普遍生物性的表达 ········ 67
3.3 思维、语言与文化 ········ 69
3.3.1 浪漫主义哲学：语言是人类感性存在的表达 ········ 69
3.3.2 民族语言学：语言相对主义是文化思维多样性的表达 ········ 70
3.3.3 认知语言学：语言相对主义是个体心理差异的表达 ········ 74
3.3.4 文化语言学：语言相对主义是跨文化心理的表达 ········ 76
3.3.5 文化教学实践：语言使用取向路径 ········ 78
3.4 思维、语言与社会 ········ 80
3.4.1 单向性框架 ········ 82
3.4.2 主体间性框架 ········ 86
3.5 小结 ········ 88

第 4 章 外语教育中的语言和文化 91
4.1 外语教育中的语言观 91
4.1.1 作为符号系统和交际工具的语言观 92
4.1.2 作为文化现象和社会实践的语言观 93
4.1.3 跨文化外语教育视域下的语言观 94
4.2 外语教育中的文化观 96
4.2.1 多学科的文化观 96
4.2.2 本质主义和非本质主义的文化观 97
4.2.3 基于三角模型的文化定义 99
4.2.4 跨文化外语教育视域下的文化观 100
4.3 外语教学与文化教学 101
4.3.1 外语学习和文化学习的本质 101
4.3.2 语言能力为目标的文化教学 104
4.3.3 交际能力为目标的文化教学 104
4.3.4 跨文化能力为目标的文化教学 106
4.4 小结 106

第 5 章 跨文化外语教育理论研究 109
5.1 后方法时代的外语教育 109
5.1.1 对"方法"的批判 109
5.1.2 "后方法"教学 110
5.2 跨文化外语教育相关理论 112
5.2.1 社会文化理论 112
5.2.2 积极心理学理论 114
5.2.3 二语习得的多语转向 116
5.2.4 动态系统理论 117
5.2.5 整体论 118

5.3 国内外跨文化外语教育理论 ································· 119
　　5.3.1 国外跨文化外语教育理论 ··························· 119
　　5.3.2 国内跨文化外语教育理论 ··························· 131

5.4 跨文化外语教学原则与方法 ································· 145
　　5.4.1 跨文化外语教学原则 ································· 145
　　5.4.2 跨文化外语教学方法 ································· 153

5.5 小结 ··· 162

第 6 章　外语教育中的跨文化能力测评 ················· 165

6.1 跨文化能力测评理论和路径 ································· 165
　　6.1.1 跨文化能力测评理论基础 ··························· 166
　　6.1.2 跨文化能力测评设计原则 ··························· 166
　　6.1.3 跨文化能力测评方法 ································· 168

6.2 外语教育中的跨文化能力测评 ······························ 172
　　6.2.1 国外外语教育中跨文化能力测评 ·················· 172
　　6.2.2 国内外语教育中跨文化能力测评 ·················· 179
　　6.2.3 外语教育中跨文化能力测评现状述评 ············ 184

6.3 外语教育中跨文化能力测评发展研究 ···················· 187
　　6.3.1 明确测评构念 ··· 187
　　6.3.2 创新测评方法 ··· 189

6.4 小结 ··· 190

第 7 章　国内外跨文化外语教学相关标准 ············· 193

7.1 国外跨文化外语教学相关标准 ······························ 193
　　7.1.1 欧盟 ··· 193
　　7.1.2 美国 ··· 202
　　7.1.3 澳大利亚 ··· 209
　　7.1.4 日本 ··· 212

7.2 我国跨文化外语教学相关标准 ········· 214
7.2.1 中小学相关教学标准 ············ 214
7.2.2 大学相关教学标准 ············· 227
7.2.3 大中小学跨文化能力教学参考框架 ······ 230

7.3 国内外跨文化外语教学相关标准的比较分析 ····· 235
7.3.1 教学标准研制的背景和动因 ········· 235
7.3.2 对跨文化能力的理解和界定 ········· 238
7.3.3 跨文化能力培养目标的设定和描述 ······ 241

7.4 小结 ····························· 243

第8章 跨文化外语教育中的教师发展 ········ 245

8.1 跨文化外语教育中的教师研究概述 ········ 245

8.2 教师对跨文化教学的认知与实践 ········· 246
8.2.1 教师对跨文化教学的认知 ·········· 247
8.2.2 教师的跨文化教学实践 ··········· 248
8.2.3 存在的问题分析 ·············· 250

8.3 教师在跨文化外语教学中的角色定位 ······· 251
8.3.1 跨文化教学的设计和组织者 ········· 252
8.3.2 跨文化学习的引导和推动者 ········· 253
8.3.3 跨文化教育的学习和研究者 ········· 254

8.4 跨文化教学能力的内涵与发展 ·········· 255
8.4.1 跨文化教学能力的内涵 ··········· 255
8.4.2 跨文化教学能力的发展 ··········· 258

8.5 跨文化教学活动设计案例 ············ 263

8.6 小结 ····························· 266

第9章 跨文化外语教育研究方法 ……… 267

9.1 研究范式 ……… 268
9.1.1 概述 ……… 268
9.1.2 实证主义范式：跨文化能力研究的主导范式 … 271
9.1.3 建构主义范式：跨文化能力研究的补充范式 … 277
9.1.4 批判主义范式：跨文化能力研究的新兴范式 … 281
9.1.5 实用主义范式：跨文化能力研究的融合范式 … 283

9.2 研究方法 ……… 288
9.2.1 调查研究 ……… 289
9.2.2 实验研究与教学实验 ……… 295
9.2.3 行动研究 ……… 299
9.2.4 教育民族志 ……… 303

9.3 小结 ……… 306

第10章 跨文化外语教育资源 ……… 309

10.1 跨文化外语教育资源概述 ……… 309

10.2 跨文化外语教育研究资源 ……… 310
10.2.1 代表性学者及其研究成果 ……… 311
10.2.2 学术杂志 ……… 318
10.2.3 研究学会 ……… 321

10.3 跨文化外语教学资源 ……… 322
10.3.1 教学材料 ……… 322
10.3.2 慕课资源 ……… 324
10.3.3 特色项目 ……… 325

10.4 小结 ……… 328

第 11 章 跨文化外语教育研究展望 ………………………… 331
11.1 理论体系建构 ………………………………………… 332
11.2 政策标准研制 ………………………………………… 333
11.3 教学方法研究 ………………………………………… 334
11.4 育人价值挖掘 ………………………………………… 334
11.5 未来研究方向 ………………………………………… 335

参考文献 …………………………………………………………… 337

图 目 录

图 1-1　新时代外语教育的价值目标 ······················· 16
图 4-1　语言的层次 ······················· 95
图 4-2　五维度文化概念模型 ······················· 99
图 5-1　教学轮盘 ······················· 111
图 5-2　活动系统结构图 ······················· 114
图 5-3　跨文化交际能力模型 ······················· 121
图 5-4　整体性跨文化能力框架 ······················· 123
图 5-5　跨文化交际能力 ······················· 124
图 5-6　文化学习成果结构图 ······················· 125
图 5-7　动态技能理论—四个学习层级 ······················· 129
图 5-8　语言文化学习发展模型 ······················· 129
图 5-9　语言文化学习发展模型的四大领域 ······················· 130
图 5-10　跨文化交际能力模型 ······················· 133
图 5-11　跨文化英语教学一体化框架 ······················· 135
图 5-12　跨文化交际能力框架 ······················· 136
图 5-13　跨文化外语教学图式 ······················· 137
图 5-14　跨文化能力递进—交互培养模型 ······················· 138
图 5-15　跨文化交际能力互动理论和实践模型 ······················· 139
图 5-16　跨文化交际能力教学实践环形模型 ······················· 140
图 5-17　跨文化外语教学三层次理论模型 ······················· 141
图 5-18　跨文化外语教学的实践模型 ······················· 142
图 5-19　跨文化能力发展"四三二一"理论框架 ······················· 143
图 5-20　中国学生跨文化能力发展一体化模型 ······················· 144
图 5-21　文化体验教学模式 ······················· 155

图 5-22　跨文化学习互动过程模型 ·· 156
图 7-1　语言与文化综合能力 ·· 198
图 7-2　美国"5C"外语学习标准 ··· 203
图 7-3　《标准 2001》英语课程目标结构 ··· 215
图 7-4　《高中标准 2017》中英语课程六大要素 ······························ 222
图 7-5　义务教育英语课程内容结构示意图 ···································· 225

表 目 录

- 表 5-1　学习文化的语言 ………………………………………… 124
- 表 5-2　"跨越"与"超越"的比较 …………………………… 134
- 表 5-3　文化知识与教师角色 …………………………………… 156
- 表 7-1　《欧洲框架—新增描述语》跨文化能力描述语 ……… 195
- 表 7-2　多元语言与文化能力——知识 ………………………… 199
- 表 7-3　多元语言与文化能力——态度 ………………………… 200
- 表 7-4　多元语言与文化能力——技能 ………………………… 200
- 表 7-5　多元语言与文化能力——知识描述语样例 …………… 200
- 表 7-6　多元语言与文化能力——态度描述语样例 …………… 201
- 表 7-7　多元语言与文化能力——技能描述语样例 …………… 201
- 表 7-8　《标准》中的文化维度内容 …………………………… 204
- 表 7-9　《标准2015》"文化"维度目标 ……………………… 206
- 表 7-10　《"能做"等级描述语》中的跨文化交际能力五级划分 … 207
- 表 7-11　澳大利亚国家课程标准中跨文化理解能力及其构成要素 … 210
- 表 7-12　澳大利亚国家课程标准中跨文化理解能力学习进度指标 … 211
- 表 7-13　澳大利亚国家课程标准中跨文化能力成就标准（汉语学科）… 212
- 表 7-14　《标准2001》中文化意识的目标总体描述 …………… 215
- 表 7-15　《标准2001》中文化意识目标描述 …………………… 216
- 表 7-16　《标准2001》中情感态度部分内容目标描述 ………… 217
- 表 7-17　《标准2011》中文化意识目标总体描述 ……………… 219
- 表 7-18　《标准2011》中情感态度分级标准描述 ……………… 219
- 表 7-19　《标准2011》中文化意识分级标准描述 ……………… 219
- 表 7-20　《高中标准2017》中文化意识分级要求 ……………… 221
- 表 7-21　《高中标准2017》文化知识内容要求（必修课程）… 222

表 7–22　《义务标准 2022》中文化意识各学段目标 ························ 224
表 7–23　《义务标准 2022》中文化知识内容要求 ···························· 226
表 7–24　《指南 2020》中跨文化交际能力教学要求 ························ 229
表 7–25　大中小学跨文化能力教学参考框架 ·································· 230
表 9–1　实证主义范式下的跨文化能力（IC）理论的维度框架 ·············· 276

第1章
新时代外语教育的价值与目标

自 1862 年京师同文馆建立，外语进入现代学校教育至今已有 160 年的历史。其间，办学主体和教育政策不断变化，外语学科在学校教育和人才培养中的功能与定位也随之不断改变。本章从全球化、多元化、信息化时代背景下的教育发展趋势出发，梳理、阐述新时代外语教育的价值与目标，以此作为本书各章节关于跨文化外语教育理论与实践讨论的宏观背景和目标导向。

1.1 外语教育的时代背景

进入 21 世纪，世界多极化、经济全球化、文化多样化和社会信息化深入发展。新冠疫情在全球的持续影响使世界各国之间相互依存的关系以及协商合作、互利共赢的重要性日益凸显。同时，中国与世界的关系也在发生历史性变化，中国通过"一带一路"倡议和构建人类命运共同体理念引领全球化和全球治理，践行世界和平的建设者、全球发展的贡献者、国际秩序的维护者的使命，体现了中国作为负责任大国的担当。

面对沧桑巨变、充满不确定性的当今世界，教育作为促进人的全面发展和人类社会进步的重要力量，出现了一系列新的发展趋势，其中全球公民教育、跨文化教育（intercultural education）以及核心素养教育具有特别重要的时代意义，且与外语教育密切相关。

1.1.1 全球公民教育

全球公民教育就是培养具有全球意识并愿意为全球和人类的发展而积极行动的、负责任的、公民的教育（冯建军，2014）。全球公民（global citizenship）的概念并非人类进入全球化时代的产物，也不是麦克卢汉（Mcluhan）在20世纪60年代预测世界将缩小成为一个地球村后逐步形成的一个概念。实际上，早在公元前4世纪，希腊哲学家第欧根尼（Diogenes）就宣称自己是个世界公民，一个四海为家的全球人（cosmopolitan）。1795年，康德（Kant）在他的"Perpetual Peace: A Philosophical Sketch"一文中，明确提出了世界公民的概念。他指出：当世界上相距甚远的人们相互接触，就会形成世界公民的格局。他主要从维护人权与和平的角度看待世界公民的意义。此后，包括爱因斯坦（Einstein）、哈贝马斯（Habermas）、努斯鲍姆（Nussbaum）等科学家和哲学家纷纷对跨越国界的世界公民思想进行了丰富和拓展（Schattle, 2008）。

进入全球化时代，全球公民的内涵和外延都发生了变化。虽然来自哲学、政治学、社会学、经济学等不同学科领域的学者从不同视角和不同研究目的，对全球公民有不同的理解和定义，但综合各家理论和视角，全球公民的内涵主要包括三个主题层面：社会责任、全球胜任力和全球公民参与（Schattle, 2008）。社会责任是对他人、对社会、对环境的关心和关注；全球胜任力指的是具有开放的胸怀，以积极的态度去理解他人的文化价值与规范，与来自不同文化背景的人们有效沟通、交流与合作；全球公民参与是指对地区、国家和全球公共事务的关注与参与，具有志愿者精神，是政治活动和社区活动积极分子。三个层面的内容相辅相成，共同构成全球公民的核心内涵。经过数年的研究和开发，经济合作与发展组织（Organization for Economic Cooperation and Development, OECD）2017年发布工作报告《为了一个包容世界的全球胜任力》(*Global Competence for an Inclusive World*)，详细解读了全球胜任力的概念及其测试评价方法，为全球公民教育提供了理论支撑。根据该报告，全球胜任力包含从多元化视角对全球和跨文化问题进行批判性分析的能力；对差异如何影响自我和他人的感知、判断和思想的理解力；

与不同文化背景的人们在共同尊重人格基础上进行开放、恰当和有效交流的能力。报告认为，具有全球胜任力的人能够将知识与理解力、技能、态度和价值观结合在一起，在与他人相处合作过程中解决全球性问题，提高人类共同的福祉。在我国，清华大学将全球胜任力纳入学校人才培养目标体系，并于 2018 年成立全球胜任力发展指导中心，致力于研究全球胜任力的内涵及培养。他们提出的全球胜任力概念框架包括认知、人际与个人三个层面以及道德与责任、自觉与自信、沟通与协作、开放与尊重、语言、世界文化与全球议题六大核心素养，认为全球胜任力的发展是持续终身的学习过程。以此为基础，该中心还通过开发和实施相关课程教学、国际交流项目、工作坊以及能力测试等系列产品，推进学生全球胜任力的培养。

全球胜任力是全球公民必备的能力，是一种与学科能力平行的核心素养，应该成为世界各国教育的重要内容。培养全球公民不仅是学校的责任，而且应该由家庭、学校和社会共同承担，创建一个家庭教育、学校教育和社会教育三位一体的全球公民教育体系。在这个体系中，学校作为人才培养的主阵地，起着至关重要的作用。外语学科的人文属性和语言文化密不可分的关系，决定着外语教育具有全球公民教育和全球胜任力培养的潜力，这一育人潜力应该予以重视。

1.1.2 跨文化教育

跨文化教育起源于 20 世纪 50 年代美国的多元文化教育，后经欧盟一体化进程下的教育行动得以迅猛发展。期间，联合国教科文组织（United Nations Educational, Scientific and Cultural Organization, UNESCO）通过组织研讨会、发布教育行动方案，大力倡导学校关注跨文化教育，将跨文化教育纳入学校教育体系，并在全世界范围开展多个跨文化教育项目，联合国教科文组织因此成为跨文化教育的主要推动者。早期的跨文化教育大多以帮助移民和少数族裔更快融入主流社会和文化为目的，隐含消极的一面，因为它强调对少数民族文化的理解，强调少数民族文化被主流文化包容和接纳，强调少数民族文化对主流文化和主流社会的适应。从这个意义上来看，非主流文化就是一种消极的被动性共存。随着世界文化多样性日益得到重视，跨文化教育开始转向，主张通过教育促进对人类间差异的理解，重视人权，尊重差异，承认文化差异的价值，理解对生活方式的选择，强调和谐共处，关注多种文化之间的相互关系、相互作用。与早期多元文化教育的被动性共存不同，跨文化教育是一种主动的互动式教育，也就是要在教育中关注不同文化的差异，研究不同文化对学生的影响，使来自不同文化的学生能够相互交流、相互理解、相互学习。

在全球化、国际化和多元化作为时代特征的 21 世纪，跨文化教育已成为教育的发展趋势，成为学校教育中与学科教学平行的核心素养教育的重要内容，各国都在以不同方式予以推进。就我国而言，虽然以跨文化教育为标签的学校教育活动并不多见，但与其理念和目标契合的相关教育项目不少。特别是当前，在大力推进立德树人教育根本任务的形势下，全国各级各类学校都在研讨和推进将学科教学与思政教育及核心素养教育有机融合的教育改革。在外语教学中融入跨文化教育理念，在提高学生外语能力的同时，培养他们的跨文化意识（intercultural awareness）和跨文化交际能力，即是外语学科对接立德树人和课程思政的重要路径。

鲁子问（2005）认为，跨文化教育是对呈现某一文化的人类群体的受教育者进行关于其他人类群体的文化教育活动，以引导这些受教育者获得丰富的跨文化知识，养成尊重、宽容、平等、开放的跨文化心态和客观、无偏见的跨文化观念与世界意识，并形成有效的跨文化交往、理解、比较、参照、摄取、舍弃、合作和传播的能力，从而通过教育层面的努力，消减跨文化冲突，建构和谐的跨文化社会，促进整个人类社会的发展。根据我国国情和学生特点，本书将跨文化教育定义为：一项由学校通过培养目标的确定、课程的设置、教学内容和材料的选择、教学理念的更新、教学方法和教学活动的设计以及学校教育与社会实践有机结合等途径，进行的关于个人世界观、价值观、身份认同和跨文化意识和能力的教育活动。跨文化教育的目标是：

- 增强学生的跨文化意识和敏感性，帮助他们用跨文化的视角去看待、分析和解决问题；

- 培养学生对不同文化和个人尊重、包容、理解和欣赏的态度；
- 丰富学生的文化知识，包括本族文化知识和外国文化知识，帮助他们增强中国文化身份认同，建立全球视野；
- 增强学生的跨文化交际能力，使他们能够根据不同语境灵活调整自己的文化参考框架，以保证交际的有效性和恰当性；
- 培养学生在多元文化环境中与人交流与合作的能力；
- 提高学生应对冲突和不确定因素的能力，鼓励他们敢于冒险，敢于创新的精神。

（张红玲，2012）

　　学校是实现上述跨文化教育目标的主要阵地。跨文化教育具有鲜明的人文色彩，因此人文学科具有跨文化教育的内涵和可能，应该在学校的各个学科教育中，全面倡导跨文化教育思想，明确在不同学科开展跨文化教育的具体目标，特别要加强外语、历史、社会、艺术和科学等学科的跨文化教育。社会教育是学校教育的补充，我们要有意识地把社会生活纳入学校的跨文化教育中，强化社会教育的有利因素，稀释社会教育中的不利因素，同时，充分发挥媒体的宣传教育功能和影响力，组织开展综合性主题实践活动。

1.1.3　核心素养教育

　　2013年，联合国教科文组织亚太地区教育局提出在学校教育中要加强对学生横向能力（transversal competency）的培养。所谓横向能力是指与常规学科知识并行的非学术能力（non-academic skill），主要包括批判性和创新性思维、全球公民意识、人际交往技能、媒体和咨询素养和内在个人技能等内容。横向能力也被称为21世纪技能（Yoko, 2015），已被纳入多个国家的教育政策和课程体系。联合国教科文组织提出的横向能力教育与很多国家推进的学生发展核心素养教育在目的和内容层面基本一致。我国教育部2014年发布的《关于全面深化课程改革落实立德树人根本任务的意见》明确指出：要研究制订学生发展核心素养体系和学业质量标准，依据学生发展核心素养体系先行修订高中课程方案和课程标准。培养学生发展核心素养本质上是落实立德树人根本任务的一项重要举措，也是适应世界教育改革发展趋势、提升我国教育国际竞争力的迫切需要。

简而言之，学生发展核心素养是指学生应具备的、能够适应终身发展和社会发展需要的必备品格和关键能力。中国的学生发展核心素养以科学性、时代性和民族性为基本原则，以培养全面发展的人为核心，分为文化基础、自主发展、社会参与三个层面，综合表现为人文底蕴、科学精神、学会学习、健康生活、责任担当、实践创新六大素养，具体细化为国家认同等十八个基本要点（核心素养研究课题组，2016）。以此为纲领，各个学科纷纷就具体的学科核心素养展开研究。就外语学科而言，王蔷（2015）和程晓堂（2017）等提出，英语学科核心素养包括语言能力、思维品质、文化意识和学习能力四方面。"学生以主题意义探究为目的，以语篇为载体，在理解和表达的语言实践活动中，融合知识学习和技能发展，通过感知、预测、获取、分析、概括、比较、评价、创新等思维活动，构建结构化知识，在分析问题和解决问题的过程中发展思维品质，形成文化理解，塑造学生正确的人生观和价值观，促进英语学科核心素养的形成和发展。"（王蔷，2015：7）这充分体现了外语学科在培养新时代所需人才中的特色优势和重要作用。

综上所述，在全球化、国际化、多元化、信息化为特色的21世纪，全球公民教育、跨文化教育和核心素养教育成为教育的重要发展趋势。外语作为一个融语言、社会、文化、思维为一体的学科，具有很强的人文特性，能较好对接全球公民教育、跨文化教育和学生核心素养教育的内涵需求，理应成为当今教育的开路先锋，可以承担起为国家立德树人的使命，外语教育应该将培养扎根中国、服务人类的全球公民作为一个重要目标。

1.2 新时代外语教育的价值定位

自改革开放以来，外语一直是我国教育部确定的与语文和数学并列的一门核心课程。近年来随着国际国内形势的变化，外语教育面临新的

第 1 章　新时代外语教育的价值与目标

挑战，围绕外语高考改革以及外语教育的价值和有效性等问题，国内出现了两种对立的声音。一方认为外语教育占用学生太多时间，影响语文教育，应该退出高考，甚至可以废弃；另一方主张外语教育作为国家战略资源应该通过教育改革得到强化。面对这些纷争，学界展开了激烈的辩论和有益的探讨。

1.2.1　关于外语教育价值定位的讨论

由上海外国语大学《外国语》学刊联合相关高校主办的"中国外语战略与外语教学改革高层论坛"自 2014 年以来组织了四次高峰论坛，形成了很多有价值的学术观点和政策建议，其中胡壮麟（2015）提出的建议最具代表性和影响力。他认为，在中国崛起的国际化背景下，外语教育要从跨学科和超学科的观点，扩大视野。"以国家语言政策为基准，引导讨论；坚持辩证分析方法，求同存异；讲究实事求是，避免概念模糊；注重实践，深入调查，及时总结经验。"（胡壮麟，2015：52）张绍杰（2010）则强调对基础英语教育、英语专业教育和非英语专业教育要区别对待，分类研究。针对英语专业当前面临的问题，他提出要从学科定位、教育目的和培养目标三个方面入手找准其学科发展方向，确定其专业发展定位，突出人才培养特色，面向多元社会需求和多元目标取向，培养厚基础、强能力、高素质的英语人才。沈骑（2017）以外语教育政策的价值取向为切入点，阐述新时代中国外语教育价值的困局与定位。他认为，现阶段要综合考虑外语教育的工具价值、融合价值、安全价值和公平价值，应将外语作为重要的语言资源加以规划，从国家战略、社会需求和个人发展等方面全面考虑中国外语教育政策的价值定位问题。

当前，国际形势风云变幻，地区冲突、气候变化等全球性问题持续不断。同时，中国进入新发展阶段，明确了新发展理念，构建了新发展格局。面对国内外新形势、新需求，我国外语教育也在发生深刻变革。蒋洪新、杨安（2021）在阐述我国外语教育所处的国际国内新环境的基础上，指出外语教育要对接国家战略和地方及行业发展实际、学生职业规划与社会需求，采取多元发展路径，增强学科设置的针对性，适应大国外交、人文交流、基础科学研究、核心技术创新对复合型人才的需要。姜锋、李岩松（2021）从语言和话语的本质特点出发，强调外语教育对于提升我国国际传播能力、构建中国对外话语体系的重要作用。综上所述，外语教育承载着服务人类进步、国家发展战略、社会和谐和个人发展的使命，进入全球化、多元化和信息化的新时代，外语教育的重要性更加凸显。

1.2.2 新时代外语教育的价值阐释

综合各家之言，笔者认为可以从个人、社会、国家和全球四个层面对新时代外语教育的价值定位进行阐释。

1. 增强学习者文化身份认同

外语学习首先是学习不同于母语的语言系统，掌握一个新的交际工具。运用这个工具，学习者能够与来自不同文化背景、有着不同成长经历的人们进行交流，相互学习，拓展视野，丰富阅历。他们也可以运用这个语言工具，拓展阅读范围，获取更多前沿的学科知识，促进不同学科知识的贯通。

对于学习者个体而言，外语学习另一个重要价值在于对自身文化身份认同可能产生的积极作用。语言学习本质上也是文化学习，是对另一种思维方式和生活方式的认知理解。在外语学习过程中，学习者自然会将其接触到的外国文化行为与自己本族文化相对应的内容进行比较和反思，原来司空见惯、习以为常的价值观念、规范习俗被拿出来进行比较、审视。学习者会因此对自己的文化身份增强了意识，从而对于"我是谁""他是谁"之类的问题更加清晰，对文化差异更具敏感性，视野也会更开阔，思考问题的角度更多维，在与他人相处和交流中，更加开放和包容。针对外语学习的这一功能，高一虹（1994）在"削减性双语现象"和"附加性双语现象"（Lambert, 1974）的基础上，提出了"生产性双语现象"。她通过质性研究方法，对外语学习者文化认同的形式、内容、类型等方面进行了探究，提出从语言能力、认知能力、感情能力、审美能力、文化归属五个维度来描述"生产性双语现象"的概念。其中文化归属表明了"生产性"的意义，表示研究对象获得了一种超越原有文化身份与新的文化身份的第三种文化身份，即将自己视为中国人，又将自己看作世界人。

这种基于丰富的文化感知和体验形成的，既对本族文化认同和自信，又对世界其他文化尊重、包容、理解和欣赏的融合式文化身份认同体现了外语教学的育人价值和潜力，但要将潜力转化为现实的教育成果需要教育者理念创新和实践探索。

2. 促进社会和谐

每个人都是社会的人，属于各个社会群体，如家庭、学校、工作单位等。通过学习一种或多种外国语言，外语学习者不仅能够使用外语更多地参与社会活动，积极为社会建言献策，同时，因为外语教育的本质是跨文化教育，学习者还有很多机会可以去感知和体验语言背后的文化，在此基础上增强跨文化意识，培养跨文化情感态度，提高跨文化交际能力。这种教育培养出来的人有一个共同特点：相比其他人，他们作为群体成员能更好地做到与他人和谐相处，友好合作。例如，在一个多元文化社区，来自不同民族文化的人们在此生活，邻里之间和睦共处是大家共同的愿望；在一个多元文化的跨国企业中，来自不同国家的员工组成一个项目团队，如何通过协同合作完成项目是大家共同的目标。

在外语教学中，老师们有意识去培养学生的跨文化能力（Intercultural Competence, ICC），使他们对文化差异更加敏感，能够从文化差异的角度去看待问题，分析问题，解决问题。他们具有更加开放、包容、尊重、理解他人的情感态度；具有更加丰富的文化知识；具有更加灵活、变通的交际风格和善于观察、讲述、比较、反思、总结和评价的能力。这样的人无论在多元文化社区中与他人共处，还是在多元文化工作环境中与他人合作，更能释放出正能量和凝聚力。因此，外语教育有利于和谐群体及和谐社会建设，能够促进团队协同合作。

3. 服务国家发展战略

外语教育是国家发展战略，关乎国家外语能力。当前，外语教育服务国家战略的一个重要落脚点是为中外人文交流和公共外交培养人才。中外人文交流和公共外交所需人才至少包括以下几个要素：国家认同、国际理解、交际沟通、学习创新（张红玲，2016）。这里要特别强调的是国家认同。首先，参与人文交流和公共外交的公民应该具有对祖国、对民族、对中华文化的热爱、认同和自豪感；其次，应该了解国情历史，理解和欣赏中华优秀传统文化；最后，还应对当代中国特色社会主义理念和中华民族伟大复兴的中国梦充满信心。只有这样，当他们与来自世界其他国家的人们进行交流互动时，才能够自信地讲述中国故事，传播中国文化。外语教育对于增强学生对中国文化和国家的认同具有不可替代的作用。就中国文化和国情教育而言，语文和思想政治等课程通常采用的是知识灌输的方法，外语课程则可以通过比较、反思、探索的方法，将中外语言和文化教学有机结合。因此外语教育不仅能起到补充作用，还是中外人文交流和公共外交人才不可替代的培养途径。

如果说国家认同是人文交流和公共外交的原动力，那么学习世界文化知识、增进国际理解是基础，培养跨文化交际能力和跨文化冲突管理能力是保障，增强学习创新能力是加速器（张红玲，2016）。外语教育通过将语言教学与跨文化教育有机结合，改革教学模式，设计课堂教学活动，开发社会实践项目，推进学以致用，满足人文交流和公共外交对公民的国家认同、国际理解、交流沟通和学习创新素养的需求，这是外语教育在国家层面的功能价值。

4. 增进国际理解

外语教育还应放眼世界，服务人类发展的需求。针对当今世界面临的政治、文化、经济、环境等冲突问题，中国提出构建人类命运共同体理念，主张文明交流互鉴，呼吁各国共同呵护和发展世界文化多样性。与此同时，世界各国教育界积极推动全球公民教育和全球胜任力教育，以促使各国民众关注全球性问题，以命运共同体的视角去分析和解决人类社会面临的问题。

外语教育具有培养全球公民和全球胜任力的潜力和价值，这与其跨文化教育的本质密切相关。如前文所述，外语教育是跨文化教育的重要平台，通过语言教学与文化教学的有机结合，可以将全球性问题引入教材和课堂，引导学生们关注和思考作为一位全球公民的责任担当。例如，新冠肺炎疫情肆虐全球，给国际政治、经济以及各国人民的生活带来深刻的影响，如何应对和解决这场全球公共卫生危机？这个问题可以由浅入深地在大中小学英语课堂上讨论，以此增进学生的国际理解，提升跨文化意识和能力，促进世界和平与发展。

综上所述，外语教育对个人文化身份认同发展、社会群体的和谐与合作、国家的政治外交和经济发展，以及世界的和平与发展都具有重要的促进作用。如何实现外语教育可以且应该承载的这些功能价值，关键在于更新教育理念，拓展外语教育的目标定位。

1.3　新时代外语教育的多元目标

外语学科相较于自然学科，其时代性、社会性更强，外语教学的目标、内容和方法应该与时俱进，满足人类社会进步和经济文化发展的需求（Stern, 1983）。当前，人类社会处于大发展、大变革的全球化时代，中国作为一个大国参与全球治理、推进世界和平的责任日益凸显，我们每个人都不可避免地生活和工作在多元文化环境中。面对这样的时代背景，外语教育的目标任务需要重新界定。

1.3.1　母语能力为目标的谬误

尽管外语教育的时代背景和教学方法在不断变化，培养具有母语水平语言能力是外语教学长期以来的主导性目标。就英语教学而言，这种以母语者（native speaker）为目标的教学理念，就意味着学习者要能说纯正的 BBC（British Broadcasting Corporation）英语（英音）或 VOA（Voice of America）英语（美音），要能流利又地道地用英语表达思想和观点,要具有丰富的英语国家文化知识。这样的学习目标虽然成就了少数天赋异禀的学生,但却给更多学习者带来"无论如何努力也不达标"的无奈和挫败感。

自20世纪90年代以来,以克拉姆契为代表的应用语言学学者对此目标提出质疑,特别在经济全球化、文化多元化、社会信息化的新时代,以母语能力作为外语学习的目标既不现实,也没必要(Kramsch, 1993)。其主要原因在于:第一,达到母语者的语言水平是一个不可能实现的目标,由于语言环境、文化背景、学习路径不同,外语学习者很难,甚至是不可能达到母语者的语言水平。以母语使用者作为目标不仅没有意义,反而会加剧学习者的挫败感,从而影响学习动机和积极性;第二,对于世界很多语言而言,如何定义母语使用者并非易事,作为国际通用语的英语更是因为其母语群体多元,在英语作为外语的教学中,难以确定目标;第三,在人口流动频繁、多元文化并存的新时代,外语成为人们与包括母语群体在内的很多不同群体相处与合作时使用的语言,是一种共通语(lingua franca),因此在教学中不能只关注目的语群体。英语不仅是以英语为母语国家的语言,也是世界上数十亿将英语作为第二语言或外语使用者的语言。各种英语变体的存在,如印度英语、新加坡英语、墨西哥英语等,都应该成为英语学习者了解和学习的内容。

以母语能力作为目标虽然存在不现实、不科学的问题,但并不意味着要全盘否定其参照价值,毕竟语言学习需要标准,将以英语为母语的群体作为学习规范本身没有问题,但不应将其作为唯一正确的标准。外语教学一方面要充分考虑语言学习环境对外语学习者的限制;另一方面还要关注除母语群体以外使用该语言的其他人群,要将外语作为国际交流与合作的共通语进行教学。因此,语言和文化教学的内容应该更开放、更包容。

1.3.2 对交际能力为目标的质疑

交际能力(communicative competence)是一个宽泛的概念,既可以理解为一个理论构念,一项学习目标,也可以指一种教学方法,甚至

第 1 章　新时代外语教育的价值与目标

是一套评价标准。1972 年，交际能力概念由海姆斯（Hymes）提出后被迅速应用于外语教学，交际法（Communicative Language Teaching, CLT）逐步取代当时盛行的听说法（Audio-Lingual Method）。外语教学由此从以结构主义语言学为基础的语法知识范式和模仿练习形式，转向以功能主义语言学为基础的功能意念范式和交际互动形式。交际法理念不仅着眼于培养学生用所学语言进行对话、完成任务的能力，而且还关注语言交际活动发生的社会文化语境，增强学生对社会文化群体的意识，理解口语和书面语中对话双方不同的价值理念和情感风格。如此看来，交际法颠覆了之前影响外语教学数十年的语法翻译法和听说法，因此在很多学者看来它是一次革命性的进步。

过去五十年里交际法教学重视语言输入、意义协商和边用边学等理念，对外语教学产生了深远的影响。但在课堂教学实践中，交际法教学理念未能得到全面落实，常常被简单理解为以口语能力培养为主要目标，因此受到广泛质疑和批评。很多外语教师热衷于交际法，重视语言交际的意义和内容，忽略了语法和语言形式的教学。交际法虽然能够较快提升学习者的语言表达流利度，但其准确性大打折扣。实际上，语法能力对于交际也至关重要，学习者不可能仅仅通过有意义的语言输入就能自动增强语法能力（Gao et al., 2002）。正因为如此，交际法的出现与其说是一场革命，不如说是听说法的历史沿革和进化。因为两者本质上都强调基于情境的口语交际能力，这是一种浅层次的语言生存技能（survival skill），以此为教学目标对于初级和中级外语学习者来说似乎比较适合，但对于高级学习者而言，这个目标缺乏内容和思想。我们需要帮助学习者获取关于语言文化更丰富、更深入的知识和理解，要把这些高阶目标纳入日常语言教学中，将语言知识和语言使用的教学有机结合。既然外语学习是每个学生的必修课，那么外语教学就应该为他们提供具有挑战性和启发性的内容，能够丰富他们对语言相关因素深入理解的内容。

这些质疑促使我们反思以交际能力作为目标的外语教学是否合适。目前，为了更好地满足社会对外语学科育人作用的期待，学者们建议拓展交际能力的内涵，将语言文化多维度的阅读、写作、交流、反思能力统筹纳入交际能力目标框架，增强外语学习对于培养学习者知识学习、分析能力、问题解决能力、元认知能力、跨文化意识和批判思维能力等综合素养的功能。然而，赋予交际法外语教学如此丰富的内涵和目标是否有走向另一个极端的嫌疑？作为一种以语言能力为目标的外语教学理念，交际法外语教学虽然能够在一定程度上实现上述目标，但这些综合素养的教学必然具有随意性、零散性，缺乏系统性。要真正实现外语学科的育人价值，应该从目标上重新定位和界定。

1.3.3 新时代外语教育的三维目标框架

人类社会进入一个纷繁复杂的新时代，全球化带来世界经济繁荣发展、各国文化交流互鉴的同时，也加剧了贫富差距，身份认同危机、宗教和意识形态冲突等多种全球性问题。在此背景下，我们不能狭隘地理解我们的使命。语言学习者不仅是交际者、解题人，也是有身心、有头脑、有记忆、有幻想、有忠心、有认同的全人（Kramsch, 2006）。语言既是交际的工具，更是知识的工具，本质上是价值的承载。语言是知识、观念、思想、情感的载体，语言学习应该从现象层面的学习，进入到本质层面的学习，要注重人文素养教育（姜锋、李岩松，2021）。"在中外文明全方位交流互鉴的大背景下，可以说当代中国比历史上任何时期都更需要具有跨文化能力的高层次国际化人才。无论是着眼于中国全方位走向世界的人才急需，还是着眼于全球高等教育的发展趋势，进入新时期的中国高等教育都应该尽快肩负起跨文化国际化人才培养的紧迫使命。这同时也正是我国高校外语类专业凤凰涅槃的历史机遇。"（孙有中，2016：21）

综上所述，新时代外语教育应该且可以承载更多的立德树人任务，帮助学习者理解复杂性，应对不确定性，稳定个人情感，发展身份认同。基于过去二十余年国内外外语教育的新理念和新发展，本书提出"语言文学—学习拓展—社会人文"三维目标框架：

- 语言文学目标（linguistic and literary goal），即体现语言作为交际工具的基本人际沟通能力（初级目标）；
- 学习拓展目标（academic and expansion goal），即体现语言作为知识工具的认知学习能力（中级目标）；

- 社会人文目标（social and human goal），即体现语言的社会人文属性的跨文化能力（高级目标）。

语言文学、学习拓展和社会人文三维目标可以分别用基本人际沟通技能（Basic Interpersonal Communication Skill, BICS）、认知学术语言能力（Cognitive Academic Language Proficiency, CALP）和跨文化能力标注，其中基本人际沟通技能和认知学术语言能力是借用加拿大学者康明斯为了区别二语学习者的会话流利度（conversational fluency）和学习语言能力（academic language proficiency）提出的两个概念（Cummins，1979, 1981）。本文用基本人际沟通技能和认知学术语言能力作为外语教育的两个目标，其内涵更丰富。

1. 语言文学目标

以结构主义语言学为理论基础的传统外语教学将语言知识作为教学的主要内容，学生学习外语的首要目的是能够与目的语群体进行日常沟通，也就是康明斯所指的会话能力，即基本人际沟通技能。实际上，本文所指的语言文学目标除了口语交流之外，还包括理解和欣赏文学作品及表达和交流思想感情所需的各种语言能力，如语法能力、语用能力、篇章能力和交际能力等。因此，功能主义语言学和交际法理念对于实现外语教育的语言文学目标也具有重要的理论支撑作用。

2. 学习拓展目标

语言是交际的工具，也是知识的工具。对于学习者而言，掌握一门外语，特别是作为国际通用语的英语，不仅意味着获取了一个新的交际工具，也因此开辟了一个延伸阅读范围、拓展知识视野的通道。英语是世界文化宝库和前沿知识的重要媒介和载体，外语教育应该帮助学习者学会用英语进行学习和研究，通过学习和研究提高英语，即把认知学术语言能力纳入教学目标和教学设计，促进英语能力（媒介）和学科知识（内容）的同步发展，这也符合联合国教科文组织倡导的加强人文与科学融合的学校教育理念。

3. 社会人文目标

外语之所以是一门贯穿全学段的必修课程，更重要的原因在于其人文教育属性。语言与思维、社会和文化之间的密切关系决定了外语教育具有强大的育人功能。外语教育的本质是跨文化教育，外语教育对于培养学生对文化差异的敏感性、对文化多样性的理解和欣赏、对异域文化的包容和尊重、对跨文化冲突和不确定性的应对、对促进多元文化的和谐共处和世界文明的交流互鉴能够且应该起到不可替代的作用，这就是外语教育发展跨文化能力的社会人文目标。

关于新时代外语教育的功能定位和目标任务的思想内容可以如图 1-1 呈现。

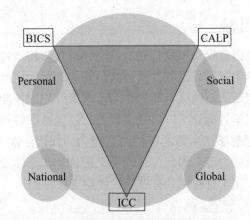

图 1-1　新时代外语教育的价值目标

如图 1-1 所示，外语教育的功能价值可以从个人、社会、国家和全球四个层面得以体现，通过在外语教育中融合人文教育和跨文化教育，可以实现外语教育服务人的发展、社会和谐、国家战略和人类进步的功能价值。为此，本书将外语教育的目标任务调整为语言交际能力（BICS）、认知学习能力（CALP）和跨文化能力（ICC）三级。三级目标并非线性发展，三种能力在外语教学中融合推进，但在不同学习阶段、不同年龄层次、不同性质的课程以及不同教学活动中，三者各有侧重。整体来看，学习者掌握语音、语法、词汇和句型知识，用目的语表情达意，与他人进行意义协商和沟通交流，这种语言交际能力是外语教育的核心基础目标；运用已掌握的目的语参与社会实践，阅读原版书籍，拓展学习范围，这种学以致用、边用边学的认知学习能力是外语教育要重点培养的能力；在发展语言交际能力和认知学习能力的过程中，学习者接触到的包括目的语文化在内的多元文化日益丰富，通过将本族文化与异文化进行比较和对话，通过不断地体验和反思，培养对异域文化尊重、包容、理解、欣赏的情感态度和善于观察、讲述、调适、变通的行为技能，这种跨文化能力的发展应该成为外语教育的最终目标。

1.4 小结

党的十八大明确提出把立德树人作为教育的根本任务，为各级各类学校的人才培养和学科建设指明了方向。外语学科具有鲜明的人文教育特色，在课程思政建设中大有可为。为了科学规划和设计外语学科思政教育，落实立德树人根本任务，本章在分析新时代教育发展趋势的基础上，阐述了外语教育对于促进学习者个人身份认同和职业发展、群体和谐与社会进步、国家公共外交和人文交流战略实施以及人类命运共同体构建等四个层面的重要作用和功能定位，提出了新时代外语教育的"语言文学—知识拓展—社会人文"三个维度的目标框架，以此作为本书各章关于跨文化外语教育理论与实践讨论的基本出发点。

第 2 章
跨文化外语教育的历史与现状

在外语教育的漫长历史中，文化一直相伴而行，"文化从来没有脱离外语教学，只是在外语教学发展的不同历史阶段，文化的存在方式和处理方式各有不同"（张红玲，2012：4）。外语教育中的文化教学研究肇始于 20 世纪 60 年代的西方，在我国则兴起于 20 世纪 80 年代。在半个多世纪的探索中，文化教学与语言教学之间的关系从附属到平等，从分离到融合，最终形成了跨文化外语教育新理念，并逐渐在外语教育界流行开来。但由于对深层次的概念和理论的理解不够深入，导致教师在教学中只能浅尝辄止。因此，本章将从外语教育如何理解文化、如何处理文化两个视角，对国内外跨文化外语教育研究与实践进行文献梳理，以期形成对不同阶段跨文化外语教育特点及其发展变化的认识，分析我国现有研究存在的问题和不足。

2.1 外语教育中的文化理解

文化是跨文化外语教育的核心概念，如何理解文化是开展外语教育中文化学的前提和基础。自 20 世纪 60 年代外语教育中的文化教学研究萌芽以来，学者对文化的理解处于不断发展变化的过程中。对浩如烟海的相关文献进行梳理后可以发现，后现代主义思潮对外语教育中的文化理解产生了重要影响。20 世纪 90 年代，结构主义文化理论思想的出现标志着外语教育文化观的后现代转向。因此，本节将以 20 世纪 90 年代为节点，分别回顾后现代转向出现前后，国内外外语教育中文化理解的演变脉络。

2.1.1 20 世纪 90 年代前

1. 国外外语教育中的文化理解

20 世纪 60 年代，文化教学研究在西方萌芽，外语教学研究者主要借鉴人类学对文化进行结构性定义（如 Lewald, 1963; Trager, 1962），竭力在高雅文化（culture-as-aesthetics）即大写 C 文化（big C culture 或 culture with a capital C）以及通俗文化（culture-as-everyday life）即小写 c 文化（little c culture 或 culture with a small c）之间进行区分，并主张将后者作为文化教学的主体。这一时期的学者将文化定义为一个共享的、习得的行为系统（Brooks, 1969; Imhoof, 1968; Seelye, 1968），且所谈及的文化多限于民族、国家层面。70 年代的学者遵循 60 年代的传统，沿用人类学的文化定义，但区别在于他们不仅关注显性的文化表征，也关注文化中的隐性层面，将文化定义为一个行为（practice）和信念（belief）的系统，是群体共享的价值观（shared value）（Blatchford, 1973; Saville-Troike, 1978）。同时，学者们根据人种学方法罗列了诸多文化要素，如问候方式、礼貌方式、语言禁忌、家庭结构、学校惯例、职业发展、身势学等。但他们仍然仅仅在民族、国家层面进行比较（Jacobson, 1976），忽略了其他层面的文化。80 年代的学者在 60-70 年代文化理解的基础上进一步对文化进行分类，如将文化分为可观察的（如行为/产品）和不可观察的（如信仰/价值观）文化，并且对文化的主观维度进行了更深入的阐述，将文化视为一个意义创造（meaning-making）和体验世界（experiencing the world）的系统（Krasnick, 1982; Murphy, 1988）。同时，学者们对文化相对性（Alptekin & Alptekin, 1984; Crawford-Lange & Lange, 1984）、文化多样性以及文化的动态变化性愈发关注（Nostrand, 1989），不再满足于简单的文化分类，而是形成了越来越复杂的文化理解。

总之，90 年代以前，外语教育学界广为接受的文化理解是将文化以一种最典型的形式呈现，如在地理上（通常是国家层面）进行区分。文化被视作一个恒常的、同质的实体，是一个无所不包的系统，涵盖一切决定个人行为的规则或规范（Atkinson，1999）。这种文化理解实质上是一种结构主义的路径，具有浓厚的本质主义色彩，可认为是一种现代主义的文化观，其主要特点就是将文化作为国家层面的、静态的、同质的、可划分的实体。

2. 国内外语教育中的文化理解

我国最早关于语言和文化关系的研究可追溯至20世纪50年代语言学家罗常培（1950）的著述，而我国外语界开始关注外语教学中语言与文化则是以80年代许国璋（1980）的论述为标志，此后的一系列著作（如陈申，1999；邓炎昌、刘润清，1989；胡文仲，1988；胡文仲、高一虹，1997；王福祥、吴汉樱，1994）开启了我国外语教育中文化教学的研究。在这一时期，学者对文化的理解大多直接引用西方人类学的文化定义，或仅对文化做宽泛的界定，如"文化就是一个民族的整个生活方式"（何道宽，1986：97）；"文化就是一个民族在自己的历史发展过程中形成的独特风格和传统"（沈安平，1986：13）；"文化是一种复杂的社会现象，无处不在，无所不包，渗透于社会生活的各个方面，是人类社会生活和精神生活所取得成就的总和"（杜瑞清，1987：15）等。鉴于此类抽象、宽泛的定义无法为外语教师开展文化教学提供足够的信息和指导，很多学者采取结构主义的方式对文化进行进一步的分类、分层，主要有以下五种分类方式：

（1）大写C文化（或译为"正式文化"）和小写c文化（或译为"普通文化"）。西方学界的这一分类方式由胡文仲（1985）最早引介至我国外语学界，并成为80年代最为广泛采用的文化分类（如杜瑞清，1986，1987；胡文仲，1985，1994；司徒双，1985；王振亚，1990；吴国华，1990）。其中，"culture with a capital C"或"high civilization"即"文学、艺术、音乐、建筑、哲学、科技成就等集中反映人类文明的各方面"，而"culture with a small c"即"风俗习惯、生活方式、社会组织、相互关系等"等（胡文仲，1985：44）。何道宽针对文化教学的需要，将文化分为"一般文化"和"精英文化"。"所谓一般文化是用来泛指人类文化的一切构造成分；所谓精英文化是用来特指需要特别的鉴赏力去欣赏去享受的物质文化和精神文化。诗词歌赋、琴棋书画、美酒佳肴、金石篆刻就是这样的精英文化。"(何道宽,1986:102)就其内涵而言,实则与大写C文化和小写c文化的区分方式类似,只是指出了其中隐性文化的层面。也有学者(如浦小君,1991)将文化分为高级文化、大众文化、深层文化三个层次,究其实质也与此种分类方式相仿。

(2)狭义文化和广义文化。从狭广两义来阐释文化(如谷启楠,1988;束定芳,1996)也是常见做法。狭义文化"指社会及其杰出人物的主要成果和贡献";广义文化则"可概括人类生活的各个领域:衣食住行、风俗习惯、思想态度、道德标准、经济、政治、法律、宗教、文学、艺术等,无所不包"(谷启楠,1988:1)。

(3)物质文化和精神文化。何道宽对这种文化分类做了具体阐述,他认为物质文化是"具体的文化,看得见、摸得着、便于观察、便于分析、易于认识",而精神文化中,"只有极小部分""是看得见摸得着的","绝大部分的精神文化是隐含的、不显豁的、抽象的",是"底层的文化",包括"意识形态、价值观念、信仰、时间观念、空间观念、天人关系以及潜藏在一切风俗习惯中的思维模式、隐蔽在一切物质文化背后的思维模式"。(何道宽,1986:97-98)束定芳(1996)也提出有必要区分文化观念和文化产品,实际上前者相当于精神文化,后者相当于物质文化。

(4)思想、行为、产品三分法。这一分类来自罗宾逊(Robinson,1985)的定义,学者(陈舒,1997;王勇,1998)引用其观点,将文化界定为一个文化群体共享的思想、行为和产品。其中,思想包括信念、价值观、制度等;行为包括语言、风俗习惯、饮食等;产品包括文学、艺术、音乐、工艺品等。

(5)表层文化与深层文化。谷启楠(1988:3)提出将文化进行层次的划分:"文化的表层包括日常交际所必须的项目,如礼貌用语、手势语言、日常各种场合的典型会话、衣食住行的习惯、学生的日常生活、业余文体活动、节假日活动、家庭关系亲友之间的关系等……文化的深层包括社会结构、思想意识、道德标准等项目"。这种"表层文化""深层文化"的区分法实则与西方学者所提出的"显性文化""隐性文化"的分层方式一致。

第 2 章　跨文化外语教育的历史与现状

从以上文化分类来看，虽然学者们仍采用结构性的分类框架对文化的构成要素进行分析，但他们已不再停留于对显性文化的粗浅探讨，而开始对隐性文化进行深入地挖掘，甚有学者专门聚焦隐性文化，探讨了文化作为有意识或无意识的价值观和行为观，对伴随语言行为（paralinguistic behavior）和非语言行为（non-verbal behavior）产生的影响（李磊伟、李文英，1988）。

80 年代末，我国对外汉语教学界也开启了对文化教学的热烈讨论。赵贤洲（1989）指出文化分类主要有三种角度：一是从文化性质出发分为物质文化和精神文化两类；二是从文化类属出发分为习俗文化、建筑文化、宗教文化等（每一类还可细分，如习俗文化还可分为饮食文化、服装文化、礼仪文化等）；三是从功能考虑分为知识文化和交际文化。他认为每种分类各有优劣，类别之间难免交叉，但是"从外语教学角度看，把文化分为知识文化与交际文化较为可取"（赵贤洲，1989：79）。张占一（1984）首次提出知识文化（knowledge culture）与交际文化（communication culture）的区分，两者区别在于不同文化背景的人交际时，会因词、句相关背景知识的缺乏而产生误解，从而影响交际。此后，张占一又基于黎天睦（1987）、吕必松（1990）、赵贤洲（1989）的定义，进一步对这两个概念展开了详细阐述，并增加了非语言交际的层面，进行重新界定："所谓知识文化，指的是那种两个文化背景不同的人进行交际时，不直接影响准确传递信息的语言和非语言的文化因素；所谓交际文化，指的是那种两个文化背景不同的人进行交际时，直接影响信息准确传递（即引起偏差或误解）的语言和非语言的文化因素。"（张占一，1990：22）这一"知识文化—交际文化"的区分法在我国影响颇大，广为引用。然而，该定义仍然将文化作为一个静态的知识体，当作交际的背景知识来处理，带有本质主义的色彩。

总之，80 年代是我国跨文化外语教学的起步阶段，这一阶段虽有学者对于文化的内涵及分类有各种不同的提法，也有学者开始从表层转向关注深层文化，但整体上来说还是借鉴 20 世纪 60-80 年代国外学者的观点为主，因而也必然继承了早期的现代主义文化观。

2.1.2　20世纪90年代后

90年代后，以反本质主义为鲜明立场的后现代主义思潮对外语教育产生了重要影响，西方形成了一批后结构主义的文化理论思想（如Atkinson, 1999; Holliday, 1999; Kramsch, 1998; Kubota, 1999; Pennycook, 1999），学界对文化的理解出现了重大转变，学者们纷纷对本质主义提出质疑。所谓本质主义文化观，即基于给定文化群体的概括性特征来预先确定一个人的观点、态度、信念或行为，这种将文化视作静态的、内部连贯的、同质实体的现代主义文化观在90年代受到了质疑，试图取而代之的是动态的、流动的、新兴的文化观（Oxford, 1995）。文化应被视作一种社会实践和意义创造的主观模式（Atkinson, 1999; Kramsch, 1998）。这一后现代主义立场将外语教育中的文化理解进一步推离了实证主义，文化不再被视为一种可以通过实证社会科学研究得以揭示的客观现实。进入21世纪，越来越多的学者对文化的理解继承了后现代主义的转向，强调文化并非静态的现象，动态性才是其主要特征之一（Álvarez & Bonilla, 2009），认为它是多样化的、新兴的。随着全球化的时代发展，学者对于文化的理解变得愈发复杂，文化所包含的层面不断增加，不仅囊括了80年代学者所关注的认知层面，也体现出了90年代起后现代主义学者对文化的动态性认识。比如克拉姆契将文化定义为："一套通过社会化所获得的可移植模式，人们通过这套模式对行为和事件进行解释，且它会发生历时的变化，在人们经历迁徙或与社会化方式不同的人产生接触时随之改变。"（Kramsch, 2015: 400）克拉姆契的定义极具代表性地体现了90年代文化理解演变的几条主线，比如对传统术语的挑战与质疑（Atkinson & Sohn, 2013; Baker, 2012; Hall, 2012）、避免将文化进行本质化的静态呈现（Álvarez, 2014; Bonilla, 2012; Gómez, 2015; Sharifian, 2015）以及文化阐释中语境的重要性（Baker, 2012; Fandiño, 2014; Meadows, 2016）。在给文化下定义时，文化动态性以及文化作为解释的框架成为了核心，还有学者将文化置于特定语境下形成的人际关系中去理解（Castañeda, 2012; Hall, 2012）。

国内外语教育中的文化理解受国外学界的后现代主义转向影响，我国外语教育学界在20世纪90年代末期也开始对文化展开了新的阐释。曹文（1998）指出英语教学中的文化教学存在文化知识层和文化理解

第 2 章　跨文化外语教育的历史与现状

层两个层次，并分析了文化知识层的局限。他引用克拉姆契、拜拉姆（Byram）等学者的观点，明确指出文化具有以下特性："文化是由个体行为来反映的""文化是动态的""文化依存于本族人的世界观"，质疑了本质主义的文化观，指出了将文化作为静态的知识来传授可能产生的问题。（曹文，1998：12）

总体而言，就文化理解而言，一直以来中国外语教育的学者都以援引外国学者的观点为主，较少使用自己的话语体系对文化进行界定。在近二十年的跨文化外语教育研究相关文献中，许多学者甚至直接跳过对文化的概念界定，直接进入文化教学的讨论，这可以说是一大缺憾。我们认为，在讨论具体教学问题前，有必要也有意义花一些笔墨对外语教育中的文化理解进行回顾评述，并结合具体语境对其进行界定。这一方面有助于建立中国学者的话语体系，另一方面可在理论层面推动更深层次的认知。所幸，早期仍有学者在这方面进行探索性的尝试。胡文仲、高一虹（1997）曾在著作中系统回顾了文化的各种定义，在评述人类学、传播学以及社会功能三种角度的界定以及我国对外汉语教学界流行的"知识文化""交际文化"的分类后，结合外语教育的语境，参照文化人类学者的视角，将文化定义为"特定人群的整个生活方式，即特定人群的行为模式以及支配行为的价值观念系统"。他们强调精神文化对物质文化的支配作用，注重一定制度中的行为模式，提出将知识文化贯穿于交际文化的传授中，并指出文化具有以下五大特性："（1）文化是人类所独有的，文化是社会遗产；（2）文化是通过学习获得的；（3）'世界观'是文化的核心；（4）语言是文化的重要组成部分；（5）文化是多元的、变化的、互相渗透的。"（胡文仲、高一虹，1997：9-19）这一界定的提出虽仍基于外国学者的成果，但可贵之处在于它与中外历史文献回应互动，并结合外语教育的特定视角，指出了文化的复杂性、动态性，超越了民族、国家的边界，体现出后现代主义文化观的特点。

回顾外语教育中文化理解的演变历程，我们可以发现两大特征（Meadows，2016）：第一个特征是，文化的内涵随着时代发展而变得越来越复杂，可类比为一个分层过程（layering process），后人并不完全抛弃前人对文化的既定概念，而是建立在它们之上，一层又一层地叠加，直到呈现出克拉姆契（Kramsch，2015）定义中复杂、多面的样貌。

可以说，如今学界对文化的统一认知是文化依赖于语境、取决于多样化的主体，是动态可变的。第二个特征是，学者对文化定位的转变。早期学者将文化定位于个体身上，具有较高的可预测性；后期学者开始用较为模糊的术语来描述文化，将其定位于个体在特定环境中进行互动时所形成的关系中。这一发展被梅多斯描述为从个体中的文化（culture-in-the-person）到语境中的文化（culture-in-the-context）的转变。相较而言，国内外语教育中文化理解的演变较为滞后，但近年来也涌现出越来越多对本质主义文化观的批判，呈现出明显的后现代转向。

2.2 外语教育中的文化教学

外语教育中文化理解的演变也催动了文化教学在目标、内容、方法、评估、资源、教师等方面相应的发展转变，本节将以时间段为线索回顾国内外外语教育中文化教学的发展脉络。

2.2.1　20 世纪 60 年代

教学目标是文化教学研究在西方初兴之时的首要争论，其核心问题即语言与文化谁更重要，到底是语言首位还是文化首位。基于拉多早期提出的理论立场（Lado, 1957），60 年代学界普遍将语言学习作为语言教学的第一目标，文化目标屈居第二（Fischer, 1967）。当然，也有学者如特雷格提出了相反的观点（Trager, 1962）。到 70 年代，关于语言首位还是文化首位的辩论（Lafayette, 1978; Nababan, 1974）依旧尚未有定论。此后，学界不再那么热衷于对两者先后顺位的争论，可以说，语言与文化两者之间的优先顺序如今已不再是个问题，取而代之的是问题是，能否在教学目标中将两者区分开来。

除了语言文化先后顺位的议题之外，文化教学的具体目标也是早期学者探讨的主要问题。60 年代国外的文化教学深受人类学影响，借鉴人类学中主位视角（emic）和客位视角（etic）这一组核心概念指出文化教学的目标并非同化（assimilation），而是让学习者在不断深入了解目标文

第 2 章 跨文化外语教育的历史与现状

化群体的同时保持观察者的视角（Beaujour, 1969; Matthies, 1968; Povey, 1967; Trager, 1962）。就文化教学的内容而言，60 年代的做法基本承袭对文化的结构性定义，学者普遍主张将小写 c 文化作为文化教学的内容，并在文化的结构性框架中进行文化差异的对比。如 Lado（1957）提出了文化对比的基本框架，通过比较行为模式在不同文化中的形式、意义和分布来理解本族文化和目的文化的差异，但这一做法只关注了文化的显性层面而忽视了隐性层面。同时，这一时期已经有学者指出文化内部差异（intra-culture variation）的存在及其对文化教学的价值（Lewald, 1963），但对于如何在语言课堂中融入这些内容，仍缺少相应的教学实践指导。

在教学实践层面上，60 年代主要的文化教学方法有以下几种：将文化知识融入听说训练（Fischer, 1967; Matthies, 1968; Seelye, 1968）、角色扮演（role-play）、描述性研究（descriptive study）（Brooks, 1969）、文化变量的比较/对比分析（comparative/contrastive analysis of cultural variables）（Debyser, 1968）以及真实材料（authentic material）。如今我们熟知的文化包（culture capsule）和文化同化（culture assimilator，或译为"文化片段""生活片段""关键事件"）也正是在这一时期发展出来的。其中，文化包为语言教师提供了一个有关目标民族文化的参考知识系统，涉及多个领域的文化方面，如技术、经济、社会、政治、世界观、美学、教育和亚文化（Taylor & Sorenson, 1961）。至于具体哪些条目会被选入文化包，则取决于教师在课堂中需要从哪些方面来展开目标文化与本族文化的对比。所以，文化包的重点在于提供特定文化的参考知识。相比较而言，文化同化则旨在提升学生对异文化的敏感性（Lafayette, 1978），其具体做法是通过呈现一系列由文化差异导致误解的关键事件场景，让学生从几种可能的情况中选择应对反应，继而通过教师反馈来引导学生开展学习与反思。文化包和文化同化这两大方法自 60 年代出现以来，得到了广泛的使用，颇具影响。

2.2.2 20 世纪 70 年代

70 年代初，社会语言学家海姆斯针对乔姆斯基（Chomsky）的语言能力（linguistic competence）概念的缺陷提出了交际能力的概念，即何时何地以何种方式对何人谈何种内容的能力（Hymes, 1972）。这一概念在外语教育研究界引发了大量讨论，并随之作为文化学习的目标被引入文化教学。学者主要从两方面对这一概念进行阐述：（1）交际能力是为了帮助去学生在目的文化中避开文化陷阱（cultural pitfall）（Seelye, 1977）;（2）交际能力与阐释者角色（the interpreter role）有关（Nababan, 1974），即协调两个文化群体的能力。这一阐释关注培养学生解释文化的能力，可以说是跨文化能力的雏形。

这一时期西方的文化教学内容集中于母语者的日常生活经历（Blatchford, 1973; Scanlan, 1979; Weiss, 1971）。同时，一些学者已经认识到，任何单一文化中都存在内部差异，但他们认为文化教学应聚焦最普遍语境下对母语者行为的期望和规范（Holmes & Brown, 1976）。70年代文化教学材料和活动的开发主要借鉴人类学（Jacobson, 1976; Lafayette, 1978; Scanlan, 1979; Taylor, 1970），包括对民族文化的对比分析、文化包、文化同化、角色扮演、讨论、失误练习（fill-in-blunder exercises）、各种文本类型的真实材料以及对真实材料的解释。这一时期的重要学者（Lafayette, 1978; Lafayette & Schulz, 1975; Nostrand & Nostrand, 1970; Seelye, 1977）还开发了文化教学评估技术。尤其是Lafayette（1978）对当时文化教学的现状进行了全面的批评，指出注重大写C文化的文化教学以及当时美国外语课堂中盛行的听说法已不合时宜。此外，学者们开始反对针对文化进行客观分析的做法（Saville-Troike, 1978），这可谓是后现代主义对实证主义发起挑战的序曲（Meadows, 2016），具有重要意义。

2.2.3 20世纪80年代

1. 国外相关研究

80年代的文化教学研究出现了两大新议题，其一是学者们对学习者文化学习目标的阐释路径发生了从具体文化（specific-culture）到普遍文化（general-culture）的转变（Meadows, 2016）。简言之，文化教学主要是为了帮助学生为参与不熟悉的文化环境做准备，其中的细节无法预先确定或完全预期（即普遍文化）。这与以往的文化学习目标形成了鲜明对比，因为以往的教学目的是帮助学生为特定的文化环境做准备，其细节是预先确定的（即具体文化）。普遍文化取向的出现重塑了对跨文化能力的理解，因为根据过去的解释，具备跨文化能力意指具备在特定目标文化中避免文化陷阱的能力，而在普遍文化的取向之下，跨文化能力成为一套通用的技能、态度和知识，以帮助学生快速识别陌生文化的规律模式（pattern）并有效地正确应对。基于普遍文化取向对跨文化能力的认识，这一时期的学者将学生的跨文化身份（intercultural identity）设为文化教学的首要目标，要求学生采用自我反省的文化立场，在不同的文化群体间进行协调，并从一个文化的角度来阐释另一文化（Allen, 1985; Alptekin & Alptekin, 1984; Crawford-Lange & Lange, 1984; Ramsey, 1981）。

关于教学内容的主要争论则在于应该将谁的文化经验作为英语文化教学的范本（Alptekin & Alptekin, 1984; Kachuru, 1982），与此相关的讨论至今仍未有定论，但可以发现，外语教学研究中的批判转向（critical turn）已初显。就教学方法而言，文化包、文化同化、关键事件（critical encounter）、角色扮演和小测验（quiz）（Allen, 1985; Damen, 1987; Krasnick, 1982; Morain, 1983）仍是80年代常用的方法。此外，还有学者提出了民族志方法（ethnographies）和接触文化差异等新方法颇有价值（Crawford-Lange & Lange, 1984; Nostrand, 1989）。同时，学者们也对当时的文化教学现状进行了批判并指出，文化事实陷阱（culture facts trap）（Crawford-Lange & Lange, 1984）和集中于文化对比分析的活动已经过时。同时，还有学者开始关注到了教师这一重要主体，并对教师教育的滞后脱节提出了批评（Kramsch, 1987; Morain, 1983）。

2. 国内相关研究

20世纪80年代以前，我国的外语教学对语言教学中的文化因素较为忽视。在形式主义和结构主义理论的统摄之下，外语教育领域中的语言与文化长期处于割裂的状态。一方面，受传统的语言学影响，研究与教学的对象局限于语言本身,文化问题被限制在外语教学与研究的边缘;另一方面,在理论语言学的影响之下,传统的语言教学一直将乔姆斯基提出的语言能力作为语言教学的目标,只为培养"造出一些意义正确、合乎语法规则的句子的技能"(司徒双,1985:51)。

80年代我国外语教学的目标经历了第一次转变,即从"语言能力"到"交际能力"的转变。其背后主要有两大动因,第一是学界的语言观的转变。70年代西方社会语言学快速兴起并引介入我国,使学者们对语言形成了新的认知。语言不再仅仅被视作一套符号系统,也被认为是一种交际工具,更是一种社会实践。根据社会语言学的这一语言观,学习语言的同时也应学习语言使用的社会规则,因为语言的使用无法与语境、社会、文化剥离。这一观点对我国外语教学研究起着极其重要的指导意义,以至于早期学者在探讨语言文化教学时,几乎言必引称社会语言学,并且普遍认可将交际能力作为语言教学的目标(如胡文仲,1982;谷启楠,1988;司徒双,1985;张以群,1981),呼吁以社会语言学的观念指导教学。第二是时代背景的转变。改革开放后,中外交流日益频繁,在以语言技能为核心的传统模式下培养出来的外语人才在日常交际的语言环境中逐渐暴露出短板。他们通常有漂亮的语音和扎实的语法基础,却会在跨文化交际中出现不得体的语言使用情况。这一问题引起了学界的关注与重视,有的学校开设了"社会与文化"这类课程,有的教材开始注重并增加了有关西方风俗习惯的内容,不少教师在语言教学中注意引导学生更多地了解西方的文化和习俗(胡文仲,1982)。这可以说是我国文化教学研究的萌芽,但此时的文化教学与语言教学彼此割裂,各自为政。

同时,这一时期已经开始有学者在论述外语教学目标时提及与"跨文化(交际)能力"相关或类似的概念,主要以(社会)文化意识、敏感性、社会文化能力、文化能力(崔树芝,1986;杜农一,1987;杜瑞清,1987;何道宽,1986;胡文仲,1982、1985、986;李磊伟、李文英,1988;沈安平,1986;司徒双,1985)的描述出现,但大部分学者并未对其内涵、要素进行详细的解读和描述。其中,胡文仲(1985、1986)最早引介Hanvey(1979)提出的"跨文化意识"(cross-cultural awareness,当时被译为"文化交叉意识")这一概念,并结合中国语境

第 2 章 跨文化外语教育的历史与现状

对其进行了阐述，可以说是最早对外语教学中的跨文化能力相关概念进行阐发的学者之一。

我国学者在 80 年代基本已经对"语言与文化不可分割"这一观点达成了共识，但大多只强调文化作为背景知识的重要性（崔树芝，1986；沈安平，1986；张以群，1981），认为语言的学习不能脱离社会文化背景，主张教师在外语课上不仅要训练语言技能，还应讲授社会文化知识。如前所述，这一时期已有不少学校开设了专门的课程，如文化知识课、概况课、历史课等来补足文化的短板，这在一定程度上推进了我国的外语教学。但这种文化与语言割裂的做法使得一些学者（如杜瑞清，1986，1987；谷启楠，1988）意识到，文化在具体教学中仍未被给予足够重视。他们强调仅仅是开设课程不能完全解决问题，需要将文化融入各门课程的各个环节，并且把文化教学贯穿到外语教学的各个阶段中去，在制订外语教学大纲的同时制订相应的文化教学大纲，确定每一阶段文化教学的侧重点，使文化教学成为外语教学的有机组成部分。因此，早期的学者们主张以"文化导入"的形式将文化教学的内容融入外语课堂之中，关注具体课程或课型中的文化教学及文化导入方式，如阅读课（杜瑞清，1987；沈安平，1986）、文学课（杜瑞清，1986）、精读课（崔树芝，1986）、口语课（杜农一，1987；杜瑞清，1987）、翻译课（杜瑞清，1987）等。但以文化导入形式开展的文化教学只是为语言教学服务，为扫清语言学习中的文化障碍提供文化背景知识，并无体系可言，呈零散的状态，仅为在遇到文化障碍时进行相关文化知识的补充教学。

此外，80-90 年代的学者所强调的语言中的文化教学或语言教学中的文化方面，多局限于语言使用的层面（如崔树芝，1986；李伟、周迪裔，1983；林汝昌，1996；沈安平，1986；王伟华，1987；吴国华，1990），即语言的使用分布，如词汇的文化意义等，这使得文化教学停留在较浅显的层次。这些学者普遍认为语言教学是第一位的，文化教学是第二位的。就教学内容而言，不少学者指出，我国过去的文化教学往往只关注大写 C 文化，而忽略了小写 c 文化（杜瑞清，1986；谷启楠，1988；胡文仲，1986）。在这一阶段，学者已普遍意识到这一偏倚，从早期局限于历史地理层面的文化知识，开始越来越多地关注习俗、社交等层面的文化,并进一步引发了对于文化教学策略的探讨。一些学者主张将不同类型的文化进行分阶段教学,在低年级以讲授小写 c 文化(或普通文化、表层文化、交际文化、一般文化)为主,到了高年级再进入大写 C 文化(或正式文化、深层文化、知识文化、精英文化)(谷启楠,1988;何道宽,1986;王振亚,1990;吴国华,1990)。可见,虽然"文化教学"逐渐受到重视,但在本质主义文化观的影响下,文化仅仅被作为背景知识来介绍,处于边缘地位,与语言教学割裂。无论是大写 C 文化还是小写 c 文化,都仅仅被"作为一种知识体来对待,即文化是可知的,是能够在一定程度上习得的,就如同其他可以习得的知识体一样"(吴国华,1990:51)。

尽管早期文化教学重点在于"知识"层面的传授,但还是有学者注意到了"态度"层面的问题,虽未形成具体的理论或体系,但对后续的研究做了一定程度的铺垫。对异文化尊重、包容、开放、平等的态度常被提及(杜农一,1987;谷启楠,1988;何道宽,1986;李磊伟、李文英,1988;吴国华,1990),显示出"文化相对主义"的倾向,跨文化能力中态度维度的要素初具雏形。

受本质主义文化观的影响,80 年代我国外语教学中的"文化"默认等同于"民族文化""国家文化",极少有学者(如胡文仲,1985)关注到民族、国家内部的(亚)文化多样性。文化学习的对象主要局限于"目的语文化"(如鲍志坤,1997;崔树芝,1986;杜瑞清 1987;谷启楠,1988;王伟华,1987;吴国华 1990),即学什么语言就只学习该语言使用国的文化,因此,这一时期的英语教学中探讨的文化多局限于"英美文化""西方社会"等。其中,已有学者指出英语作为通用语所涉及的文化问题,但他们认为,针对一般英语专业的学生,仍应以英美文化为主要教学内容,除非有特殊培养需要,也可教授其他有关国家的文化(谷启楠,1988)。概括而言,80 年代我国外语教育中文化教学的内容可以说是一种单向的文化,即作为语言学习者去了解目的语国家的文化。学习者作为文化主体,其自身的文化在外语教学中常被忽略。不过,此时已经有不少学者都注意到了外语教学中"本族文化"/"母语文化"的问题(如杜瑞清,1987,谷启楠,1988;何道宽,1986;胡文仲,1982;沈安平,1986,吴国华,1990),并对"本族文化"之于外语学习、文化学习的积极作用进行了阐述。同时，他们也关注到了对于"本族文化"与"他族文化"的态度取向问题，指出教学中应避免"民族中心主义"（ethnocentrism），同时也不可抹去本族文化，丧失自己民族的文化自尊与认同。理想的态度应该是尊重、包容、和睦共处，形成一种介于文化之间的第三文化的交流（李磊伟、李文英，1988）。

2.2.4 20 世纪 90 年代

1. 国外相关研究

90 年代的欧美跨文化外语教育领域涌现出了领军人物，拜拉姆和克拉姆契两位学者至今仍可谓是国际跨文化外语教育领域最具影响力的学者。拜拉姆的跨文化交际能力模型（model of intercultural communicative competence）（Byram, 1997）在欧洲学界成为主流。克拉姆契则在《语言与文化》（Language and Culture）这一著作中提出了在美国学术界颇具影响力的文化界定。"文化是在一个具有共同社会空间和历史以及共同想象力的话语群体中的成员身份。"（Kramsch, 1998：10）基于这一著作中的学术思想，她又在后期继续发展出象征能力（symbolic competence）（Kramsch, 2006）和文化流动性（Kramsch, 2015）等颇具影响力的核心思想与概念。这两位领军人物的观点一定程度上代表了 90 年代西方学者的共识，他们将新的教学目标确立为文化相对性立场的培养，希望学生通过认识到自己/他者背后文化的影响从而形成自我的转变，从而能够在不同文化之间进行有效地协调。这一教学目标通过各种不同的术语进行表述，如第三次社会化过程（tertiary socialization）（Byram, 1992; Simpson, 1997）、跨文化交际能力（intercultural communicative competence）（Byram, 1997）、跨文化能力（intercultural competence）（Crozet et al., 1999; Kramsch, 1998）和第三空间（third places）（Kramsch, 1993）等。Byram（1997）阐释道，这一目标导向下的文化教学的重点在于跨文化环境中个体间共享的人际关系。

与此同时，学者们将权力问题引入了有关教学内容的讨论中（Atkinson, 1999），对文化教学中已被广为接受的权威观点发起质疑。

质疑之一在于"文化"一词的分析价值，因为它含糊不清并经常被本质化到民族、国家的层面（Holliday, 1999）；质疑之二则直指文化教学中 BANA（British/Australian/North American）文化范本的权威地位（Kubota, 1999; Pennycook, 1999; Widdowson, 1994）。鉴于英语和英语教学的全球化趋势，学者认为应慎重考虑将 BANA 模板作为文化教学范本的做法。从 90 年代的文献中可以发现，文化教学的内容逐渐变得抽象，不似从前那样明确。同时，在 80 年代发展起来的普遍文化取向得到了继承，学者认为普遍文化取向的文化教学更具有效性，可以使学习者对无法预期的跨文化环境也能有所准备（Byram, 1997）。普遍文化取向之下的文化教学不再引导学习者在两个民族/国家的文化之间进行文化要素的比较，而是更多地让学习者参与到批判性的自我反思活动中（Atkinson, 1999; Byram, 1997; Crozet et al., 1999; Kramsch, 1998; Oxford, 1995）。批判转向支撑下的普遍文化取向也使得文化教学越来越具有包容性，那些在历史上被边缘化的文化群体也被正式纳入了文化教学课程之中（Atkinson, 1999; Kubota, 1999）。

90 年代后现代主义文化观的兴盛也引发了课堂教学实践层面的革新，一系列新兴的教学方法被开发出来，如学生调查项目（student investigative projects）（Simpson, 1997）、民族志（Byram, 1992; Holliday, 1999）、学生档案袋（student portfolios）、使用学生母语进行文化意识培养策略的显性教学（explicit teaching）（Byram, 1997; Oxford, 1995），以及探索文化边界的观点采纳练习（perspective-taking exercise）（Kramsch, 1993）等。同时，文化包和角色扮演等其他为我们所熟知的方法依旧被提及。学者也批评了过去将文化作为知识的教学方法，旅行知识（travel fact）和文化琐事（cultural trivia）一类的方法常被批评为过时落后。此外，学者也表达了对教师教育项目以及评估方法的不满（Byram, 1992, 1997; Moore, 1995; Moore et al., 1998），认为当时的评估滞后于新兴的文化观，无法体现出文化作为意义创造系统的这一特性，且忽视了观点采纳的重要性（Moore, 1995）。而这一批评得到了拜拉姆的回应，他在 Teaching and Assessing Intercultural Communicative Competence（1997）这一颇具影响力的著作中为外语课堂中的跨文化交际能力评估提供了详细的方法。

2. 国内相关研究

20世纪80年代，我国学者已普遍认同应在培养学习者语言能力的同时关注其社会文化能力，重视学习者语言得体性的意识，将语言与文化二者结合才能培养出真正具备外语交际能力的学习者。到90年代，文化与语言密切相关、不可分割这一观点已基本成为共识，文化教育作为外语教育的重要方面得到了语言理论工作者和广大外语教师的普遍认同（刘长江，2003）。然而，在文化教学研究初期，我国许多学者都认为外语教学中的语言应优先于文化，外语教学绝不以文化为中心，它只是传统外语教学的延伸、补充和发展（林汝昌，1996）。可以说，此时的"文化教学从属于语言教学，前者为后者服务"（张红玲，2012：4），文化教学的重要性虽得到承认，但仍处于从属地位。

就外语教学的目标而言，90年代起已有不少学者使用"跨文化交际能力/技能"这一术语，但要么聚焦于"知识"和"技能"的层面（如毕继万、张占一，1991；浦小君，1991），要么仅仅把"跨文化"作为交际的背景，实际内涵等同于交际能力（如杭国生，1994；王勇，1998）。也有学者对其内涵进行了详细的阐述并尝试自主建构跨文化交际能力系统，却未能产生较大的影响力（如曹文，1998；林大津，1996；潘晓慧，1996；徐波、黄沈渝，1998）。虽然跨文化交际能力这一教学目标在90年代引发了热烈讨论，日渐流行，"然而，对与之相关的一系列问题所进行的探讨（特别是有足够深度的探讨）却不多见，可以说还相当薄弱"（许力生，2000：17），学界仍需厘清这一概念的具体内涵并回答如何落实于教学实践的问题。虽然教学目标已经有了转变的迹象，但在教学内容方面，学者们仍延续80年代的做法，基本采用本质主义文化观，将"文化"等同于"国家文化"或"民族文化"。虽然有个别学者（如鲍志坤，1997；戚雨村，1992）关注到了亚文化的存在，但他们依然坚持"主流的原则"，认为英语教学中涉及的文化应该是"文化（英美文化）的共核部分，即英美等主要英语国家所共有的主流文化部分"（鲍志坤，1997：8）。

90年代的文化教学方法以文化导入为主流（如陈光磊，1992；廖光蓉，1999；束定芳，1996；赵贤州，1992），引介目的语文化知识。学者们对文化导入的具体方法展开了热烈的探讨。束定芳（1996）提出了在英语基础阶段教学中传授文化知识的几种方法，包括注解法、融合法、实践法、比较法和专门讲解法。鲍志坤（1997）提出通过介绍英美文化概况、分析对比汉英两种文化的异同、设立专门的语言文化课程、分析纠正学生的文化错误、编写语言知识和文化因素相结合的教材等途径在英语教学中进行文化导入。然而，文化导入的形式在后来受到了学者的批判。除了有关文化导入的讨论，90年代学者们也开始引介国外主要的文化教学方法，并尝试自主探索开发。胡文仲、高一虹（1997）详尽地介绍了八种具体的文化教学法方法：文化渗透、文化旁白（culture aside）、文学作品分析、文化片段、文化包、文化丛（culture cluster）、文化多棱镜和人种学训练方法。王英鹏（1999）则提出了直接阐释法、比较学习法、角色扮演法、案例分析法以及利用大众传媒等方法。但这些方法在具体教学实践中收效如何，仍然缺乏实证研究的检验。

2.2.5 进入 21 世纪后

1. 国外相关研究

21世纪后的国外学者主要从三个方面承袭发展后现代主义思想，并以此指导文化教学（Meadows, 2016）：（1）从文化作为产品（culture-as-product）到文化作为过程（culture-as-process）（Atkinson, 2004; Turizo & Gómez, 2006）；（2）关注文化教学中的权力问题（Agudelo, 2007; Álvarez & Bonilla, 2009; De Mejía, 2006; Kramer, 2000）；（3）挑战传统的文化权威，如以白人、母语者、标准语言为权威的BANA文化范本（Baker, 2009; Nault, 2006; Pennycook, 2000），同时还有对全球文化流动的探索（Risager, 2000, 2007; Singh & Dogherty, 2004）。

Byram（1997）提出的跨文化交际能力在进入21世纪后得到了学界广泛的认可，被普遍地视作文化教学的目标，这一做法在近十年来几乎已经成为国外英语教学领域的共识（Álvarez, 2014; Baker, 2012; Bonilla, 2012; Hall, 2012; Sybing, 2011）。不止于此，学者仍在跨文化的取向下积极探索完善文化教学的理念，并提出了诸多新概念，如象征能

第 2 章　跨文化外语教育的历史与现状

力（Kramsch, 2006）、跨文化语者（intercultural speaker）（Liddicoat & Scarino, 2013）。除此之外，也有学者将教学关注引向跨文化教育，将英语教学中的文化教学重新进行概念架构，将其作为一种自觉的包容性实践。其中包括批判的世界主义（critical cosmopolitanism）（Holliday, 2011）和跨文化意识（Baker, 2012）等概念。21 世纪前后至今，国外的教育研究领域涌现出了相当数量的跨文化能力模型（如 Byram, 1997; Deardorff, 2006; Fantini, 2000, 2009），但这些模型的有效性仍缺乏实证研究数据的验证（Byram & Feng, 2004; Hall, 2012）。此外，拜拉姆也在不断深化自己的理念，他指出了外语教育在公民教育（citizenship education）方面的价值，提出将公民教育中的"社会服务"（service to the community）融入外语教育，采用批判的、跨国（transnational）的视角，形成一种"跨文化公民教育"（intercultural citizenship education）的新概念，进一步拓展了跨文化外语教育的内涵（Byram et al., 2017）。然而，也有学者对这些广为引用的跨文化能力模型进行了批判和质疑。有学者指出，目前西方主流的跨文化能力模型多以个人为中心，忽视了跨文化过程中的对话者（interlocutor）以及语境的作用，且过多强调差异，忽视差异与共性的连续统，有将自我与他者限制为单一身份的倾向，这不利于开展真正的跨文化对话，更可能造成刻板印象和歧视（Simpson & Dervin, 2019）。

就教学方法而言，进入 21 世纪后，60 年代学者提及的民族志方法再次受到青睐（Byram & Feng, 2004）。对话、关键事件、角色扮演和协调任务（mediation task）（Paige, 2000）等早期沿用下来的方法仍广为推崇，阅读作业（reading assignment）、日志（journal）、特邀演讲者（guest speaker）、微格教学（micro-teaching）和多样性工作坊（diversity workshop）（Agudelo, 2007）等新方法也不断涌现，体验式学习活动（Badger & MacDonald, 2007; Roberts et al., 2001）、第三空间（Savignon & Sysoyev, 2002）等教学理念的应用也得到进一步的探索。还有学者提出将学习者的本族文化作为建立文化理解的工具（Baker, 2008; Çakir, 2006; Kim, 2002）。同时，学者对我们熟知的教学方法进行了批评，认为文化事件（cultural incident）这一文化对比分析活动可能会固化对于他者的本质观念，其结果有害无利（Guest,

2002)。此外,学者也通过案例研究对跨文化能力培养方法的有效性进行了验证(Cruz, 2007; Liddicoat, 2006)。需要特别指出的是,后方法状态(post-method condition)(Kumaravadivelu, 2001, 2008)的出现对文化教学产生了重大影响,尤其是在英语作为国际语言(English as an International Language, EIL)、学术英语以及特殊用途英语(English for Specific Purposes, ESP)领域。

近十年来,随着文化理解日益复杂化,学者也相应地在教学方法和课堂活动层面展开了新的探索。近年来,已有学者致力于弥合理论与实践之间的差距,尝试提出一些框架或模型,并以其指导教学实践(Díaz, 2013; Shaules, 2016, 2019)。具体的教学方法如实用民族志(pragmatic ethnography)、出国留学、当地文化探索、面对面跨文化对话和项目式学习法(project-based learning)(Baker, 2012; Fandiño, 2014; Hall, 2012)等体验式学习方式。社交媒体平台作为新兴的教学技术进入了学者的视野,被认为有助于语言学习者跨越地域界限,实现有意义的跨文化交流(Álvarez, 2014)。近年来,学者们积极尝试多元的教学方法,如使用视觉资料辅助教学(Kiss & Weninger, 2017; Kusumaningputri & Widodo, 2018),引入艺术领域如戏剧表演、视觉艺术等作为教学方法(Alaja & Pitkänen-Huhta, 2020; Harvey et al., 2019; Porto & Zembylas, 2020; Thibault, 2020),并对传统的教学方法如翻译法等从新的视角进行重新挖掘与应用(Gyogi, 2019; Fois, 2020)。但同时,相对传统的课堂教学任务仍未被淘汰,如反思性课堂讨论、对真实语料和课本的批判性验视、媒体文本探索、文化知情者(cultural informants)的课堂访问以及教科书对话延伸等(Gómez, 2015; McConachy & Hata, 2013; Pinzón, 2020)仍广为流行。

教学方法的革新也对教师提出了更高的要求,后方法理念下的教师角色得以重塑,过去结构主义教学理念下被作为文化知识来源的教师成为了文化学习的中介协调人。然而,在理论建构和学术研究成果辈出的同时,学术界与一线语言教师的课堂实践之间存在的脱节现象却愈发成为问题。学者指出,一线教师难以理解跨文化交际能力和后现代主义文化观,因而只得诉诸静态的文化呈现以及基于事实的文化教学(Álvarez & Bonilla, 2009),从"以文化为中心的方法"(culture-

第 2 章 跨文化外语教育的历史与现状

centered approach）迅速过渡到"跨文化方法"（intercultural approach）也会引发教师对文化间性（interculturality）的误解（Álvarez, 2014）。因此，学者开始关注教师教育项目，批评传统模式的教师教育的做法已不再奏效（Bayyurt, 2006），并指出当前的教师教育未能充分帮助语言教师做好准备来根据跨文化模式进行文化教学（Álvarez, 2014），因此，有必要对教师开展针对跨文化能力的特定模块培训（Agudelo, 2007; Paige et al., 2000, Young et al., 2009），以便帮助他们超越肤浅的文化琐事教学。但也有学者提出反向建议，认为应重新思考跨文化教学的目标，使其变得更容易实现（Schulz, 2007），而不是对教师提出更高的要求。为了解并解决一线教师在跨文化外语教学实践中面临的困境，教师在教学中的主体性作用越发得到重视，因此，教师知识、教师信念等相关主题愈发受到学界关注（Brunsmeier, 2017; Esteban-Núñez, 2021; Ghanem, 2017; Larzén-Östermark, 2008; Nguyen et al., 2016; Oranje & Smith, 2017; Sercu et al., 2006; Young & Sachdev, 2011）。同时，学者也开始尝试通过特定的培训项目来帮助教师提高自身的跨文化能力并将其运用到教学中（Strugielska & Piątkowska, 2016）。还有学者试图跳出现代的西方中心理论的束缚，基于对现有西方跨文化能力模型的批判，提出了具有批判性和反思性的跨文化教师教育与培训新模式、后现代模式（the postmodern model）和儒家模式（the Confucian model）（Dervin, 2020）。

除教师教育领域之外，学者还对文化教学的评估模型展开了批评（Byram & Feng, 2004; Kim, 2002; Sercu, 2004），指出开发具有信度、效度的评估方法的必要前提（Risager, 2000）。学者基于各自对跨文化能力的理解，尝试开发新的评估工具，如用以检验文本阅读文化理解程度的文化理解模型（model of culturalunderstanding）（Porto & Byram, 2017）、由身份认同识别（detect identification）、话语关注（paying attention to discourse）和情绪/行为控制（controlling one's emotion/behaviour）三个要素构成的跨文化能力自我评估模型（Dervin, 2010）等。与此同时，文化学习及语言学习的教科书也受到了批评，学者认为教科书中对文化群体的肤浅处理有悖于后现代主义的观点（Bonilla, 2008; Paige et al., 2000; Risager, 2020），且在选取内容时存在一定的偏见（American & Tajabadi, 2020; Canale, 2016; Gray, 2010）。语言教科书的内容本身也不足以进行文化教学（Abid & Moallam, 2019; Álvarez, 2014; Castañeda, 2012; Gómez, 2015; McConachy & Hata, 2013; Setyono & Widodo, 2019），通常仅限于文化的表层解释，无法满足培养学生跨文化能力的需求。语言教师需将教科书作为批判性验视的出发点，从差异、权力、意识形态、身份认同等深层文化的角度对其进行反思（Gómez, 2015; McConachy, 2018），但这对教师来说是一大挑战。为了更有效更全面地从文化角度对语言教科书进行验视，Risager（2018）还提出了一个分析框架，可为研究者、教师进行多维度批判分析提供借鉴。

21世纪文化教学的另一大重要议题是全球化急速发展背景下所产生的新兴英语教学领域，如英语作为国际语言、英语作为通用语（English as a Lingua Franca, EIF）和世界英语（world English）等（Baker, 2008, 2009, 2011; Bayyurt, 2006; Broady, 2004）。这些新领域的诞生要求学者们在对过去的文化教学发出挑战、质疑与批评的同时，对文化教学进行重新设计。在这些领域中，传统的BANA文化范本，即以母语者为范本和限于民族、国家层面的文化界定受到了强烈的质疑。在全球视野越发受到重视的时代背景之下，学者若依旧固守舒适圈，遵循固有的民族、国家边界，就显得有些不合时宜，与全球现实有所脱节。新领域的文化教学主要有三种发展路径（Meadows, 2016）：（1）继续探索可行的方法替代早期将文化作为分析单元的做法，如近十年得到广泛使用的实践共同体（the community of practice）（Cole & Meadows, 2013; Sharifian, 2015）以及以人为本的文化研究（cultural studies of the person）的折中方法（Atkinson & Sohn, 2013）等。同时，民族化文化（nationalized culture）和本质化文化（essentialized culture）越发受到批判（Baker, 2012; Kramsch, 2015）；（2）继续将文化进行重构，使之适应英语教学的全球化现实。学者建议遵循后方法状态的教学理念，将文化教学内容的决定权交回本土（Cogo, 2011; Fandiño, 2014; Izadpanah, 2011; Macías, 2010; Sharifian, 2015）；（3）超越语言/文化问题。正如前文所述，语言与文化二者之间的优先顺序已不再是个问题，取而代之的问题是能否根据教学目标将二者区分开来。根据文献趋势来看，学者倾向于接受文化不能与语言分开，但文化权威（cultural authority）应根据本土化情境来决定（Baker, 2012; Cogo, 2011; Fandiño, 2014）。

2. 国内相关研究

进入21世纪后，我国一系列英语课程大纲和教学要求都将"跨文化交际能力""跨文化交际"列入了教学目标、原则和内容，如2000年颁布的《高等学校英语专业英语教学大纲》在教学原则中首次提出了"注重培养跨文化交际能力"并要求"在专业课程的教学中要注意培养学生对文化差异的敏感性、宽容性以及处理文化差异的灵活性"（高等学校外语专业教学指导委员会英语组，2000：12）。2007年的《大学英语课程教学要求（试行）》也在教学性质和目标以及教学要求中提出了跨文化交际方面的内容。2011年启用的《义务教育英语课程标准》也明确提及了跨文化交际能力培养，将"文化意识"列为英语课程的五大目标之一，并包含"文化知识、文化理解、跨文化交际意识和能力"几部分内容（中华人民共和国教育部，2011：5）。2018年的《外国语言文学类教学质量国家标准》将跨文化能力作为外语类专业的核心能力指标之一，纳入人才培养规格，提出要特别突出跨文化能力培养。在这些纲领性文件的推动下，外语教育界基本达成了将文化教学与语言教学统一，并与培养具有跨文化交际能力人才的目标相结合才能提高外语教学水平的共识。从根本上而言，跨文化外语教学理念从目标到内容始终都在响应国家对现代外语教学的发展要求（付小秋、张红玲，2017），这也可以说是我国跨文化外语教育发展的特点，即自下而上推动，自上而下推行。

然而，如前文中所提及，虽然跨文化交际能力这一概念在90年代已经开始流行，但与之相关的深入探讨仍不多见，而"这种情况在十几年后仍未好转"（胡文仲，2013：3）。就早期而言，学界对跨文化交际能力的探讨深度与其热度不相匹配，甚至存在概念不清的问题，而最常见的是将"跨文化能力"和"跨文化交际能力"视为相异的概念，不互换使用。进入21世纪后，学者们注意到了这一关键问题并指出，外国学者使用这一概念时一般都将二者互换使用，大部分相关学术文献对这两种能力都不予区分（胡文仲，2013；杨盈、庄恩平，2007）。我们赞同学者们的观点，认为"将跨文化交际能力与跨文化能力对等有利于将我们的观念从语言交际的狭隘视野中解放出来，从而在跨文化交际能力培养过程中注重语言交际能力的同时，看到跨文化意识、思维能力、非语言交际及交际策略等方面的重要性"（杨盈、庄恩平 2007：16）。出于这样的考虑，本书选用"跨文化能力"这一措辞，以期跳出"语言""交际"的囿限。

我国外语教育领域的跨文化能力研究虽起步较晚，但所幸的是，近二十多年来在跨文化能力概念梳理界定（胡文仲，2013；文秋芳，1999；张红玲，2007）和理论模型建构方面产出了不少成果（戴晓东，2022；顾晓乐，2017；贾玉新，2004；孔德亮、栾述文，2012；宋莉，2008；孙有中，2016；许力生、孙淑女，2013；杨盈、庄恩平，2007；张卫东、杨莉，2012；赵爱国、姜雅明，2003；钟华、樊葳葳，2013）。但从文献中可发现，无论是教学大纲还是学者的阐述都仍未能对跨文化能力的具体内涵完全达成一致。比如，贾玉新（1997：480）认为："有效的跨文化交际能力至少由基本交际能力系统、情感和关系能力系统、情节能力系统和交际方略能力系统组成。"杨盈、庄恩平（2007：20）认为："跨文化交际能力由全球意识系统、文化调适能力系统、知识能力系统和交际实践能力系共同组成，它们相互交织、密不可分，共同构成跨文化交际能力的框架。"张红玲（2007：70）将跨文化交际能力定义为："掌握一定的文化和交际知识，能将这些知识应用到实际跨文化环境中，并且在心理上不惧怕，主动、积极、愉快地接受挑战，对不同文化表现出包容和欣赏的态度。"毕继万（2005：66）认为："跨文化交际能力是在跨文化交际环境中由语言交际能力、非语言交际能力、语言规则和交际规则转化能力以及文化适应能力组成的必备综合能力。"尽管不同学者对于跨文化能力的内涵有各自的理解，但是从他们所列的要素中可以归纳出共同的部分，即认知、感情（态度）和行为这三个层面的能力（胡文仲，2013）。经过学者的探索，外语教育语境下的跨文化能力内涵不断丰富，外语教学中的文化教学目标提升到了更高的层次，不再仅仅是为了了解目的语文化知识从而清除交际中由于文化差异而导致的障碍，而是要使学生认识到文化多样性的客观存在，并形成可取的"文化观"，同时掌握实际沟通中的技能，从而实现有效、得体的跨文化交际。

第 2 章 跨文化外语教育的历史与现状

跨文化能力研究在我国的兴起使得我国外语教育的目标得以细化，与此同时，90 年代我国引入的跨文化教育思潮，使"跨文化"三个字的内涵在进入 21 世纪后又不断地丰富、深化，它不再仅仅是为区别于同质文化内的交际而对交际语境做出的限定，也不再停留于对文化背景差异的客观描述。跨文化教育作为一个研究领域，在 20 世纪 60 年代已经出现了相关的理论探讨，而它作为一种国际教育思潮，在联合国教科文组织的推动下，于 20 世纪 90 年代真正兴起。我国教育学研究领域的学者最早对这一教育思潮及相关理念进行了引介和评述（王鉴，1995；徐波，1997）。进入 21 世纪，学者介绍、批评美国等国家的多元文化教育和跨文化教育，并对我国开展跨文化教育的意义、作用及策略展开了探讨（韩骅，2000；鲁子问，2002a，2002b；王鉴，2003，2004；曾煜，2005）。根据黄志成、魏晓明（2007）的总结，跨文化教育是要在多元社会中通过教育来促进不同文化团体之间的相互理解、尊重和对话，发展和维持一种能够平等共处的生活方式，其核心价值是接受并欣赏文化差异，尊重人的尊严和人的权利，各文化均有其特性，应相互尊重、相互学习，非主流文化也应受到应有的重视。这与外语教育的人文性和育人功能不谋而合，因此很快被学者们引入外语教育领域。其实，跨文化教育一直是外语学科的隐形课程（hidden curriculum）（鲁子问，2002a），而外语教学也是跨文化教育最有效、最重要的阵地之一（张红玲，2012）。随着外语教育中的跨文化教育研究逐渐升温，进入 21 世纪后，我国外语教育研究领域也产出了具有代表性的研究成果，如鲁子问（2005）、张红玲（2007）由文化视角指向语言视角，从外语教育的时代背景出发，阐述了外语教学的跨文化教育功能。其中，前者将跨文化教育深入基础教育阶段，在中小学英语课堂开展教学实验，这在以高等教育为主要阵地的我国跨文化外语教育研究领域具有重要的开拓意义；而后者则首次提出了"跨文化外语教学"这一术语，并做了全面而深入的阐述，是国内第一部系统研究跨文化外语教学的专著。此后，张红玲（2012）又专门撰文评述以跨文化教育为导向的外语教学的发展历史与现状，对外语教学中的跨文化教育进行了内涵的界定与目标的细化，并展望了未来的研究方向。

我国外语教育中的文化教育虽由来已久，但仍有颇多需要改革之处，亟待学界深入开展跨文化教育的理论研究，并以理论研究为基础指导跨文化教育实践。基于此认识，孙有中则明确指出，外语教育本质上就是跨文化教育，并提出了作为英语教学新范式的人文英语教育（Liberal English Education, LEE），其基本内涵即在"高校英语专业技能课程教学中，通过语言与知识的融合式学习，构建合作探究学习共同体，同步提高语言能力、思辨能力、跨文化能力和人文素养"，并提出三项基本教学原则："（1）语言课程应与人文英语教育紧密结合；（2）语言能力包含思辨能力和跨文化能力；（3）语言教学是一个合作参与的社会文化建构过程"，认为"语言教学与知识教学和跨文化思辨教学相矛盾的观念应当更新"（孙有中，2017：859）。然而跨文化能力的培养并非一蹴而就，跨文化教育具有阶段性、终身性的特点，应融入大、中、小学各个学段，而不应仅仅是高校外语教育的研究重点。为填补我国研究在这一方面的空白，张红玲团队多年来致力于跨文化外语教育的理论研究与课堂实践，深入大、中、小学外语课堂开展教学实验，探索构建了跨文化能力"四三二一"理论框架，开发了涵盖中国学生各学段跨文化能力发展的一体化模型（Integrated Model for Chinese Students' Intercultural Competence Development, IMCSICD），并进行了初步验证（张红玲、姚春雨，2020）。此后，学者基于该理论模型，并借鉴教育目标分类学和发展心理学理论，运用焦点访谈、教学实验等方法通过多轮实证研究进一步研制了我国外语教育中的跨文化能力教学参考框架（张红玲、吴诗沁，2022），为各学段教师开展跨文化外语教育实践提供了切实的指导。可以说，跨文化教育概念的引入，使得文化教学与外语教学有机整合，丰富了跨文化外语教育的内涵，并反过来以跨文化的目标指导外语教学。跨文化能力作为外语教育的目标应贯穿基础教育、中等教育和高等教育全学段，是一个终生发展的过程。学者基于这一共识不断探索，填补空白，跨文化外语教育的理论完善与课堂落实指日可待。

总体而言，目前我国外语教育学界就外语教育的目标已在以下几方面达成共识：（1）外语教育应兼顾工具性与人文性；（2）跨文化能力应作为外语教育的重要目标；（3）跨文化能力包含但不仅限于语言交际能力；（4）跨文化能力不仅包含认知理解层面和行为技

第 2 章 跨文化外语教育的历史与现状

能层面,更重要的是情感态度层面;(5)跨文化能力的培养应贯穿全学段,是一个终生发展的过程。

在深入探讨教育教学目标的同时,学者也就教学内容提出了新的议题。2000 年前后,我国外语教育界学者意识到一种所谓中国文化失语症(从丛,2000)的存在,开启了关于外语教育中本族文化的热烈讨论。其实早在 1980 年,许国璋就指出,在英语教学中,不仅应注意英语国家的文化,还应注意我国自己的文化,但这一问题真正引起学界重视仍是近二十年的事。《高等学校英语专业英语教学大纲》(2000)也明确将"熟悉中国文化传统"列入要求,并在课程设置、教材编写上都充分强调了母语文化的地位。就学术界而言,刘长江(2003)的观点可作为代表,他明确指出,当前我国外语教育中的文化教育应主要解决的两个问题是:(1)学习了解目的语文化和母语文化;(2)学会用目的语表达这两种文化。因为在 21 世纪的今天,我们学习外语的目的不只是单向学习吸收目的语文化,而是实现双语文化的交叉交际。

然而,在 21 世纪全球化背景下的外语教学,尤其是英语教学,面临的另一个问题是英语的全球化使用,即英语作为国际通用语的使用背景。如前文所述,国外学界针对英语全球化问题对文化教学进行了重新的设计,我国学者也同样开始反思过去二十年的文化教学。最早在 90 年代末期已有学者对此展开论述,但未形成较大影响。曹文(1998)指出,我国的英语教学实际上是一种国际语言教学而非一般的外语教学,并从这一实际应用需求提出,文化教学应注重交际能力的培养而非简单的文化知识积累,同时也不能仅局限于少数几个以英语为母语的民族文化,应强调本族文化视角,并将目的语文化、母语文化及其他文化都囊括于教学内容中。进入 21 世纪后,学者对此问题的探讨更为深入。吴庄、文卫平(2005)指出,在全球化趋势下,英语顺应历史潮流成为名副其实的国际语言,新英语变体(new Englishes)大量涌现,跨文化能力成为英语能力的评价标准。这两大新特征要求英语教育摈弃传统的以英美文化中心论为基础的 EFL(English as a Foreign Language)和 ESL(English as a Second Language)教育观,采取以跨文化能力培养为中心的英语作为国际语言的教育模式,把文化教学从目的语文化层面拓展到母语文化层面和国际目的语文化层面。张红玲(2007)也明确指出,英语作为国际通用语的教学是当今世界英语教学的特点,新时代英语教学的目标也随之相应地从母语者转变为跨文化的人(intercultural person),即培养具有跨文化能力的人。

以此视角观照我国外语教育领域产出的跨文化能力理论及模型,我们可以发现,就教学内容而言,仅以目的文化为主的单向模式几乎已被时代淘汰。但目前仍存在两种模式,第一种是加入本族文化的双向模式,包括母语—目的语文化的双向模式(孔德亮、栾述文,2012;孙有中,2016;张卫东、杨莉,2012)以及本族—异族文化的双向模式(高永晨,2014;彭仁忠等,2020);第二种则是融入除母语、目的语文化外其他世界文化的多元模式(许力生、孙淑女,2013;张红玲,2007;张红玲、姚春雨,2020;张红玲、吴诗沁,2022)。张红玲(2007)指出,融入除本族文化与目的文化外其他文化的教学是跨文化外语教学不同于其他以文化为基础的外语教学的特点,因为跨文化能力是"一种以学习者母语和本族文化以及目的语和目的文化的学习、交流、反思和体验为途径,同时兼顾学习和了解其他语言和文化的特点,进而超越各种具体文化束缚的一种灵活的交际能力,是以与来自世界各种不同文化的人们进行有效交际为目的的能力"。若排除其他文化,则"不利于培养学习者的跨文化意识,也不利于跨文化的人的培养目标的实现"(张红玲,2007:198)。除此之外,另一个值得探索的问题是如何将本族文化有机融合入教学内容中。叶洪(2012)曾利用澳大利亚墨尔本大学跨文化"第三空间"理论探索了利用国内丰富的内文化交际作为教学资源的可能性,然而这一方面的研究与教学指导还相当匮乏。

与国外相比,我国关于普遍文化与具体文化两大取向如何进入跨文化外语教学的讨论并不多见,高一虹(2002)关于跨文化能力培养的"跨越"和"超越"两个层面的理论,实际上与具体文化取向和普遍文化取向相通,而张红玲、姚春雨(2020)构建的中国学生跨文化能力发展一体化模型在认知理解的维度也采用了具体文化(外国文化、中国文化)知识和普遍文化知识的划分,并对各个学段相应的教学内容目标做了描述。另外,后现代主义文化观引发的教学转向在我国还未深入到教学的各个方面,学者在文化教学内容层面的讨论还有许多亟待解决的问题。曹文(1998)警示,将目的语民族文化作为整体进行教学可能有形

第 2 章　跨文化外语教育的历史与现状

成刻板印象的危险，并提出应以目的语民族中的个体而非整体为对象讲授文化。然而，这一跨文化交际悖论（高一虹，1995）直至目前在教学中还未找到行之有效的解决方法。此外，西方近年来越来越受关注的批判转向在我国也并未产生太大影响，对权力关系等问题少有学者涉足。这些主题都可以成为我国跨文化外语教育界未来的研究方向。

在教学方法方面，90年代盛行的文化导入形式在21世纪受到了学者的批判。张友平（2003）指出，文化导入的提法有将语言与文化割裂之嫌，与学界已达成的语言与文化密不可分的共识不符，且无法体现出学生的主体作用。高一虹（2002）则将文化导入视为一个知识中心的概念。这种知识中心的模式虽易于操作，但往往灌输性强而启发性弱，难以处理文化的多元性、发展性，所传授的文化知识难免流于文化定型。且根据这一概念，文化似乎是某种外在的物质存在，需要被人为地导入本来很"纯粹"的语言教学之中，这与跨文化外语教学的理念不符。将文化作为事实性知识由教师传授给学生的文化导入模式虽然便于让学生在短时间内了解某种文化现象和规则，但缺陷在于被动接受的文化知识很难直接转化成跨文化能力，有将跨文化能力培养简单化之嫌，容易造成僵化、狭隘的文化观（胡文仲，2013；黄文红，2015；张红玲，2007，2012）。

在对文化导入展开批判的同时，我国学者也开始借鉴国外的教学方法，结合本土教学实际展开了自主探索与开发，替代文化导入的教学模式。陈申（2001）提出了文化讲座、文化讨论、文化参观、文化欣赏、文化会语、文化合作、文化表演、文化交流、文化谜语、文化冲突和文化研究等教学方法。蒋红、樊葳葳（2002）提出了以综合技能训练为基础（skills-based），以文化包为核心，以实践为导向（practice-oriented）的 SCCP 教学模式。张红玲（2007）介绍了文化讲座、关键事件、文化包、文化群、模拟游戏五种广泛使用的文化教学方法，并提出五种将文化教学与语言教学有机结合的方法，如通过文学作品分析进行文化教学，将文化教学与词汇教学、阅读教学、听说教学、写作教学相结合，此外，她还重点推介了民族文化学的参与观察法在跨文化外语教学中的应用。杨盈、庄恩平（2008）则提出通过背景知识导入、文化内涵探索、案例分析、角色扮演与情节模仿、实例搜集五种教学方法提高学生的全球意识能力、文化调适能力、跨文化知识和交际实践能力。

然而，新兴教学模式的提出不能停留于纸上谈兵，鉴于此，近十年来，学者越来越关注微观层面的课堂教学研究，试图通过开展行动研究、教学实验等方法探索并验证跨文化外语课堂教学的新理念、新途径。一些学者将国外学者的教学理念融入跨文化外语教学，如由克拉姆契最早提出并由 Lo Biancoet et al.（1999）系统阐发的"第三空间"理论（叶洪，2012）、莫兰提出的"Cultural Knowings"文化学习模式（常晓梅、赵玉珊，2012）、麦基罗（Mezirow）的转化学习理论（郑萱、李孟颖，2016）、哈默（Harmer）提出的ESA教学理论（杨桂华、赵智云，2018）、里迪克特的跨文化教学模式（邵艳春，2018）等；也有学者结合具体课程自主开发创新性教学模式，如黄文红（2015）依托英语专业综合英语课设计的过程性文化教学模式；杨华、李莉文（2017）在大学综合英语课中开发的产出型语言文化融合式教学模式；颜静兰（2018）借助英语报刊公选课开发的"SIIIN"教学模式以及将国际慕课平台FutureLearn上的"跨文化交际"课程融入大学英语课堂教学的混合式教学模式等。教学途径则有网络和多媒体教学法（孙淑女、许力生，2014）、跨文化培训法（付小秋、张红玲，2017）、民族志跨文化外语教学法（张红玲、赵涵，2018）等。此外，也开始有学者关注与专业结合的跨文化能力培养，如翻译硕士专业（MTI）"跨文化交际"的语篇分析教学模式（尤泽顺等，2017）、跨文化交际视角下的商务英语语用能力培养策略（冯敏，2014）、商务英语专业跨文化交际能力框架及培养途径（柳超健，2018）等。

教学革新的落实需要学术界的理论指导和实践性的学术研究，但教学中重要的主客体因素也不容忽视，因此，跨文化外语教学中的教师、学生与教材也在近十年间越发受到重视。学者通过问卷调查的方式对我国外语教师及学生开展了跨文化能力现状的描述性研究（樊葳葳等，2013；韩晓蕙，2014；胡超，2005；邵思源、陈坚林，2011；史兴松，2014；吴卫平等，2013；张淳，2014），并对跨文化能力的培养模式展开探索（葛春萍、王守仁，2016；顾晓乐，2017；李艳、张卫东，2013；潘亚玲，2008；孙有中，2016）。教材研究则主要聚焦外语教材中的（跨）文化内容分析及跨文化教材评价（康莉、徐锦芬，2018；史

第2章 跨文化外语教育的历史与现状

兴松、万文菁，2021；肖龙福，2004；张蕾、马兰，2004；张虹、于睿，2020；郑晓红，2009，2018），并针对跨文化能力培养的目标对教材编写提出建议。此外，作为教学中的重要环节，跨文化外语教学的测评近年来也成为一大研究主题，学者多采用实证研究方法对跨文化外语教学和跨文化能力要素进行评估与测试。一些学者致力于测评量表的开发以及测评模式的构建（廖鸿婧、李延菊，2018；沈鞠明、高永晨，2015；孙永春，2019），另一些学者则对学生跨文化能力开展测评，采用混合方法，结合量表及访谈数据，评估具体课程对学生跨文化交际能力水平的影响（廖鸿婧、李延菊，2017），评价学生跨文化交际能力培养效果（高永晨，2016），描述学生跨文化能力自我评价结果（樊葳葳等，2013）。另外值得注意的是，竞赛（张红玲等，2018）和语言测试（杨莉芳，2018）也逐渐成为评估学习者跨文化能力的有效手段，并能反过来对跨文化能力培养产生反拨效应（王佳音、孙颖，2018）。2022年，彭仁忠、吴卫平团队基于CAK模型设计开发了面向全国高校学生及多元文化工作环境的职场人士的跨文化能力考试。该考试分为初级、中级和高级三个级别，考察跨文化交流技能、跨文化认知技能、跨文化态度、跨文化意识、中国文化知识和外国文化知识六个维度，并通过Rasch模型对初级试卷进行质量分析（彭仁忠等，2022），为我国跨文化能力评估探索了一条新的路径。

2.3 我国跨文化外语教育发展历史与现状分析

2.3.1 跨文化外语教育发展历史的分析总结

纵览20世纪60年代以来国内外外语教育中的文化教学研究与实践，可以总结出以下五条主要脉络：

（1）文化理解的转向。外语教育中的文化理解经历了从现代主义文化观到后现代主义文化观的转向，但需注意的是，两种文化观是并存的，后者并未完全取代前者，理论发展的更新换代并非绝对。可以说，每一个时期学者们关于文化的界定以及对教学方法的讨论总会被批评为过时老旧，但即使在后现代主义蓬勃发展的当下，现代主义的理论方法依旧存在（Meadows，2016）。正如克拉姆契所总结，在当今语言教学理论与实践领域，现代主义和后现代主义两大视角并存，且取决于各自的学科背景及认知取向（Kramsch，2013）。总地来说，当今外语教学中的文化观与语言文化教学观主要存在两大不同取向（Piątkowska，2015）：第一种是静态的文化观，将语言与文化分开，在教学中常采用基于知识的（knowledge-based）方法以及对比的方法来培养学生的文化能力；第二种则是动态的文化观，将语言与文化视为互相依存的关系（Ho, 2009），以培养学生的跨文化能力为目标。

（2）教学目标的转变。外语教学的目标经历了从语言能力到语言交际能力再到跨文化能力的转变，知识的学习已不再是最重要的目标，情感态度的调整与行为的变化愈发得到重视。在国外文献中，从具体文化取向到普遍文化取向是教学目标的重要转变，跨文化能力的内涵也随之从避免文化陷阱的能力发展为调节文化边界的能力。而在我国，目标的转变体现在学界对外语教育作用的认知从单一的工具性拓展到了兼顾工具性、人文性、育人性，外语教学的双重目标，即语言文学目标（即掌握目标语言系统和语言应用技能）和社会人文目标（即培养社会技能和人文素养）（张红玲，2007）。外语教育承载着培养学生外语语言能力和跨文化能力的双重使命，语言教育和文化教育地位同等重要（王守仁，2016），这一观点几乎已成为我国学界的共识。

（3）路径方法的拓展。外语教育中的文化教学路径主要经历了三种方式（Zhu, 2013）：一是文化作为内容的教学（culture-as-content approach），这一路径与张红玲总结的"文化作为知识的教学"（张红玲，2007：161）类似。这一教学路径的主要表现是将目的语文化作为语言学习的背景知识进行介绍，将语言与文化割裂教授，并且把文化局限在文学、历史、地理的层面，并被简化为4F（four Fs），即食物（food）、集市（fair）、民俗（folklore）及统计事实（statistical fact）（Kramsch，1991）。文化包、文化同化、文化岛（culture island）以及戏剧（drama）是这类教学路径的主要方法；二是语言文化融合的教学（integrated language-and-culture approach），区别于第一种教学方法将文化作为独立于语言要素的另一维度的做法，80年代起国外学者呼吁在教学中将文化与语言融合。但关于融合什么，如何融合的问题，学界又有不同的观点，比如将学习者的本族语言文化融入外语教学，将文化学习融入语言学习的方方面面，将文化意识融入交际能力且作为其中的重要组成部分。这一路径可以对应我国早期的文化导入；三是通过语言教授文化的跨文化教学（intercultural culture-through-language approach）。不同于前两种将母语使用者作为教学目标的路径，这一路径意在帮助学习者成为能够协调于不同文化与观点之间的跨文化语者，并形成一个介于本族文化与目的文化之间的第三文化（third culture）或第三空间。当然，这一教学路径并非意在取代其他教学路径（如基于任务的学习或以学习者为中心的课程模式），而是试图基于这些教学研究的成果进一步推进语言文化教学的发展（Corbett, 2003）。这一路径在我国的表现为，教学内容从目的文化转向多元文化并强调本族文化在外语教育中的重要性；突破以民族、国家为界限的本质主义文化观，关注内部文化差异，并将亚文化纳入教学范围；注重文化的动态发展特征，将文化视作一个动态的过程而非静态知识来讲授。

（4）教师角色的重塑。教师从原来的文化知识中心变为知识的促进者，更准确地说，跨文化培养的促进者（Meadows, 2016）。这一转变同样也反映在我国跨文化外语教育的发展历程中。在"以学习者为中心、以学习为中心、以任务为中心的现代教育观念"下，"教师既是学习者学习的向导，是教学活动的组织者和协调者，他（她）还是学习者的同学和朋友"（张红玲，2007：324），教师角色由知识传播者被重塑为文化中介人（曹文，1998）。这种教师角色的转变广为我国跨文化外语教学研究者和工作者所认可。

（5）文化地位的提升。在我国，文化在外语教学中的作用和地位经历了三个阶段的变化：第一阶段是最早的以文学欣赏为主要目的的文化教学，文化仅仅作为背景知识教授给学生，处于边缘地位；第二阶段，文化知识的学习被作为语言学习的手段，以帮助学生避免交际中的误解与错误，处于语言教学的附属地位；第三阶段，文化教学取得了与语言教学同等重要的地位，对异文化的了解成为了反思本族文化的重要途径，以此提升学生的跨文化意识与能力（张红玲，2007）。总之，在外语教学中，语言教学和文化教学之间的关系经历了从割裂到并行再到融合的阶段，文化教学的地位从语言教学的边缘到附属再到与语言教学并重。直至如今，从外语教育的育人属性来看，甚至更有文化教学引领语言教学的趋势。

2.3.2 跨文化外语教育研究现状的问题剖析

我国跨文化外语教育研究始于80年代文化教学研究的兴起，至今已有四十余年，总体而言，热度只增不减，深度有所增进，视角逐渐开阔，方法日趋成熟，对象不断细化，内容日益丰富，成果令人欣喜，但同时也存在不足与缺憾。综合学者们对我国跨文化交际和跨文化外语教育研究的述评（付小秋、顾力行，2015；胡文仲，2005；孔德亮、栾述文，2012；彭世勇，2005；王晓宇、潘亚玲，2019），以及笔者对本章涉及文献的梳理，可以总结我国跨文化外语教育研究现状存在如下问题：

（1）研究路径上，抽象的理论思辨多，具体的实践实证少。我国跨文化交际及跨文化外语教育研究的一个突出弱点是缺乏实证研究。胡文仲（2005）对1999-2002年我国学术刊物上发表的跨文化交际论文进行了分析研究发现，基于实证研究的跨文化交际论文不到1%。王晓宇、潘亚玲（2019）对2000-2018年中文核心期刊的506篇跨文化外语教学研究论文进行了文献计量分析。根据他们对研究方法的统计，非实证研究类论文居多，占总体的87.35%，而实证研究类论文仅占12.65%。然而，相较国内而言，国外社科类学术刊物的实证类论文大多占主导地位。近年来，我国相关研究中的实证研究比例有所上升，呈增长态势，但与国际主流研究相比仍有一定提升空间。而在实证研究的方法中，又以实验法/准实验法以及一般性调查为主，因此我们有必要拓展研究方法，尝试更多地使用质性或混合方法进行微观层面的教学研究。

（2）理论建构上，机械性、介绍性研究多，本土性、创造性研究少。孔德亮、栾述文（2012）分析了2001-2010年以跨文化外语教学为主题的84篇学术论文和33部专著后指出，我国的相关研究仍

第 2 章　跨文化外语教育的历史与现状

处于引进多、创新少的初级阶段，缺乏真正符合中国外语教育特点的本土化研究，重复性、机械性研究比较普遍。以跨文化能力模型的建构为例，我国现有跨文化能力模型结构单一，其原因在于理论来源狭窄，实证、实践基础薄弱（付小秋、顾力行，2015），大多借鉴西方理论模型成果，尤其是拜拉姆的模型最常被引用。西方研究发端早，理论丰富，方法成熟，势必成为我国学者开展研究的重要借鉴对象，然而，在借鉴西方研究成果的同时，我们应时刻警醒，避免受西方中心主义的影响，需立足我国国情与教学现状，积极探索中国语境下的跨文化外语教育研究与实践，建立属于中国学者自己的话语体系，开展本土化的实证研究与理论构建。外国学者德文就曾呼吁要摆脱"强大"的西方学者强加的所有模式，并曾反复提醒教师及研究者在使用这些模式时，应对其背后的意识形态有所警觉，加以审视，切忌全盘接收（张珊，2021；Dervin & Jacobson, 2021）。目前看来，我国学界对西方模式的批判性审视有所欠缺，将一些颇具影响力的理论模型奉为圭臬却对其背后隐藏的意识形态问题不够敏感，这或将对我国跨文化外语教育的发展造成不利影响。对于中国跨文化能力研究学者而言，摆脱西方理论的束缚，发展自己的视角是更为重要的努力方向（戴晓东，2019）。如何在西方成熟理论基础上建构适合中国语境的研究范式已成为我国跨文化研究的首要任务（张红玲，2010），几十年来已有学者尝试开展了本土化的探索。高一虹（1998）以中国文化中的"道"与"器"来解读跨文化交际的概念内涵；高永晨（2014）运用知行合一理论思想提出跨文化知行合一理论模型；张红玲、姚春雨（2020）立足中国语境，基于中国学生跨文化能力发展的现实需求建构中国学生跨文化能力发展一体化模型；彭仁忠等（2020）基于吴卫平等（2013）提出的中国大学生跨文化能力六维度模型构建了中国文化情境下的跨文化外语教学理论模型，但这些理论还需要大量实证研究的检验。

（3）研究性质上，基础研究多，应用研究和实用研究少。外语教学研究可分为基础研究、应用研究和实用研究。其中，基础研究探索理论模式，应用研究探讨模式的应用，实用研究将理论模式运用于教学实践（刘润清，2015）。目前，我国跨文化外语教育研究以基础研究为主，不少学者尝试建构了本土理论模式，但缺乏大量教学应用与实践对其进行验证与完善，这也正是孔德亮、栾述文（2012：19）所指出的"跨文化能力的构成要素研究多，跨文化能力的实践途径研究少"的问题。无论国内还是国外，跨文化外语教育研究领域中理论与教学实践脱节的问题一直存在，亟待解决。因此，学者还需进一步开展应用研究与实用研究，在理论与实践中架起桥梁，将本土理论成果更好地推广到教学实践中，并利用教学经验反过来促进本土理论的发展，形成良性的互动转化机制。所幸的是，近年来学者结合理论与实践的研究意识愈发强烈，在基于逻辑思辨以及文献研究提出理论模型的同时，注重实际课堂教学的应用实施，并通过教学实践来检验、修正、完善理论，产出了不少阶段性的成果（顾晓乐，2018，2019；彭仁忠等，2020；张红玲、姚春雨，2020），这样的模式值得广大研究者借鉴。

（4）学科背景上，孤立性、单一性研究多，复合式、交叉性研究少。拓展实证研究方法的有效途径是融合、借鉴其他学科的研究方法与成果。学科交叉是现今学术界的发展趋势，一个学科在自身的发展中离不开其他学科的新发现，同时也给其他学科以启迪（刘润清，1999）。纵观跨文化外语教育研究的发展历史，它的诞生本就是多个学科合力的结果，它从各个学科中汲取了丰富的理论资源，形成了跨文化外语教育研究的跨学科本质。就我国跨文化外语教育研究的发展而言，早期受社会语言学、人类学的影响重大。正如胡文仲（1982）所说，外语教学不仅与语言学、心理学、教育学密切相关，也与人类学、社会学有紧密的关系。此外，早期俄语教学领域的学者也贡献了来自苏联的外语教学改革成果，如"语言国情学"（吴国华，1990）、"文化背景教学"（吕圣尧，1987）等，这些都对我国跨文化外语教学产生了积极的推进作用。发端于20世纪60年代的跨文化交际学经由胡文仲（1985）、何道宽（1986）等学者的引介，进一步拓宽了语言教学中文化教学的范畴。就研究层面而言，跨学科趋势明显，但尚未形成合力和影响力（孔德亮、栾述文，2012）。王晓宇、潘亚玲（2019）指出，可将外语教学与其他以实证研究为主要研究范式的教育学、心理学等学科交叉融合，尝试开展跨学科研究，推动跨文化外语教育研究纵深发展。此外，我们认为有必要将眼光放回到早期影响重大的社会语言学与人类学中去，其中的话语分析法、民族志研究法等都对我们进行微观层面的教学研究有极大的借鉴意义。

（5）研究对象上，关于学生的研究多，关于教师的研究少；高等教育阶段研究多，基础教育阶段研究少。我国现有研究大多聚焦学生的跨文化能力，却忽视了教学过程中的另一重要主体——教师。作为教学理念的落实者，教师自身对文化、跨文化教学、跨文化能力等核心概念的理解对跨文化外语教育的课堂实践起到了几乎决定性的作用。因此，如何开展卓有成效的教师教育、教师培训也是重中之重，对教师自身的跨文化教学能力也需界定清楚。目前，已有学者关注到跨文化外语教育中的教师，本书也专辟一章聚焦教师相关问题。另一方面，我国现有研究多聚焦高等教育阶段，忽略了跨文化能力培养的阶段性、延续性、终身性（张红玲、姚春雨，2020），需要研究和论证不同学段对跨文化能力的规定，还需考虑中小学和大学跨文化教学的衔接（胡文仲，2013）。目前，由张红玲教授领衔的上海外国语大学跨文化研究中心团队在全学段一体化跨文化能力发展研究上已产出了阶段性成果，提出了中国外语教育跨文化能力教学参考框架，结合小学、初中、高中、大学阶段学生的身心发展特点设置了各学段跨文化能力教学内容目标的梯度描述语，并在此基础上设计英语课程，通过教学实验等方法对框架的适切性和有效性做了初步验证，可为各学段一线外语教师的跨文化教学实践提供有力支持（张红玲，2022）。

近年来我国跨文化外语教育研究已有了长足的发展，但未来研究仍需继续朝实证、跨学科、本土化等方向努力。在主题上，还可以在跨文化能力评价、跨文化外语教材研究、结合专业的跨文化外语教学、除英语外其他语种的跨文化教学、跨文化情感态度发展等方面深入挖掘，开展具有实践意义的实证研究。如今，后疫情时代的跨文化交际又面临新的挑战，跨文化外语教育研究领域势必也将出现更多新的研究议题与方向，时代的变化将给予我们源源不断的课题，留待学界努力探索。

2.4 小结

本章以国内外外语教育中文化观的演变及文化教学研究与实践的发展历程为线索，首先以20世纪90年代的后现代转向为界，回顾了自

20世纪60年代以来国内外外语教育中文化理解由浅及深、由简及繁、从静态实体到动态过程、从本质主义到非本质主义的演变历程。在此基础上，本章进一步分析了外语教育中的文化教学如何在目标、内容、方法、评估、资源、教师等方面经历一系列理念更迭和实践发展，使得文化教学从最初外语教育的边缘和附属地位逐渐成为外语教育人文价值和育人功能的核心体现，最终形成当今跨文化外语教育的理念与实践。我国的跨文化外语教育研究自20世纪80年代发展至今，成果频出，但在研究路径、理论建构、研究对象等方面依旧存在诸多问题需要学界进一步思考和解决。

第 3 章
语言与文化的哲学辨析

哲学思想主要是关于人之存在本性问题的理解。本章旨在从思想、理论和实践三个由抽象到具体的层面来梳理思维、语言与文化、社会间的关系。在理性主义—浪漫主义的思想分野之下,语言学理论分化为以乔姆斯基为代表的普遍生成语法和以博厄斯(Boas)与萨丕尔(Sapir)为代表的语言相对主义。普遍生成语法主张语言先天论,因此文化在语言与思维关系的探讨中处于缺失的地位,语言学习完全是个体认知能力的发展,与文化获得无关。而语言普遍性和先天性的信念又进一步成为认知神经语言学产生和发展的思想及理论基础,这一新兴学科力图通过大脑神经机制为可能存在的、人类共有的深层语言结构和语言机制提供生物学证明。语言相对主义则主张语言文化之间的相互建构,文化在语言与人类思维的发展之间发挥了极为重要的中介作用。在语言相对主义理论的指导下,产生了认知语言学和文化语言学两个更为具体的学科。认知语言学倾向于从个人认知层面来探究文化的影响,文化语言学则倾向于通过蕴含在语言之中的具身表达来观察文化经验或实践对特定群体精神和思维的影响。

语言相对主义的不断发展进一步促使文化与社会学研究的融合。如果说语言学家和文化学家更加倾向对语言和文化的本质加以探究,那么社会学家则更为关注语言与文化的价值观的关系,进而在特定群体身份的选择(即价值观的选择)与某种语言的选择和使用之间建立关联。国内的跨文化研究者在文化身份与语言选择的关联性的启发下,提出了以情感为导向的融合性身份认同,以揭示外语学习者文化身份的转换和升华、共情性理解和外语学习能力和水平三者之间的协同性发展关系。

3.1 思维、语言与文化、社会之关系概述

跨文化教育无论是理论建构还是实践的开展均离不开对思维（人）、语言、文化、社会等上位概念的前提性的元理论（meta-theoretical）理解。从目前研究范式和视角的多样性而言，学者关于上述概念的本质及其关系的讨论多是交织在一起的，但无论以什么方式来探讨上述对象间的关系，始终离不开对"人是什么"，或"思维是什么"这一本质性问题的认识，因为语言、文化、社会都是人类存在的产物，因此对人类思维的多样认识就成为贯穿这一研究主题的主线。也就是说，对思维与语言、文化、社会之间关系认识的复杂和多元，在根本上是由学者对人的本质，即对人类思维认识的复杂和多元造成的。总的来说，对于人类思维，即对人性的理解主要可以概括为：生物性、理性主体性、符号性、身份认同四种方式。不同的理解方式产生了不同的哲学思想流派，思想在语言、文化及社会的研究实践中不断被继承、发展和融合，进而产生了既有差异又有共识，同时还相互补充的研究范式和研究路径。其中，生物性和理性主体性这两种看似对立思想的创新性融合，为母语和文化习得的根源提供了先天论解释，同时也为生物神经机制与语言和文化习得之间的关系给予了合理性的证明。符号性是理解人、交际、文化三者间的相互建构和相互创造的主要思路。身份认同的获得是个体通过语言进行文化学习以实现社会化进程的主要理论解释。

3.1.1 思维的认知解读：生物性

受唯物主义哲学以及达尔文进化论的影响，理性的自然主义者提倡经由实证的路径来把握人类思维的本质及其产生原因，认为人的思维仅只是动物"思维"的更加高级形态，相较于动物，人类思维的产生只是程度上而非质的飞跃。力图以纯粹自然主义的方式来实现生理学和社会学及文化学统一的这一信念，势必会使研究者把目光聚焦于人类与动物脑部构造或神经结构的对比之上，在人类与动物生物结构的差异中寻找

导致人类思维独特性或人性的根本原因。将生物性的原因视为对人性问题的全部回答的做法，忽视了人类思维的创造特性。因为如果将人类的思维视为一种"高级本能"的话，就无法回答人类依靠本能"无中生有"地创造出自然界本身并不存在的事物这个问题，毕竟本能的唤起需要依靠经验世界中已存在的事物给予感官的直接刺激。人类在语言和文化方面的极大创造很容易使思想家对人性的理解突破生物学的边界，但这并不意味着对思维做生物性的解读丝毫无助于人们探求人类思维的本质。生物心理学和认知神经科学已经把研究触角深入到了语言学和文化心理学的领域，生物神经机制也在探究语言文化现象的产生和变化方面发挥了一定的解释作用，为大脑及心理内部语言机制及认知机制的理论设想提供了生物及生理学证明。基于大脑神经而展开的认知学习研究，无论是其成果还是其观察方法，均可以为跨文化教育所借鉴，一方面可以用以提供外语教学、文化教学、人文教育对学习者智力开发作用的显性实证数据；另一方面可以优化教育内容和输出的知识类型，增强知识和理论讲授的针对性和接受度，提升学习者的接受速度和认知效率。

3.1.2 思维的哲学解读：理性主体性

从古希腊哲学到黑格尔，西方古典哲学大抵都沿着理性主体的道路前进。人是理性主体，即人是理性存在的形而上观点仍在很大程度上主导着西方人文思想及研究的前进道路。在哲学领域中，理性作为人的主体性，不仅发挥了区分人与其他物种的分界线功能，更重要的是，它不但说明了人之创造性的根源，同时也阐释了外部客观世界得以产生及发展的逻辑前提。与动物不同，人的活动并不全是简单地对外部刺激予以本能式的直接回应，而是凭借自身理性思维，创造性地赋予外部事物以意义，然后对意义予以回应的思维和实践活动。在人类尚未通过理性规定赋予意义的地方对于人类来说，就是"非存在"的区域。人类理性凭借自身意义创造的能力，创造和发展了自身及外部世界，而这一意义创造的先天能力也为文化及语言的建构主义理论研究提供了最基本的思想支持。

理性主义哲学家普遍持有"精神第一性，存在第二性"的本体论思想，人的理性可以被表达为一种脱离具体经验世界，在纯粹的观念和范畴中进行思考的能力，本质上是在语言中进行思考的能力。这一能力是人区别于自然界其他物种的根据，是人性的表达。按照康德的理解，人类的理性中先天地存在某个或某些客观普遍的观念，这些观念是人类对自然界做出的最根本、最核心的规定，如果人的意识中不存在这些观念，外部世界的万事万物就不会向人类呈现。在这个意义上，世界是被人的理性精神，即语言范畴及其结构所规定出来的，语言是理性外化的同一性形式。语言与思维的同一性主张使得最初的语言学致力于在语言的多样性中总结语言的普遍结构，进而获得人之普遍的思维结构，文化、社会等导致差异的因素均被视为表层原因而加以忽略。但文化学者则看重人之理性存在的主体创造价值，语言的多样性恰好说明了人类思维，或者说是世界观的差异。语言学与文化学的不同借鉴促使跨文化领域显示出共性与差异的张力，过于强调共性会忽视文化多元的现实性，加深民族中心主义情绪，但过分主张差异也会弱化文化之间对话的基础，固化刻板印象认知。总的来说，人文精神，即不同民族和文化对人之理想和理想之人及其实现路径的思辨，是全世界所有民族之文化精神的共性。不同文化对人文精神的具体理解及其实现方式有所不同，因此跨文化教育应以人文精神为核心主旨，以人类文明的共性为基础彰显文化间的特性，让学习者在中外方人文精神的学习和体悟中，感受到人类共同的理想事业，树立人类命运共同体意识的同时理解各自的差异，进一步获得更为深刻和超越的跨文化意识。

3.1.3 思维的文化解读：符号性

如果说理性主义哲学家提出的是思维（理性）是人存在的证明，语言是思维同一性的表现，那么分析主义哲学家则更为直接，提出了"语言即为人之存在"的命题。这一命题在文化哲学领域就被重新表达为——人之意义的存在。人之意义存在与人之理性存在是相融互通的，是对理性主义哲学的继承性发展。人类所共同具有的客观普遍的观念是理性能力的基础，观念必定是对某种意义的语言形式表达，而符号又是某项观念或某种意义的外在形式。因此，人不仅是语言的存在，又是意义的存在，还是符号的存在。符号存在的观点率先由德国哲学家，文化哲学的创始人卡西尔提出。

  人类理性的最根本特征是先验的创造性，理性可以从某些具有人类普遍性的核心观念出发，在观念之间建立结构性的联系，进而发展和创造出更多的观念及其关系。人类观念世界的不断丰富和发展，也是外部客观世界不断向人类呈现自身的过程，观念之规定正是意义之创造，文明的开端正是人类意义创造的伊始。人类理性—观念—意义—语言符号的贯通，将学者对人性或理性思考的角度从形而上的视域转移到了经验世界中，人们不再单纯从存在的角度来思辨人与动物的本质区别（人性是什么？），而开始从经验世界中的人性活动，即文化创造这一只有人类才具有的生命实践来重新审视人性，即审视人的理性，也即人类的思维。对文化创造的过程、方式、变化的考察成为文化哲学家理解人类思维的主要途径之一。思维的文化哲学解读在很大程度上为文化人类学的产生和发展提供了充分的思想准备，这种解读本质上是哲学思考的实践转向，促使文化人类学和跨文化领域的研究者开始致力于从不同民族的意义创造方式出发，探讨文化之间的深层差异。理论研究的实践转向也直接影响了跨文化教育理念，出现了以"外语教学中心"到"经历/经验中心"的现实化和生活化的转变。跨文化教育实践开始尝试翻转课堂上语言和文化知识的传授模式，将实际生活情境作为学习的场所，以知识和方法去启发实践，鼓励学习者以民族志研究者的身份融入某一文化群体，观察该群体的意义创造和传播模式，并撰写民族志研究报告，并在撰写的过程中实践性地反思和审视自身在跨文化实践中所持有的情感、认知和行为（张红玲、赵涵，2018）。

3.1.4 思维的社会解读：身份认同

  卡西尔对思维的文化哲学解读又被社会学引入到社会领域的理论

建构和研究之中,社会现象及活动开始与人的文化心理相关联,形成了社会文化心理的解释。由于文化和社会都是人性活动的创造,人性的创造活动在本质上是人对符号以及意义的创造。这意味着在社会学领域看来,人类的类本质或者特有的思维方式通过一套符号或语言系统建构了一个文化的世界,使人不再像动物一样"直接面对客观实在"(卡西尔,2013:12),而是以文化为中介去认知世界和自我。每一个人类个体在文化世界中,一出生就被各种文化符号及意义所包裹。人对文化系统的学习与习得的过程在根本上是自身社会化的过程,个体习得了社会生存和适应的规则及技巧,更重要的是内化了特定社会文化的价值观,完成了自我身份的建构。语言在这个社会化的过程中充当了中介的作用,与上述对思维解读的三种视角不同,社会学不再静态地关注思维,而是将注意力放在思维的发展形成上,将语言习得视为人类完成社会化的途径和过程。语言和思维之间关系的动态理解使得社会学对思维与语言这一主题的探讨呈现出两方面的特点:第一,赋予思维更多建构的属性。人类思维除了具有普遍性,还存在差异性,如果说思维的普遍性是由人类本质所规定,那么差异性则是由语言或文化的多样性所导致的;第二,赋予思维更多的社会属性。思维的作用不仅是外向地认识外部世界,在根本意义上,思维更是人的自我认识形成的根本原因,因此对思维与自我身份之间的建构和语言影响的探究自然就成为社会学领域的关注重点。人类思维之社会属性的不断彰显也促使跨文化教育目标实现了由"能力导向"到"人格/素养导向"的转变。研究者逐渐意识到,跨文化教育中的学习者身处中外文化的对话之中,其内心也进行着自我文化身份的选择和建构,因此跨文化教育应以语言、文化对比、学术批判等能力的教学为切入点,旨在实现跨文化人格/素养培养这一立德树人的最高目标,而跨文化人格或素养最本质的内容就是融合性文化身份认同。所谓融合性文化身份认同就是超越本民族文化与他者文化之间的差异,领悟到文化之间的共性以及相互补充和启发的多样性,是一种兼具自身文化自信和对他者文化尊重和欣赏态度的身份认同。如何通过语言和文化的课程设置路径以更好地实现外语学习者融合性文化身份认同的自我建构,已成为目前和未来跨文化教育研究重点关注的课题。

第3章　语言与文化的哲学辨析

在对思维、语言、文化及社会四者关系有了概述性的认知以后，接下来就要对上述特定概念之间的关系及其在研究实践中的应用进行更为具体的说明。本章采取了"思维与语言""思维、语言与文化"和"思维、语言与社会"的说明顺序，这一顺序彰显了人文学科"人之生物自然存在—人之社会文化存在"的问题视域的变化过程，以帮助读者更为清晰地把握相关思想理论流派之间继承、扬弃、发展的逻辑线索和理论进程。在最初的思想中，思维（人性）和语言仅仅是作为自然或生物特征的属性和能力认识，而文化和社会则作为后天因素，在思维的获得和发展中被完全忽视或者处于次要的位置，因此无论是哲学思想还是研究实践都仅仅关注思维与语言之间的单向线性联系。而随着主体性哲学、后现代主义建构主义哲学的兴起和发展，人作为文化社会存在的精神属性被揭示出来，也就是说，生物或自然的存在并不是人的类本质，人之所以为人的根本原因在于其主体精神的树立，而主体性只能通过人的文化习得或社会化的过程获得。在这个意义上，文化和社会才逐渐作为影响个体语言习得和思维产生发展的情境化因素被加以重点关注。

根据学科之间上下位的基本结构关系，即上位学科为下位学科提供理论基础、下位为上位学科理论提供拓展和实证的双向互动结构，本书将以"从抽象到具体"/从"理论到实践"的路径为梳理线索，以此表明所讨论的问题所经历的"由思想，到理论，再到实证研究，最后到实践应用"的逐步充实和丰富的过程。具体而言，在思维和语言关系的讨论中，主要按照"理性主义哲学—生成语法—认知神经语言学"的学科和实践顺序来呈现；思维、语言和文化关系的讨论内容则以"浪漫主义哲学—语言相对论—认知语言学—文化语言学及文化教学"的顺序写作。这样安排的目的在于帮助读者从横纵两个方面来理解所讨论问题的发展。横向方面，着重展示就同一问题而言，不同平行学科在彼此借鉴又彼此批判的互动中提供不同解释方式；纵向方面，力争对不同哲学思想流派所派生的学科理论以及具体研究实践进行历时性的梳理，厘清问题产生源头，追踪问题发展脉络，以期把握问题全貌。

3.2 思维与语言

3.2.1 理性主义哲学：语言是人类理性存在的哲学表达

对于语言和思维的同一性认识，早在古希腊时期就已经被哲学家们提出，即思维或思想是人类所特有的，先天地存在于人的意识之中，语言是思想用于表达和交流的工具。可以说，西方思想文明起步就奠定了思维与语言之普遍性和同一性的理论起点及方向。通过笛卡尔（Descartes）、康德等理性主义哲学家批判性的继承发展，最终成为西方人文与自然科学研究的主导思想，成为西方理解人类类本质及其类活动——语言、文化、社会的产生与发展的认识前提。

关于世界统一性原因探寻的由外而内，由外部感官世界到内部自我世界的转变发源于古希腊的毕达哥拉斯学派，这一学派超越了自然哲学家在感性世界中探寻万事万物本源和规律的努力，即提出数及其关系才是一切事物的本质和发展变化规律，这对于西方哲学来说是质的飞跃。人们开始脱离感性经验世界，尝试着以"数"这一思维范畴来统一世界，首次将世界和宇宙的真理提升至思想的领域。在此基础上，即在真理存在于超感知的思想领域的基础上，赫拉克利特（Herakleitus）提出了逻各斯的概念，其原义是指语词，引申为"普遍的道理和规律"。赫拉克利特认为，逻各斯是"人的灵魂所固有的，同时也是万物共同遵守的变化规律"（王德峰，2020：59）。逻各斯的提出将西方哲学真理探索的方向引向了语言，即应在语言中去探究蕴含在思想中的万事万物之真理。进而为西方哲学开辟出了一条在语言中揭示真理的道路，从此也赋予了西方思想逻各斯中心主义的特性。

在逻各斯主义的导引下，巴门尼德（Parmenides）进一步指出，语言中用于连接主语和宾语的系词（is 或 to be），实际上揭示的是思维在进行真理探索时的活动。通过系词，人们可以把同一事物与诸多感性共相（如绿的、滑的、软的、苦的）联系在一起，而这一将诸多感性特征统一到同一事物的联系过程，在巴门尼德看来就是"客观的纯粹思维活动"。此活动的本质意义在于让语言所言说的事物，也就是主语，在诸多感性流变中获得自身同一性，也就是获得存在之感。正如一个人历经幼年、

第3章 语言与文化的哲学辨析

少年、成年、老年的变化,在这一过程中,此人发生了诸多感性变化,但我们仍然知道"这是他",他是存在的,此人的同一性从表面上看是来自人们在言说时所使用的系词("是"),但在更深层次上,则是来自系词所表达的"存在"之语义,而这一语义范畴实际上是思想或思维的范畴(王德峰,2020)。因为任何事物,若其自身不具有同一性,它将时刻处于感性流变之中,那么人们将无法用语言来指称或言说它,这一事物将处于既存在又不存在的状态[1]。世间万事万物由于进入语言的世界,由于可以被语言所指称和言说,因此在诸多感性流变中获得自身同一性,才由"非存在"变成了存在者。我们可以说,是语言使其完成了这样的转变,也可以说是语言中蕴含的人类本有的"存在"的思维范畴使其完成了这样的转变。思维借助语言,将事物规定为存在者。一条通往真理的路就这样被铺设好了,即只有在语言的普遍范畴及规则中,人们才可以获得能够理解世间一切存在之真理的纯粹思维,因为这一思维中所包含且能够将事物规定为存在者的思维范畴,无一不是语言或语义的表达形式。

在思想发展的长河中,哲学家进一步探索纯粹思维所蕴含的语言范畴。柏拉图(Plato)认为这一思维来自外部,有一超越的力量将诸多思维范畴(即"理念")颁布给人们,使其进入人的脑海之中,凭借这些范畴,人自然地认出世间诸事物。笛卡尔则将这一纯粹思维拉回到人心之中,认为它并不来自外部,而是源自人类内心,是人之所以为人的本质属性,并且将其称为理性。人们对自身理性或思维的理解,就是对世界之存在以及人之存在真理的探索,而这一切正是在对语言普遍语义范畴及其规律的探索中得以实现的。理性主义哲学将人类思维视为人性,把语言视为思维或人性的同一表达,这一前提促使人们着眼于通过对普遍性语言规律的科学把握来认识人类自己的本性。从最初的在语言的历史流变中探究语言产生的原因以及进化规律,到现在乔姆斯基共时性的普遍生成语言学及认知语言学,都是在这一语言和思维以及人性同一关系的本体论和认识论前提下,才获得真理的合法性保障。

---

1 正如我国传统文化中"道"的观念,老子在描述"道"时说:"吾不知其名,字之曰道,强为之名曰大。"因为"道"就处于时刻流变之中。说其存在,但并无实体,说其不存在,但万事万物的产生、发展、变化无一不是道之功用的显现。因此"道"既存在也不存在,无法言说,只能强字曰之为"道"。

3.2.2 生成语法：语言是普遍心理机制的表达

理性主义哲学思想的兴起广泛被语言学领域所接受，人们纷纷寻求对普遍性语言机制的探索，力图通过对这一机制的揭示，直接对人性予以科学的理解和说明。在这一源自理性主义哲学的引领下，从早期历时性的历史语言学派到索绪尔（Saussure）的结构语言学派，再到乔姆斯基的共时性普遍生成语法，语言学家一直致力于以科学理性的原则和方法来审视语言。历时研究着力寻找出每一种语言都遵循的普遍的产生及变化规律，而共时研究则努力找出存在于所有语言之中的结构或范畴，以及这些基本结构的排列规律。正如乔姆斯基提出的，语言的多样性只是表面性的，因为从深层认知的结构上看，人类思维或语言一定具有普遍性，因为这是人的本质特性。

作为当代理性主义语言学派的最突出贡献者，乔姆斯基的普遍生成语法主要在词法和句法层面寻找语言的普遍规律，其缺点在于对语义的忽视。乔姆斯基认为，语言的普遍性一定是思维普遍性的外化，因此对语言的研究实际上应该在心理语言或思维语言层面展开，而应不以交往实践中被广泛使用的言语作为研究对象。因为只有心理语言才是人类深层认知结构的核心，并可以作为理性在经验世界中的生物表现和证明。按照乔姆斯基的观点，人的心理语言主要由"心理词典"（mental dictionary）和"心理语法"（mental grammar）两部分构成，心理语言通过一种代码在字序和思想之间进行转译，这个代码或这套规则即为生成语法。

在心理词典中，语言中的词以及由词组成的短语以名词、动词、形容词等词性范畴的形式存在。句子是以短语而非单个的词为基本结构，不同的单词先组合成一个个短语，然后这些短语被人特有的心理认知机制归类于若干个词性范畴中。这些词性范畴一方面是组成语言的基本结构，另一方面也是构成人类心理认知的深层基本结构或符号。心理语法则是一套关于各类词性范畴或语法功能组合方式的规则，短语或句子中的每一个位置都需要安放特定语法功能的词性范畴。位置就仿佛是具有不同形状的插座，而词性范畴正是与之匹配的、满足功能需要的插头。在语言的创造过程中，人类可以按照心理语法将单独的词汇组成更大一级的语言单位——短语，还可以将短语组成更大的短语，最后再依照相同的心理语法把短语组成句子，只要这个词或短语所属的词性范畴可以满足这一位置的功能需要，就可以插到特定位置上，组成句子。这种"即插即用"的设计安排解释了语言的迭代性和无限创造性（平克，2015）。

作为语言先天论最为经典的语言学理论，生成语法的语言理念被广泛用于语法翻译法、直接法等外语教学实践之中，而这些教学法或是注重语言的语法结构的传授以及语言对比，或是试图通过大量的语言刺激唤起本存在于学习者大脑中的先天语言结构。语言学习仅仅被还原为语法和词汇系统的掌握，而这种掌握只需要通过大量的语言输入或是语言对比就可以实现。每个人的大脑中都有一套深层的普遍语法结构，有限的语言输入可以促使人们调整语法结构的相关参数，进而实现母语和外语的习得和学习。这意味着，文化在整个语言的学习中都处于缺失的状态，因为教学者认为只要给予充分且大量的语言输入就能让学习者自然而然地学会语言，文化对于语言学习只是无足轻重的因素。

3.2.3 认知神经语言学：语言是普遍生物性的表达

认知神经语言学是对西方理性主义哲学以及乔姆斯基普遍语法的生物科学实证研究，它力图为人类理性思维的普遍性以及普遍语法机制的成立寻找生物性的物质基础。认知神经语言学作为心智生物科学研究的分支，着重于从大脑神经系统的角度来考察语言的表征、联结、加工过程。无论是理性主义哲学还是普遍语法，均把语言视为人性的最本质表达。因此，对语言的认知神经探索有助于人们在生物学意义上理解"人类存在之本质"这一形而上的、有关人性的本体论问题。

早在一个多世纪前，语言的大脑神经机制考察就取得了巨大的成就，表现为对大脑语言侧化现象的揭示。生理学家发现，语言的理解和表达与人类大脑左半球外侧列周围区域的参与紧密相关。随着人类电生理学、功能神经成像等脑神经活动机制观察和测量技术的发展，研究者对语言活动和大脑神经活动之间对应关系的研究更具精准性和系统性。这其中主要包括心理词典表征的神经网络、口语和书面语理解及表达的神经活动机制、语言加工的神经活动模型三个主要方面。

认知神经语言学最重要的任务就是揭示大脑通过口语和书面语来获取意义时所依赖的生理神经机制。这一任务的理论基础是乔姆斯基提出的心理词典。心理词典是语义、句法和词形信息的心理存储器。认知语言学致力于提出心理词典中字或词的表征、组织以及加工方式,并为这些方式的成立尽可能地找出神经或生化证据。比如有的学者认为,心理词典以一种特异性信息网络的形式组织起来,分为词素、词元和范畴三类结构,分别代表一个单词的词素或语音形式、语法特征、语义特征三个层面。词与词之间的联结发生在范畴层面,具体的联结方式可能是以节点的方式予以表征,节点之间的连接强度和距离由单词之间的语义关系和关联方式决定。在提出心里词典组织方式建构的基础上,认知神经语言学开始利用已有的脑损伤临床证据,或是先进的脑神经观测技术以获得能够证实其有关心理词典和普遍语法建构的大脑生物机理或神经基础。比如,通过对脑损伤患者的对比性观察,研究者发现了几个涉及左右脑半球的,且能够证明词与词之间,即概念或范畴意义联结网络实际存在的神经元结构(Gazzaniga, 2017)。

总的来说,认知神经语言研究的根本特征就是生物性、实证性与普遍性。这在很大程度上隐含了这样的元假设,即人类大脑中对语言处理的神经和生物机制并不因语言的差异而有根本性的不同。不过越来越多的学者开始意识到,对语言普遍性的注重导致了对差异性的忽视,差异性与普遍性在根本上并不冲突。因此,学者开始将认知神经语言学引入跨文化的研究中,比如在对汉字与英语的对比性理解中,学者就提出了基于视觉的正字法和基于声音形式的语音法两种不同心理词典的表征方式,并在一定程度上得到了脑电波、事件相关点位等技术的证实。也就是说,不同文化的人们对不同类型语言的表征方式确实有所不同,有关语言的使用对思维方式的差异性影响的理论假设也并未被认知神经语言学彻底推翻。

3.3 思维、语言与文化

3.3.1 浪漫主义哲学：语言是人类感性存在的表达

将文化引入语言与思维的二元关系中并使三者并肩的，是以莱布尼茨（Leibniz）为开端的浪漫主义哲学。莱布尼茨虽然与笛卡尔同为17世纪伟大的理性主义哲学家，但是二人却有着截然不同的语言观。笛卡尔认为，理性是一种脱离具体经验世界、在纯粹的概念和范畴中思考的能力，概念和范畴均有相对应的语言形式，因此理性就是人们脱离经验世界，在语言或符号的世界中思考的能力。人类的理性结构应该是由客观普遍意义的概念范畴，或者说是客观普遍的语言形式所构成的，既然理性是对人类共性的表达，那语言的普遍共性应该比其所呈现的多样性更加根本。而莱布尼茨则认为，人类理性依靠概念、逻辑、判断的方式得到的只是推理的真理，但是却无法得到关于事实的真理，即人们无法用理性揭示事物之所以是这样而非那样的本质根据，因为使得事物成为事实并最终得以存在的一定是交织在一起的多重原因，事实是偶然性汇成的必然性（赵敦华，2012）。

对偶然性的关注使得莱布尼茨与笛卡尔哲学针锋相对，莱布尼茨认为，整个人类世界的真理不可能被追溯为特定的某一个或某几个实体性的观念或范畴。人类思维存在的统一性必定是以多样性为基础的，而思维多样性的产生又与语言使用的差异，或者与文化的差异紧密相关。因此浪漫主义哲学认为，语言或思维的多样性并非只是表面性可以忽视的，语言的多样性产生了思维的多样性，思维的多样性体现为语言的多样性，多样性是普遍性得以被发现的前提（Leavitt, 2015a）。对语言和思维多样性的关注直接引发了人们对民族性和文化思维的思考，进而为民族学或人类学等学科的开拓奠定了最初的思想基础，即不同民族的文化精神或文化思维在某种程度上是由该民族的语言、文学、传统等符号意义系统建构出来的。莱布尼茨的浪漫主义哲学表明了每一种文化及语言在建构自身民族精神或文化思维时所具有的独特价值，彰显了语言与文化对人类思维共性和特性的双重建构意义，在为语言和文化的社会建构性研究开辟理论道路的同时，也打破了文化及语言中心主义的论调，为相对主义的语言观和文化观以及在此基础上开展的对比研究，提供了坚实的思想依据和理论指导。

总的说来，浪漫主义哲学分别在认识论和方法论方面为语言、文化及思维的研究指出了一条新的前进方向，促进了语言相对主义以及对比语言学的产生和发展。在认识论方面，浪漫的相对主义哲学认为，语言、文化对思维具有反映、影响、限制、塑造等作用，语言与文化不是被动反映和外化人的思维，而是主动积极地建构思维。因此语言作为文化整体中最为核心和本质的部分，其多样性和丰富性无疑应该成为人类思维存在之统一性的基础，可以通过语言和文化对人类思维模式的多样化的影响及塑造方式来理解人性或人类思维的统一性规律。方法论的形成很大程度上是认识论思想的进一步实践，在实际的语言研究中，以语义描写和对比为主体的民族语言学及认知语言学的研究范式开始慢慢发展壮大并日臻成熟。作为对理性主义哲学范式下的语言学理论的回应，民族语言学主要回应的是历时性的历史语言学，而认知语言学则是对乔姆斯普遍语法的批判。

3.3.2 民族语言学：语言相对主义是文化思维多样性的表达

在德国浪漫主义思潮的影响下，语言相对主义思想已逐渐被语言对比研究的先驱者所接受，这其中的代表人物主要是洪堡兄弟（Wilhelm and Alexander von Humboldt）。他们均承认，不同民族文化心理的特性与其语言形态特性是相互塑造而成的，但同时他们也异常坚定地指出，绝不能因为语言多样性对人类思维方式的多样性有显著影响，就断言语言是某一民族精神或思维方式的外在形式，更不能认为二者在逻辑上具有充分的同一性，以为可以从一方产生及发展的规律中推理出另一方的想法是危险而错误的。总的来说，就是要在摒除二者之间在逻辑上有必然因果关系的基础上，再去审视语言多样性与人类思维多样性的关系。这一点是洪堡兄弟对莱布尼茨浪漫主义哲学的继承。不过在语言对思维差异的解释方式上，他们之间却有着不同的理论侧重，主要表

第 3 章 语言与文化的哲学辨析

现为:威廉·洪堡更执着于通过语言对比来探究不同民族生活方式的差异,用语言差异来解释生活方式的不同,而亚历山大·洪堡则是在语言对比中揭示地理环境对不同民族之文化精神的影响。语言差异对民族精神或思维影响是中介性的,而不同文明所才是根本而首要的(Leavitt, 2015a)。

洪堡兄弟等人的语言相对主义思想深刻影响了博厄斯对语言与思维关系的认知,作为民族语言学的开创者和发展者,博厄斯与其学生萨丕尔、沃尔夫(Whorf)等人致力于探讨不同层次的语言系统(语音、词汇、语法)对人们划分和组织世界方式的影响。总的说来,博厄斯关于语言、思维及文化的论断可以总结为以下三点:

第一,文化是意义系统,语言是意义创造系统,二者具有协变性。每一种文化都是独特的意义系统,每一种文化对其他语言"误解"的模式有助于理解特定文化系统的结构。作为民族语言学最重要的代表人物和开拓者,博厄斯继承了洪堡兄弟关于语言和文化相互塑造的思想,以及地理环境与文化多样性关系的阐释方式,并在结构主义语言学的基础上,提出"文化是一套语义系统"的观点。结构语言学的代表人物索绪尔指出,语言是一套结构系统,其意义的产生和获得是在横向元素(如语素与语素、音素与音素)及纵向结构(如音素、语素、词汇、句法)之间的区别和联系中实现的,没有与其他部分不发生区别和联系的语言要素,对语言本质及规律的把握一定是在对语言结构及其关系的描写当中获得的(Saussure, 2013)。受到意义源于差异的思想启发,博厄斯认为,两种文化系统之间的交流和对彼此的吸收借鉴,就是彼此的相互"误解",这是正常的,也是不可避免的,正是从文化间的区别以及由区别产生的误解中,才能更为真切和深刻地理解多样性所蕴含的统一性。由于文化是作为意义系统而存在的,因此"误解"同时发生在语音、词汇、语法各个层面。所以博厄斯提出,通过观察和分析本族文化在翻译特定外来语言元素时,在意义、发音、语法等结构方面产生"误解"的过程,不但可以用于发现本族文化内化和整合外来文化的模式,还可以揭示出本族文化意义及语言系统的构成方式以及结构间的相互作用关系(Leavitt, 2015b)。

第二,语法范畴及规则塑造了人类经验的感知焦点或文化旨趣

(interests)。语法范畴为特定文化划分世界、组织经验提供了深层的、无意识的语义系统框架。博厄斯提出过"文化旨趣"的观点,即语言的差异使得不同文化的人们在感知经验的过程中,其感知的重点会有差异。正如赫尔德(Herder)对语言本性所论述的,语言是源自人类心灵的一种普遍的反思或反省的能力。这种能力使人"能够从混沌未分、漂浮不定的整个感性现象之流中择取出某些固定的成分,从而把它们分离出来并着重进行研究"(卡西尔,2013:229)。在感性现象之流中,或是在感知经验中,人们选择着重研究哪些成分,以及选择哪些特征来整体性地代表所感知到的对象,取决于所处文化的旨趣。从这个意义上讲,博厄斯认为,不同的语言对人们的经验有不同的塑造方式(carve experience up differently)。在这一原则的指引下,他又进一步指出,虽然语言深层结构的语法范畴(时、态、性等)对人类思维并非具有普遍的强制性影响,但这些范畴对人经验感知倾向或重点的影响都是无意识且无限重复的。人们在每天成百上千次地依照特定语法范畴和语法规则的言语使用和创造活动中,内化了某些认知倾向和兴趣,因此世界对不同文化的人们所呈现出的样态也是不同的。例如,英语中重要的语法范畴是时态,而在艾马拉语中,时间并不被人们所看重,消息的来源反而是组织句子时主要考虑的范畴。因此,当这两种文化的人们在面对复杂繁多的感性经验时,自然会将有限的注意力放在被自身语言世界所塑造出的焦点上。虽然博厄斯主张语法范畴(时态、词的阴阳性、单复数等)对于人类经验的组织方式是潜意识的,具有广泛且巨大的特点,但他从未断言语法范畴对人类思维多样性的形成有决定作用。他只是强调言语行为的不断强化造成了人们的认知焦点,这在某种程度上是习惯性的养成,但绝不是决定性的本质原因(Leavitt, 2015b)。

博厄斯和乔姆斯基虽然分处于相对主义和普遍主义两种不同的思维语言的认识论视野之中,但均对语法范畴或语言深层结构与思维的显著关系有着一致性的认识,只不过前者力图用语法范畴来论证人类思维是多样性的存在,而后者则是通过普遍性的语法范畴来揭示人类思维普遍性的存在。

第三,词汇间的语义分散和聚合塑造了人类经验的分析及组织方式。意义创造的模式,即意义范畴及其组合方式反映了特定文化划分世

第3章 语言与文化的哲学辨析

界和组织经验的方式。博厄斯对文化间在交流时产生的误解的研究最先开始于语音层面,然后他发现语音被误解的规律也同样适用于语义层面,即词汇和语法层面。语音和语义的协变性不但佐证了语言的系统性,同时也让博厄斯开始关注意义,这使他从语言对比描写转向了语义对人类思维影响的探究。在实际的研究中,人类思维被理解为认知外部事物并为其命名或者对其进行符号化的过程,即对事物或感知经验进行概念化表达的言语过程,在本质上更是人类为外部世界赋予意义或创造意义的过程。在结构主义语言学的理解框架之下,博厄斯提出,命名或概念化的表达绝不是为特定的事物赋予孤立的概念或词汇表达形式,而是具有区分和联系两方面的语义建构。区分意味着这个被命名的事物被人们从混沌的感知世界中抓取出来,得以向人们显示它区别于其他事物的独特存在;联系则意味着这一事物被归属于某一更为抽象的类属之中,与其他和自身有着共同特征的事物被置于同一范畴或更大的概念之中。区分和联系正是人们认知和组织外部世界的基本方式。如果说世界是人们用语言范畴划分出来的存在,那么不同语言的范畴以及范畴中内涵与外延的范围也有所不同,因此范畴的语义焦点及其范围的对比在很大程度上说明了人类思维的多样性。在这一理论观点的指引下,博厄斯开展了英语与达科他语(the Dakota language)语义场的划分和聚集研究,以此来说明不同文化进行意义创造时语义焦点和范围划分的不同。例如,在英语中,"to bind in bundles"(捆成捆)、"to pound"(重击)、"to bite"(打)、"to kick"(踢踹)、"to be near to"(在附近)等意义处于分散且不聚集的状态,但是在达科他语中,上述语义的词汇形态都带有表达"紧握、紧抓"含义的词根"-taka"。原本在英语中分属不同场域的意义在达科他语中被聚集在了一起,这在很大程度上说明,达科他文化的人们对与手相关动作的共通性或共性的把握与英语文化的人们十分不同,对于英语国家的人来说,这样的分类方式似乎在逻辑上并没有正当合理性。

博厄斯的继承者萨丕尔、沃尔夫等人以更为显性或激进的态度发展了博厄斯的上述观点,尤其是语法范畴与人类认知重点之间的关系。因此他们致力于对博厄斯提出的深层语法范畴及结构进行更为广泛的语义探索,试图通过语法结构所蕴含的意义或通过范畴之间的组合规律,总结出不同文化的人们进行意义创造的模式。同时后继者们也逐渐将意义创造的模式等同于思维方式,较为激进地提出,不同语言中所使用的不同语法范畴及其组合方式的差异即为思维方式的差异,这在很大程度上被学术界理解为语言决定论的主张(Leavitt, 2015b)。

语言相对主义的决定论假说促使不同社会科学领域(心理学、人类学),以及不同语言流派的学者纷纷开展了语言对思维影响的实证研究。但由于对语言相对主义思想的误解以及语言描写和分析方法的误用,使得语言相对主义的思想愈来愈有决定论的倾向。语言不再被视为一个完整的系统,而是被操作化为某些孤立的词汇类别,以特定词类语义场的特征和范围为自变量或逻辑前提,来考察它对特定文化思维的影响或因果关系。由于理论操作的方向有误,大部分研究结果均无法为语言相对主义思想提供更为有力的实证支持。因此语言相对主义在以科学性为导向的语言学研究中面临着被拒绝和被否定的理论困境,而以普世性心理语言机制探索为最高目标的普遍语法理论逐渐占据了语言学研究的主导地位。

随着心理科学研究不断趋于成熟,对于普遍语法及生成语法的心理机制探究虽然取得了巨大的发展,但同时也产生了与普遍语法针锋相对的另一个语言流派——认知语言学。认知语言学的基本观点是,不能把语言问题局限在语言范畴中讨论,而应该"把语言和我们对事物的看法和态度联系起来考虑"(西村义树、野矢茂树,2019:6)。语言能力与人类的其他心理活动是紧密联系在一起的,这意味着在认知语言学看来,语言的差异确实会对人的思考方式,甚至是行为方式产生影响。因此在对具有思维普遍意义的生成语法的批判过程中而发展起来认知语言学,实际上是语言相对主义在科学实证领域中的再次回归和复兴。

3.3.3 认知语言学:语言相对主义是个体心理差异的表达

民族语言学虽然致力于探讨语言多样性与文化思维多样性的关系,但是很少对思维的概念有比较深入的论述,民族语言学所讨论的思维一定是以民族为单位的群体性文化思维。洪堡兄弟把思维看作"世界观"

(weltansichten),博厄斯将它视为"文化旨趣",萨丕尔和沃尔夫使其等同于"意义创造模式",即对外界事物的概念化方式。认知语言学对思维的理解开始由群体心理向个体认知机制转变,研究内容也逐渐由深层语法范畴的探索转向意义创造的心理隐喻和原型(prototype),但是对语言与思维相互塑造的理论认同,使得民族语言学与认知语言学有着强烈的思想及理论共鸣。普遍生成语法把语言能力视为一种独立于人类其他心理认知活动的普遍心理机制,正是因为二者是独立的,因此无须通过认知机制来讨论人类语言能力的发展和运用。对于语言普遍性的过分关注,使得乔姆斯基在方法论上坚持以句法学为中心,注重考察单词和短语在组合成句子时所依据的规则,同时也坚持认为具有普遍性的语法和多样性的语义在规则上是截然不同的,因此有必要将语法和语义分而述之。

认知语言学虽然也把语言能力视为人类普遍的心理机制,但这一机制是心理认知的重要环节,因为语言意义的组织方式指导和形塑了人类认知的方式,因此认知语言学主要以语义学为中心,着重探讨词、短语、句子意义的产生。认知语言学认为,语言的各个结构要素都具有意义,应该以语义为线索来讨论语言结构特点及其相互作用方式。认知语言学也注重对语言普遍性的考察,但普遍性的实现并不在研究对象之中,而是在语言描写的方法上,应该用一套具有普遍意义的描写方法去把握人类语言多样的语义结构。这一普遍意义的方法就是用原型来描写语义,也就是以语言范畴中的原型为标准去理解和分析语言的差异,在多样性中实现对统一性的把握。借用维特根斯坦(Wittgenstein)的观点"语言就是游戏",语言之间统一的部分并非是实体性的,各种语言的共性实际上是"彼此部分重叠的那些共通点拧在一起形成的"(西村义树、野矢茂树,2019:72),就好像把纤维捻成线那样。这意味着,语言中的词汇都并非只和外部某一个事物一一对应,而是与一类具有相似性特征的事物集合的对应,是范畴的对应。每个范畴都拥有最具典型意义的原型。在不同语言中,范畴的界限是模糊的,范畴中的典型或原型也是不同的。人们在认知外部世界时,是否把特定事物归于某一个范畴中,主要取决于人们对它与典型相似程度的判断。

认知语言学在语言差异和人类世界观差异关系的解释上,似乎比民族语言学更具有科学性。比如在颜色问题的探讨上，语言相对主义的倡导者沃尔夫指出，虽然物体呈现出不同的颜色是因为它们反射不同波长的可见光，但是从物理学的角度，波长只是一组连续的辐射频率。也就是说，即使我们看到的颜色差异巨大，但其实颜色本身是一个由黑而白，或由白而黑变化的连续体，是我们将这个连续体人为地划分为红、黄、绿、蓝等色彩。但不同民族划分的精细程度不甚相同，反映在语言中就是不同语言中表达颜色的数量和种类的巨大差异。由此可以推测，不同文化或民族的人们对世界有不同的认知方式。从认知语言学的角度来看，在划分色彩的时候，人们会依据自身的心理感受选取不同标准，划定不同的范围。比如"红"，人们会把深浅不同的"红"看成"红"这一范畴的典型，并将其作为另一种颜色是否可以被划分在"红"的范畴之中的标准。即使是在同一语言文化中，个体之间对"红"这一范畴的典型以及相似度的认定和判断也不可能是完全一致的。即使是相同的语言形式（语音或符号）也不能消除语义的模糊性，语言模糊性以及由此产生的差异性本来就是人类心理感受多样性的反映。由此可知，认知语言学所提倡的语言相对主义本质上是对个体心理感受差异的表达。

3.3.4 文化语言学：语言相对主义是跨文化心理的表达

文化语言学诞生于哲学、人类学、语言学及其分支（民族语言学、认知语言学）等领域的理论和实证成果积累的基础上，是一个旨在以文化认知差异为切入点来探索语言、文化、概念化思维机制三者之间关系的子学科。相较于语言学的其他分支，文化语言学所蕴含的最基础理论假设具有强烈的现象学色彩，即人类的思维和认知与自身和外界环境互动经验的互构性。一方面，思维源自人与外部世界的交流实践；另一方面，思维以计划的方式指导着实践。实践的过程就是人们感知世界，获得经验的过程。思维与实践是融为一体，不可分开的。可以说，思维是实践经验的凝结内化，实践又是思维外化于行动的表现。

关于语言与思维之关系的思考，以现象学为指导思想的文化语言学

第3章 语言与文化的哲学辨析

与以理性主义哲学为指导的神经语言学有着对立的学术主张。神经语言学注重在神经和大脑的构造中探究普遍性的语言机制,文化语言学则倾向于从文化社会实践的差异来解释语言产生及发展机制的不同。按照梅洛-庞蒂(Merleau-Ponty)的思想主张,思维与身体并非如笛卡尔说的,是两个截然分开的实体,而是相互交织在一起的整体,这一整体构成了人性的全部。因为身体是个体感受世界,形成思维并使其获得发展的最普遍中介,但是在感受的时候往往是一种无意识、主客不分的、前主体性的感受。身体与世界的交互使得人类思维得以产生和发展,整个世界,包括自然界和人类社会才作为客体,而最终得以向人们呈现。这说明思维并不是大脑独属的专有工作,思维应该是对身体运动的抽象和表征(a movement of the body),人性或人类的自我意识也并非单纯的思维,而是在身体经验中进入了思维(humans are moved into thinking),在思维中表征并区分了自我和外部世界。除了现象学,俄罗斯的文化心理学家维果茨基(Vygotsky)有关文化与思维关系的思想也为文化语言学提供了养分。维果茨基认同人类思维的产生与发展与身体同外部世界的互动相关,但他同时也提出,与外界互动的人是一个浸染在文化价值观与社会规则的人(enculturated person)。这说明自从人类进入文明社会以后,互动就不再只发生在人与自然界之间的生物性交往,还发生在人与人之间的社会交往中,而且随着人类文明的高度发展,人与社会的交往已经成为人与外部世界沟通的类型。在当今的时代语境下,身体在很大程度上被赋予了社会文化意义,是文化的身体,而在这一身体的交往实践中所发展出的思维,势必具有文化的差异性。

文化语言学的研究因此应运而生。总的来说,其发展的脉络与其上位学科人类学、文化学、语言学的发展紧密相关。由"结构文化观"到"建构文化观"再到"经验文化观"的转变,文化由最初的元素构成,慢慢过渡到由符号和意义构成,再到被认定为是由基于身体实践的经验,即具身性的经验构成。文化间的差异即经验的差异,也就是人们在与外部世界进行交往实践时所倚重的身体经验的区别造成了不同文化的人对世界的感知重点有所不同。

就目前的研究趋势而言,文化语言学广泛受到认知语言学和人类学的启发,从富有具身性意义的语言表达入手,以文化之间"自我观""身心观"的哲学思想差异为最终的解释根据，来解释不同语言的人们如何借助身体来隐喻和转喻地理解抽象的概念，并由此揭示出经验背后所蕴含的具身特性，即文化特性。比如有的学者认为，从汉语的具身表达，如"心软""嘴硬""眼高""手低"等语言点入手，可以看出中国传统思想文化中对身体部分特有的文化蕴涵。在语义层面，"手"和"嘴"等信息输出和行动外化的身体部分被转喻或隐喻为"行动"或者"实践"；"心"和"眼"等信息接收和内部加工的部分被转喻为"情感""思维"等内在抽象的事物。中国人是以一种身心一体的整体观来认识"人"的，倾向于从身心两个方面来统合性地认识和评价人，并将身心之冲突视作人的负面表达，以身心之同一性视作人的积极评价，如"心灵手巧""心直口快"等表达就是对人的积极评价（Yu, 2015）。除了对具身性语言所隐藏的思想文化这一核心差异进行探索和解释之外，文化语言学还致力于在语言中探索思想文化对语言处理和加工的影响。比如有学者指出，当中英双语的语言者在对汉语和英语分别回应时，被试者在汉语中会比在英语中感受到更为强烈的对未来的信念感，这与中国文化中特有的长期取向和权威特性有着极大的关系（Earle, 1969）。

总之，文化语言学在现象学的思想基础上，以相对主义语言观为理论基础，以民族语言学和认知语言学为语言描写的范式和方法，对思维、语言与文化三者之间的关系做出了更有勇气和更为积极的探索。相较于相对主义理论路径下的其他言学分支，文化语言学比民族语言学更加关注认知和具身性的一面，因此更具有科学实证性；比认知语言学更注重"文化的人"与外部世界进行的社会化互动，因而更具有社会现实性和情境性。

3.3.5 文化教学实践：语言使用取向路径

在浪漫主义哲学思想的启发下，语言理论方面产生了语言相对主义理论以及认知语言学的研究实践，而文化方面则促生了文化相对主义理论以及文化语言学的研究实践。二者均是对语言与文化多样性之间相互建构和影响方式的探索。前者注重遵循从语言多样性到文化思维差异再

第3章　语言与文化的哲学辨析

到文化多样性的探究道路，而后者则采用了从文化到思维再到语言的研究进程。从思想哲学，到理论建构，再到研究实践，语言和文化的紧密纠缠关系均得到了最大程度的论述和证明。从事二语习得和外语教学实践的学者开始突破乔姆斯基普遍生成语法理论下的各种语言教学法的局限性，不但批评了文化在语言教学中相较于语言知识的附属地位，而且还对文化学习对语言习得的决定性影响作用加以实证说明。这其中最具代表性和实证性的理论及研究路径是由托马塞洛（Tomasello）提出的语言使用取向路径（usage-based approach）

语言使用取向路径以发展心理学为学科基础。作为对乔姆斯基语言先天主义论调的批判式回应，托马塞洛认为人类之所以具有独特的语言习得潜能，并非是由于人先天具有语言结构，而是由于人类先天具有文化学习能力。这一能力外在地表现为儿童对成人言语行为的模仿，但是这种模仿绝不是行为主义者所认为的无意识的重复，其内在实质是社会角色视角的替代性转换这一具有普遍人性意义的社会心理能力。正是这一能力特征使得文化学习和语言学习成为只有人才能实现的人性活动。从语言使用取向路径来看，文化不但不是语言习得的附属品，反而是语言习得得以实现的前提条件（Sterponi & Lai, 2015）。语言使用取向路径认为，个体成长的现实生活实质上是一个"以意图实现为核心"的功能性的意义情境，这一情境中的每一个人都需要通过言语行为表达特定意义以实现自身意图。意义的表达和意图的实现本质上是整个文化构成的两个相互协调的维度，即特定的意图实现必然对应着特定的意义表达模式。儿童在成长过程中接受的来自成人的语言输入并不只是语言结构和语音形式的输入，而是意义模式和意图模式这一文化整体的输入。儿童在接受语言输入的同时就凭借着先天的社会角色视角的替代能力，自然地完成了从旁观者到社会参与者（agent）的角色转换。后续研究表明，这种转换的过程还可以进一步被划分为"注意力协调—会话人意图解读—意义模式归纳"三个更为具体的步骤。每一次模仿的核心本质就是社会角色视角替代能力的使用和深化，而这一最为根本的社会心理认知能力的发展和成熟是母语不断习得的前提条件。

总的来说，语言使用取向路径按照"文化意义的输入—社会心理认知发展—语言习得"的路线来说明文化学习对语言学习，尤其是对母语习得的重要影响。在托马塞洛看来，语言之所以可以被习得和掌握，是由于它是社会及文化意义的载体，语言习得的本质是对特定意义系统的内化理解。生成语法一直面临的困境就是解释儿童如何基于有限的、单独的、片段性的词和短语输出飞跃至完整句子的输出。语言使用取向路径认为，即使片段的词或短语，甚至只有语法意义的虚词，也依然是文化意义的产物，儿童完全可以凭借先天的社会心理能力对其重新进行图示化或概念化。在他者社会角色的代入中，可以抽象出与角色所要表达意图密切相关的意义原型，同时还内化了原型与原型之间的关系。也就是说，儿童并不是在大量的语言材料中抽象出若干语法规则，而是在语言输入中内化了本族文化理解和认识外部世界的基本意义原型，同时也自动获得了原型之间的关系及其所能实现的意图的类型。凭借着这样的内化，儿童可以通过原型对所感知到的各种外部事物进行意义的规定，语言的创造性也就由此规定的能力而产生。与乔姆斯基生成语法的解释所不同的是，语言使用取向路径是从意义规定这一先天文化能力，而非深层句法这一先天语言结构来理解语言创造的。

3.4 思维、语言与社会

哲学最初试图进行"人是什么"的本体论追问，思想方面取得的成就逐渐为社会科学中关于语言与思维之关系的探讨提供了依据和基础。由于语言被认为是人类特有的创造物，而思维又是人类理性的表达，所以人们坚信，对语言产生及发展规律的研究一定能够揭示出人性的奥秘。因此，人们倾向于忽视语言的多样性，力图用逻辑的方式把握语言和思维的统一且普遍的产生及发展规律。语言相对主义的崛起将文化引入到语言和思维的二元讨论中，在不否认语言和思维规律统一性和普遍性的前提下，语言相对主义认为，多样性不但不能被简单地抛弃，反而应是理解统一和普遍性的基础。对人类思维共性的探索要以对不同民族所表现出的思维差异研究为前提，而思维的不同又可以在不同语言意义组合方式的考察中被揭示，也就是在语法范畴意义以及词汇指称意义聚合的规则中理解不同民族

第 3 章 语言与文化的哲学辨析

在认知外部世界时所选取的思维焦点,即博厄斯所说的"文化旨趣"。

如果说将文化引入到语言和思维关系的讨论开辟了意义的产生方式与思维方式关系探讨的研究路径,那么俄罗斯心理学家维果茨基则是将社会引入到了语言和思维关系的研究中,赋予了语言和思维二元讨论的社会属性,开辟了社会价值观的形成和内化与人类思维发展之间关系探讨的研究路径。思维不只是语言形式的存在(理性主义者的观点),也不只是意义的存在(语言相对主义者的观点),而被引申为价值观的存在(社会语言学的观点)。思维的多样性被重新界定为不同文化或社会阶层的人所内化的价值观的多样性,即对真、善、美判断标准和方式的多样性。如果说,语言文化学家从语言的差异性运用中揭示出不同文化的世界观或文化旨趣的差异,那么社会语言学或社会心理学家则是从中揭示出不同社会阶层个体自我和社会身份内化的过程及结果的差异,进而将自我和他人的建构方式引入语言与思维的讨论之中。维果茨基把人认知发展的过程视为社会化过程,即通过交往实现了由生物个体到社会文化个体转变的过程。维果茨基关于认知的认识与皮亚杰(Piaget)形成了鲜明的对比,虽然二人均是从建构的角度来理解人类思维的产生与发展,但很明显,皮亚杰更强调语言的使用,生物性认知能力的发展是以"理性自我"为中心的;而维果茨基则认为语言使用的本质是社会的建构,强调人的社会认知能力发展是以"人与社会的交互性"为中心,将他者代入到了认知发展的过程中,凸显了语言对思维建构的社会意义。思维从纯粹理性的领域慢慢进入到实践理性之中,不断被赋予社会和文化蕴含。

语言对社会文化身份建构作用的探讨在很大程度上源于认知语言学具身性假设的提出(the embodied cognition hypothesis),即人们认知外部世界的过程本质上就是用语言或符号对事物进行概念化的抽象过程。概念化的参照物或出发点就是人类的身体,在身体和外部世界的互动中,人类以建构的方式对外部世界的种种予以概念化地抽象和描述(Yu, 2015),这在很大程度就解释了文化对思维和语言差异的影响。处于不同自然环境中的民族,其与自然交互的方式有所不同,因此有着专属于本民族的具身特性,对事物进行概念化的方式也就有所区别。一方面,从语言学的角度,概念化的图示被看作语言中深层的语义基本结构；另一方面，从认知心理学的角度，概念化的图示也被视为心理认知的基本单位。因此具身性对人类语言和思维之间的差异具有较高的理论解释度。随着语言的不断发展和复杂化，文明和文化也在不断进步。人们对世界认识的方式也逐渐从"身体中心"转变为"语言中心"或"意义中心"，语言对人类认知方式的建构作用得以不断彰显，人类的认知方式也同时会影响概念化的语言表达形式。当语言和认知方式的相互建构作用从心理学不断延伸至社会领域时，就演变为语言和文化身份之间的相互建构。

根据语言在研究中所处的不同主导地位，有关语言、社会文化身份及思维三者之间的研究可以划分为单向性和主体间性两种理论框架。前者强调一方对另一方所起的作用，而后者则注重二者的交互作用。主体间性框架的提出在很大程度上是对语言及身份的单向作用做出的批判式的继承与发展。在对语言和文化身份关系的讨论之中，研究者发现，对于任何一个现代民族国家而言，现实中的人很少处于同一个民族或同一个文化阶层之中。在现实生活中，人必然存在于跨文化的语境之中，面临着两种文化身份的碰撞，势必存在着自我认识这一根本性问题。因此，跨文化研究者注重交际者自我认识的变化及发展过程，将其作为影响语言和文化身份建构方式的中介因素，并在此基础上将语言和文化身份的单向框架发展为主体间性的理论形式。

3.4.1 单向性框架

语言与身份的单向性理论建构主要有语言导向和身份导向两类。前者主要采取了由语言到身份的解释路径，即通过语言的选择与使用来推测个体文化身份的选择；后者主要采用了由身份到语言的解释路径，即通过个体内化的身份来解释其语言使用的特征。在实际的研究实践中，语言导向型侧重于对两种或多种语言及其交际方式之间的差异进行语言学或语用学描写，而身份导向型则侧重对身份的类型及身份形成过程的区分和归纳，并以类型和形成阶段为基础来观察语言使用的差异。

第3章 语言与文化的哲学辨析

1. 语言导向型：由语言管窥身份之形成

在经由语言来考察文化身份或认同之形成的这一研究传统的内部，也有对语言所起作用的差异性认知。总的来说，语言在这一传统中所发挥的作用基本上遵循着从本质主义到建构主义变化的道路。

传统的社会人类学倾向于在本质主义的范式中思考语言与身份的关系。语言被看作是承载文化价值观的物质实体，习得语言就是内化特定的文化价值观，使用某一语言就是对自身某一文化身份的彰显。因此，语言对身份的形成具有决定性的因果作用。由于受到早期社会人类学研究的影响，研究者在语言与民族或文化背景之间建立了本质性的直接联系。在这一理论假设的导引下，语言被还原性地等同为文化，语言的表达和传递就是核心文化价值观的表达和传递。某一个体或群体正是在本民族语言的习得和使用的过程中，形成了对自身所处民族或文化身份的认同。在研究的方法论方面，研究者往往依据研究对象在日常生活中的语言选择及使用方式，推断他们在跨文化语境中所认同或所向往的文化身份。本质主义路线的研究多集中在处于主流文化中的少数族裔在面对"自身文化独特性"和"融入主流文化"的身份冲突时如何抉择的问题，抉择的结果和方式可以由他们在日常生活中所选择和使用语言的方式来说明（Schecter, 2015）。在研究实践中，本质主义研究者广泛借鉴结构语言学的描写和分析方式，找出专属于特定语言的语义范畴、语法形式、表达方式等范畴性规定，以此来说明人们在现实交往中语言的选择倾向。

社会文化视角更倾向于以建构主义的方式来研究语言与身份的关系。作为与本质主义相对的理论范式，社会文化视角重新审视了本质主义对"语言"和"身份"的认识论假设，并对其进行解构。语言并非是预先存在的实体，它并不事先由人所处的民族和为文化所决定。因此对于身处跨文化语境中的人们来说，语言的选择也并不直接意味着文化的选择。身份的产生和发展虽然是在人与人社会化交往的过程中实现和完成的，但并不意味着只考虑某种语言的选择和使用就可以得知人们在心中所形成的文化认同。交往需要语言，但无法完全被语言代表。现实的交往中，首先要考虑交往情境是学校、家庭、社区还是职场，因为情境特点在很大程度上也是影响人们语言选择和使用方式的重要因素之一。

在此基础上，再考虑交往双方所处文化及亚文化的价值观对人际交往的制约规则。可以说，人们是通过学习和体会特定情境中不同文化之间的交往模式，即从跨文化情境中认同的建构语言使用的惯例以及交际策略模式的学习和内化中实现自己身份（Schecter, 2015b）。社会建构主义视角源于西方后现代主义思潮的兴起，将他者带入到了自我中心处。人们其实是在和非自身文化的他者打交道的过程中，在文化之间的对比中，才对自己本有文化身份有所感知和理解。

在建构主义认识论的导引下，研究者在进行语言与文化身份之间关系研究的时候，往往采用协商式的理论框架。在日常的交际情境中，为了确保交际活动得以有效适宜地进行，不同文化背景的交际主体会以共同协商的方式，确定一套超越彼此语言或文化的交际规则和语义系统。这一过程是动态的、演进的，是交际主体之间的不断试探和相互适应。正是在这一持续性相互适应的过程中，交际主体形成了有关"我是谁"的认知。研究者认为，可以通过人们在交往中所诉诸资源的变化来反映交际主体身份形成的过程，大致为：开始依赖于本民族的语言和文化，然后逐渐在彼此交往协商中将其他语言和文化的要素和结构融入自身的知识结构之中，最后过渡为动态的、平衡的、兼具多元语言和文化的语言系统（Schecter, 2015b）。

2. 身份导向型：由文化身份探究语言使用之特征

与语言导向型中有关身份的界定不同，身份导向型路径对身份的概念化更加呈现动态性、关系性、未来性的特征。具体地说，语言导向型中的"身份"主要是一种把自我归属于特定文化或阶层范畴的静态结构性认知，而身份导向型的"身份"则是对自我与所处社会文化互动方式及其发展变化的动态关系性认知（Norton & McKinney, 2011）。前者是对已然事实的确认，偏重于对孤立的自我进行类属化的认知；后者是对未来可能性的推测，偏重于对变化的自我在社会阶层中流动方式的认知。在身份和语言关系方面，语言导向型的社会文化理论在语言或语用选择与身份选择之间建立联系。而身份导向型的理论更关注社会现实，从权力的角度来审视人与人之间的互动方式，把特定语言或交际方式的选择归结为人们对自身和他者文化身份所具有的权力高低的判断，彰显

第3章 语言与文化的哲学辨析

了交际主体对自身文化身份与他者文化身份的情感态度。身份导向路径的理论建构路径主要存在于社会学批判以及二语习得领域。

社会学批判更为注重边缘性的文化身份对个体交际策略和风格的影响。在身份的研究者看来,文化不应只是一套符号、意义和规则系统。在日常生活中,文化应当是一种多元且多维的身份认同的表征。文化身份表征的形式就是某一文化群体的成员共享某一普遍的心理取向,同时采取特定的交际模式。本着为亚文化群体发声的目的,研究者借助社会权力理论来理解人与人之间文化身份差异的本质含义,即压迫与被压迫之间的关系,通过对亚文化群体与主流文化群体在现实社会生活中交往及互动模式的考察表明亚文化群体在社会权力的层级结构中所处的边缘性和被压迫的地位。研究者发现,为了获得成功且有效的交际结果,亚文化或边缘文化的群体大多只能采用同化和适应的方式,如"强调共性""尽力改变刻板印象""避免冲突""自我反省"等不自信的交际策略,这在很大程度上使得亚文化或边缘文化的群体无法在实际的生活交往中获得真实且积极的自我评价(Collier, 2014)。

二语习得或外语教学更加关注文化身份对个体语言学习效果差异的影响。这其中蕴含着这样的基础性假设,即语言学习的过程从最根本意义上说,应该是学习者文化身份发生变化的过程,是一个从单一身份向多元身份转变或融合的过程,转变和融合的方式和程度会通过动机、学习方式、学习内容的选择等影响他们的外语学习水平。以学习动机来说,研究者把社会阶层的流动或者对社会资源拥有程度的认知视为二语习得者选择某一外语的根本动机,而这一认知实际上就是学习者对文化身份所拥有权力差异的认知。学习者认为,可以通过语言学习获得比自身原有文化身份权力等级更高的文化身份,进而重塑自我与社会的关系。最后在研究实践方面,身份导向型的研究不再通过语言描述,即不再通过描述人们对特定语言范畴及表达形式的选择来确认研究对象所内化的文化身份,而是通过引入"动机"和"投资"等中介性的操作概念来表示学习者对语言学习的投入以及获得他者文化身份后价值回报的计量,以此反映出他们对不同文化身份所具有价值的判断,解释研究对象在自我与他者两种文化身份认同之间做出的选择,同时预测并说明他们的语言学习效果(Norton & McKinney, 2011)。

3.4.2 主体间性框架

跨文化语境中的身份认同的探究是基于后现代主义思潮对"自我"的哲学解读。身份可以被剖析为群体和个体两个层面，既属于意识层面，同时也处于无意识领域。相对于传统领域关注身份认同与语言选择之间关系的研究侧重，跨文化身份认同则更加倾向于扩大文化身份的意义蕴含，将其视为理想自我的一部分。这意味着，文化身份的形成与建构与个体的自我认识及其对外部世界的认知和价值判断方式有着紧密的联系。基于这样的基本认识，跨文化的研究者尝试着用主体间性的视角来探索身份认同的形成与发展。

对于主体间性的理解主要在三个方面影响着跨文化身份理论建构的方式：一是研究者的主体间性，即研究者在何种方法论意义上以建构性的视角来重新审视和界定研究对象所处的文化现实；二是研究对象的主体间性，即在文化现实中，在自我与他者的交往之中，研究对象对自身文化身份与理想自我建构的同构性；三是身份建构不仅是自我类属化和行为规范的内化，更本质的是情感的内化。首先，在文化现实的方法论层面，其建构性主要表现为文化现实自身以及个体与文化现实关系两个方面。就文化现实自身而言，跨文化语境下的文化现实并非一个被各种价值观规则所规定的实体性的理性场域，文化现实更应当被理解为个人成长的生活情境，在实际的研究中，可以被进一步操作性地理解为不同文化背景或身份的个体之间的交往情境。在这一情境中，即在与他者的交往实践中，这个交往是广义上的交往，可以专指人际交往，也可以指人与更加抽象的文本、制度的互动。个体接触并感受到了他者文化与自身文化的冲突和碰撞，而冲突和碰撞的内容及方式无一不对身处其中个体的自我认识以及理想之自我有着重要的影响。就二者的关系而言，从身处跨文化语境中，个体从最初被原有文化现实的塑造，慢慢过渡到以自己的方式来重构眼中的文化现实，进而积极主动地影响或改造所处的文化现实情境。其次，就研究对象而言，其文化身份认同的形成是多元且动态的。个体在与他者或者他者所代表文化的交往过程中，同时也检视了自身的文化。在对他者和自我的双重检视中，个体理想的身份认同得以逐渐以形成。在内容构成上，文化身份的形成有可能是甲文化或乙文化的单一文化认同，但是在多数情况下，它应该是对两种甚至更多文化的选择性融和。在选择的内容以及融合方式上，既有个体的差异性，也有群体的统一性，如外语学习者、移民、特定职业人群中均能归纳出符合这一群体特性的身份形成和发展模式。在层次的分布上，文化身份的形成是个人与群体层面的双重建构，其中个人层面主要回答的是"我是谁"，区分的是"我与你"或"我与他"之间的差异。通过人际交往的动力（dynamics），如个体心理适应的健康程度以及跨文化交际策略的调整方式来考察身份的内化。而群体层面主要回答的是"我们是谁"，区分的是"我们与你们"或"我们与他们"之间的差异，主要依靠归属感的高低来测量文化身份的形成和发展（Schaetti, 2016）。

文化身份建构的情感性反映了我国跨文化学者在对文化身份本土化建构的努力过程。在"逻各斯中心主义"的理性主义哲学思想的影响下，西方学者倾向于用概念区分的方式，以类属区分性地理解身份的差异。按照日常生活的样态，区分了民族/种族、性别、性取向、职业等诸多身份类属，并默认身份认同的过程即是将自我类属化的过程，类属化意味着拥有特定的与自身文化身份相符的认知规则和价值观判断，类属化的自我即是自我眼中世界的类属化。类属化最大的特征就是二元对立，比如男性/女性、少数族裔/主流族裔、本土/外来等。身份认同的形成与发展是二选一的过程，或者是对冲突调和与妥协、争取和放弃的过程，同时也暗含着个体对世界特定解释框架的选择和内化。总的来说，学者还是以冲突和消极的方式来看待文化身份的获得与发展。

在中国的本土化语境之下，身份认同被赋予了更为积极和超越的含义（张红玲，2012）。积极的一面主要源自中国文化高语境性的灵活多变，其主要表现为，人们在处于跨文化语境中，如自我国改革开放以来，我们的文化现实环境无一不受到西方资本主义文明的巨大冲击，西方现代文化与中国传统的冲突早就在日常生活实践中被不断彰显。在面对中西方文化巨大张力时，大部分中国人并没有做出非此即彼的文化身份抉择，而是在不断探索两种文化身份背后所蕴含的价值规则的适用情境，或在不同情境中建构和表现出不同的理想自我。除了能够以交往情境的需要灵活建构自身文化身份之外，本土化的文化身份认同还表现出超越的特征，超越主要源于中国文化的中庸思维，即不拘泥于事物之间的对立冲突，在冲突中寻找超越冲突的统一性，形成了包容欣赏但同时又富有对自身文化的自觉和自信的融合性文化认同。与西方理性主义者专注于对身份认同背后的认知框架以及世界观的阐释不同，我国的跨文化学者更倾向于从情感的角度来认识身份认同，身份的内化更应该被理解为对自身以及他者文化的情感态度的培养。逻各斯理性主义的西方文明倾向于从差异和冲突入手来研究身份认同，但中国文化则更倾向于从对立统一的辩证角度来考察身份认同。人们对自身文化以及他者文化的认知和情感态度是以一种互文的方式被建构出来的。在文化间的相互参照和相互阐释中，个体能够通过普遍的人类情感，以移情的方式实现对两种文化冲突和差异的超越，以统一性的视角来重新审视两种文化。差异和冲突被理解为是对真理阐释的不同路径，并在此基础上强化了自身文化的自觉和自信，同时由于认识到他者与自身文化的共性高于差异性，从而对他者产生了更为理性的包容和欣赏。在形成方式上，本土化的融合性身份的获得并未对立性地区分主流文化／边缘文化、强势文化／弱势文化，因而也没有将个体在自身和他者文化之间妥协和争取的协商视为融合性文化身份的形成方式。在中国学者的研究框架中，最理想的文化身份认同的形成并不是靠舍弃和选择，而是在对自身文化已有自信的情感基础上，以更为深刻的认知的理性升华，超越自我和他者的差异到达对两种文化的统一性理解（高一虹，2014）。

3.5 小结

本章基于两个假设：思维是人性的外化形式和对人性的认识为语言和文化及其关系的再认识提供了理论前提，按照思想—理论—实践的线索，着重对思维、语言、文化、社会等概念之间的关系进行了梳理，旨在从哲学层面阐释和理解外语教育中语言与文化融合教学的原理和意义。以笛卡尔和康德为代表的理性主义哲学认为理性是人类普遍所具有的人性，语言只是理性发展的先天必然伴生物。语言的先天论思想启发了乔姆斯基的生成语法，提出语言与思维的同一性理论论断，并成为认

第3章 语言与文化的哲学辨析

知神经语言学的学科基础。莱布尼茨的浪漫主义哲学更为注重作为感性存在的人类，以及由感性所伴生的偶然性、多样性存在的意义。对语言和思维多元化的关注被引入语言与思维关系的思考之中，并由此开拓了民族语言学、认知语言学和文化语言学三个新的领域，同时也为跨文化外语教育提供了更加丰富的理论。除了文化，社会也作为人之独特的人性活动被引入对语言和思维关系的理解之中，开辟了社会价值观的形成和内化、语言、思维三者之间关系探讨的研究路径。在语言的学习、选择和使用中所彰显的自我身份建构方式，以及由自我建构所带来的社会价值观的内化与升华，为跨文化外语教育中的人格教育、素养教育或全人教育理念的开展实施提供了有力的理论支持。

第 4 章
外语教育中的语言和文化

语言和文化是外语教育中的两个核心概念，如何理解它们的内涵和外延不仅直接影响外语教育"教什么"，也决定"如何教"的问题。哲学、语言学、心理学、社会学、文化人类学、现象学以及教育学等学科由于研究视角各有侧重，对语言和文化的解释也各不相同，这些人文社会学科的研究成果为外语教育提供了多元化、多维度的理论支撑。随着人类社会不断进步，世界知识体系不断丰富，各学科的研究日益深入，关于语言和文化的认知理解也随之不断演变和拓展。第 3 章从哲学层面阐述了语言与思维、社会以及文化之间相辅相成、相互作用的关系。在此基础上，本章聚焦外语教育语境中的语言和文化，对语言学习和文化学习的本质及它们之间关系的处理进行梳理和分析。

4.1 外语教育中的语言观

语言是人类特有的属性，是社会的产物。从 20 世纪初期结构主义语言学开启现代语言学以来，关于语言本质属性的学说层出不穷，特别是以作为本能的语言（language-as-instinct）和作为使用的语言（language-as-use）为代表的不同语言观持续交锋，争议不断（何宏华，2017）。本节从外语教育的语境需求出发，对不同视角的语言观进行简要阐述。

4.1.1 作为符号系统和交际工具的语言观

就外语教育而言，语言作为符号系统和交际工具的两种语言观影响最为深远。现代语言学创始人索绪尔提出的语言符号系统观明确了语言符号是语言的核心特质，强调语言的规约性和语言符号的心理效果，着眼于作为抽象符号系统而存在的语言，不考虑言语的实际发生。结构主义认为，语言的产生是"刺激—反应"的过程，语言是经过后天的行为经验获得的，使用不同语言决定了我们对于世界的不同的感知与体验，每一种语言都是独特的。20世纪70年代，乔姆斯基继承理性主义的"天赋观"，提出了"先天语言能力学说"，认为语言是一种天赋，儿童生来大脑中就带有一套"语言习得机制"（language acquisition device），语言习得的过程就是语言机制激活的过程（Chomsky, 1965）。虽然从语言产生的过程来看，乔姆斯基的语言天赋观与索绪尔代表的美国结构主义的"刺激—反应"论迥然不同，但索绪尔的语言和言语与乔姆斯基的语言能力和语言运用一脉相承，两者都明确了语言既是抽象的语言规则系统，也应在实际使用中进行观察、描述和解释这一基本属性。因此，两者本质上都属于一种符号系统的语言观。

韩礼德借鉴各派语言学家的思想，将语言看作社会符号，提出了社会符号学理论，建立了系统功能语言学（Halliday, 1961）。韩礼德认为，语言是一种社会现象，是社会系统的一个组成部分，语言的意义存在于具体的使用过程之中，而语言的使用离不开所存在的社会文化环境，语言必然在交际过程中承担功能。语言是一套具有社会功能的符号系统，人们在交际过程中根据语境对语义、词汇语法和语音等构成的语言符号系统进行选择，从而发挥语言的社会功能（白鸽，2014）。受索绪尔、乔姆斯基和韩礼德等语言学家的影响，20世纪的外语教学基本上坚持以语言形式教学为主，语言使用教学为辅的原则。首先，以语言作为符号系统的外语教学将语言看作是一个固定不变的、闭合的存在，其本质是一种标准化的语言教学。这种外语教学以一个母语群体的语言行为为标准（如BBC英语、VOA英语、巴黎法语、魁北克法语等），在外语教学中，从语音、词汇、语法，到语篇、语用以及文化，都以这个群体为参照，其他语言变体通常被认为是不规范的，是一种没有学好或教好的表现。因此，语法规则和词汇的学习最为重要。

20世纪后期，语言作为交际系统的观点对外语教学产生重要影响，语言使用和交际能力成为师生关注的焦点。虽然学界普遍认为这一教学理念的转变主要得益于韩礼德的功能主义语言学和海姆斯的交际能力理论，但实际上，索绪尔和乔姆斯基早期关于语言和言语、语言能力和语言行为的论述都强调了研究语言交际的重要性。从本质上来看，以交际能力培养为导向的交际法外语教学并没有摆脱结构主义语言学的影响，它只是将语言交际活动理解为用语法和词汇知识去表达思想。交际只不过是把一个人的思想通过编码和解码传递给另一个人的过程，这是对语言及其使用的一种简单化理解和操作，忽视了语言交际语境的复杂性和系统性。

实际上，交际不是简单的信息传递，它是一个群体成员建构自我的创造性的文化行为，与个人的身份认同密切相关（Carey, 1989）。交际法外语教学通常只关注可理解的信息交换，忽略了交际双方通过语言进行自我表达和意义及身份协商的交际本质。为了发挥外语教育人文性对于立德树人的价值作用，我们应该理解交际的偶然性（contingent）和即时性（emergent）的特点（Kasper, 2006），充分认识语言交际的复杂性和系统性。

4.1.2 作为文化现象和社会实践的语言观

文化语言学强调语言作为文化现象的属性，认为语言是人类文明的成果和精神活动的产物，是文化的载体，是文化的核心组成部分。语言是一个由无数紧密联系、相互制约和相互作用的成分构成的结构系统，有着高度的严密性，能客观反映文化群体的认知发展过程，因此通过语言分析文化现象比直接对文化现象进行分析更加有效（张红玲，2007）。正因为如此，博厄斯、洪堡兄弟、萨丕尔、沃尔夫等语言学家倡导通过分析语言事实和语言使用来发现一个群体的思维方式和文化习惯。语言所具有的这种文化价值充分说明语言教学具有巨大的文化教学潜力。

我国学者杨忠在评述索绪尔语言符号系统观的贡献与局限一文中指出："语言符号系统必然是开放的，否则就不能表征社会文化的演进。语言是多层级、多功能的开放符号系统，其复杂性无可比拟。意义是人与人、人与世界互动的结果。语言不仅反映现实，而且可以创造现实。语言不直接表征客观世界，它反映我们的经验世界。"（杨忠，2013；24-26）这些关于语言开放性和复杂性的阐述充分说明作为语言使用主体的人和不断变化的语境对于语言研究和语言教学的重要性。伽达默尔（Gadamer）的哲学诠释学语言观认为，语言从本质上来说是一种社会、文化和历史现象。语言不是简单的描述世界的工具，而是社会生活和人类世界的基本条件和构成要素，词语表达的意义在于其在使用中达成的一致。因此，语言是复杂的、开放的、动态的、不断变化的（Liddicoat & Scarinao, 2013）。作为使用者感知和理解世界并进行交际的一种方式，语言是个体的；同时，语言使用是在社会语境中进行意义协商和相互适应的过程，语言也是社会的。语言作为社会实践的语言观认为，语言是人们在日常生活中用来表达、创造和解释意义并建立和维护社会和人际关系的过程。

作为文化现象和社会实践的语言观超越了语言本体视域，强调了语言的复杂性和开放性，是对结构主义、认知主义和功能主义关于语言符号系统和交际工具理论的发展。

4.1.3 跨文化外语教育视域下的语言观

不同的语言观带来不同的外语教育理念和实践。结构主义语言观下的外语教学将语言作为知识进行语法、句型和词汇的操练；功能主义语言观下的外语教学以交际能力为目标，强调机械、简单的信息交换和意义表达的语言使用技能培养。文化语言学和哲学诠释学从语言与思维、社会和文化的密切关系出发，认为在外语教学中开展关于语言使用者世界观、价值观、行为方式、交际风格等的文化教学是必要的，也是可行的。文化教学既服务于语言能力的培养，也应有其自身的价值和目标。

本书倡导的跨文化外语教育从全球化、国际化、信息化、多元化的

第4章　外语教育中的语言和文化

时代特征和需求出发，主张将语言和文化在教学中有机融合，既提高语言能力，也发展跨文化能力，以此实现外语学科既教书又育人的功能。实际上，跨文化外语教育离不开结构主义语言学、功能主义语言学、文化语言学、哲学诠释学等学科的理论支持。语言作为符号系统和信息交际的教学，是确保语言使用和社会实践顺利进行的基础。没有一定的语言知识和技能，人们不可能使用语言参与社会实践。这种关系可以归纳为语言的三个层次（如图4-1所示）：

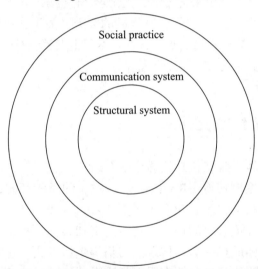

图4-1　语言的层次（Liddicoat & Scarino, 2013）

跨文化视角下的语言是一种语言结构和知识体系，每一种语言结构都代表某种世界观和哲学观（Wierzbicka, 1979），与其说语言是被学习的，不如说它是人们看待、理解和交流周围世界的一个方式。基于这一认识，跨文化外语教学特别关注语言作为个体生活经历表达的属性，以及语言具有的可变性、创造性、个性化的特点，将语言的使用看作是人们为了参与社会生活，在社会语境中进行调适、协商和适应的过程（Kramsch, 1999; Shohamy, 2007）。这是一种非本质主义语言观，既认可语言的共享性，也重视语言的个体性，强调语言作为群体交际和社会实践的核心作用，更能体现语言开放性、动态性和复杂性的本质，因此成为跨文化外语教育采用的语言观。

4.2 外语教育中的文化观

文化是一个人人耳熟能详的概念，却也是最复杂、最难界定的概念。早在20世纪50年代，人类学家克罗伯（Kroeber）和克拉克霍恩（Kluckhohn）就梳理出来自哲学、文化学、社会学、心理学、语言学等学科中的160余个文化定义。70年后的今天，关于文化的认知理解更加丰富，对文化的释义更是难以计数。本节重点关注对外语教育中的文化教学具有重要启发意义的文化观。

4.2.1 多学科的文化观

张红玲在其《跨文化外语教学》（2007）一书中，从外语教育的需求出发，借鉴罗宾逊（Robinson, 1985）的学术思想，阐述了行为主义和人类学的文化观、功能主义文化观、认知主义文化观和符号学文化观及其对外语教育的作用。行为主义和人类学都认为文化是可以观察到的、群体成员共享的传统、习俗等生活方式。功能主义将文化看作社会现象，认为文化的本质在于满足群体成员的需求，关注文化行为发生的动因和规则。认知主义着眼于文化的内在性，认为文化不是由事件、人、行为和情感构成，而是人们心里所想事情的形式，是人们感知、叙述和阐释这些事情的模式（Goodenough, 1964）。符号学将文化看作是一个符号意义系统，是个人内部意义系统与外部文化体验相互作用的产物。综合四种文化观，"文化既是一个民族或群体共有的行为模式和生活方式，也是这个民族或群体共享的认知图式形成和修改的过程，还是这个民族或群体通过其认知思维、行为体验和个体特征相互作用而形成和发展的符号意义系统"（张红玲，2007：127）。

第 4 章 外语教育中的语言和文化

行为主义和人类学的文化研究基于对文化行为的观察和描述，总结出一些具有普遍意义的文化主题，为外语教学中的文化教学提供资料支持。功能主义文化研究既注重对文化行为的描述，也强调对行为规则的解释，这有利于我们了解文化和行为之间相互作用的关系。认知主义从个体认知心理的角度解释文化，使我们认识到学习者的本族文化和个性经历在文化教学中的作用。符号学文化研究特别关注意义、行为、经历和现实世界之间的互动关系，提醒我们在文化教学中要处理好目的文化、本族文化和学习者个性特点三者之间的关系。

4.2.2 本质主义和非本质主义的文化观

本质主义哲学理论认为事物具有内在的、普遍的、持久的本质属性。本质主义文化观可以概括为：用统一的特征描述所有成员，认为一个群体的成员是同质的，要求群体成员都遵从统一的标准。本质主义这种超越历史和时空的概括方式使得群体成员被统摄和定位成为一种抽象的构成，很容易导致刻板印象。非本质主义，又称反本质主义，反对基于群体的普遍化来发现本质，认为应该在具体的社会和历史语境中考察和诠释差异。霍尔作为反本质主义的代表，认为应该将文化身份置于历史和社会场景中，从话语的内在结构切入文化身份议题，阐释文化身份的构成性特征（刘英杰、田雨，2021）。哲学上的本质主义论和非本质主义的论述非常复杂，这里仅结合外语教育中的文化观进行讨论。

胡文仲和高一虹是我国较早对外语教育中的文化教学进行系统研究的学者，他们在《外语教学与文化》（1997）一书中，在比较和分析梁漱溟、陈独秀、于靖、张占一等我国学者以及泰勒（Tylor）、克罗伯、克拉克霍恩、马林诺夫斯基（Malinowski）、萨莫瓦尔（Samovar）、波特（Porter）、布朗（Brown）、霍夫斯塔德（Hofstede）等西方学者给出的文化定义的基础上，阐述了外语教育中文化的定义和文化教学的原则。他们认为，文化人类学既关注对具体文化行为细节的描写，也注重用建构理论模式来解释行为，既涉及日常生活和社会习俗，也涉及隐藏文化行为背后的价值观念。因此，采用文化人类学常用的、将文化看作特定人群的整个生活方式（包括行为模式以及支配行为的价值观念系统）的定义符合外语教育的需求。同时，他们结合其他学科阐述了外语教学中文化教学的原则："物质文化"和"精神文化"更注重精神文化对物质文化的支配作用；"制度文化"和"行为模式"更注重一定制度之中人们的行为模式；"知识文化"和"交际文化"主张二者并重，且应将知识文化贯穿于交际文化的传授之中。胡文仲、高一虹（1997）对于文化的阐述比较宏观、全面，包含精神、制度和知识、物质文、行为和交际模式等各个层面，虽然涉及对具体文化行为的描写和考量，在一定程度上体现了非本质主义强调的社会历史语境的作用，但总体上还是一个将文化看作符号系统的、抽象化、还原论的文化观。

中国高等教育跨文化教学培训资源（Resources for Interculturality in Chinese Higher Education，RICH-Ed）是由一项中外大学跨文化研究团队合作完成的欧盟伊拉姆斯项目（本书第 10 章将有介绍）。项目组借鉴 Holliday（1999）的非本质主义理思想，在其研制的跨文化教学框架（2021）中，使用"大文化"（big culture）和"小文化"（small culture）分别代表稳定、统一、泛化的民族国家文化和基于语境不断变化和建构的各种小群体文化。大文化指的是按照种族、国家等政治边界进行区分的文化群体，通常比较宏观、抽象，如西方、中国、外国等。大文化作为一个泛化群体的标签，经常会导致刻板印象。小文化则着眼于群体成员在不断变化的语境中进行意义协商的动态过程，这是一种社会建构主义的文化观，与非本质主义文化观基本一致。

艾金森和索恩（Atkinson & Sohn, 2013）则使用 top-down 和 bottom-up 两个词来描述英语作为第二语言教学中的两种不同的文化处理方式。top-down 是一种本质主义的文化观，忽略了文化的复杂性、动态性、开放性和个体性，是刻板印象产生的根源。他们主张在外语教学中采用 bottom-up 文化观，认为文化是通过个体来理解和实践的，强调文化的个体性和个体的文化性。两种不同的文化观对于外语教学中的文化教学的过程和结果会产生重要的影响。

第 4 章　外语教育中的语言和文化

4.2.3　基于三角模型的文化定义

美国1996年推出的《外语教育的国家标准》(National Standards for Foreign Language Education)确定了外语教育的5C标准，即交际能力，文化素养，比较意识，联通知识，社区参与。美国的5C标准对于世界各国制订面向21世纪的外语教育政策产生了重要影响。该标准参照20世纪80–90年代学界对文化、语言和交际等概念采用三角模型进行界定（Fantini, 1997; Lado, 1997; Larson-Freeman, 1987; Nemetz-Robinson, 1988; Spradley, 1980），将文化的内涵要素定义为产品、实践和观点。莫兰（Moran, 2001）为了阐释外语教学中的文化概念，从实用主义的角度出发，认为应该突出"人"作为文化主体的作用，在文化三角概念模型的基础上增加了"人"和"群体"两个层面，提出了五维度的文化概念模型。他认为，文化群体成员在具体社会语境和群体中与他人进行各种互动时，必然会使用文化产品（包括有形的工具、文字、音乐、建筑器具或无形的机构、习俗等），也会反映他们的价值观、态度和信念（perspectives）。因此，任何文化现象都可以从这五个维度去解释和分析（如图4–2所示）：

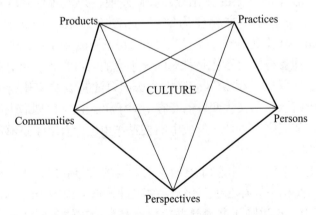

图 4–2　五维度文化概念模型（Moran, 2001）

20世纪90年代，胡文仲、高一虹（1997）关于文化定义和文化教学的学术思想具有前沿性和前瞻性，对于当时的外语教学起了引领和指导作用。然而，随着人类进入 21 世纪，经济全球化带来的人口流动促使"地球村"的概念成为现实，多元文化环境成为人们生活和工作的常态，外语教育的功能和目标也随之拓展。就文化研究而言，其研究范式也从本质主义向非本质主义转向，从现代主义走向后现代主义。之前，无论是物质文化还是精神文化，制度文化还是行为模式，知识文化还是交际文化，无论是"英美概况"课程还是"文学与文化"课程，基本上都是将文化当作静态的、客观存在的知识去传授。基于这种文化观的外语教学对于教师和学生来说，易于操作和掌握。但当学生们离开课堂，来到变化万千的真实交际语境，他们常常不知所措，无法将学过的东西自如地应用于实践。相对而言，五维度文化概念模型注重个体、语境、实践和思想，主张在外语教学中更多采用文化体验式教学法，以更好地满足外语教育帮助学生活学活用、文化育人的目标需求（Moran, 2001）。

4.2.4 跨文化外语教育视域下的文化观

综合上述不同学派的文化观，我们发现，外语教育领域对文化定义的分歧本质上在于文化作为知识与信息（culture as knowledge or information）和文化作为过程与实践（culture as process or practices）两种观点。前者将文化看作是相对固定不变的、可积累、可分类、可观察、可教、可学的"事实"。"这样的认识只注重表层文化行为，忽视了深层的价值取向和文化变体的存在，对于个人在文化创造中的参与作用以及语言和文化在一是一形成中的相互作用也没有给予足够的关注。"（张红玲，2007：164）

从本质上来说，文化除了具有相对稳定的符号属性，也具有动态发展的特点。文化不仅存在于文化产品和文化形式（cultural products and forms）之中，也反映于共享这些文化产品和形式的人们使用文化的过程之中（Robinson, 1996）。文化群体成员在自己文化价值观念和社会规范的指导下，在不断变化的交际语境中，与他人进行意义协商和身份认同协商。这是一个文化作为社会实践的过程，是在一定时空中、具体语境下、人和人之间具身行为的话语表达（Bhabha, 1994），是通过个人行为，特别是其使用语言过程中创造出来的。由此看来，文化最突出、最重要的特点是它与文化群体成员个体紧密相连。人们的所思所想、所作所为都受文化的影响；人们根据文化规范理解周围世界，调整自己的言行，适应社会环境。正因为如此，外语教学中的文化教学具有深厚的人文教育特色，文化和语言与人们的生活、工作融为一体，共同构成人们身份认同、思想情感、价值理念、生活方式的具体实践。外语教学因此可以成为教书育人、立德树人的一个良好平台。

4.3　外语教学与文化教学

不同的语言观和文化观必然导致不同的语言学习观和文化学习观，理解外语学习和文化学习的本质特点对于提高教学的针对性和有效性至关重要。学界从 20 世纪 60 年代开始关注外语教学中的文化教学，六十多年来文化教学先后出现了语言能力为目标、交际能力为目标和跨文化能力为目标的三种模式。

4.3.1　外语学习和文化学习的本质

1. 外语学习的本质

外语学科的基础理论主要来源于二语习得研究。在经历了 20 世纪早期的行为主义流派和中后期影响深远的认知主义流派之后，自 90 年代以来，二语习得研究迎来了多元理论百花齐放的大发展阶段，出现了社会文化理论（Lantolf & Pavlenko, 1995）、动态系统理论（dynamic systems theory）（Larsen-Freeman, 1997）、社会认知理论（socio-cognitive theory）（Atkinson, 2002）等二语习得理论。在认可这些理论观点为二语习得研究提供多元视角解释的价值的同时，杨连瑞等（2020）认为基于不同出发点和目标内容的各个理论流派，如果不能通过直接对话进行观点交流，促进相互借鉴和补充，势必会给二语习得研究者和实践者造成困局。为了正本清源，走出困局，学界将主要理论流派大致分为认知派和社会派两大类。虽然两派之间的分歧和争议持续至今，但百家争鸣的结果是互补和融合。

　　二语习得是一个涉及认知、心理、情感、社会和文化等多种因素的复杂过程，需要从不同角度进行跨学科研究。语言习得本质上是一种置身于特定社会文化语境中的认知活动。一方面，语言习得是一个认知活动。认知语言学认为，语言是一种心理现实，由储存于个体大脑中的抽象规则构成，有限的语言规则可以生成无限的语句。因此，语言学习的过程可以概括为：学习者个体将语言输入选择性地整合到自己已有的语言知识系统中，然后通过不断的语言输出，逐步将所获取的陈述性知识转化为程序性知识。在这个认知过程中，学习者基于接触到的语言输入形成相关假设，然后根据所获得的外界反馈不断检验和修订假设，以此逐渐丰富和完善自己的语言系统。学习过程呈现普遍性特征，学习者大脑内部知识体系的变化是其学习进步的体现（杨连瑞等，2020）。另一方面，语言习得是一个通过交际活动和社会实践不断内化的过程。维果茨基的社会文化理论将语言看作是人生存与发展的重要符号工具，语言学习的本质过程可以理解为：学习者在日常交际活动中以语言为媒介，在文化语境中与他人进行意义表达和协商，继而提高语言运用能力，并将之发展成为个体心理活动的工具，这实际上也是是人类认知的发展过程（Lantolf, 2006; Vygotsky, 1979）。

　　人类语言的产生与发展是认知加工和人际交流共同作用的结果，语言学习必须同时从认知和社会两个维度进行研究，我们既要看到语言的心理现实性是一种心理现象，又要看到语言的社会依存性是一种社会现象。就语言学习而言，我们既要看到学习过程的个体性，又要看到学习过程的社会性。

2. 文化学习的本质

　　与人类任何学习活动一样，文化学习是一个复杂的认知心理过程。文化学习涉及价值观、世界观和社会规范等主观文化要素，其本质上是对现有认知图式和文化参考框架的丰富和完善，是一个认知、心理、情感和行为的改变和调整的过程。因此，文化学习对于个人而言，心理冲

第4章 外语教育中的语言和文化

击较强,不可避免会出现紧张和焦虑,是一项极具挑战性的学习活动。

具体来说,文化学习首先是一个心理情感变化的过程。文化学习不仅是知识的学习,重要的是跨文化情感态度和交际能力的培养,这就要求学习者通过参与跨文化交际实践,通过与来自不同文化背景的人们广泛接触,通过自己的亲身体验,增强跨文化意识和跨文化交际能力,这是一种体验式或发现式的学习过程。在此过程中,学习者会由于共享的感知、理解和社会交往符号不复存在而感到焦虑、紧张,或反感、退缩,出现文化震荡(culture shock)带给人们的消极、负面的情绪和文化疲乏(culture fatigue)。这是文化学习过程中的一种自然现象。随着文化学习的不断深入,学习者的心理情感会发生变化,表现出更多的包容和韧劲。

从认知层面来看,学习者在开始第二文化或外国文化的学习之前,已经完成了他(她)的社会化过程,形成了自己的文化认知图式,成为具有某个社会文化身份的人。不过,这个文化认知图式和社会文化身份并不是封闭不变的,而是开放、可以被修改和拓展的。一般来说,认知图式的修改可以通过增加(accretion)、调整(tuning)和再创造(restructuring)三种途径来完成。如果说母语文化身份的习得是一个从无到有的再创造过程,那么第二文化或外国文化的学习主要就是一个增加和调整的过程,这是由文化的共性决定的。文化学习的目的不是,也不可能取代本族文化,而是在丰富本族文化认知和认同的基础上,了解新的文化,包括其思维方式和生活方式,通过对话和比较,培养多元立体的思维方式,提高与不同文化背景的人相处与合作的能力。虽然在学习新的文化过程中也会接触到目的文化中独一无二的要素,存在图式再创造的情况,但总体来说,文化学习主要是一个图式增加、修改和调整的过程。

文化学习过程中,学习者心理情感和认知结构的变化必然要外化于行,转化为行为上的调整。文化学习过程中,学习者的行为技能变化通常经历五个阶段:意识(awareness)、关注(attending)、反应(responding)、实践(acting)和互动(interacting)(Kleinjans, 1972)。目的文化中的行为包括语言交际行为和非语言交际行为,学习者首先要意识到它们的存在,并对其加以关注和思考,然后通过学习培养恰当的反应能力,并能够在不同语境下主动进行交际实践,最后培养足够的灵活性和变通力,使自己能够在任何语境下有效、恰当地与人进行沟通。语言学习和文化学习的本质进一步说明语言教学不可能脱离社会文化,语言教学就是文化教学。但是,在外语教学百余年的发展过程中,如何处理语言教学和文化教学之间的关系一直是一个争议的焦点。

4.3.2 语言能力为目标的文化教学

语言能力是指语音、词汇、语法、语篇等语言知识和听、说、读、写、译等语言技能。语言能力是外语教学的本体和核心内容,早期的文化教学基本上以语言能力培养为导向。一方面,针对原版的阅读语篇和文学作品中的文化背景信息,如历史人物、重大事件、宗教礼仪等被称为大写 C 文化的内容,进行课堂讲授,通常是在语言知识讲解的过程中穿插进行文化信息的介绍;另一方面,开设专门的国别概况课程,如"英美概况",帮助学生了解目的语国家的历史、地理、社会、经济等,为他们的听、说、读、写、译的练习提供系统知识的支撑。

以语言能力为目标的文化教学最显著的特点是它从属于语言教学,为语言能力的培养服务,除了专门的国别概况课程之外,语言教学中的文化教学没有明确的目标任务和教学内容,通常是在阅读理解需要的时候被提及,因此比较零散、随意、缺乏系统性。在结构主义语言学、认知主义语言学和功能主义语言学盛行的 20 世纪初 70-80 年代,外语教学从语言工具论出发,基本上以语言本体教学为主,着眼于语言知识体系的教学和语言使用能力的提高,对于外语教育的人文性关注较少,文化教学只是一种可有可无、零散隐性的存在。

4.3.3 交际能力为目标的文化教学

交际能力是指运用语言知识和语言技能与目的语群体的人们进行有效、恰当交流的能力。20 世纪 70-80 年代开始,随着社会语言学、语

第4章　外语教育中的语言和文化

用学等学科研究成果的不断丰富，交际法成为主流外语教学法，学习者基于真实语料完成具有意义协商、知识建构和探索学习价值的任务是课堂教学的主要形式，培养具有母语者水平的语言交际能力是外语教学的终极目标。在此教育理念下，文化教学更多关注微观层面的"小文化"或交际文化，即具体交际语境下语言使用得体性及其背后的文化行为规范。相较于之前主要以政治边界区分的民族国家及其社会、历史、经济等本质主义、简化论对文化的理解，交际能力为目标的文化教学聚焦文化对群体成员社会实践的作用，更接近文化的开放性、动态性和个体性的本质属性。这不仅能够促进外语交际能力的提高，也能在一定程度上增强学习者对现实生活和工作中文化差异的敏感性和理解力，起到文化育人的用。

以交际能力为目标的文化教学通常着眼于目的语文化的日常生活和工作语境，以母语者的文化行为为参照，在课堂上通过阅读、图片、视频等多媒体手段呈现文化要素和活动，采用讲授、讨论、比较、角色扮演等方法增进对目的语文化方方面面及其与本族文化之间差异的了解。在此过程中，外语作为媒介，文化作为内容，语言教学和文化教学得到有机融合。尽管如此，这种以目的语文化为内容、以母语者为目标的文化教学存在缺陷。其一，以母语者作为参照目标较为偏颇，特别是在英语作为外语的教学中，其母语群体众多，如有英国、美国、澳大利亚、新西兰等英语国家，而且每个英语国家内部文化群体多元，地域、职业、种族等因素导致不同亚文化群体的文化行为也各不相同。因此，要确定一种"规范"的文化模式作为文化教学的标准几乎不可能；其二，全球化时代，人口广泛流动，在世界很多国家和地区，不同语言和文化背景的人们在一起生活和工作，他们使用的语言不仅限于官方语言。多元文化和语言环境已成为当今世界的一个鲜明特征，外语学习的目的并非只是与目的语群体成员进行沟通交流，也可能是与其他非母语者沟通和交流。英语不仅是英美等英语国家的语言，也是世界数十亿英语学习者和使用者的语言。在这种情况下，文化教学就应该超越本族语和目的语的双文化，走向更加宽阔的跨文化教学。

4.3.4 跨文化能力为目标的文化教学

进入 21 世纪之后，以交际能力为目标的文化教学逐步迈入以跨文化能力为目标的跨文化教学阶段。简而言之，跨文化能力是指使用目的语与来自世界各国各地的人们和谐相处、有效合作的能力。以跨文化能力为目标的文化教学不仅目标范围扩大到所有使用同一种语言进行跨文化交际的群体，其文化教学的内涵更丰富，对学习者产生的改变也更深远。

从本质上看，以语言能力和交际能力为目标的文化教学是一种关于文化的知识学习。学习者的世界观、身份认同、价值观念、情感态度和行为习惯并未受到影响或被改变。以跨文化能力为目标的文化教学通过接触和学习另一个不同的文化，促使学习者审视和反思自己的判断和行为，认识区别对待自我和他者的危害，理解文化多样性的意义，并运用语言能力和交际能力参与跨文化交际实践，逐步提升跨文化能力，培养跨文化的身份认同（Liddicoat & Scarinao, 2013）。这一过程不仅是关于文化知识的学习，更重要的是将学习者自身的文化特性与所学的文化内容关联起来，形成"文化间性"（interculturality），在两者之间进行比较和对话，通过理解对方的世界观、价值观和行为逻辑，反观自己，改变自我。

跨文化外语教育理念下的学生既是语言学习者，也是语言的使用者，还是文化的承载者，通过交际实践，学习者的多元角色可以统筹融合起来。语言是交际的媒介，文化是交际的语境和内容。学习者使用语言和文化经历和参与社会交际，在与他人通过语言理解和意义表达进行跨文化对话时，双方不同的先前经验导致对信息及意义的理解和解释各不相同。学习者既是交际活动的参与者，也是分析者。跨文化交际能够加深他们作为语言和文化的学习者和使用者的自我认知，也正因为如此，跨文化外语教育可以实现双重目标，在增强学习者的语言能力和交际能力的同时，提高他们的跨文化能力。

4.4 小结

语言和文化是人文社会科学使用最为广泛的词语，本章梳理了不同

第4章　外语教育中的语言和文化

视角下的语言观和文化观，分析了外语学习和文化学习的本质特点。无论是语言的认知派和社会派，还是文化的本质主义论和非本质主义论，都体现了语言和文化的复杂性。就外语教育而言，语言和文化的复杂性、开放性、动态性、个体性等特点不应在外语教育中被简化或忽视，而应该作为一种资源，在教育中不断去开发利用，为学习者创造丰富的用语言去体验世界的机会（Liddicoat & Scarina, 2013）。文化在外语教育中一直与语言相伴相随，虽然其地位游移不定，若隐若现，但从未缺失。本章通过考量不同历史阶段语言教学和文化内容之间的关系及其处理方式，阐述了以跨文化能力为目标的外语教学作为实现外语学科立德树人根本任务优选模式的必要性。

第 5 章
跨文化外语教育理论研究

跨文化外语教育，简而言之，就是将语言教学和文化教学有机融合，以外语能力和跨文化能力为双重目标的外语教学理念和实践。近二十年来，国内外学者围绕跨文化外语教育的理论建构、目标内涵、教学方法、教师培训、测试评价等主题开展了卓有成效的研究，产出了丰硕成果。本章及后续各章将分专题梳理和介绍跨文化外语教育的理论和实践成果。本章的主要内容是探究跨文化外语教育的理论基础及其学理性和可行性，梳理和分析国内外具有代表性和影响力的跨文化外语教学理论模型，阐述跨文化外语教学原则，介绍跨文化外语教学常用方法和创新方法。

5.1 后方法时代的外语教育

5.1.1 对"方法"的批判

现代外语教育在 20 世纪基本上是以教学法为牵引不断向前推进，受结构主义、认知主义和功能主义等语言学派影响，语法翻译法、听说法、交际法等先后成为外语教育的主流方法，不仅直接影响课堂教学实践，也是外语教育研究的主要内容，在很大程度上主导着教师和学者的教学和研究行为。然而，由于每种方法各有侧重，每个课堂的构成以及每位教师的风格都不相同，如何在多个方法中做出选择，很多教师感到困惑。虽然 20 世纪后期出现的折中法（eclectic method）（Widdowson,

1990)考虑到教学语境差异和教师自主性的需求,鼓励教师基于学生和课堂特点,根据自己对各种教学法的理解,使用自己认为合适的教学方法,但是从本质来看,折中法仍然是一种从教学法的视角去考量外语教育教学活动的思维方式,存在很大的局限性。

方法是对理想语境的理想化的概念(Kumaravadivelu, 2003)。语言学习与语言教学的需求和环境千差万别,不可能有一种理想化方法能够预测所有可变因素,为一线教师解决日常教学中的难题提供具体建议。方法的概念和建构通常基于一个共同的顾客群,具有相同目标的假定,采用一种千篇一律的、一刀切的自上而下方式。笼统的方法无法关照具体的学习和教学语境,因此会出现从一个理论极端到另一个理论极端的窘境。此外,影响外语教学的因素很多,教师认知、学生动机、社会文化以及政治经济环境、学校管理等因素相互交织,共同作用,影响外语教学的过程和结果。对于如此复杂的情况,传统的外语教学方法的解释力相当有限。外语教学方法甚至被认为"削弱了,而不是增强了我们对语言教学的理解(diminished rather than enhanced our understanding of language teaching)"(Pennycook, 1989: 597)。

5.1.2 "后方法"教学

针对"方法"的批判促成了外语教学研究新的转向。马塞多(Macedo, 1994)提出,为了从方法规定的固定程序中解放出来,我们应该加强对社会文化将环境的批判性理解,以此来指导教学实践,他将此看作是一种"反方法的教学"(anti-methods pedagogy)。著名教育家杜威认为,不能仅仅把教学看作是一系列预先确定和安排的教学程序,而是一个根据语境不断调整的、有思想底蕴的行为(Dewey, 1933)。根据这一教育思想,库玛提出了包括特殊性(particularity)、实用性(practicality)和可行性(possibility)三个维度的"后方法的教学"(post-method pedagogy)(Kumaravadivelu, 1994, 2001)。特殊性强调教学要依据具体语言、社会、文化和政治等语境和场域进行;实用性是从发挥教师自主性出发,鼓励教师基于实践提炼理论,并运

第 5 章 跨文化外语教育理论研究

用自己的理论进行教学;可行性指的是在课堂教学中利用学生已有的社会政治意识来促进身份认同建构和社会发展。在这些维度的基础上,他构建了一个外语教学宏观策略框架(如图 5-1 所示)。该框架以轮盘形式呈现,十根辐条代表十个教学策略,提供更多的学习机会,尽可能减少感知错位,促进意义交流协商,增强学习者自主性,培养语言意识,激活直觉启发、语言输入语境化、语言技能融合化,确保社会相关性,提高文化意识(Kumaravadivelu, 1994)。与传统外语教学方法相比,这些外语教育策略视野更广,既关注到学习动机、认知心理、学习过程,也强调了语言输入的语境化和语言技能的融合性,还考虑到语言学习和文化身份之间的关系,因此更好地体现了外语教学的复杂性。

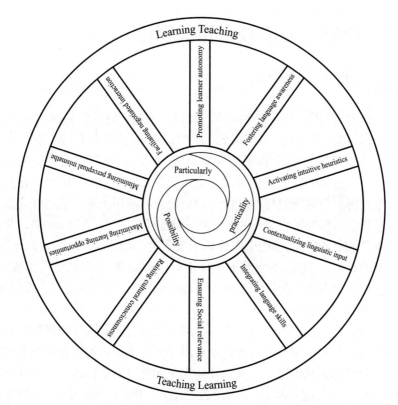

图 5-1　教学轮盘(Kumaravadivelu, 2003)

进入21世纪之后，外语教育的后方法时代以二语习得研究向社会文化理论、积极心理学和多语三大转向为特征，出现了一系列被统称为"替代法"（alternative approaches）的外语教育新理念，如社会文化法（sociocultural approach）、复杂理论法（complexity theory approach）、身份认同法（identity approach）、语言社会化法（language socialization approach）、会话分析法（conversation-analytic approach）、社会认知法（socio-cognitive approach）（Atkinson, 2011）。本书聚焦的跨文化外语教育也是一种以社会文化理论、积极心理学和多语转向以及动态系统等理论为基础、体现外语教育服务社会进步和时代发展需求的产物的外语教育新理念。

5.2 跨文化外语教育相关理论

5.2.1 社会文化理论

社会文化理论（Sociocultural Theory, SCT）是维果茨基为了解决二元论和简化论影响下心理学研究的本体论和认识论危机建立的一个关于个体认知发展的心理学理论（Vygotsky, 1978, 1987），它重点关注人类心理发展过程的社会文化属性。虽然社会文化理论的提出并非直接针对二语习得，但它能较好地解释人们是如何习得和使用母语之外的第二语言或外语，因此被广泛应用于二语习得研究。兰道夫（Lantolf）及其团队率先将社会文化理论引入外语教学研究（Lantolf, 2012; Lantolf & Thorne, 2006），使其成为近十年外语教学研究的一个重要理论视角，国内也相继出现了一批研究成果（如秦丽莉等，2015；徐锦芬、雷鹏飞，2018；郗佼，2020）。

社会文化理论认为所有人类的心理过程都是通过语言和符号等心理工具作为中介来实现，学习者是如何通过语言这一心理工具来调节和控制他们的思维和交际活动，这是社会文化理论应用于二语习得和外语教学研究的关键所在。内化（internalization）、中介（mediation）和最近发展区（Zone of Proximal Development, ZPD）是社会文化理论的三个核心概念。维果茨基认为，人类所有高级心理机能的发展，都是从外部活动的形式，转化为个体头脑内部的活动，从而调节自身行为和思维方式，在这个内化过程中，社会环境和语言交际作为中介起到关键作用（Vygotsky, 1978）。学习者的外部活动（如师生互动和生生互动）是以社会文化的产物为中介，使用物理工具（如铁锹）改造外部世界，使用心理工具（如语言符号、概念）认识世界，而学习者的内部活动需要经历从依赖外部文化产物或他人（如老师）帮助完成活动，逐步过渡到不依靠外部帮助、独立完成任务的过程，即逐步内化的过程。最近发展区是指实际发展水平与潜在发展水平之间的距离，实际发展水平指学习者独立解决问题的水平，潜在发展水平指学习者在中介工具的指导下完成任务的水平。学习者为了抵达潜在发展区，需要得到包括老师、同伴、父母等中介工具的帮助，即"支架"辅助（徐锦芬、雷鹏飞，2018）。总之，社会文化理论认为人的心理机能发展是在社会活动和语言交际中，通过中介作用将他人使用工具的能力内化为自我能力的过程和结果，辅助工具的使用能够促进内化发展。内化论、中介论和最近发展区构成不可分割的概念系统，为剖析和研究语言学习的本质过程提供了理论依据（郗佼，2020）。

社会文化理论认为语言的力量在于其产生意义的能力，因此强调语言使用和交际活动，强调学习者个体与外部环境之间的互动关系。语言作为高级心理机能发展的主要工具，通过个体在社会活动（日常交际和学校教学）中对语言意义的模仿和学习，最终发展成为个体对外与群体成员沟通的交流中介，对内进行思维活动的心理中介。社会文化理论进一步揭示了语言和语言学习的社会文化属性，同时也阐明了语言作为中介工具，帮助学习者认识世界、参与社会实践，促进个人认知思维发展和跨文化交际能力提升的重要作用，语言和文化在认知心理机制发展过程中相互作用、相互促进的关系体现在学校教育和课堂教学中，就是跨文化外语教育，社会文化理论因此可以成为跨文化外语教育在心理学上的理论基础。

此外，社会文化理论强调互动的作用，倾向于互动式学习和参与性学习，这一思想主要体现在社会文化活动理论（activity theory），对跨文化外语教学设计具有重要的指导意义。恩格斯托姆（Engeström,

1987）提出的活动系统结构将社会文化环境中各要素整合为一个的活动系统结构（如图5-2所示），主体（活动中的个体或集体）为了实现目标（客体），在工具（物质或符号的、内在或外在的）、规则（对活动进行约束的显性规定和隐性规范、惯例等）和分工（任务分配与互动和权利地位分配）等构成的社会文化环境中，通过具体的中介形式作用于客体（目标），最终将目标转变为结果。活动过程中，主体能动性很重要，是学习者在追求目标时选择、控制及自我调节能力的体现，它让人能够想象、接受、执行新的角色或身份并采取具体行动来追求自己的目标（转引自徐锦芬、雷鹏飞，2018）。

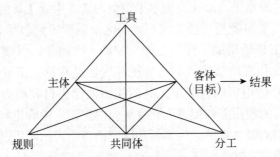

图 5-2　活动系统结构图（转引自徐锦芬、雷鹏飞，2018）

根据活动系统结构理论，跨文化外语教学活动应该将课堂教学看作一个动态、复杂的系统。一方面，教师要时刻关注和激发学习者主体能动性，发挥他们既是学习的主体、也是活动的中介工具（对于其他学习者而言）的作用；另一方面，教师要认识教学活动是一个动态变化的过程，要根据主体、共同体（多个个体或有共同目标的集体小组）不断变化的动机和能动性，根据工具形式的不断变化，及时调整活动规则和分工，这样的活动教学才能从本质上保证学习者参与和互动的积极性和有效性。

5.2.2　积极心理学理论

早在1954年，人本主义心理学家马斯洛（Maslow）就提出了积极心理学的概念。2000年，美国心理学会学术期刊发表了16篇论文，以此形成了积极心理学的主要观点，确定了其学科地位（Macintyre, 2016）。积极心理学主要关注促进人们成功、满足和自我实现的积极品质，从本质上来说，它是一种人本主义心理学，但相较于其他不太重视实证研究的人本主义思想，积极心理学既关注正向、积极的品质，也重视科学的研究。

积极心理学对于二语习得和外语教学的研究具有重要意义，具体体现在四个方面。（1）区分正负情绪的不同功能，既要关注如何减少紧张和焦虑等负面情绪，也要重视正面情绪对语言学习的作用。开拓—创造理论（broaden-and-build theory）认为，愉悦、兴趣、满意、自豪等正面情绪能够起到拓展注意力和思维模式的作用，有利于身心健康，增强毅力和韧性，还能为自己创建资源，获取更大的幸福感（Fredrickson, 2001）；（2）强调积极个性特征的重要性，认可学习者性格特征的力量和作用，倡导根据每个学习者的优势，如勇气、毅力、智慧、宽容心、情商等，设计学习路径，这种基于个性特征的教学远比纠错补缺式的教学更有意义；（3）积极心理学的Empathics模型由九个心理维度构成，即情绪与情商（emotion and emotional intelligence）、意义和动机（meaning and motivation）、毅力（perseverance）、主体性与自主性（agency and autonomy）、时间观（time）、心智习惯（habits of mind）、智能（intelligence）、性格优势（character strength）及自我效能（self-sactors/self-efficacy）（Oxford, 2016）。这些心理维度相互关联、相互作用，共同促进学习者语言水平和个人幸福感的提升。这一理论模型认可正负情绪的积极作用，关注外语学习中不同心理和社会因素之间的互动，同时还特别强调语言学习中社会文化语境的作用；（4）心流作为一个旨在促进个人愉悦感和幸福感的积极心理学理论，主要关注如何在任务的挑战度和学习者的技能之间达成最优平衡，人体验到心流的时候，通常是沉浸在手头的任务里，失去了时间感，进入这种状态时，会有很强的愉悦感、兴奋感和幸福感（Csikszentmihalyi, 1990）。这一理论与维果茨基的最近发展区理论一脉相承，对教师如何设计外语教学活动，激发学生的参与热情，从而提高教学效果具有重要的启发和指导作用。

就跨文化外语教育而言，除了外语教学本身需要上述积极心理学理论作为指导，跨文化教学因为涉及个人世界观、价值观、身份认同和跨文化意识和能力，与学习者的认知心理、情感态度和行为技能关系更加密切。根据积极心理学理论，在跨文化外语教学中，教师首先应该预测和洞察学习者表现出来的正负情绪，在此基础上，一方面减少紧张、焦虑等极度负面的情绪，另一方面合理利用情绪杠杆设计活动，在学生之间和师生之间建立和谐的互动交流关系，促进学生积极参与活动，并乐在其中，形成心流体验。此外，在跨文化外语教学中，每个学生都代表一种文化，都具有独特的文化身份认同，他们既是学习的主体，也是学习者资源。教师应该充分利用课堂丰富多元的文化资源，营造相互尊重、互相关心、共同分享（caring and sharing）的课堂氛围，形成一个文化学习的共同体。

5.2.3 二语习得的多语转向

多语转向是近十年来二语习得研究领域针对多数语言学习者并非单语背景这一现象而提出的一种新的学术理念（May, 2013; Ortega, 2013）。二语习得学科长期将目标语作为一个独立的语言知识系统和交际工具进行教学和研究，认为二语习得就是学习者掌握除自己母语之外另一个语言，成为一个具有双语能力的人，单语的母语者（monolingual native speaker）成为学习者二语学习的标杆。然而，随着全球化时代人口流动日益频繁，人际交往所用的语言现象非常复杂，很多二语或外语学习者都具有多语背景，这些不同语言在学习中会相互作用，影响学习过程和结果。同时，语言是社会实践，语言能力的发展会伴随个人经历而增加。二语习得与跨文化交际密切相关，语言、非语言及其他文化语境在二语习得过程中都会起作用，因此二语学习者的身份远比两种独立的语言系统之间的语法比较要复杂得多。欧盟长期致力于推进多语教育，要求学生除母语外再学两门外语。研究表明，这些多语学习者与单语和双语者相比，其感知机制不同，表现出的学习策略和语言能力也不相同。这种跨语言研究成果也得到了认知神经科学的证实，因此二语习得研究应该更多关注日益增加的多语背景学习者的需要，而不能一直停留在以少数英语国家为代表的单语群体作为教学标准和研究对象的时代。

二语习得的多语转向主张把语言习得研究置于多学科框架下，特别关注学习者多语言、多文化的背景身份对于外语学习的作用，同时主张将语言学习与社会文化语境以及学习者的身份认同发展结合起来进行研究，更好地解释语言学习的复杂性。跨文化外语教育强调外语学科的人文性，倡导在语言教学的同时，为学生提供丰富的语言和文化内容的输入，让他们广泛接触世界各国、各民族的文化，通过适当的跨文化教学干预，培养他们的全球意识和跨文化能力，同时增强他们对自己本族文化的身份认同。跨文化外语教育超越了传统外语教学的单语和双语目标，将语言的学习与人的发展结合起来，与多语转向理论的核心思想不谋而合，相互支撑。

5.2.4 动态系统理论

动态系统理论（Dynamic Systems Theory, DST）起源于20世纪50年代的自然科学，主要用来解释复杂、动态、开放、适应、自组织和非线性的系统，关注结构形成和过程变化两者之间的密切互动。由于语言、语言使用以及语言学习和能力发展及其教学就是一个复杂系统，拉森·弗里曼等将动态系统理论引入二语习得研究，经过十余年的发展，动态系统理论已成为广泛应用于外语教育研究的新趋势，甚至被认为是可以统摄二语习得研究的一个理论（Larsen-Freeman, 2011）。动态系统理论最鲜明的特点是认可自然系统是很多因素互动而形成的复杂体，是一种整体性的、自下而上看问题和解决问题的范式，反对将整体分解为部分进行教学，反对采用自上而下的、简化论的问题解决方式。

动态系统理论作为研究语言学习的理论框架，强调认知系统与社会系统的交互作用，将语言、语言学习和语言环境看作一个大系统，语言是在使用中不断变化、适应和发展，因此这是一个动态的复杂系统。语言学习过程中，学习者内部子系统（认知、心理等）与外部子系统（学习环境、学习资料、语言政策等）相互作用。系统中异质性的要素随时发生共时和历时的变化，语言发展是基于学习者不断使用语言而促成的一个又一个语言模式的形成，随着变化的模式不断涌现，语言能力因此不断提高。此外，动态系统具有不可预测性和非线性的特点，教和学之间不存在简单的因果关系，课程、教材、教师以及教学方法与学习者的认知心理相互作用，时刻影响着语言学习的过程和结果，需要教师以足够的耐心和细心观察和把握学习者在语言学习中的表现，随时调整教学目标和教学活动。而动态系统的自组织和自适应特征的启发在于，外语教师要给予学习者更多的自由和选择，通过提供、扩展、调配和补充资源来满足他们各自的学习需求（王勃然，2019）。

从动态系统理论视角来考量和研究外语教育能够克服传统二语习得研究的简单、线性、割裂和静态思维方式带来的弊端，有利于真实地把握外语学习的本质和过程。对于在学校的外语课堂语境下，教师如何根据学习者作为文化人的认知心理等内部动机特征，充分开发和利用课程、活动、教材、教法等学习环境和学习资源，将外语教学与跨文化教育有机融合，动态系统理论具有较强的解释力和指导性。

5.2.5 整体论

20世纪后期哲学和科学界出现的整体论（holism）与动态系统理论一脉相承，整体论创始人史末资（Smuts）认为，"整体是经过创造性进化而形成的大于部分之和的实在"（转引自韩宝成，2018a：585）。宇宙是一个整合的机制，任何事物或系统都以某种方式同其他事物相互关联，相互影响。整体论应用于教育领域，形成了强调以人为本、人文关怀的整体教育观。我国学者钟启泉归纳了整体教育观的十大原则（钟启泉，2001），其中与跨文化外语教育理念高度契合的内容包括：（1）教育最重要、最根本的目的是培育人们与生俱来的成长的可能性，学习者必须加深同自身、家庭和其他人之间的沟通，必须丰富自己同世界各地的人们乃至整个世界和宇宙之间的沟通；（2）每个学习者都是不同的个体,人人都有与生俱来的创造性,在身体、情感、智力和精神上具有各自的独特能力、志向和价值,应该受到尊重;(3)重视体验式学习,教育的目的就是通过经验,促进健全的、自然的成长,教师不能把限定的、片断的、预先嚼烂的"经验"作为"课程"天经地义地塞给学习者,必须把教育同社会实际生活联系起来,使学习者能够借助实际体验认识社会;(4)求得与地球共生,加强全球教育。我们赖以生存的星球是个复杂的生命系统,系统中一切生灵都处于关联状态,彼此支撑。教育必须扎根地球的生命生态,与之共生,必须引导学习者认识自己作为全球公民的责任,积极探求超越文化差异、渗透所有文化的人类共享的模式,尊重差异性和多样性,理解和应对冲突,为和谐生态系统和世界和平发展做出贡献。

韩宝成借鉴整体教育观提出了整体外语教学理念:"整体外语教育是指在落实立德树人根本任务的总目标下,立足学生全面发展,通过开展外语教育使学生在语言能力、心智水平和人文素养等方面得到整合性发展与提升,培养新时代思考型、创新型人才。"(韩宝成,2018:585)为实现这一目标,韩宝成(2018)认为,应该对外语课程进行整体设计,采用基于内容的教学理念(content-based instruction),以人文通识内容为依托,采取"整体输入、整体互动、整体输出"的方法,在提高学生语言能力的同时,协同推进其思维能力和人文素养的发展。跨文化外语教育与整体外语教学理念在目标、内容、方法以及活动等各个层面都相似相近,体现了相同的育人观。与整体外语教学理念的不同之处在于,跨文化外语教育聚焦语言和文化两个核心概念,通过语言和文化的融合教学,实现语言能力、认知能力、思辨能力和跨文化能力的全面发展。

5.3 国内外跨文化外语教育理论

5.3.1 国外跨文化外语教育理论

自20世纪90年代以来,国外语言学界围绕语言学习的本质、文化语境、跨文化学习的特点、跨文化能力的内涵等主题开展了广泛深入的研究，形成了一系列重要的理论著述和框架模型。本节主要介绍其中几个对跨文化外语教育具有重要解释力和启发性的研究成果。

1. 克拉姆契的语言象征能力理论

应用语言学家克拉姆契关于语言教学中的语境与文化（Cramsch, 1993）、语言学习与身份认同（Cramsch, 2002）等学术思想为跨文化外语教学奠定了深厚的理论基础。她认为语言固有的主观、历史和创造性的联想特点决定其具有象征价值，她借鉴了动态复杂理论，认为外语教育应该重视语言及其变体内在的复杂性，不仅要关注学习者的交际能力，还应该发展他们的象征能力。每个语言学习者拥有自己独特的身心和经历，有着各自不同的回忆、情感和想象，他们不仅要学词汇语法，使用际策略进行意义协商，增强交际能力，还要培养能在复杂的全球化多元化语境中，以不同的思维和行为方式与想象的人和自我进行交流的能力，在此过程中自我与他者相互审视，促成对方通过不同视角认识自己（Kramsch & Whiteside, 2008）。

象征能力是一个整体生态观的理论，对于帮助语言学习者应对全球化时代多元语言文化语境的复杂性和模糊性很有帮助。同时，象征能力是一种思维方式，通过培养这种思维模式促进学习者有意识地运用自己和交际对象的主观世界和历史经验来丰富彼此的认知。克拉姆契的象征能力理论强调语言学习者的主体性和能动性，重视多元语言文化语境中不同交际者的主观世界和个人体验，对于丰富学习者的身份认同、促进他们世界观和价值观的发展有重要作用。

2. 拜拉姆的跨文化交际能力模型

拜拉姆是跨文化能力研究领域具有重要影响力的学者，他提出的外语教育中的跨文化交际能力模型（Byram, 2009）是跨文化外语教育领域最具影响力的理论模型之一。跨文化交际能力模型包括跨文化交际能力和跨文化能力两个部分，前者是语言相关能力，后者为文化相关能力。跨文化交际能力由语言能力、社会语言能力和语篇能力构成，跨文化能力包括批判性文化意识、文化知识、好奇和开放的态度，以及阐释、讲述、发现、互动等技能要素。其中，批判性文化意识是从自己和他人的文化视角对双方的交际行为和结果进行批判性评价的能力，居于中心，被认为是教学的重点。此外，模型中还列出了跨文化能力培养的主要渠道，即课堂、实地调查和自主学习（如图5-3所示）。

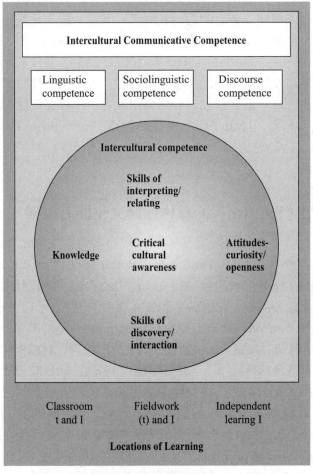

图 5-3　跨文化交际能力模型（Byram, 2009）

跨文化交际能力模型具有三个特点：（1）将语言能力和文化能力并列呈现，这体现了拜拉姆对外语教育中语言和文化同等重视的态度；（2）提出了批判性文化意识，并将其作为跨文化能力培养的核心要素，这对于学习者如何理解和对待自我与他者的文化差异具有深刻的启发意义；（3）将跨文化技能分为解释与讲述、发现与互动两个维度，揭示了跨文化交际行为表现的发展规律，强调了跨文化交际实践的重要性。拜拉姆的跨文化交际能力模型在国内外被广泛应用，但在学界也受到了一些质疑。首先，跨文化交际能力虽与跨文化能力并列呈现，却未阐明二者之间的内在联系；其次，跨文化交际能力模型罗列了多个要素，是一个"清单式模型"（list model）而"非结构式模型"（structural model）（Rathje, 2007: 255），且没有阐述各要素之间的关系以及发展这些能力要素的过程。近年来，拜拉姆聚焦批判性文化意识开展了系列研究，并将外语教育中的跨文化能力培养与公民教育联系起来，提出了跨文化公民教育（intercultural citizenship education）的思想（Byram et al., 2017），进一步拓展了跨文化外语教育的内涵。

3. 凡蒂尼（Fantini）的整体性跨文化能力框架

凡蒂尼基于多年的研究与实践，与同事们（Fantini, 2000, 2001, 2007, 2009, 2012, 2020; Fantini & Tirmizi, 2006; Fantini & Garrett-Rucks, 2016）不断完善发展对跨文化能力的认识，最终形成了一个整体性跨文化能力框架（如图5-4所示）。本框架包括：（1）一系列性格特征或属性（various characteristics or attributes），如开放、耐心、动机、兴趣、移情、幽默感、灵活性、对差异的包容、对模糊的容忍以及不作好坏对错评判等；（2）三种具体能力（three specific abilities），即建立和维持关系的能力、在交际中尽可能减少缺失或曲解的能力、为共同利益和需要进行合作的能力；（3）四个领域或维度（four areas or dimensions），即知识、态度/情感、技能和意识；（4）目的语能力（target language proficiency）；（5）历时发展的过程（a longitudinal developmental process），在不同阶段呈现出不同能力水平，过程中可能出现能力发展停滞或退步。

第 5 章　跨文化外语教育理论研究

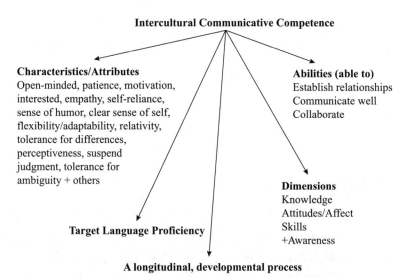

图 5-4　整体性跨文化能力框架（Fantini, 2020）

基于对语言、文化与世界观之间关系的理解（Fantini, 1995, 1997），凡蒂尼特别强调跨文化能力中的第二语言或目的语能力。在他看来，每个人都具有一种母语交际能力（CC_1），并会在跨文化互动中获得第二种语言交际能力（CC_2），而后者有助于跨文化交际能力的形成，因为跨文化交际能力是在母语交际能力的基础上与第二种语言交际能力的比较中发展的（如图 5-5 所示）。在此过程中，第二语言或目的语能力在跨文化能力的发展中具有重要的作用，单语和单文化的人难以拥有这种能力（Fantini, 2009）。缺少第二语言能力，即使是最低级别的第二语言能力，也会使人们囿于自己的文化思维来理解世界，处理事务，因此无法获得最有价值的跨文化体验（Fantini, 2012）。凡蒂尼关于外语教育中跨文化能力的框架具有三个特点：（1）他建构的跨文化交际能力框架采取整体性视角，呈现了跨文化能力的构成要素、核心视角、发展阶段等本质特点，揭示了跨文化能力的复杂性；（2）他明确将语言能力，特别是第二语言或目的语能力作为跨文化能力不可或缺的要素；（3）他对外语教育中跨文化能力的理解和阐述是经过长期实践得以丰富和完善的，最终形成了一个整体性多维度跨文化能力框架（Fantini, 2009; Fantini, 2020; Fantini et al., 2001; Fantini & Garrett-Rucks, 2016; Fantini & Tirmizi,

2006），这个框架对于跨文化外语教学具有较好的参考和指导意义。与此同时，凡蒂尼还开发了一套完整的跨文化能力自评工具（assessment of intercultural competence，AIC：a YOGA[1] form）(Fantini, 2000)。

$$\text{Communicative Competence}_1 + \text{Communicative Competence}_2 (+CC_{3,4}, \text{etc.}) \Rightarrow \text{Intercultural Communicative Competence}$$

图 5-5 跨文化交际能力（Fantini, 2009）

4. 莫兰的文化学习理论

莫兰在其《文化教学：实践视角》一书中从外语教学的需求出发，将文化定义为一个群体不断发展的生活方式，包括置于具体社会语境中、基于共同世界观的一套共享的实践行为和产品（Moran, 2001）。她认为任何一个文化现象（cultural phenomenon）都会涉及文化产品、文化实践、文化观念、文化群体和个体。莫兰还对外语教学中语言与文化的关系处理进行了阐述，提出参与文化的语言（language to participate in the culture）和学习文化的语言（language to learn culture）两个概念，将语言教学和文化教学统一起来，并结合文化学习过程，形成了语言文化融合教学的模式（如表 5-1 所示）。

表 5-1 学习文化的语言（Moran, 2004）

Stage	The Nature of Language
Participation: Knowing how	The language used to participate in the cultural experience.
Description: Knowing about	The language used to describe the cultural experience.
Interpretation: Knowing why	The language used to identify, explain, and justify cultural perspectives and to compare and contrast these with perspectives from the individual's own culture and other cultures.
Response: Knowing oneself	The language individuals use to express their thoughts, feelings, questions, decisions, strategies, and plans regarding the cultural experience.

---

1 YOGA: Your Objectives, Guidelines, and Assessment.

第 5 章 跨文化外语教育理论研究

莫兰还建构了一个文化学习成果结构图（hierarchy of culture learning outcomes），进一步呈现语言和文化学习的关系及文化学习的成果（如图 5-6 所示）。文化学习的成果包括自我认识、语言能力，交际能力、文化理解（包括具体文化和普遍文化）、文化能力、跨文化能力和跨文化交际能力，这些学习成果的取得能够促进学习者身份认同发展和跨文化适应，还能促进社会变革。莫兰整合文化的五个维度，并将其置于语言教学的特定语境中进行考察，阐释了教学中语言与文化的有机融合，全面呈现了文化学习的多元目标成果，并强调文化接触和文化体验对于文化学习的重要性，这些思想较好体现了文化以及文化学习的复杂性和动态性，对语言教学中的文化教学颇具指导意义。略显遗憾的是，诸如跨文化能力、跨文化交际能力、个人能力等概念的使用比较含糊，教师们在实践中容易混淆。

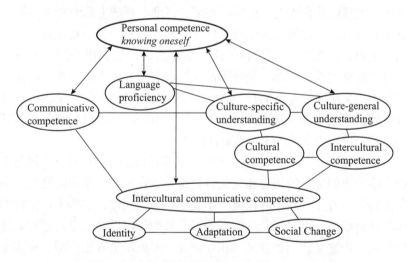

图 5-6　文化学习成果结构图（Moran，2001）

5. 里迪克特（Liddicoat）的跨文化外语教学观

英国华威大学的里迪克特致力于跨文化外语教学研究多年，他关于外语教学中的语言和文化的内涵界定以及外语教学的文化导向和跨文化导向的区别对于我们理解跨文化外语教育的内涵意义和教学规律很有启发（（Liddicoat, 2005；Liddicoat & Scarino, 2013）。他指出，要理解外语教学的本质，首先要拓展对语言和文化内涵的理解，语言不仅是符号系统和交际系统，还是社会实践，具有开放性和动态变化的特点。人们在日常生活中通过使用语言表达、创造和理解意义，建立和维持社会关系。外语教育中，不能简单地将学习者理解为学习某种语言规范的学习者，他们也是语言的使用者，他们用所学语言表达自己，与他人进行意义协商，建构和探索自己的世界。同样，文化也不只是一个客观存在的、静态的、群体共享的知识系统，它还是人们的生活方式和社会实践，群体成员在文化实践中形成自己的身份认同。因此，文化学习不能只学习和积累某个文化群体的文化知识体系，而应该通过参与文化实践，理解文化在跨文化交际中影响意义建构和理解的作用。针对外语教学中的文化教学，他区别了文化观和跨文化观。前者可以理解为学习关于文化的知识，对于学习者而言，这些是与其无关的知识，对他们的身份认同、实践以及世界观、价值观和情感态度不会产生深刻影响；后者，则意味着学习过程能够促进学习者转变，即学习者与另一种文化接触与互动，把自己从原有的假设和做法中抽离出来，他们作为语言的使用者，进行意义建构和阐释，是交际活动的参与者和分析者。两者的主要区别在于，文化观视角下的外语教学强调的是他者的文化，学者者仿佛置身事外，跨文化观视角下的外语教学非常重视学习者自我文化，将其视为学习一种新的文化的不或或缺的内容。

跨文化外语教学中学习者作为语言使用者和社会参与者，不仅是学习的主体，他们自身的语言和文化背景也是语言和文化学习的资源。不同背景的学习者在一起学习构成一个文化学习共同体，这些丰富多样的历史和社会经历、世界观和价值观提供了新的学习机会。学习者在此过程中共同建构意义，理解意义，相互阐发，形成对世界更广阔、更多元的认识，这个观点与克拉姆契的象征能力高度契合。

6. 迪亚兹（Díaz）的批判性语言文化教学法框架

跨文化教学方法论的缺失是跨文化外语教学实践的最大困难，为弥合理论与实践之间的鸿沟，迪亚兹提出了一个课程开发框架，用以指导课程设计者和外语教师开发课程，并试图将批判教学法应用于课程教学（Díaz, 2013）。

第 5 章　跨文化外语教育理论研究

　　迪亚兹的框架由理论、教学、制度三个模块构成，框架的理论基础是批判的语言文化取向（a critical languaculture approach）。迪亚兹首先基于语言文化（Risager，2005，2006）的概念明确了语言与文化之间的联系，又借鉴概念框架（Crozet，2003）来处理语言课堂中的语言文化，最后结合高等教育语境和成人学习特点选用转化学习理论（transformative learning）（Mezirow，2000），来描绘语言文化学习的过程，并提出用批判性语言文化意识（critical languaculture awareness）这一概念来呈现跨文化能力的发展过程。框架的教学法基础是后方法立场，主要遵循三个相互关联的原则：（1）制定与"批判性语言文化意识"的概念及意识培养过程相一致的学习目标；（2）选择要展开探索的语言文化内容并开发材料；（3）将学习目标和课程大纲嵌入后方法范式中，即教师不必决定某一种特定的教学方法或路径，而应基于对语言文化关系及跨文化能力（或本框架中所使用的"批判性语言文化意识"）发展的了解，根据相关的原则做出教学的决策。基于文化不可教授这一认识，迪亚兹提出使用"探索"（exploration）替代"教授"（teaching）。所谓"探索"，即指在与目标语言和文化互动的同时，学习如何获得对本土语言文化和目标语言文化的新见解，它是一个比较和反思的过程，可以融入任何课堂活动中并可转移到真实情境下。迪亚兹认为，在后方法范式下，语言文化探索可以整合到课堂内外的不同教学方法中。框架的制度基础是课程取向（a programmatic approach），即高等教育机构应在组织理念、培养目标、学位课程结构等方面做出相应改革，将语言文化层面融入课程。迪亚兹还建议高等教育机构采用一个纵向的语言课程来贯穿语言文化维度的教学，而非采取跨学科跨学位的课程体系。批判性语言文化教学法框架是在批判当时高等教育中语言文化教学不足的问题时提出的，它结合高等教育的具体语境，从理论概念、教学实践和机构制度三大层面构建了跨文化外语教育课程开发与设计的指导框架，以弥合理论与实践之间的差距。该框架有坚实的理论基础，并经过迪亚兹本人的实证研究检验，可有效应用于课堂教学实践。但是，迪亚兹的研究以澳大利亚的大学为具体语境，因此我们在探索其方法、成果及建议的潜在可移植性时，不可忽略这一语境的特殊性（Cots，2015）。然而，迪亚兹指出，教师应作为课程的开发设计者和课堂的决策者，需结合具体语境来设计教学。在此视域下,相信该框架也可为中国的外语教师提供参考。

7. 索尔斯(Shaules)的语言文化学习发展模型

与迪亚兹一样,索尔斯也试图弥合语言文化教育领域中理论与实践之间的差距。他构建了一种语言文化学习的综合教学法:语言文化学习发展模型(Developmental Model of Linguaculture Learning, DMLL)(Shaules, 2016)。该模型的基本假设是语言与文化教学难以融合,因为语言学习的目标是由具体概念(如知识和技能)构建的,而文化学习的目标则是由抽象概念(如意识)构建的,因此索尔斯也使用了"语言文化"(linguaculture/languaculture)(Agar, 1994; Díaz, 2013; Risager, 2015)这一术语,将语言与文化视作一个融合的整体,语言和文化的学习也相应地被视作一个融合的过程,即语言文化学习(linguaculture learning)。索尔斯采用认知神经科学的概念将学习描述为一个复杂的具身知识网络,认为语言学习和文化学习在本质上是相似的,二者都是一个将外来模式整合到具身认知(embodied cognition)的过程。

为了解学习者如何经历语言文化学习所必需实现的深层认知变化,该模型借鉴了教育心理学家费休(Fischer)基于皮亚杰认知发展阶段提出的动态技能理论(Dynamic Skill Theory, DST),将认知发展描述为四个学习层级,即单集(single set)、映射(mapping)、系统(system)和系统的系统(system of system),四个水平层级由简单到复杂,层层累加递进(如图5–7所示)。语言文化学习发展模型以这四个认知水平层级为出发点,提出了语言文化学习的四个层级,即i-1 相遇(encountering)(累积语言知识和文化事实)、i-2 实验(experimenting)(学习语言和文化规则)、i-3 整合(integrating)(关注语言的意义和文化视角)和i-4 桥接(bridging)(元级别的语言、文化意识)。其中,"i"代表"身份认同"(identity),指伴随语言和文化学习而不断扩展的自我意识(如图5–8所示)。在索尔斯看来,语言文化学习的过程涉及学习者的外语自我(foreign language self)和跨文化自我(intercultural self)

的发展和扩展,这两种自我合称为语言文化自我(linguaculture self),而语言文化学习的一个重要的目标就是学习者可以在异语言文化环境中"做自己"。学习的结果不仅仅是语言能力和文化理解的增强,更是自我意识的扩展。模型中的每个级别代表着处理异语言文化模式的不同方式,圆圈代表学习者对异语言文化的主观体验变化,即从外界整合入个体内的过程,而整个语言文化学习过程可理解为学习者与异语言文化之间关系的进化。

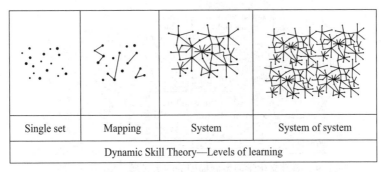

图 5-7　动态技能理论—四个学习层级(Shaules, 2016)

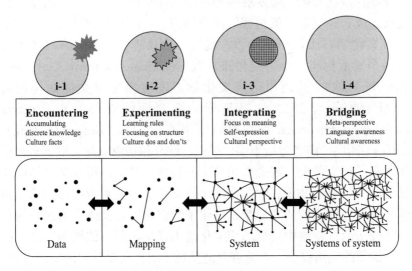

图 5-8　语言文化学习发展模型(Shaules, 2019)

在阐释语言文化学习发展模型的理据及原理的基础上，索尔斯还在教学应用的层面给出了建议（Shaules，2016, 2019）。他指出，语言文化教学法中按照教学目标重点的不同可以分成四个互相交叉的领域，而语言文化学习发展模型可应用于其中任一领域（如图5-9所示）。

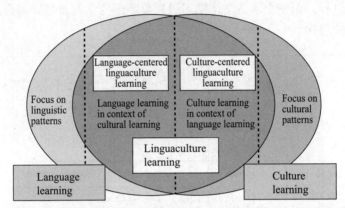

图 5-9　语言文化学习发展模型的四大领域（Shaules, 2016）

教师将语言文化学习发展模型应用到课堂教学中时，应将学习视作发展、成长和复杂化的过程，而非知识、技能和掌握程度。索尔斯将语言文化学习比作一段旅程，提出了由反思、想象、路线图和共同体四个要素构建的语言文化课堂教学法（Linguaculture Classroom Approach, LCA），并使用语言文化学习发展模型对文化知识进行了分析（Shaules, 2019），将其分为概念性的表层知识（surface knowledge，）conceptual 和直观的深层文化知识（deep knowledge，intuitive）两层，前者包括事实、规则、解释和抽象概念，后者则包括具体体验、行为预期、观念视角及多元视角。其中，每层又包括由简至繁的四个级别的知识。索尔斯的语言文化学习发展模型运用认知神经学和教育心理学的研究成果，深化了我们对语言文化学习过程的理解。与外语教育领域中传统的跨文化能力模型不同，该模型并没有提供一个抽象的应然模型，而是直观地呈现了语言文化学习的实然过程，有助于教师及学习者了解学习的发生、发展及转化过程。同时，索尔斯（Shaules, 2019）还提供了该模型在具体课堂教学中的应用指南及教学案例，可为广大教师提供直接的参考。虽然索尔斯已经在日本大学的语言课堂开展了语言文化学习发展模型的应用研究，但仍需大量研究来证实学习者的学习效果。

本节评介了七个跨文化外语教育领域具有代表性和影响力的学者理论和框架模型。其中，克拉姆契和里迪克特从语言哲学和社会学的角度深入论述了语言学习者使用语言建构意义，与他人协商意义，丰富和拓展自我认知的本质，解释了外语教学对于发展学习者的跨文化能力和文化身份认同的必然性和可行性；拜拉姆和凡蒂尼建构的跨文化能力模型阐明了外语教育语中跨文化能力的内涵要素，为教学提供目标导向；莫兰关于文化概念、文化学习内容和文化学习成果的论述直接指向外语课堂教学，便于教师理解跨文化教学是什么、如何教、目标是什么；迪亚兹的批判性语言文化教学框架揭示了跨文化教学对于学习者具有变个性意义的本质特点，对于课程开发和教学设计意义重大；索尔斯运用认知神经学和心理学建构的语言文化学习过程模型帮助教师理解学习者文化学习的规律。这些学术思想和理论框架各有侧重，共同构成跨文化外语教育的理论体系。

5.3.2 国内跨文化外语教育理论

我国学界对外语教育中的文化教学研究始于 20 世纪 80 年代，如邓炎昌、刘润清（1989），何道宽（1986）、胡文仲（1982, 1985）等关注外语教学中的文化的作用及其导入等问题。进入 90 年代后，随着跨文化交际学进入我国，学界开始从跨文化视角去理解和探讨外语教育中的文化教学，跨文化外语教育因此逐步发展壮大，产出了丰硕的成果。

1. 起步阶段（1990–2000 年）

1990–2000 年为我国跨文化外语教育的起步阶段，毕继万、张占一

（1991）、陈申（1999）、胡文仲、高一虹（1997）、高一虹（1998）、文秋芳（1999）等学者的研究成果标志着我国跨文化外语教育学术领域的形成。就理论成果而言，毕继万、张占一的跨文化交际能力的定义、高一虹的"道"与"器"以及文秋芳的跨文化交际能力模型是这个阶段的代表性成果。

毕继万、张占一（1991）针对外汉语教学提出用跨文化交际能力代替交际能力作为教学目标。毕继万（1998：12）认为，"跨文化交际能力是语言能力、非语言能力、跨文化理解能力和跨文化交际适应能力等方面所构成的综合能力。"他随后又进一步明确指出第二语言教学应将课堂置于跨文化交际语境中，语言能力和交际能力都不是教学目标，只有跨文化交际能力才是第二语言教学的目标，并将跨文化交际能力界定为："具有不同文化背景的人之间进行交际时具有强烈的跨文化意识，善于识别文化差异和排除文化干扰并成功地进行交际的能力。"（毕继万，2005：66）这一系列关于外语教育目标和跨文化交际能力的著述说明我国早期跨文化外语教育研究所具有的前沿性和前瞻性。

高一虹是国内率先从中国文化视角分析跨文化能力的学者之一。在高一虹（1998）的理论框架中，跨文化能力由内在的"道"与外在的"器"两个彼此密切联系的部分组成。在"道"的层面上，跨文化能力乃是掌握普遍的人文价值观念，不断地完善与提升人格的能力。跨文化能力外在的、形而下的层面是"器"。在"器"的层面上，跨文化能力乃是掌握具体的语言文化知识、行为习惯与交际技能，达到有效交际的能力。在阐述"道"与"器"的关系上：首先，道上器下。"道"是交际的本质、本原和根本的驱动力；"器"是"道"的载体、表现及其后果。其次，道同器异。再次，道不可言，器可言。高一虹借鉴中国传统文化中"道"与"器"两个概念来阐述跨文化能力及其教学，是本土化跨文化研究的典型代表，有助于我们更好理解跨文化能力的内涵要素，促进跨文化外语教育在中国的具体实践。

文秋芳（1999）为英语口语测试和教学建构了跨文化交际能力模型。该模型包括交际能力和跨文化能力两个部分。交际能力由语言能力、语用能力、策略能力三个子能力构成。其中，语言能力包括语法能力和语篇能力,语用能力包括实施语言功能的能力和社会语言能力。跨文化能力也包括三个维度:对文化差异的敏感性、对文化差异的宽容性、处理文化差异的灵活性。三个维度之间并非相互独立,它们有着层级关系,即敏感性处于最底层,灵活性处于最高层,宽容性处于两者之间,跨文化能力的发展是从底层到高层,循序渐进的(如图5-10所示)。文秋芳提出的这个模型与拜拉姆的跨文化交际能力模型(Byram, 1997)相似,两者都区分了跨文化交际能力和跨文化能力两个概念,突出了外语语言能力的重要性。

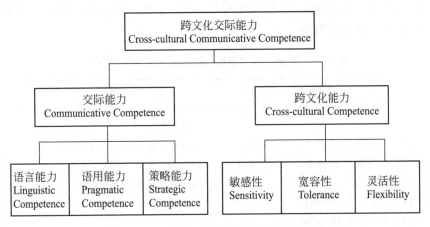

图 5-10 跨文化交际能力模型(文秋芳,1999)

2. 发展阶段(2000-2010 年)

2000-2010 年,随着高一虹(2002)、杨盈、庄恩平(2007),张红玲(2007)等研究成果的出版,我国的跨文化外语教育进入一个系统理论构建的发展阶段。

高一虹(2002)在其"道"与"器"理论的基础上,进一步提出用文化的"跨越"与"超越"两个不同层面去理解的外语教育中的文化教学(如表5-2所示)。文化的"跨越"是指:(1)目的文化知识和交际技能的获得;(2)立场、情感、行为模式从本族文化转移到目的文化。这种转移可能是暂时的,也可能是长期的。文化的"超越"则意味着:(1)意识到文化的差异或定型的存在,但不为其束缚;

（2）能够以开放、灵活、有效的方式进行跨文化交流；（3）在跨文化交际中"生产性"地建构自我认同。前者关注的是对具体的目的语文化的理解和有关交际能力的提高，后者强调培养通用的、整体意义上的文化意识和反思、包容的情感态度。"跨越"是最直接的、表面的跨文化交际能力，是"器"（表现、技能）；"超越"是深层的、终极的跨文化交际能力，是"道"。因此，"超越"是高于"跨越"的跨文化交际能力培养目标。高一虹关于跨文化交际能力培养的"跨越"和"超越"理念对于我国的跨文化外语教育有着重要的启发意义，有助于纠正当前外语教学中仅关注文化知识的讲解，忽略情感态度和技能培养的偏向。

表 5-2 "跨越"与"超越"的比较（高一虹，2002）

跨越	超越
• 文化是稳定的知识、技能、行为和价值系统； • 文化的疆界是"硬"的、"死"的； • 文化学习的目的是交际水平的提高和知识的增长； • 以知识或行为为中心； • 跨文化交际能力之"器"。	• 文化是经验和自我认同建构的可能性； • 文化的疆界是"软"的、"活"的； • 文化学习是整体的个人成长； • 以意识、态度为中心； • 跨文化交际能力之"道"。

张红玲的《跨文化外语教学》（2007）是国内第一部系统研究跨文化外语教学的专著。该书从英语教学的时代背景出发，阐明了在英语发展成为国际通用语形势下英语作为外语教学的最终目的是培养具有跨文化交际能力的外语人才的观点，论述了外语教学的跨文化教育本质，并从理论基础、目标内容、教学原则和方法、教材编写以及教学评价等方面，构建了一个跨文化外语教学理论体系，还提出了具有现实意义和参考价值的中国跨文化外语教学一体化框架。根据这一框架，我国的英语教学可分为小学、中学、大学、学校后四个阶段，学习者的英语语言能力和文化能力在此过程中不断积累和发展。如果英语语言能力发展过程可以根据四个学习阶段简单划分为初级、中级、高级和超级的话，那么与之对应的文化学习则经历单文化（monocultural）、

双文化（bicultural）、多文化（multicultural）和跨文化四个阶段，两者结合起来就形成了跨文化英语教学一体化框架（如图5-11所示）。这一框架经过十余年的实践得以深化和拓展，成为中国小学生跨文化能力发展一体化模型（张红玲、姚春雨，2020），本章下一节将对其进行介绍。

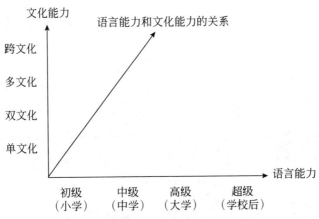

图 5-11　跨文化英语教学一体化框架（张红玲，2007）

在《跨文化外语教学》一书中，张红玲还提出了"跨文化交际能力的情感—认知—行为框架"。该框架包括情感态度、文化知识和行为技能三个维度，共14个要素。张红玲强调，跨文化交际能力不能只局限于某两种具体文化之间的交际语境，而应超越具体文化，灵活变通地应用到各种跨文化交际场合，这一点与高一虹的"跨越"理念不谋而合。该框架从外语教学的实际出发，描述外语教学中应该且可以发展的跨文化交际能力，具有较强的教学指导意义和可操作性。

杨盈、庄恩平（2007）基于我国外语教学提出的跨文化交际能力框架包括全球意识、文化调试、知识、交际实践四大模块（如图5-12所示）。全球意识是跨文化意识和跨文化思维的综合体；文化调适是一种在跨文化语境中根据文化特征调节自身行为的能力，它建立在对一定文化理解的基础之上，与个人心理素质密切相关，直接影响到跨文化交际成功与否；知识包括价值观、社会习俗、历史、宗教四个方面，其中价值观是文化知识的核心；交际实践涵盖语言交际能力、非语言交际能力和交际策略能力，强调对语言、非语言、交际文化等各种知识的综合、灵活运用，目的是在实际工作中完成交际任务，解决实际问题。他们认为这四个维度相互关联且有层次关系，其中全球意识是最为基础的能力，文化调适为第二层，知识为第三层，而交际实践是最高层次的能力。同时他们还强调，这一层次的区分并非代表四者重要性有差异，实际上这四项能力在教学中同等重要，不可偏废。

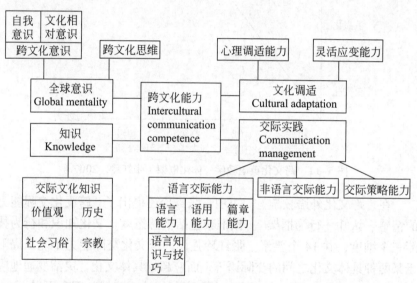

图 5-12 跨文化交际能力框架（杨盈、庄恩平，2007）

杨盈、庄恩平（2008）随后又对外语教学跨文化能力模式的应用展开了探索。在跨文化交际能力框架的基础上，他们提出了背景知识导入、文化内涵探索、案例分析、角色扮演与情景模仿、实例搜集五种具体的教学方法，并阐释了教学过程中师生的角色（如图 5-13 所示）。杨盈、庄恩平主张以超越语言交际能力的视角去理解跨文化交际能力，将跨文化交际能力等同于跨文化能力。这一观点强调外语教学既要注重语言交际能力的提高，还要培养学生的跨文化意识、跨文化思维、非语言交际能力和交际策略能力等。

第 5 章　跨文化外语教育理论研究

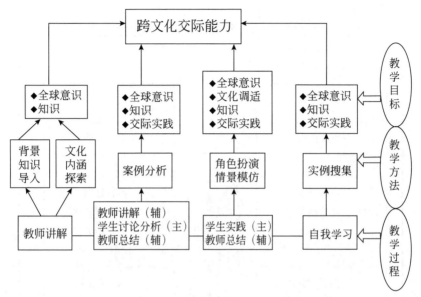

图 5-13　跨文化外语教学图式（杨盈、庄恩平，2008）

3. 成熟阶段（2010-2020 年）

2010-2020 年是我国跨文化外语教育理论蓬勃发展的阶段，除了进一步完善理论建构之外，还出现了多个教学实践模型，为广大外语教师的课堂教学提供了有益的参考。其中，最具代表性的成果包括许力生、孙淑女（2013）的递进—交互培养模型、孙有中（2017）的人文英语教育论、顾晓乐（2017）的跨文化交际能力培养之理论和实践模型、彭仁忠等（2020）的跨文化外语教学理论模型和实践模型以及张红玲、姚春雨（2020）的中国学生跨文化能力发展一体化模型。许力生、孙淑女（2013）以全球化语境为背景，以跨文化人格为旨归。他们认为跨文化能力除了包括认知、情感和行为三个方面，还应该包括语境和效果。他们提出跨文化递进—交互培养模型，其中知识习得、动机培养、技能训练以逐层递进的方式开展。该模型强调知识是基础，动机是前提，技能是关键，探讨了跨文化能力发展的复杂过程（如图 5-14 所示）。

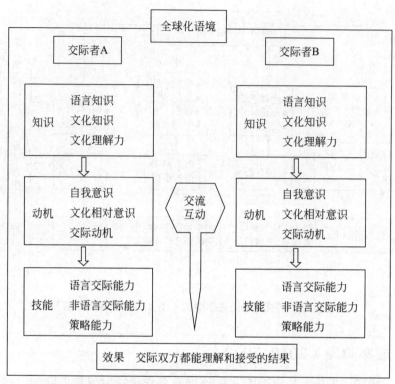

图 5-14 跨文化能力递进—交互培养模型（许力生、孙淑女，2013）

孙有中（2016）认为外语教育在本质上是跨文化教育，不能仅仅关注语言技能的发展，还要重视跨文化能力的培养。从外语专业教育的角度看，跨文化能力包括六个方面的素质：（1）尊重世界文化多样性，具有跨文化同理心和批判性文化意识；（2）掌握跨文化研究理论知识与分析方法；（3）熟悉所学语言的国家的历史与现状，理解中外文化的特点与异同；（4）能够对不同的文化现象以及文本与制品进行阐释和评价；（5）能够得体且有效地进行跨文化交际；（6）能够帮助不同语言文化背景的人士进行有效的沟通。孙有中的跨文化能力理论突出了批判性文化意识和跨文化分析方法的重要性，为我们探索中国外语专业教育的新思路提供了有益启示。

鉴于我国跨文化交际能力尚未形成普遍适用于高校外语教学的研究，尤其是非外语专业学生外语教学的系统理论模式缺少对具体

第 5 章 跨文化外语教育理论研究

教学策略和方法的探讨，顾晓乐（2017）从我国高校外语教育的实际情况出发，构建了跨文化交际能力理论和实践模型（如图 5-15 所示）。理论模型包括态度、知识和技能三个维度，三者之间相互关联，互为依托。态度是跨文化交际成功的前提；知识是跨文化交际的基础；技能是跨文化交际的保障。语言、交际策略和文化嵌入态度、知识、技能三个维度之中，体现了跨文化交际能力中语言、文化、交际三者相互交织的特点。该理论模型将全球化与本土化辩证地结合起来，突出了跨文化外语教学倡导的文化平等的全球化意识，强调语言和文化的相互作用，注重学习者从文化内身份实现向跨文化身份的跨越。

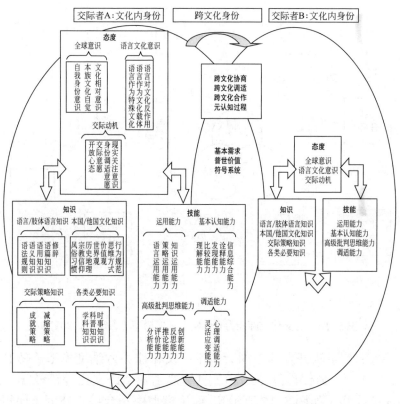

图 5-15　跨文化交际能力互动理论和实践模型（顾晓乐，2017）

顾晓乐提出的跨文化交际能力教学实践环形模型包括内容、环节、活动三个层面（如图5-16所示）。内容层位于中心，以理论模型的三个维度及其子要素为教学目标；中间层是跨文化交际能力培养的五个环节：态度培养、知识建构、模拟交际、反思阶段、调试阶段；外层是教学活动，包括课堂讨论、案例分析、模拟任务、反思日志、角色扮演和正反写作等活动形式。顾晓乐的跨文化交际互动理论模型综合运用了跨文化交际能力理论和建构主义学习理论，为外语课堂教学中开展跨文化教学提供了理论支撑，不仅关注跨文化能力培养的目标内容和教学方法，还强调了评估在教学实践中的指导和反馈作用，具有重要的实践指导意义。

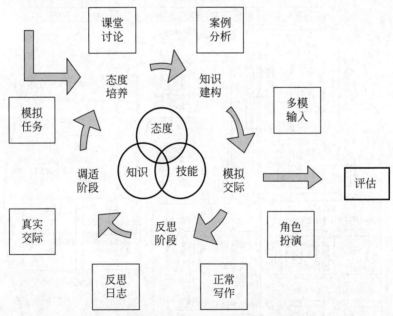

图5-16　跨文化交际能力教学实践环形模型（顾晓乐，2017）

　　基于其团队开发的中国大学生跨文化能力六维度模型（吴卫平等，2013），彭仁忠等（2020）也构建了一个跨文化外语教学三层次理论模型（如图5-17所示）。理论模型由平台层（外语类课程）、形式层（体验式、思辨式、互动式学习）和能力层（跨文化能力）组成。其中，平台层位于底端，是跨文化外语教学的基础；形式层包括体验式、思辨式和互动式学习等教学形式，是连接平台层和能力层的纽带；能力层是模型的核心，包含跨文化能力的六个维度：本国文化知识、外国文化知识、跨文化认知技能、跨文化交流技能、态度、意识。

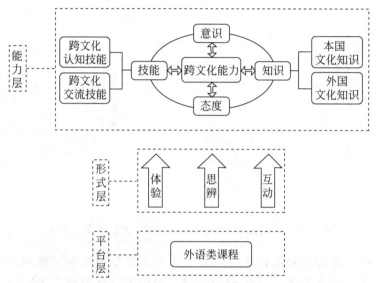

图 5-17　跨文化外语教学三层次理论模型（彭仁忠等，2020）

　　彭仁忠等的跨文化外语教学实践模型涵盖教学目标、教学原则、教学策略、教学环节、教学活动、教学评估六个层面（如图 5-18 所示）。教学目标包括跨文化能力和外语语言能力两项内容；知识建构、联系、社会交往、自省和自律构成教学的五大原则；教学策略包括语言教学和文化教学相结合、问题式教学和输入式教学相结合、自主学习和协作学习相结合、线上学习和线下学习相结合；教学环节包括发现体验文化、对比分析文化和批判反思文化；教学活动包括文化故事分享、案例分析、角色扮演、反思日志撰写等；教学评估包括形成性评估和终结性评估。

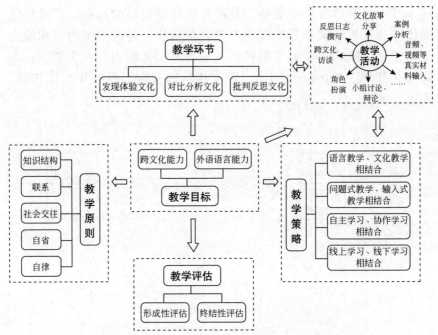

图 5-18　跨文化外语教学的实践模型（彭仁忠等，2020）

比较顾晓乐和彭仁忠等的跨文化外语教学理论和实践模型后我们认为，后者是对前者的理论发展。彭仁忠团队通过大量实证研究开发了跨文化能力量表以及跨文化教学理论与实践模型。该模型虽然在教学活动和教学环节等方面与顾晓乐（2017）并无本质区别，但它区别了语言技能的低层级和融合语言能力与跨文化能力的高层级，同时还提出了线上线下学习相结合、形成性和终结性评估相结合等原则，使其实践模型更具时代性。另一个以跨文化外语教育实践为导向的理论来自张红玲及其团队（张红玲、姚春雨，2020），他们从分析我国学生跨文化能力发展的现实需求出发，提出了包括四个视角（身份认同、交际行为、人际关系、文化冲突）、三个层面（认知理解、情感态度、行为技能）、两个语境（工作语境、生活语境）、一个平台（外语教育）的跨文化能力发展"四三二一"理论框架（如图 5-19 所示），并以此为基础建构了中国学生跨文化能力发展一体化模型。

第 5 章　跨文化外语教育理论研究

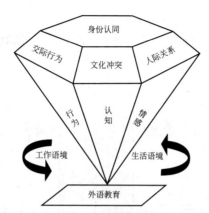

图 5-19　跨文化能力发展"四三二一"理论框架（张红玲、姚春雨，2020）

中国学生跨文化能力发展一体化模型（如图 5-20 所示）基于跨文化能力的阶段性和发展性的本质特点，强调大中小学跨文化教育的相互衔接的重要性，同时结合我国外语教育实际，主张通过外语教育这一平台，促进学生的外语语言能力和跨文化能力同步融合发展。该模型从多元文化的生活和工作语境出发，以培养合格的全球公民为目标，将跨文化能力定义为包括认知理解（中国文化知识、世界文化知识、文化普遍知识）、情感态度（尊重、包容、理解、欣赏及自我认知、国家认同、国际理解、全球视野）和行为技能（聆听、观察、描述、比较及交流沟通、冲突管理、反思评价、学习创新）等三个维度、十九个要素。同时，基于语言是交际的工具和知识的工具也是价值的载体的认识，该模型特别强调发展学生融合式身份认同在跨文化外语教育中的重要性，将自我认知、国家认同、全球意识和国际理解共同纳入理论模型，符合新时代外语学科践行立德树人根本任务的需要。

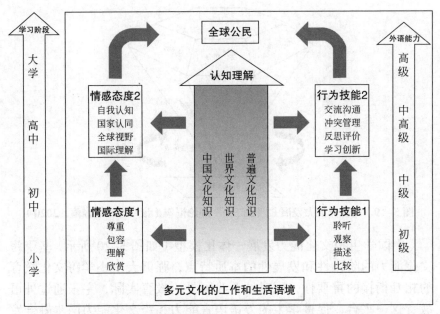

图 5-20 中国学生跨文化能力发展一体化模型（张红玲、姚春雨，2020）

4. 国内跨文化外语教育研究现状评述

我国跨文化外语教育从 20 世纪 90 年代起步以来，经过三十年的发展，在理论研究和实践探索方面都取得了长足的发展，为外语学科推进新文科建设、对接课程思政教育打下了良好的基础。尽管如此，由于我国外语教育现实情况极为复杂，地域差异大，学生群体多元，师资水平高低不一，相较于将语言作为知识系统和交际工具进行教学的传统外语教学，跨文化外语教育理念尚未深入人心，也未成为主流，还不能发挥其应有的影响力。外语界需要进一步加强以课堂跨文化外语教学为导向的实证研究，为广大教师提供更切实际、更具可操作性的教学指导。

具体说来，首先，我们要厘清课堂教学中提高外语语言能力和培养跨文化能力之间的联动关系，探究跨文化能力中知识、态度和技能等维度的教学如何促进学习者积极、主动且有效地参与跨文化交际活动，并在此基础上提升其外语语言运用能力，同时探究外语语言运用能力的提高如何帮助学习者在跨文化交际中表现得更加自信，更加得体，更加有效，从而促进其跨文化能力的提高；其次，我们要充分考虑外语能力和跨文化能力发展的阶段性和终身性，重视大中小学各学段跨文化外语教育之间的接续和衔接，研发不同学段跨文化教学标准和测评内容。跨文化外语教育是外语教育和跨文化交际两个学科的融合，帮助教师在巩固外语学科知识的基础上掌握跨文化交际的基本概念和理论框架，培养他们的跨文化分析能力和跨文化教学能力，这是当前外语界的首要任务。

5.4 跨文化外语教学原则与方法

源自哲学、心理学、语言学、教育学和自然科学的社会文化理论、积极心理学、多语转向、动态系统理论和整体论等作为基础理论，从多视角阐释了跨文化外语教育的必要性和可行性。国内外学者研发的各类理论模型界定了外语教育中跨文化能力的内涵要素，揭示了不同要素之间相互作用的关系，阐述了跨文化学习过程，为课堂跨文化教学提供了指导框架。接下来，我们聚焦课堂教学实践，梳理和分析跨文化外语教学原则和方法。

5.4.1 跨文化外语教学原则

1. 国内外学者关于跨文化外语教学原则的论述

1）莫兰的文化教学原则

莫兰是跨文化外语教育的知名学者，他在《文化教学：实践的观念》一书中，总结了外语教学中文化教学的十二条原则（Moran, 2001）：

- 文化教学关键在于引导学习者通过文化体验拓展文化认知。
- 体验性学习循环系统包括四个阶段：理解内容，获取文化信息；理解如何做，进行文化实践；理解原因，形成文化观；理解自我，增强身份认同。通过学习者体验开展教学就是要将文化内容贯穿于整个过程中。
- 文化内涵源自对文化的五个层面要素的分析，即文化产品、文化实践、文化观念、文化社群和文化个体。
- 学习者在体验性学习过程中，培养文化行为技能，学习文化知识，形成文化理解，增强个人认知，最终发展个人的文化能力。
- 学习者在体验性学习过程中，逐步发展参与、描述、阐释和反应所需的语言文化能力。
- 教师需要分辨不同的文化学习结果。学习结果的不同是由于学习者的教育背景、所学课程、学习者的性格特点及教师的授课风格的不同导致的。
- 每个学习者的文化学习过程都有着自己的独特性，教师的一个重要任务就是引导学生去表达、反映他们的文化学习经历。
- 将语言文化学习分为参与、描述、阐释、反应四个阶段的体验性学习循环，对各个阶段的学习内容、活动和结果进行描述，每个阶段关注文化和文化学习的不同侧面。
- 教师为不同学习阶段选择和安排不同的文化学习内容，学生因此能够参与不同文化学习任务。
- 根据教学内容和教学策略的需要，教师在不同阶段扮演的角色也各不相同，教师要有意识地在调整与学生互动的方式。
- 教师应该多才多能，既要善于讲授文化知识，也要指导文化实践，还要引导学生开展文化研究和分析，同时还需要通过倾听、分享、移情来走进学生们的世界，帮助他们走入另一种语言和文化的世界。
- 教师作为文化的学习者，应该经历学生课堂上要体验的文化活动，只有这样才能理解学生们的文化，同时促进自己的文化学习。

2）里迪克特跨文化外语教学原则

里迪克特在外语教学的文化导向和跨文化导向的基础上，提出了设计和实施跨文化外语教学活动的五项原则（Liddicoat，2013）：

- 积极建构：明确在语言学习的过程中学习行为是如何发生的，教师应启发学生去发现、阐释和讲述文化经历。
- 相互关联：语言学习和文化学习密不可分，在语言教学中，充分考虑文化的影响。同时，学习者先前的文化经历和新的文化体验共同作用，影响学习效果。
- 社交互动：学习行为也是交际行为，语言学习的根本目的是与他人互动，语言学习者的社会互动贯穿于语言文化学习全过程。
- 反思：语言学习者从情感、态度上批判性地审视自己的思维方式、认知过程和学习收获等。反思在语言文化学习中非常重要，通过理论学习和实践运用结合，反思过去的言行，从而获得进步。
- 责任：学习成果在很大程度上取决于学习者的态度、秉性和价值观。从伦理角度来看，培养跨文化意识和跨文化能力是每个外语学习者的责任。

3）张红玲的跨文化外语教学原则

张红玲在其《跨文化外语教学》（2007）一书中，在比较传统外语教学和跨文化外语教学在教学目标和教学内容上的差异的基础上，提出了跨文化外语教学的十条原则。

- 以学习者为中心，以引导学习者进行自主学习为主要教学模式。学习者是教学过程的真正主体，教师的教学、教材的编写和教学方法的设计和选择都必须围绕学习者的实际需要进行。同时，在语言文化教学中，指导学习者进行自主学习非常重要，只有通过授之以渔，才能保证学习者利用课外社会实践丰富跨文化体验，在实践中不断提高跨文化能力。
- 语言教学与文化教学有机结合。语言和文化在跨文化英语教学中互为目的和手段，在教学设计和课堂教学中语言教学和文化教学必须有机结合，这种结合体现在外语教学的各个阶段、各个环节。

- 调动学习者的各种学习潜能和机制，多层次、多渠道地进行教学。多种机制和多种手段并用，帮助学习者达到跨文化交际能力和个人综合素质发展所要求的知识的积累、态度的转变和能力的提高。
- 充分考虑学习者的认知发展水平和语言文化学习的规律，逐渐从具体直观的、与学习者日常生活联系紧密的实用主题过渡到间接抽象的意识形态领域。不同年龄层次的学习者在认知水平、情感发展和经历、经验上都有很大差别，这些差别必然导致教学内容和教学方法的不同。
- 平衡教学内容和教学过程的挑战性，向学习者提出挑战的同时，也给予他们适当的帮助。任何教学活动都涉及教学内容和教学过程两个方面，为了取得最大化的教学效果，内容的安排和过程（即教学活动）的设计必须考虑对学习者的挑战和支撑程度。
- 说教式（didactic approach）的知识传授法与体验探索式（experiential approach）的教学方法相结合。说教式的方法是一种通过讲座、讨论等形式传授知识的方法；体验式教学法以学习者为中心，创造真实或模拟的跨文化交际情景，让学习者去感受、体验其过程，从而使认知、情感和行为各个层面收到刺激，一定程度上弥补了说教式方法的不足。
- 跨文化意识和敏感性培养是文化教学的重点，文化学习方法的探索是跨文化英语教学的重要内容，应该培养学习者独立学习和探索文化的方法，帮助他们树立终身学习的思想。
- 教学内容和过程应该情景化（contextualized）和个人化（personalized）。只有置于具体的情景之中，文化内容才会焕发出活力，才能显现文化对社会和个人的调节和指导功能，才能使学习者身临其境地感受文化的作用，才能刺激学习者的多种学习机制；只有将教学内容和过程与学习者的个人经历结合起来，才能激发学习者对目的文化和其他文化学习的兴趣，才能为学习者将本族文化和其他文化进行对比创造机会，才能促使学习者反思自己的态度、行为和价值观念。

第 5 章　跨文化外语教育理论研究

- 外国文化学习的过程就是对本族文化不断反思，并将本族文化与目的文化和其他文化进行比较的过程。跨文化英语教学的任务之一就是增强学习者对自己本族文化的意识和理解，将本族文化从学习背景中凸显出来，通过与其他文化进行比较，形成一种跨文化的氛围。
- 尊重学习者，注意因材施教。学习者的文化体验和价值观、世界观和思维等个人因素在跨文化英语教学中起着重要的作用，它们是文化教学（在一定程度上也是语言教学）的基础。同时，任何学习者都有自己的学习风格和方法偏好，在以学习者为中心的跨文化英语教学中，因材施教就显得尤其重要。

4）孙有中的跨文化外语教学原则

孙有中（2016）强调要将跨文化能力的培养渗透到整个国际化外语人才培养模式中，他在《外语教育与跨文化能力培养》一文中，提出了以跨文化能力培养为导向的外语类专业课堂教学的 CREED 原则，即思辨（critiquing）、反省（reflecting）、探究（exploring）、共情（empathizing）和体验（doing）。

- 思辨：跨文化教学应该训练学生运用认知技能解决跨文化问题，引导学生运用思辨的方法对跨文化知识、信息与案例反复进行概念化、运用、分析、综合和/或评价，由此同步提升跨文化能力和思辨能力。
- 反省：跨文化教学应该鼓励学生通过跨文化反省培养批判性文化自觉。反省通常在两个层面展开：一是学生把所学的跨文化理论用于理解和指导自己的跨文化实践，以检验跨文化理论的适用性；二是学生对自己的跨文化实践进行总结和分析，以揭示经验或教训。
- 探究：跨文化教学应该成为一个开放的跨文化探究过程。跨文化交际/传播的情形千变万化，教师不可能提供一劳永逸的灵丹妙药，跨文化教学应重视通过跨文化探究活动培养学生的探究能力，即独立学习能力和终身学习能力，使他们在面对真实的跨文化场景时能够积极获取信息，寻求资源，独立思考，创造性地解决具体问题。
- 共情：跨文化教学应该基于共情伦理并促进共情人格的发展。共情既可以构成跨文化沟通的伦理规范，也可以理解为跨文化能力的核心要素，即形成跨文化人格。作为跨文化伦理规范，共情伦理应该成为跨文化教学中师生双方共同遵守的价值准则。
- 体验：跨文化教学应该创造跨文化体验的机会以促成跨文化能力的内化。做中学（learning by doing），又称为体验式学习，已成为教育界各学科普遍认可的一种行之有效的教学理念。根据（库伯，1984）提出的理论模型，体验式学习是一个线性关联的四阶段循环过程，包括体验、观察、概念化和试验四个步骤。

综合以上国内外学者关于跨文化外语教学原则的论述，我们不难发现其中的一些共性：这些论述都强调语言学习和文化学习的有机融合，认为体验性学习和互动式学习非常重要，且都关注教师的角色定位和教学能力，认可反思和自主学习的作用。当然，四位学者的观点也有不同。莫兰从学习者的视角出发，倡导体验性文化教学，强调根据体验学习不同阶段文化教学的目标和内容，不断调整教学策略和互动方式。里迪克特从跨文化视角出发探讨外语教学中的文化教学，他强调在语言和文化之间、学习者个人的文化背景与新的文化体验之间，以及在社会语境下人与人之间进行跨越、搭建桥梁、相互作用的重要性。张红玲和孙有中都强调了学习者自主学习和终身学习的意义，但前者还特别关注了文化教学要平衡教学内容和教学过程，同时指出本族文化在跨文化学习中的作用。孙有中的 CREED 与莫兰相似，从学习者的视角出发，注重学习者的思辨、反思、共情等国际化人才应该具备的核心素养。

2. 跨文化外语教育的五个关键原则

综合国内外研究成果，结合当下跨文化外语教育现状，本书强调以下五个关键原则：

第5章 跨文化外语教育理论研究

1) 语言与文化融合教学

跨文化外语教育最鲜明的特征就是语言学习和文化学习的融合,语言和文化的关系决定两者应该且可以在外语教学中融合。然而在实际教学中,受结构主义语言学和认知主义语言学影响,外语教育长期以语言本体的知识教学为主导,对文化内容的关注较少,且多将文化作为独立于语言载体的静态、碎片化的文化信息或知识去传授,忽视了文化作为社会实践的动态性及其与语言密不可分的融合性。在跨文化外语教育中,一方面,无论是语音、语法、词汇等语言形式,还是言语行为、篇章分析、交际活动的教学都具有文化教学的潜力(张红玲,2007);另一方面,跨文化能力教学的教学材料和活动设计都可以以学习者所学外语为载体,以外语为媒介、以文化为内容、以跨文化能力为目标的教学能够为学习者使用外语创造机会,帮助他们学以致用,边学边用,边用边学,从而提高语言能力。外语教学与跨文化能力培养的有机融合不仅是语言学习和文化学习的必然选择,也能提高外语教育的效率,丰富内涵,实现外语作为交际工具、知识工具和立德树人的多元价值的目的,应该成为跨文化外语教育的第一原则。

2) 文化知识的学习是基础,情感态度培养是重点,行为技能培养是目标

对于跨文化能力的内涵定义,国内外学者从不同学科视角和不同专业领域特点出发,提出了数十个跨文化能力理论模型(戴晓东,2018)。这些能力模型的出发点和呈现方式各有不同,但从本质上来看,都涉及跨文化能力所包含的认知理解、情感态度和行为技能三个核心层面。认知理解指的是文化知识的学习和掌握,它既包括对目的语文化的学习,也包括对世界其他文化的了解和对文化普遍规律的认识,还包括对本族文化的深入理解和反思。在广泛接触和了解不同文化之间差异的基础上,情感态度的培养意指增强学习者对本国文化的认同,以及对世界其他文化开放、包容、尊重、理解和欣赏的态度,从而形成全球意识。行为技能层面是指将文化知识和和跨文化情感态度转化为能力,形成善于倾听、观察、分析、阐释、比较、评价、创新以及批判思维和自主学习等能力,为讲述中国文化故事,参与中外人文交流,促进人类命运共同体建设做好准备。跨文化外语课堂教学要处理好跨文化认知理解、情感

态度和行为技能之间的关系。在不同的学习阶段和不同的学习活动中，三者各有侧重。但总体说来，跨文化能力的三个层面在教学中相互融通，相互支撑。根据我国学生的学习特点，本书认为文化知识学习是基础，情感态度培养是重点，行为技能培养是目标。

3）运用多元智能理论，采用说教和体验相结合的教学方法，促进学生跨文化认知理解、情感态度和行为技能全面发展

多元智能理论认为，每个人都具多个智能机制，包括四个层面的八种智能：个人智能（内省智能、社交智能和音乐智能）、学习智能（逻辑智能、语言智能）、表达智能（身体语言智能、视觉空间智能）和自然发展能力（自然主义智能），这些多元智能构成强大的学习潜能，应该在教学中被重视和应用（Gardner，1993）。学习者所具有的这些内在学习机制需要外部条件的配合和刺激才能有效发挥作用，除了常规的课堂教学之外，多媒体、互联网和人工智能技术的快速发展，慕课、微课等新型教学平台的开发，以及日益丰富的社会文化环境和跨文化交际机会，都为学习者发挥多元智能创造了条件，使他们能够不断调动多元感官学习语言和文化知识，获得语言交际和跨文化交际的亲身体验。教师应充分利用这些外部资源，设计教学活动，布置学习任务，为学生开展跨文化比较、对话、分享和反思提供机会，创造条件。正是在这种讲授与体验相结合、内因和外因的相互作用下，跨文化外语教学才能通实现学生跨文化认知理解、情感态度和行为技能全面发展的目标。

4）教学材料体现文化多样性

跨文化外语教育的目标是培养能够与世界各国、各民族的群体成员用目的语进行交流沟通、相处合作的能力，因此学生在学习过程中接触到的文化主题和内容应该超越传统的目的语文化。虽然目的语文化仍然是文化教学的主要目标，但不是唯一目标。教师应该通过广泛的文化代表性，引导学生了解多元文化，认识和欣赏世界文化多样性，这是全球意识形成的基础。以英语作为外语的教学应特别注意教材编写、语料选择、活动设计、作业布置等各个教学环节，尽可能涉及更多不同文化。毕竟，英语作为国际通用语，应该成为世界各国文化的载体，不能只为

英语为母语国家的文化代言。

5）尊重学生的文化身份，发展融合式身份认同

每个学生都是其文化的载体和代表，他们既是语言文化学习的主体，也是学习资料的来源。一方面，教师要尊重每个学生的文化身份，从不同的文化背景和生活经历角度去理解学生之间的差异；另一方面，教师要充分利用这些差异，将课堂看作一个多元文化群体，设计教学活动，分享文化故事，交流学习体验。同时，语言与文化身份认同密切相关，外语教学，特别是跨文化外语教学，具有促进学习者文化身份认同发展的深厚潜能。哲学和社会学中关于"自我"和"他者"之间对立统一的关系，说明透过他者看自己的重要性。在跨文化外语教育中，学生通过遇见异文化（encountering different culture）感受到差异的存在，认识到自己作为文化人的属性，并由浅入深地通过比较审视自我，反思自己的言行。跨文化外语教学可以利用这一特点设计活动，引导学生在学习各国各民族文化的同时，深化对自己本族文化的感知和理解，培养更强的本族文化身份认同，同时形成对其他文化开放、包容、尊重、理解和欣赏的态度。这是一种融合式的身份认同，也是跨文化外语教育应该实现的一个目标。

5.4.2 跨文化外语教学方法

一般来说，跨文化外语教学实践可以按照具体文化教学和普遍文化教学、文化知识讲授和文化活动体验两个维度，分为四种教学模式或方法：具体文化＋文化知识讲授、具体文化＋文化活动体验、普遍文化＋文化知识讲授、普遍文化＋文化活动体验。具体文化教学聚焦某个具体的国别或民族群体的某个或某些文化侧面，通常以文化人类学和民族志的研究成果为依据；普遍文化教学主要关注文化共享的结构要素和文化作为社会实践的普遍规律。文化心理学、跨文化交际学等学科提出的诸如文化价值观理论、交际语境理论、文化冰山理论、时间观、空间观等是普遍文化教学的主要内容，其目的是帮助学习者认识文化的内涵，理解关键概念，掌握相关理论，以便于他们在新的文化语境中运用

理论自主进行跨文化探索；文化知识讲授是很多教师教授和学生获取文化信息和知识最直接一种方法，相对易于操作。然而，对于跨文化外语教学而言，文化知识的学习是基础，情感态度的培养是重点，行为技能的发展是目标，只有通过参与跨文化活动，体验跨文化交际，学生才有可能在情感态度和行为技能上取得进步。基于这一原则，教师在外语课堂教学中，可以对校本教材进行再设计，在传统外语听、说、读、写、译等语言技能训练的基础上，挖掘文化教学内涵，拓展教学目的和内容，采用案例教学和任务教学等方法，利用多媒体手段，开展跨文化教学活动。

在后现代社会，教师还应有意识地突破传统教育的时空限制，将课堂延伸到课外，将学校教育与社会教育结合起来，创造机会让学生通过第二校园活动，走向社会，走进社区，与来自不同文化背景的人们交流互动，进行跨文化交际实践。下面介绍几个跨文化外语教学的创新方法。

1. 体验式文化教学模式

跨文化教学涉及认知理解、情感态度和行为技能多个维度，传统讲授式教学方法不能满足学习者的需要，教师必须为学习者创设文化实践和参与体验的机会。莫兰和里迪克特都借鉴体验式学习理论（the experiential learning cycle）（Kolb, 1984），提出体验式文化教学模式。莫兰认为，文化体验就是与另一种生活方式的相遇，可以是与相关文化群体直接接触所获得的一手经历，也可以是通过语言课堂学习材料的间接的接触，既包含接触的内容，也包含相遇的过程。莫兰将文化知认 [该译法源自鲁子问（2004）。事实上，在鲁子问撰写的这篇导读中出现了三种译法，分别是"知识""认知"和"知认"。本书在此处采用"知认"，意在与"knowledge"和"cognition"区别开] 框架（culture knowings framework）和库伯的体验学习圈结合起来，构建了文化体验教学模式（如图 5-21 所示）：（1）参与。学习者直接或间接参与相关文化活动，知道如何做；（2）描述。学习者描述自己的经历和见闻，理解是什么；（3）阐释。学习者解释原因，理解为什么；（4）反应。学习者通过反思和反应，强化对自我的认知。这一教学模式将文化体验的各个要素与体验式学习的各个阶段结合起来，明确了各阶段的教学重点，为教师开展体验式文化教学提供了参考。

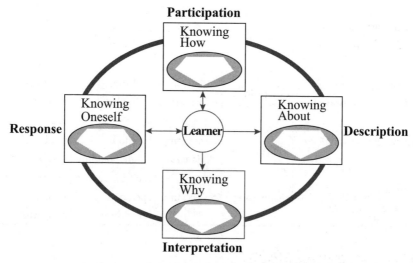

图 5-21　文化体验教学模式（Moran, 2001）

为了进一步说明如何将体验式文化教学模式应用于课堂教学，莫兰将文化认知和文化学习的四个内容维度与语言功能、教学活动、学校成果和教师角色统筹考虑，重点分析教学活动和教师角色定位。首先，在文化实践，即知认方式（knowing how）维度，文化学习活动的主要目的是发展技能，包括操作、仪式、对话、角色扮演、表演、戏剧、模拟、实地体验等具体活动，教师的角色是教练。在文化信息，即知认内容（kowing about）维度，文化学习活的目的是收集信息，包括真实材料、教学材料、体验、个人记录等，教师的角色是文化信息资料的来源和评判者。在文化观念，即知认原因维度，文化学习活动的目的是发现和解释，是为了促进文化理解。活动的形式包括文化分析、研究性实践活动、实地体验等，教师的角色是指导者和合作研究者。在自我认知，即知认自我维度，文化学习活动的目的是进行反思，促进自我意识和个人能力的发展。学习活动包括反思、聚焦交谈、聚焦写作等，教师的角色是倾听者、见证者和合作学习者（见表 5-3）。

表 5-3 文化知认与教师角色（Moran, 2004）

	Content	Language Function	Activities	Outcomes	Teacher Role
Knowing How	cultural practices	participating	developing skills	cultural behaviors	model coach
Knowing About	cultural information	describing	gathering information	cultural knowledge	source resource arbiter elicitor
Knowing Why	cultural perspectives	interpreting	discovering explanations	cultural understanding	guide co-researcher
Knowing Oneself	self	responding	reflection	self-awareness personal competence	listener witness co-learner

2. 互动式文化教学模式

里迪克特根据其跨文化外语教学五原则，创建了跨文化学习互动过程模型（Liddicoat & Scarino, 2013）。模型包括四个相互关联的循环过程，即注意（noticing）、比较（comparing）、反思（reflecting）和互动（interacting）（如图 5-22 所示）。

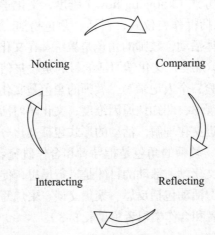

图 5-22 跨文化学习互动过程模型（Liddicoat & Scarino, 2013）

第5章　跨文化外语教育理论研究

在这个循环过程中，教师可以将"注意"作为切入点，通过活动呈现语言和文化的某些内容，引发学习者的注意。"注意"是学习的基础，在跨文化教学中，教师要让学习者注意到语言中显现出来的文化之间的异同。当学习者接触到新事物时，需要用自己的语言查验这些新信息，并尝试了解自己正在经历什么。尽管对于语言学习者而言，"注意"可能总是存在，但这并不一定是课堂上自然发生的活动。教师的提问至关重要，因为这有助于学习者提高"注意"的技巧，并可帮助他们自主独立地注意生活中的语言文化体验。"比较"的最基本方式是识别形式上的相似与差异，其过程是多层次的，学习者需要在自己的背景文化和目的文化之间开展比较，也需要在已知的目的语言文化和注意到的新输入之间进行比较。"比较"的过程有助于学习者的思考变得更加复杂，但是必须指出的是，"比较"本身并不是跨文化学习的终点，跨文化理解并不简单地等同于找到一系列语言和文化之间的异同。正如"注意"一样，"比较"为学习者提供了进一步提升的机会。"反思"是发展跨文化性的核心要素（Kohonen, 2000），它是一个阐释体验的过程，但这并不意味着要求学习者得出"正确的结论"，也不只是要求学习者探究自身对体验的感受，而是要学习者对体验做出自己的解释并不断发展他们的理解，这就为学习者理解体验提供了多种可能的视角。在反思的过程中，语言学习者会思考所观察之物的重要性以及自身的反应和理解的比较维度，扩大探究的方式，思索新知与已知之间的关系并探寻方法来验证自己想法和理解。学习者会反思自己所体验到的语言文化多样性对自己意味着什么，如对多样性作何反应、有何看法、有何感受，以及如何找到建设性地参与多样性的方式。而这些反思的结果还需要付诸行动。"反思"最终需形成"互动"，因为跨文化性并非被动地了解多样性的各个方面，而是要积极地参与到多样性中。这意味着跨文化学习者需要基于他们的学习以及多样性体验来开展互动，并由此创造关于自身体验的个人意义。与此同时，他们还需交流、探索这些意义并在回应他人的过程中重塑这些意义。"互动"可以理解为一个将个人语言文化体验和解释以及个人学习现状进行语言化的过程。"互动"反过来又是一种语言和文化的体验，又为新一轮的"注意""比较""反思"提供了契机，继而构成了循环过程的一部分，学习者在此过程中的理解水平不断发展到日益复杂的程度。值得注意的是,"注意""比较""反思""互动"四个环节之间并非线性的,这些在教学中可能同时存在。里迪克特的跨文化学习互动过程模型虽然形式简单,但内涵丰富,对于老师们开展课堂教学活动设计有很直接的帮助。

3. 民族志跨文化教学法

民族志是一种广泛应用于人文社会科学的质性研究方法,近年来越来越多的学者开始将民族志作为教学方法引入学校教育。民族志跨文化教学法以学生为主体,教师指导学生以民族志研究者的身份融入某一文化群体,对该群体的语言、文化、社会及行为进行观察、访谈、记录并撰写民族志研究报告。首先,教师对学生进行民族志培训,结合教材内容,运用相关文化故事或案例,帮助学生深刻认识民族志研究和学习活动的意义和方法;然后,学生围绕自选或教师提供的研究问题,对某一文化群体进行民族志观察、访谈和记录;最后,学生对观察和互动搜集到的资料进行整理、分析、反思和评价,并在此基础上撰写民族志研究报告(张红玲、赵涵,2018)。将民族志研究法应用于外语教学,可以实现语言教学与文化教学的有机融合,能够为学习者提供运用所学语言进行真实跨文化交际的机会,无论是与研究对象用外语进行口头互动交流,还是活动后期用外语撰写民族志研究报告,都大大增加了学习者的语言输出量,弥补了课堂教学中学生语言训练机会不足的缺憾。民族志跨文化教学法不仅能丰富学习者的跨文化体验,促进文化知识、情感态度和行为技能全面发展,还可以帮助学习者在具体文化学习过程中,摸索和掌握一套跨文化交际的普遍原则和规律,为今后自主进行跨文化交际和跨文化学习奠定基础。

总之,民族志跨文化外语教学将外语课堂延伸至课外,将社会资源纳入学校教育,为学生创造学以致用、在用中学的外语学习机会,有利于提高学生的外语运用能力。民族志也是跨文化探索学习的好方法,对于学生感知异国文化,进行跨文化交际实践,增强跨文化敏感性,提高跨文化能力,具有特别重要的意义。此外,民族志跨文化教学法具有很强的适用性和灵活性,教师可以因地制宜,充分利用学校和社会现有的外国文化群体资源进行项目设计。

2. 跨文化案例开发与展析教学法

人的文化属性决定每个学生都是文化经历的产物，教师可以鼓励学生根据自己的文化经历、跨文化体验以及阅读和观察到的跨文化事件，设计、开发原创性跨文化交际案例，可以是充满冲突和沮丧的失败案例，也可以是符合"有效"和"恰当"标准的成功案例。学生对失败或成功案例给出自己的解释和分析，并在课堂上展示和交流自己开发的跨文化交际案例。这一方法是笔者及其团队在上海外国语大学外语教学和跨文化教学中长期使用的方法，也是"外教社"杯大学生跨文化能力大赛的一个主要竞赛形式。实践证明，跨文化案例开与展析对于学生的外语和跨文化学习效果良好（张红玲等，2018）。

跨文化案例开发与展析教学法的价值主要体现在三个方面。其一，相较于传统的案例教学法，学习者不再是被动接受者，而是主动开发者。他们作为学习主体的主观能动性被激发，作为文化人的资源作用得以发挥。学生从各自视角参与案例开发并分享交流，必然能贡献出数量可观、视角多元的丰富案例；其二，跨文化案例的开发是基于学生的经历、体验和观察，讲述的是他们自己的故事，因此能够更有效地增强他们的跨文化意识和敏感性，引导他们去审视和反思自己的文化行为，观察和理解他人的文化行为，并在两者之间架起桥梁，形成文化间性；其三，跨文化案例开发和展析包括交际故事、事件分析和展示交流三个模块，每个模块都体现跨文化教学的特点。特别是关于跨文化案例的分析，学生要运用跨文化交际的概念和理论框架来分析案例中交际各方的文化行为表现，阐释交际活动成功或失败的原因，提出自己的观点和建议。这是跨文化学习内容中的高阶能力，即评价能力，对于培养优秀的跨文化人才具有重要意义。

3. 模拟游戏教学法

模拟游戏是通过创设相关情境来帮助学生获取信息、开发技能或澄清价值观，它包含冲突、规则和预定目标等游戏元素，兼具保真性和趣味性。模拟游戏遵循建构主义学习观，强调以学生为中心，为学生创设情境化的学习氛围，增进学生之间的互动，激发学生的反思和分析等高阶思维活动，促进学生自身积极的意义建构。同时，体验式学习理论也是模拟游戏教学法的有力支撑，它主张做中学，认为学习应该从体验开始，进而发表看法，然后进行反思，再总结形成理论，最后将理论应用于新情境的实践中。模拟游戏是企业跨文化培训的常用方法，其中最具代表性和影响力的模拟游戏是 Shirts 于 1970 年开发的 *Bafa Bafa*。该游戏将受训者随机分为 Alpha 和 Beta 两个文化小组，两组文化规则相同。受训者首先学习和操练自己的文化规则，然后分批互访，感受文化差异带来的紧张、无助和痛苦，体验文化震荡，最后通过反思、分享、总结和归纳，增强跨文化敏感性，培养开放、包容、尊重的跨文化情感态度。

将模拟游戏应用于跨文化外语教学可以丰富课堂教学形式，通过游戏寓教于乐，激发学生的学习兴趣和动机，帮助学生增强跨文化敏感性，提高跨文化能力，也能够促进自主学习和反思学习。此外，模拟游戏具有通用性和可推广性，教师可以因材施教，根据学生认知水平对游戏情境和规则进行改编，优化教学设计，提升教学效果。

4. 故事轮转法

故事轮转法[1]（story circle）是联合国教科文组织为跨文化教育开发的一种结构化但又具有灵活性的实用方法，其目的是提高参与者的跨文化能力（Deardorff, 2020）。作为一种跨文化体验活动，故事轮转法为来自不同文化背景的参与者提供一个相互交流、共同探索文化异同的机会。该方法的关键是通过问题提示激发参与者讲述和分享个人故事。故事轮转一般为两轮：第一轮通过有针对性的问题，鼓励参与者介绍自己的背景，促进参与者之间彼此熟悉并建立信任；第二轮，参与者一方面在倾听他人故事过程中感知差异，反思自己的文化经历，另一方面分享自己的故事，为其他参与者提供接触差异的机会和不同视角。两轮问题提示都应基于具体的语境和参与者的情况谨慎选

---

[1] 该方法的使用手册（*Manual for Developing Intercultural Competencies: Story Circles*）已出版，其中详细介绍了该方法的理论基础、使用原则和具体步骤，并配有丰富的讲义和资源。

择、改编或创设。两轮故事轮转结束后是集体交流和研讨环节，教师或培训师组织大家反思和分享讲故事和听故事的体验和收获，引导参与者关注文化的共性和差异性，理解文化多样性，从而增强跨文化敏感性。该方法的参与人数有 5–500 人不等，主要步骤为：（1）欢迎、介绍、热身；（2）介绍活动目的、原则及过程；（3）分组，每组 5–6 人；（4）小组故事轮转；（5）全体交流研讨，一般需要 90 分钟，也可根据情况可长可短。

故事轮转法既强调倾听，也要求每位参与者基于个人经历进行有深度的自我表达，因此可以作为一种促进外语交际能力发展的方法。该方法注重机会均等，每位参与者享有同等的倾听和讲述故事的机会，因此能解决班级人数多、机会少的难题。同时，故事轮转法充分利用所有参与者的文化资源进行跨文化交流，参与者有机会进行深入的思考、比较、反思。该方法对教师要求较高，需要对教师进行培训，帮助他们掌握跨文化交际相关理论，熟悉故事轮转法的原则和步骤。一旦掌握了这个方法，教师通常就能活学活用，根据学生群体和语境的变化，灵活调整和运用这个方法，开展跨文化外语教学。

5. 跨文化接触自传法

跨文化接触自传法（the autobiography of intercultural encounter）是欧盟基于跨文化交际能力理论（Byram, 1997）开发的跨文化教学方法，包括两种形式：跨文化接触自传法（the Autobiography of Intercultural Encounters, AIE）和基于视觉媒体的跨文化接触自传法（the Autobiography of Intercultural Encounters Through Visual Media, AIEVM）。跨文化接触自传法是让学习者选择他们亲身经历的一次面对面的跨文化接触经历，在诱导性问题的提示和帮助下，描述、解释、评价和反思自己的跨文化经历。加西亚（García, 2017）对跨文化接触自传法进行了实证研究，证明了跨文化接触自传法能够促进学生对跨文化经历各个关键维度进行反思，并在跨文化认知理解、情感态度和行为技能各个层面都能有所提升。

基于视觉媒体的跨文化接触自传法关注了包括印刷媒体、多媒体等媒介对学习者跨文化学习起到的作用。林德纳和加西亚尝试使用基于视觉媒体的跨文化接触自传法对外语教师进行职前培训，发现受训者的多元视角和批判性文化意识得到了增强（Linder & Garcia, 2014）。另有学者探索了基于视觉媒体的跨文化接触自传法应用于大学外语课堂教学的效果，研究结果显示该方法的运用至少提高了学生的三种能力，即批判性思维、想象性理解力和全球公民意识。她认为，基于视觉媒体的跨文化接触自传法有助于在外语课堂上开展素质教育（quality education）（Porto, 2019）。

跨文化接触自传法和基于视觉媒体的跨文化接触自传法的价值在于它能够为学习者提供深度跨文化反思的"脚手架"。一般来说，跨文化接触自传法遵循三个步骤：描述背景、描述场景、描述情节或关键事件，并在此过程中让学习者去了解跨文化接触中个人的感受和他者的感受。此外，自传中的"回顾"和"展望"结构在过去和未来之间架起桥梁，学习者能够借此理解和组织过去的经验，并使之成为未来行动的跳板。综上所述，跨文化接触自传法将学习者的文化背景和个人经历作为教学的资源，教学材料和教学过程因此与学习者个人关联起来，通过个人和他者之间的比较、对话和反思，不仅能培养跨文化意识和增强个人文化身份认同和跨文化交际能力，而且能够激发他们的学习积极性和参与度。学习者沉浸在个人和他者的跨文化体验和感受中，在不知不觉中锻炼和提高了语言文化能力。

5.5 小结

语言和文化的关系决定外语教育的本质是跨文化教育，将语言作为抽象、独立的符号系统进行教学是一种简单化、还原论的方法，与外语教育的工具与人文属性兼具的特点不相符合。跨文化外语教育借鉴社会文化理论、积极心理学理论、多语转向理论、动态系统理论和整体论的思想，从语言和文化的复杂性、动态性、整体性的本质出发，将语言能力的培养与跨文化能力的发展有机融合，实现外语学科语言和文化育人的目标。作为后方法时代的外语教学新理念，跨文化外语教育自21世纪以来越来越受到外语界的重视，跨文化外语教育研究成果日益丰富，各种理论模型和教学模式为教学实践提供了支撑和指导。本章还强调了

第5章 跨文化外语教育理论研究

语言文化融合、体验学习、多元智能、多元文化、学习者身份认同的五大关键教学原则,介绍了民族志、跨文化案例开发与展析、模拟游戏、故事轮转和自传法等跨文化外语教学新方法。

虽然跨文化外语教育理论研究和方法研究成果丰硕,但不同地域和不同学生群体所需的语言文化教学应该有所区别,因此有必要对理论应用于实践的效果和方法进行更加广泛、更加精细化、区别化的教学实验研究,这是当前跨文化外语教育研究的一项重要任务。

第 6 章
外语教育中的跨文化能力测评

跨文化能力测评是当今世界高等教育普遍关注的一个问题（Egron-Polak & Hudson, 2014）。对跨文化能力进行测评能够跟踪和激励学习，检验学习结果和指出改进方向（Sinicrope et al., 2007），因此在帮助教育者理解和提高学生的跨文化能力方面发挥着关键作用。随着外语学科内涵和外延的不断丰富与拓展，外语教学评价体系也需相应调整，将跨文化能力测评纳入其中（孙有中，2016）。测评是教学活动的重要组成部分，从跨文化能力测评探索和研究入手，可以驱动跨文化外语教学的变革。因此，如何测评跨文化能力是一个迫切需要研究的课题（张红玲等，2018）。

本章首先回顾跨文化能力测评的理论基础、设计原则和评价方法，接着梳理国内外外语教育中跨文化能力测评的现状和问题，然后对其未来发展研究进行探讨。

6.1 跨文化能力测评理论和路径

"跨文化能力是一个不断发展的过程，因此，一个人可能永远不会达到最终的跨文化能力。"（Deardorff, 2006: 257）然而，这并不意味着无法对其进行测量。跨文化能力测评的对象从 20 世纪 50–60 年代的和平卫队，到现如今的留学生、跨国公司员工和移民，涉及商务、教育、医疗、传播等多个领域。跨文化能力的测评的国外的研究成果比较丰富，相关的测试和量表较多。第八届国际跨文化能力发展与测评研讨会（International Conference on the Development and Assessment of

Intercultural Competence）于2022年1月在美国召开，可见跨文化能力的发展与测评已成为国际性话题。

6.1.1 跨文化能力测评理论基础

跨文化能力测评研究的前提是界定跨文化能力的内涵。跨文化能力简而言之是指与来自不同语言文化背景的人进行恰当、有效交流的能力（Fantini, 2009）。事实上，跨文化能力是一个复杂的跨学科概念，涉及语言学、心理学、传播学、文化人类学等多个学科。对于不同地区、不同行业、不同群体而言，跨文化能力的内涵也各不相同。正因如此，学界倾向于采用模型构建的方法解释跨文化能力的内涵要素及其相互作用关系。

跨文化能力理论模型可分为构成式、双向互动式、发展式、适应式和因果过程式五类（Spitzberg & Changnon, 2009），其中构成式最为常见。构成式模型直观清晰地列出跨文化能力的组成要素，是跨文化能力测评的主要参考标准。戴晓东（2018）认为跨文化能力不同要素之间的关系分为三种：行为因素的关键性、知识因素的核心作用、情感因素的关键性，三者同等重要。但是构成式模型忽略了跨文化能力各要素之间的关联和互动关系，也不能体现跨文化能力的发展性和阶段性。互动式模型和发展式模型弥补了这些不足。戴晓东（2018）指出，把跨文化能力理解为渐进、动态的发展过程意味着不仅要评估交际者的特性或互动结果，而且要评估跨文化能力发展的各个阶段和不同层次。基于发展式模型研发所得的跨文化能力发展量表（Intercultural Development Inventory, IDI）（Hammer et al., 2003）成为应用广泛、影响深远的跨文化能力测评工具。五类模型各有千秋，相互补充，相得益彰，有助于加深和丰富跨文化能力概念的理解（孙有中，2016），为跨文化能力测评提供多层次、多视角的理论框架。

6.1.2 跨文化能力测评设计原则

跨文化学者认为跨文化能力是可被测评的（Deardorff, 2006），需

第6章　外语教育中的跨文化能力测评

要遵循一系列原则。围绕跨文化能力评价问题，学界存在两个较大分歧：其一，文化普遍性与特殊性的分歧；其二，整体评估与局部评估的分歧（戴晓东，2018）。首先，跨文化能力存在文化上的差异，但也有文化上的共性。知识情感行为三要素框架同样适用于非西方文化中的跨文化能力测评（Gudykunst & Hammer, 1984）。跨文化能力的各个层面是互相依存的整体，如果把它们分解开来进行评估就无法反映不同层面之间的联系与影响，难以得到全面充分的评价。有的学者认为，概念过于复杂，整体测评难度很大，应该分解开来，每次只测评某个特定的层面和要素，这样可能有更大收获。在进行跨文化能力测评之前，需要对这些分歧进行考虑。

作为一种极为复杂的活动，跨文化能力测评应采用多种视角和多元方法实现综合性评价（Deardorff, 2006, 2009, 2017; Fantini, 2009）。结合 Deardorff（2017）的著述内容，本章将跨文化能力测评设计原则总结如下：

- 定义。跨文化能力在语境中到底是如何定义的？在界定跨文化能力时，可能涉及使用一个以上的定义或概念框架，它们相互补充，通过调整可以为特定情境制定一个更全面的跨文化能力定义。
- 优先考虑跨文化能力的某些具体要素。跨文化能力测评切忌宽泛，什么都想包含注定会失败。制定测评指标要有侧重点，在一定程度上反映所要测评的跨文化能力。这些要素要易于管理，并且可以发展成具体的、可衡量的学习结果描述。
- 匹配相应的测评方法。准确了解该工具衡量的是什么，以及它与学习结果的紧密程度。选择测评方法时不能盲目套用西方已有的方法，要注意测评方法和目标是否匹配，是否呈现多样性。
- 发现、寻找学习发展证据。不同的测评方式可以获取学习者不同的跨文化能力直接或者间接证据。在收集到证据后，最好从多个角度对其进行分析，以确定出现的主题和问题。这种多视角的跨文化测评方法必不可少，能更全面地描述跨文化能力概念本身。

- 使用测评结果。利用收集到的信息来提高、促进学习者的跨文化学习。在测评跨文化能力时，向学习者提供反馈意见对于进一步发展他们的跨文化能力至关重要。

总而言之，进行跨文化能力测评时，需要依据预先确定的目标，选择与之匹配的测评方法。方法与目标的匹配可以从五个方面来考量："评估的对象、评估的性质、评估的层面、评估的时间、评估的标准"（戴晓东，2018：177）。

6.1.3 跨文化能力测评方法

跨文化能力测评需要使用不同的方法。跨文化能力测评方法大致可分成间接评价法、直接评价法及混合评价法三类（Sinicrope et al., 2007）。常见的方法主要包括嵌入式课程评估、自我报告工具、反思日志、关键事件分析、访谈、观察、模拟情景和纵向研究（Deardorff, 2009; Fantini, 2009）。

1. 间接评价法

间接评价法多以自我报告、问卷调查、量表的形式实施。跨文化能力评估方法的一个显著特征是西方实证主义的主导性（戴晓东，2018）。20世纪70年代以来，学者们一直致力于发展稳定可靠的跨文化能力测评工具，迄今为止创建了100多个形态多样、功能迥异、手段不一的工具。间接评价法的特点是，以自评工具为主，评估行为与知识的工具居多，非西方学者开发的工具较少，评估跨文化情感与意识的工具较少。戴晓东（2018：168）总结道，"由于交际者的行为是可以观察的，行为能力的评估因此相对容易。知识能力虽然不能直接观察，但是比较容易量化，其评估的难度加大但仍然具有较高的可操作性。比较而言，态度、意识与情感能力不容易量化，评估十分困难。"

Sinicrope et al.（2007）回顾了在高等教育、外语学习和留学项目特定背景下现有的跨文化能力测评方法和工具。早在20世纪90年代，

第 6 章　外语教育中的跨文化能力测评

美国就开始研究间接评价法，并开发了各类跨文化能力测评量表。从近年国外相关研究来看，两个测评工具几乎垄断了美国各个领域的跨文化能力评价：跨文化能力发展量表和跨文化适应性量表（Cross-Cultural Adaptability Inventory, CCAI）（Kelly & Meyer, 2007）。这两个量表在外派人员、国际学校和大学海外交流项目中作为跨文化能力评价方法尤其受欢迎。Griffith et al.（2016）对 32 种广泛应用于高等教育领域的工具进行了述评，发现最常用的为跨文化能为发展量表、跨文化适应性量表和跨文化敏感性量表（Intercultural Sensitivity Scale, ISS）（Chen & Starosla, 2000）。这些量表有一个共同点，都采用了自我报告的形式。Matveev & Merz（2014）回顾了 10 种跨文化能力评价量表。这些量表关注跨文化能力的不同要素，如跨文化敏感性（即态度）、人际交往技能、文化移情、社会主动性、情绪弹性、跨文化不确定性、个人自主、团队合作等。他们得出结论：一个全面的跨文化能力定义需包括认知、态度和技能三个方面的内容。戴晓东（2018）也对学界认可度较高、影响力较大的 16 个跨文化能力评估工具进行了概述，然后深入评介了其中 8 个工具。他认为这些工具形态不一，功能多样，可以用以评估整体的跨文化能力以及其各个层面的因素。研究者应该选择与评估目标相匹配的工具。

　　在测评认知和行为技能方面，这些常用的基于自我报告的测评工具并不太适用。自我报告需要受访者报告自己的能力、技能水平、态度或知识。但受访者经常高估自己的能力，因此产生相应的偏差。受访者故意提供不准确的回答或自我描述以使自己看起来更有吸引力、有趣或有价值（假装）的倾向是自我报告态度测量中的一个困扰。因此，自我报告需要与观察和访谈等他评方法结合才能实现更为准确的测评。由于测评的复杂性、文化多样性和差异性，不少量表都存在操作困难、调查内容模糊等缺陷（高永晨，2014）。尽管如此，间接评价法因使用各类商业和非商业量表，在数据收集和分析上具有极大优势，仍是机构和个人测评跨文化能力的首选。

2. 直接评价法

　　直接评价法主要包括档案袋法、访谈法和表现性评价法。档案袋法在外语教育领域中使用最为广泛,本章 6.2 节将对其进行详细讨论。迪尔多夫(Deardorff, 2006)的研究显示,许多学者都认为学生访谈是测评其跨文化能力最有效的方法。深度访谈中的这些问题可以评价跨文化能力发展:"你认为哪些能力有助于跨文化交际的成功?你认为自己是否具备这些能力,到什么程度?学习一门外语对你的跨文化成功起重要作用吗?跨文化经历对你的生活有什么影响?你在日常生活和工作中如何利用这些能力?"(Fantini & Tirmizi, 2006:37)但是,从这些问题中我们看出,访谈也有一些缺陷,如"耗时长,费用高,访谈者有时改变提问方式,偏离讨论问题,收集的信息带有主观性"(戴晓东,2018:172)。表现性评价法常常基于跨文化情景展开,用于考察具体行为技能。鲁宾认为,最好通过观察个人的行为而不是阅读个人的自我报告来评价跨文化能力,被视为表现性评价法的先驱(Ruben, 1976)。因为在这种测评方法中,个体被观察到的情况与他们未来将面临的情况相似。跨文化能力由态度、知识和技能子域组成,这些子域需要互动才能被测评。这种互动本质上是动态的,必须通过一个场景来模拟。鲁宾认为,如果这些情况不是自然发生的,可以通过创建模拟情景、游戏或结构化的经验来实现。

跨文化情境(intercultural scenario-based)项目可用于测评对于跨文化情境做出的行为反应(Griffith et al., 2016)。文化同化测试(culture assimilator test)是一种基于情景任务的早期形式,体现为跨文化关键事件(intercultural critical incident)。这些事件一般描述了一个潜在的跨文化问题情境,涉及来自不同语言和文化背景的参与者,一般会提供几段陈述,被调查者可以从中选出最佳解释,或者由测试者引导被调查者给出自己的解释(Bhawuk, 2001; Kushner & Brislin, 1995)。随着教育技术的发展,现在基于场景的测评在选择跨文化关键事件时可以基于文本,也可以基于视频等多模态形式,同时也鼓励建构式的回答方式,而不是选择其中一个答案。学生的回答被收集后与评分标准进行匹配,提供能力证明。这样的测试能够看出受访者对文化知识的了解,以及他们从不同的文化角度解释跨文化实践的能力。有学者使用动态评估(dynamic assessment)来考察国际学生在解释关键事件时的跨文化能力发展和学习需求,在评估过程中整合了基于情景的项目和评估员(interlocutor)

(Harsch & Poehner, 2016)。该测评方式通过学生与评估员的互动来揭示学生分析解释关键性事件认知过程，从而整合教学、学习和评价。在分析情境、行为、情绪和潜在原因时，学生表现出（批判性）反思自我和他人的行为，并借鉴了理论概念。另一种基于情景的测评方式为同伴模型（peer model）(Holmes & O'Neill, 2012)。该方法以民族志方法指导学生在六周内与一个以前未知的文化他者进行跨文化接触。研究通过记录、分析、反思学生准备、参与跨文化接触相互关联和相互依存的不同阶段，证明了同伴模式作为培养和评价跨文化能力手段的价值。

与间接评价法一样，直接评价法也难以避免不足，如表现法存在场景的真实性问题、档案袋法中的档案袋定义不清以及入袋材料选择标准不同、面试法数据分析的耗时耗力问题等。

3. 混合评价法

鉴于间接法和直接法各有优势，结合两种方法的混合式评价方法越来越普遍，尤其在课程评估、海外游学等领域中使用广泛。Deardorff & Arasaratnam（2017）收集并回顾了世界各地29个跨文化能力发展和评价实例，其中大多使用了混合评价法。混合评价法通常由定量和定性两部分组成（Ingulsrud et al., 2002）。定量部分使用间接评价法，如自评工具，包括影响广泛的跨文化能力发展量表或者跨文化适应性量表；定性部分多采用直接评价法，旨在深入发现学生跨文化能力发展的阶段和过程，如提交日记、反思，应用跨文化理论框架从个人经历，到分析电视剧、电影或书籍中的特定文化模式，再到采访并探索不同文化人们的信仰或成见，鼓励学生积极参与课堂讨论。

基于欧洲研究的背景，跨文化能力测评项目结合了直接和间接方法，开发了一套跨文化能力测评工具，包括问卷、情景分析和角色扮演。跨文化评价协议（The Intercultural Assessment Protocol, IAP）(Biautti, 2021)采用多方法、多视角和纵向方法，反映学生在出国期间和回国后几个月内跨文化能力的变化。该项目使用了不同的测评方法（如日志、现实测试、观察），数据收集来源于多方，如学生、学校教师和工作人员、家长。该项目在评价准则的指导下进行数据分析，并对学生的跨文化能力进行分级,进而提供反馈报告。令人鼓舞的是,越来越多的教育机构正在进行跨文化能力测评方法的探索,但在改进跨文化能力测评方面还有许多工作要做,因此,目前没有"最佳"做法(Deardorff, 2014)。

6.2 外语教育中的跨文化能力测评

掌握一种语言就是理解一种文化,语言学习的最终目的是要实现得体和有效的跨文化沟通,因此外语能力与跨文化能力密不可分。外语学习就是培养跨文化能力的过程(Kramsch, 2006)。本小节将回顾国内外外语教育中跨文化能力测评,以此总结其面临的挑战和机遇。

6.2.1 国外外语教育中跨文化能力测评

1. 主要学者和思想

虽然国外教育领域中的跨文化能力测评发展势头猛烈,但是在外语教育中进行跨文化能力测评的研究却不多见,大多数是从语用能力和语言社会化,以及学习者动机的角度对外语学习或出国留学的跨文化结果进行了研究(Sinicrope et al., 2007)。

勒萨德–克劳斯顿(Lessard-Clouston, 1992)认为,在交际语言教学中,文化在第二语言和外语课堂中扮演着越来越重要的角色,但对文化学习的测评基本上被忽视了。他认为文化是培养交际能力的关键,并概述了外语和二语文化学习测评中的各种问题,并提出了对其进行测评的一些方法和技巧。舒尔茨讨论了在外语教学中测评文化理解的挑战,提出需要设置具有可操作性的文化学习目标,并在列举了一系列常见测评方法之后,推荐在外语教学中使用档案袋方法对学生的文化意识和理解进行测评(Schulz, 2007)。基于一般测试理论和外语测试领域的成果,塞尔库(Sercu, 2004)提出了一个在外语教学中进行跨文化能力测评的要素框架。这个框架展示了高质量的跨文化能力测试应该满足的

第6章 外语教育中的跨文化能力测评

标准,既适用于外语教师,也适用于测试的开发人员。塞尔库用这个框架考量了已有的两种测评方法,具有一定的宏观指导意义。现今外语教育中的跨文化能力著述属拜拉姆影响最大,大多评价活动都是以此为构念基础(Byram & Zarate, 1996)。除了语法、语篇和社会语言能力,学习者还需要具备知识(自我和他人的知识)、态度(开放、好奇)和技能(阐释、关联/发现、互动)才能达成跨文化交际能力。被拜拉姆视为跨文化能力中心位置的"批判文化意识"更是具有深刻的启发意义:在尊重文化差异的基础上,需要进一步去伪存真,取精用宏(戴晓东,2018)。斯科平斯卡加汇报了一项研究项目的成果,探讨如何在语言教学课堂中测评学生跨文化交际能力(Skopinskaja, 2009)。该项目汇集了来自加拿大、爱沙尼亚、罗马尼亚、奥地利、保加利亚、俄罗斯、西班牙七个国家的学者,旨在为语言教师提供测评学生跨文化交际能力的指导。项目选取相关跨文化能力定义作为操作模型(Lussier et al., 2007),分别对知识、技能和态度进行低中高三个级别的学习要求描述,并设计相关评价方法。

里迪克特和斯卡里诺(Scarino)两位学者不但在跨文化外语教学领域中颇有建树,在测评语言学习中的跨文化能力方面也进行了多方面探索。在对学生跨文化能力进行测评时,我们需要拓展了解一门语言意味着什么的概念,它不但包括与不同文化和语言背景的人之间互动的交际体验,还包括对多元视角的欣赏和对不同视角、观点的反应,对意义的社会、文化建构的反思(Scarino, 2009, 2010, 2017)。测评语言教学中的跨文化能力时,需要使用目标语言进行交流,需要考察学生对动态发展的文化如何影响他们看待和解释世界、如何互动和交流,激发学生对交际互动中语言—文化—意义关系的"元意识",以及分析、解释和阐述其意识的能力(Liddicoat & Scarino, 2010)。学生既是语言的使用者,也是语言学习过程的分析者。在测评语言教学中的跨文化能力时需要考察学生对跨文化现象的观察、描述、分析和解释,考察学生在复杂的语言和文化多样性的背景下使用语言传达意义,并且在这一过程中理解和反思语言和文化如何在意义创造实践中发挥作用(Liddicoat & Scarino, 2013)。

肖尔(Schauer, 2016)从第二语言学习的角度概述了与跨文化能力研究相关的关键术语、概念和模型,因为它们是理解跨文化能力的必要前提,也是理解适合于第二语言评估研究的跨文化能力模型。她还回顾了跨文化能力研究中与第二语言习得相关的测评方法。霍顿(Houghton, 2013)通过在日本一所大学的一项行动研究,探讨了在以培养跨文化交际能力为导向的外语教育中如何通过材料设计使学生潜在的身份发展以可评估的方式显现出来。她认为,对拜拉姆模型里的 Savoir Apprendre/Faire 的测评应基于记录的互动和/或直接的口头测试,同时跨文化能力测评应该结合形成性和终结性评估。Huang(2021)尝试使用了混合式评价法(包括测评问卷量表以及视频任务)来验证在外语课堂中进行显性教学(explicit instruction)以提高学生跨文化交际能力的效果。

2. 测评理念和方法

基于跨文化能力的构成要素,测评活动大多从知识、态度、技能三个方面进行。通常的做法是对这三个层面的具体要素进行操作定义,并采取不同的测评方法诱导出相应的学习发展证据。在知识层面上,传统的评价范式或心理测量(实证主义)范式中,文化通常被概念化为一个固定的知识体系。该评价范式的重点是通过客观程序对固定内容进行标准化测试。

文化通常由有关目标国家及其人民的广泛知识组成,从文学和艺术(高等文化)到日常生活的各个方面。除了四种语言宏观技能的培养外,习得内容通常指的是"文化知识的获取以及与目标文化的异同意识"(Díaz, 2013: 19)。最传统的策略是通过目标语言创建专门研究特定领域(如文学、电影和其他文化传统)的语言内容主题(Díaz, 2013)。学习者需要分析和获取知识体系(Crichton & Scarino, 2007)。测评通常是基于这些主题知识。文化知识既考虑到小 c 文化又考虑到大 C 文化的方方面面,如生活方式、习俗、音乐、艺术、建筑、文学、历史、个人和社会规范的借鉴。它指的是集体记忆、生活方式的多样性以及目的语社区的社会文化语境(Lussier et al., 2007)。在文化内容测试中,西利(Seelye, 1984)发现只有五个主要测试部分:历史事实、琐碎的项目、地名、词汇和对艺术的熟悉程度(即大 C 文化)。他还发现,一般关注

第 6 章　外语教育中的跨文化能力测评

的内容都是主文化中大多数群体感兴趣的事情。但是单纯文化知识的考察使语言使用脱离了交际语境,因此即使在多年的外语学习之后,仅对文化内容的关注使大多数学生仍然保持单一文化和种族中心主义,不能"发展跨文化理解"（Lantolf, 2000: 29）。传统文化知识测试很快被抛弃,取而代之的是综合测试,它将系统性知识的测评与将知识应用于交际目的的能力测评结合起来。

在行为技能层面,随着文化教学目标的改变,知识向能力的转变以及交际教学法的盛行使得得体的交际行为受到更多的关注（Byram & Wagner, 2018）。海姆斯从社会语言学视角提出交际能力（communicative competence）这一概念,强调语言既要合乎语法,又要在特定的文化氛围和情境中具备得体性和适切性（Hymes, 1972）。孙有中（2017）回顾了交际能力的发展,Canale（1983）、Canale & Swain（1980）发展了交际能力说,归纳出语法能力、语篇能力、社会语言能力和策略能力四个维度。Bachman（1990）提出语言交际能力理论框架,将语言能力概括为语言组织能力和语用能力,前者涉及语法能力和语篇能力;后者涉及以言行事能力和社会语言能力。Littlewood（2011）在前人研究的基础上区分了语言交际能力的五个层面,即语言层面（即语法）、话语层面（即文本）、语用层面（即策略）、社会语言层面和社会文化层面。孙有中认为上述定义使用的概念不尽相同,但它们所描述的语言能力大体都属于基本的语言交际能力,未深究高层次跨文化场景中外语能力的丰富文化内涵。在讨论外语教育中的跨文化能力时,跨文化能力总是意味着交际能力（Sercu, 2004）。评价跨文化沟通的两个标准,其一为得体性,即跨文化沟通的过程中能够尊重对方的价值观念和行为规范;其二为有效性,即通过沟通达成跨文化交际的目的,或实现合作,或增进理解,或加强友谊。这就使得交际能力与跨文化能力有了交集。测评跨文化能力的一种方法是测评跨文化交际行为。20世纪90年代,表现性评价成为传统多项选择测试的有效替代方法（Darling-Hammond & Adamson, 2013）。一般来说,基于表现的测评衡量的是学生综合运用技能和知识的能力,学习者要运用他们的高阶思维技能来创造产品或完成一个过程（Chun, 2010）。学习者必须推理、解决问题或与他人合作。这些方法不但可以从不同角度测评跨文化能力这个复杂的构念,还可以使学生的测评体验愉快、有收获。

语言测试中的表现性评价也因为交际法的盛行而兴起和演变（Bachman, 2007; Brown, 2004）。学习者被要求在跨文化环境中扮演交际者的角色。常见的模式包括角色扮演和模拟情景，用于测试交际互动规则（Liddicoat & Crozet, 2001）或跨文化语用规则（Hudson et al., 1992）（转引自 Liddicoat & Scarino, 2010）。在 Skopinskaja（2009）汇报的项目成果中，对跨文化能力技能层面的评估主要基于角色扮演、模拟情景、案例研究或关键事件的问题解决，在这些事件中，学生被要求两人或三四人一组讨论、辩论、解决问题和扮演角色（Lussier et al., 2007）。

在态度层面上，较为常见的方式为基于心理学范式的测评量表。Liddicoat & Scarino（2010）评价了三种测评方法：态度测试、文化同化器测试和文化意识测试。态度测试旨在引导出受访者对一个文化群体的反应，可以用来测评跨文化理解。由于此类测试依赖于简单的二元对立，有可能形成关于目标文化的定型思维模式。文化同化器测试虽然能激发学习者对文化习俗的了解以及他们从不同的文化角度解释文化事件的能力，但是它无法考察学习者在实际交际过程中运用知识的能力；而文化意识测试通常和语言能力并没有直接的联系。因此两位学者认为对于语言教育来说，这些测试的问题在于既没有捕捉到学生参与跨文化交流（意义交换）在交际中运用知识的能力，也没有捕捉到他们对跨文化交际实践的反思性分析。总之，这些测试没有考虑到文化的多样性、复杂性、交际和语言能力，因此无法评价在跨文化背景下使用一门语言的能力。Sinicrope et al.（2007）发现外语项目都没有采用基于心理学范式的商业测评工具来测评跨文化能力。相反，在美国大学外语课程中，嵌入课程的评价和特定课程的问卷调查、自我评估和访谈似乎更常用。Sercu（2010）也认为，这些测评量表是用来在培训环境中探索思维模式和行为方式，从而作为自我评估和发展学习的辅助工具，而不是作为集群测试项目的工具。

我们可以发现，传统评价范式下的方法难以满足跨文化能力的测评。如同语言测试经历了离散测试、综合测试、交际测试、做事测试以及新型测试（Shohamy et al., 2017）的发展阶段，新型评价范式也为外

第6章　外语教育中的跨文化能力测评

语教学中的跨文化能力测评提供了新的可能。在新型评价范式（Mabry, 1999）下，档案袋被认为适合在外语教学中使用（Schulz, 2007），因此也成为近年外语教育领域运用较多的一种综合评价方法。档案袋是个人随时间而产生的材料或各种评估的分数或两者兼而有之的集合，包括正在进行的观察、口头和书面工作的档案、不同文化间观察和经验的日志。所有这些都应通过反思性分析累积评论、总结、解释和阐述。研究者能够根据跨文化能力的构成要素对收集的信息进行分类，这样不仅可以对能力的各个要素作独立分析，而且可以对能力的所有要素进行整体评价。反思性日志也是档案袋中常见的资料，如文化日志（culture log）、（Lussier et al., 2007）。根据 Peng et al.（2020）的可视化文献研究，写日志（blog entry）是学者用来评价研究对象跨文化能力的一种主要定性研究方法。让学生写日志的教学实践非常有利于学者研究外语学习与发展之间的关系。通过不断观察在时间维度上的动态变化，记录研究对象在一段时间内的跨文化交际经历，学者可以真实地观察研究对象在跨文化知识和态度方面的具体表现，包括身份认知的变化。Houghton（2013）的行动研究中，学生书面作业中的各种行为证据可以作为测评的依据。这些证据以陈述的形式呈现，表明学生在既定学习目标上的成就和学生学习前后的自我差异，可以用作评价跨文化交际能力和身份认同发展的方法。

　　基于欧洲学术和实践的背景，两份指导学生进行跨文化反思的"跨文化接触自传法"和"基于视觉媒体的跨文化接触自传法"可为其他国家、地区的师生提供参考。拜拉姆认为这两类反思日志属于自评工具（Byram, 2014）。使用跨文化接触自传法的时候，学习者可以选择他们亲身经历的一次特定的面对面跨文化接触，也就是说接触的人和自己在文化身份、世界观和实践方面存在显著差异。在引导性问题和提示的帮助下，学习者通过描述、解释和评价跨文化接触来实现深度反思（Méndez-García, 2016）。同时，对差异性的认知不仅受到面对面的跨文化接触的影响，而且也受到多媒体等媒介接触的影响。由于多模态互联网的广泛使用，以视觉为媒介的跨文化接触在我们的日常生活中变得非常普遍，这个时候就可以选择使用基于视觉媒体的跨文化接触自传法（Lindner & Méndez-García, 2014）。在网络信息化的时代，数字民族志

（Berti，2020）涉及与所学语言的在线资源的接触，目的是识别和解释不同的语言和文化形式，以及批判性分析文化表征，学习反思和心得通常也可放入档案袋。

　　Jacobson et al.（1999）指出了两个局限性：（1）档案袋的选择性，因为学生可以选择以特定方式呈现他们的能力；（2）档案袋概念不清，因为有些学生没有遵循档案袋作业的要求。比如许多学生把作品集中在广泛的文化差异上，而不是集中在更具体的跨文化交际问题上。尽管存在这些缺点，他们认为档案袋仍然可以为跨文化能力测评提供一种有用的替代手段。除了以上两个缺点，不论对学生还是对教师而言，使用档案袋还有一个困难，那就是评价标准的问题。比如反思性日志属于建构型回答，所以并没有标准答案。但不论是自评还是他评，都需要一定的参考标准。通常，在评价学生展现出来的跨文化能力时，要先构建评级标准，包括确定相关水平的指标，描述特定水平应该展现出来的知识、态度和行为（Lussier et al.，2007）。美国外语督学协会（NCSSFL）与美国外语教学协会（ACTFL）联合发布的跨文化交际《"能做"等级描述语》提供了一些案例和场景，可以帮助语言学习者和教育工作者评价他们在不同表现水平下使用语言调查、解释和反思实践或产品与文化视角之间的关系的能力，可用于自测。

　　德文提供了两个模型用于自我、同伴和群体评估（Dervin，2010）。第一个模型来自 *Intercultural Communication: An Advanced Resource Book*（Holliday et al.，2004）。该模型基于三个基本关键词：身份（identity）、他者化（otherization）和表征（representation）。身份指的是通过抛开先入为主的观念，用深描看到复杂性，从而寻求对个人身份的更深理解；他者化指的是寻求导致他者化的偏见、成见和话语，并对之有更深的理解，从而管理自己在沟通中的角色；表征指的是寻求对外来他者的表现形式更深的理解，这些表现形式是由社会赋予的。第二个模型来自德文自己的总结，由三个部分组成：两个 savoir fairs 和一个 savoir-réagir/agir。两个 savoir fairs 分别是鉴别身份和关注话语，一个 savoir-réagir/agir 是控制自己的情绪和行为。德文并没有区分水平，自评模型是开放的、灵活的，可以根据学习者的需要进行修改和调整。每个组成部分都用第一人称来表达，这样学习者就可以使用这个模型进行自我评估。学习者可以针对模型的每个问题提出一个解决方案,以检查自己的行动/反应/策略是否充分,并为自己确定目标。这两个模型都关注了身份和话语的问题,和外语学习紧密相关。

6.2.2 国内外语教育中跨文化能力测评

随着全球经济一体化进程加快、我国改革开放的纵深发展和"走出去"战略稳步推进,国家对外语人才的需求越来越大,对外语教育的要求也越来越高。外语教育是国内跨文化能力研究最活跃的领域(戴晓东,2018),因此对跨文化能力测评也进行了积极的探索。

1. 跨文化能力测评发展现状

相较于国外,国内近二十年来跨文化交际能力相关研究开始增多,但是对于跨文化能力测评的研究占比很小(高永晨,2014;史兴松、朱小玢,2015)。主要的研究集中在跨文化能力调查、跨文化能力量表建构、语言测试中融入跨文化能力评价以及教学活动中的跨文化能力发展评价。

跨文化能力调查针对学生(高永晨,2016;胡艳,2011)和教师(韩晓蕙,2014;Gu,2016)两个群体,目的是了解师生的跨文化能力现状,为跨文化教学和评价提供参考。Gu(2016)调查了1 170位中国英语教师对跨文化交际能力评价的看法、态度和做法。结果表明,尽管英语教师愿意对跨文化交际能力进行评估,但他们对其缺乏清晰的概念,在课堂上考察学生跨文化交际能力的尝试不足。她的研究发现:这些教师很少将技能维度(如分析和解释自己和目标文化的能力、处理文化冲突的能力以及应用知识、态度和技能的能力)纳入评价目标。态度相关的评价目标在教师评价议程中不受欢迎。研究结果还显示,很少有教师会评估学生对非英语国家普遍存在的价值观和交际模式的认识和理解。

就跨文化能力量表开发而言,高永晨(2014)、吴卫平等(2013)、钟华等(2013)一些学者进行了卓有成效的尝试,开发了具有本土化特色的大学生跨文化能力模型和量表。基于《大学英语教学指南》（2020），袁靖（2021）提出大学生跨文化交际能力理论模型，以此作为跨文化交际能力量表构建的理论依据。该模型以学生在跨文化知识与意识、性格与态度、思维和行为技能三方面内在潜能的互动为内核，以潜能在大学英语教育情境下所激发出的行为表现为评价观测点，以促进学生能力的可持续发展和终身学习为评价目标。虽然量表大大丰富了跨文化能力测评研究，但是外语教育中跨文化能力测评研究仍然存在一定的不足：第一，测评的方法缺乏多样性，与语言结合的综合测评方法极少；第二，本土化量表在实践中的应用并不广泛，信度、效度检验不够完善，有的尚停留在理论构建阶段；第三，跨文化能力发展的差异性和阶段性无法得到体现，缺乏细节描述，尤其是缺乏等级描述，不利于外语情境中教学和测评的展开。

胡艳红、樊葳葳（2014）指出，国内学者认为跨文化交际能力是以语言的交际能力为基础的，可以说外语教学的过程也就是跨文化交际能力培养的过程，所以对这个过程的考察也应该是对跨文化交际能力的考察。因此，将跨文化能力融入语言测试的尝试也在进行。刘宝权（2008）认为，文化测试对语言测试是必不可少的。他的研究尝试在语言测试领域中增加文化测试的比例。文化测试不仅要评估语言学习者的文化知识，还要评估他们的文化理解和文化行为。但是该研究中的文化测试偏重知识层面，并没有反映跨文化能力研究的最新成果。胡艳红、樊葳葳（2014）从知识文化和交际文化的角度，对1990–2012年的48套大学英语四级考试真题进行了定性分析，调查大学英语四级考试中跨文化交际能力测试的现状。她们对知识文化和交际文化的定义如下：如果一个考题只需要考生运用所掌握的语法知识如句子结构、词语搭配等就能作答，这个考题就属于知识文化考点。相反，如果一个考题除了需要考生掌握一定的语法知识，还要求考生必须了解该考题所涉及的文化背景知识才能作答，这个考题就是交际文化考点。研究结果虽然体现了当今大学英语教学对培养和测评学生跨文化交际能力的日趋重视，但是依旧偏重知识层面。孙永春（2019）在探讨各跨文化能力理论模型的基础上，借助专家访谈法对跨文化能力测试模型进行理论模式构建和要素构建，并以德语习得者为例设计了跨文化能力测试试题及施测，通过效度与信度验证，试图找出针对外语学生的跨文化能力测试可行性方案。但是该研究在行为技能维度方面并没有提供试题样题，因此显得薄弱。由此可见，融入语言测试的跨文化能力测评大多是以知识层面的考察为主。另外，还有学者的研究涉及了在课堂教学中评价跨文化能力的问题，但主要用于教学效果的体现，如大学英语课堂教学（常晓梅、赵玉珊，2012）、英语专业课堂教学（付小秋、张红玲，2017）、跨文化交际课堂教学（虞怡达，2017；郑萱、李孟颖，2016）。王一安、顾力行（2015）还尝试使用国外商业量表和质性资料分析的双重验证来测评学生在教学活动后的跨文化能力发展。彭仁忠等（2020）指出，跨文化外语教学的评估方法具有多样性，需要结合形成性评估和终结性评估。形成性评估关注学生跨文化能力的发展过程，评估工具包括学生学习过程中的反思日志、学习档案、教师观察等；终结性评估关注跨文化外语教学的结果，通常借助期末测试或自评量表等形式实施。

2. 跨文化能力测评新尝试

为响应新时代外语教育选拔人才的需求，国际人才英语考试（English Test for International Communication, ETIC），简称"国才考试"，和"外教社杯"高校学生跨文化能力大赛应运而生。两者都主张融合跨文化能力和语言能力进行测评设计，体现综合性，重视沟通场景。从题型任务设置和要求来看，两者各有特色。

"国才考试"是北京外国语大学中国外语测评中心于2016年4月推出的英语沟通能力认证考试体系。"国才考试"考察英语沟通能力，即用英语完成各类沟通任务的能力。该能力主要由三个维度构成：国际视野与协商合作能力、分析问题与解决问题能力、跨文化理解与表达能力（中国外语测评中心，2018）。该考试认为能得体和有效地进行跨文化沟通是跨文化交流能力的可观测层面，任务设计遵循以下原则：（1）测试多采用建构型任务，尤其在高级考试中，结合输入与输出，体现综合性。此类任务设计贴近现实、目的明确，所测能力多元（罗永洲、韩宝成，2018）；（2）设定跨文化沟通情境，考察得体性、连贯性与有效性。

测试任务的描述与要求须设定明确的跨文化沟通事件、场景、对象与目的，评分应以是否得体、连贯、有效地完成沟通任务为标准（杨莉芳，2018）；（3）任务内容既有体现参与全球治理、发表立场声明的题材，也有反映当下政经与科技的热点（罗凯洲、韩宝成，2018）。

"外教社杯"高校学生跨文化能力大赛 2016 年在上海问世，其影响范围已从上海辐射到全国多个省市。该赛事为师生展示跨文化教学成果提供了平台，本质上是跨文化能力测评的创新尝试，也为学校实施跨文化能力测评提供了借鉴和参考。大赛积极推动了我国对外传播创新型高端人才培养，促进了具有跨文化沟通能力、中国情怀和国际视野外语人才需求的满足。跨文化能力大赛以学校为单位，采取三人一组的团队比赛形式。比赛分为初赛、复赛和决赛三个阶段。最具特色的是一系列比赛项目的设计（张红玲等，2018）：

- 跨文化冲突案例开发与展析。这是复赛的重点项目，重点考察选手理解跨文化冲突、编写案例的能力，以及运用跨文化知识从冲突产生原因、应对方式和解决方案等角度分析案例的能力。选手围绕抽中的主题，根据个人经历、观察和阅读，开发原创性跨文化冲突案例，并向现场观众展示、演绎和分析案例。
- 情境述评。这是决赛重点项目，考察选手对国际国内社会生活的关注度，评判选手是否具备必要的跨文化敏感性，能否鉴别视频材料中的文化关键事件，并运用恰当的跨文化情感态度和知识对关键事件进行有效的剖析与解读。选手在规定时间内看完抽中的视频，现场阐述视频中的冲突现象，并对其进行跨文化分析。
- 讲述中国故事。这是决赛最后一个项目，旨在鼓励选手深入学习理解自己的民族文化，增强中国文化身份认同和文化自信，进而能在国际舞台上、多元文化环境中有意识地发出中国声音，传播中国文化。选手用英语向外国人宣介中国，讲述中国故事。

这些项目作为评价任务，来源于教学实践，同时也可以用于教学实

第6章　外语教育中的跨文化能力测评

践和评价实践。"跨文化冲突案例开发与展析""情境述评"和"讲述中国故事"三项任务各有侧重，为学生展现跨文化能力提供了多样化的渠道。评价是基于证据的推理过程，学生完成大赛任务的表现即是其跨文化能力的证据，这些证据超越了单一的语言能力。学者需要对此进行深度分析，从而更好地了解学生在使用外语时的跨文化能力表征。虞怡达（2021）收集并转录了2018年度上海赛区三项任务的比赛数据，根据大赛评价标准从内容、效用和综合展示维度三个方面对数据进行定性编码分析，探讨这三项任务作为跨文化能力评价的可行性和适切性。这三项评价任务能够外化学生的跨文化能力，获取学生在使用外语时跨文化能力的直接证据。在这三项任务中，人际沟通（interpersonal）、理解阐释（interpretive）和表达演示（presentational）的语言交际模式都得到了体现，参赛者呈现出了不同的语言文化学习水平。同时，学生在完成这些任务表现出来的跨文化能力差异和问题对跨文化外语教学具有实践指导意义。因此这些评价任务可以在外语教育领域中推广使用，尤其对于《大学英语教学指南》（2020）中提到的发展级水平的跨文化交际课程，具有更大的适切性。

由于比赛数据的局限性，这三项任务在非竞赛场景中的使用情况需要更多的实践探索和研究，以期优化评价任务，提高评价质量。教师可以根据本章6.1.2中的跨文化能力测评的指导原则，结合课程和学生的具体情况将这些项目创造性地运用到课堂评价过程中，不断收集学生的跨文化能力发展证据。以情境述评为例，该评价任务操作性强，弹性大，可以用于跨文化外语教学课堂评价中。在该评价任务中，学生不直接参与跨文化交际活动，但是跨文化案例的分析者，也是案例中跨文化冲突的调解者。他们通过使用外语来展示自己的跨文化能力，包括分析解读跨文化现象、误解和冲突，并提出自己的解决方案，综合考察学生的知识、态度和技能。具体操作方法如下：

第一，选取符合既定教学目标和所授学生水平的跨文化情境、案例：

- 跨文化场景的时代性和代表性，可参照大赛设置的三个场景（多元文化生活、商务沟通、公共外交）。三个场景各有侧重，呈现出不同的跨文化焦点和要求。

- 明确情境中的跨文化要素，和平时教学内容紧密结合，教学测综合一体。
- 案例的展现形式和回答方式多样化，可以用视频考验学生的外语听说能力，也可以用书面文字形式考验学生的读写能力，还可以考学生的听说读写综合技能。

第二，明确测评步骤、设置评分标准：

- 学生作答分可为三个步骤：（1）找出所给情境、案例中的跨文化现象、误解和冲突，并用外语清晰描述；（2）解释这些现象、误解和冲突背后的原因；（3）给出恰当可行的建议和解决方案。
- 评分标准可参考大赛的评分标准：对跨文化情境中的内容是否理解全面、深刻，是否能够合理运用跨文化交际相关概念和理论进行分析，提供的解决方法或者建议是否合理可行。
- 安排课程前测和后测，分析总结学生回答的变化，或安排终结性考核。

第三，收集、分析、总结学生的回答情况并及时反馈。一方面，教师可以对学生跨文化能力发展有所了解，不断丰富学生使用外语时跨文化能力表征的证据（包括知识、态度和技能方面的证据），有利于评价聚焦；另一方面，也可以以测促教，以测促学，形成良性循环。这样每一次终结性考核也具有了形成性评价的价值。

6.2.3 外语教育中跨文化能力测评现状述评

跨文化能力测评一直以来都是跨文化交际领域十分艰难的课题。在外语教育的场景中探讨跨文化能力评价更面对着诸多挑战，问题比答案多（Sercu, 2010）。拜拉姆指出，"评价问题仍然没有得到妥善解决。"（Byram, 2014：20）

首先，尽管大量跨文化理论和模型为语言教育者提供了理解和研究跨文化能力的各种方法，但是诸多有影响力的跨文化能力概念模型都忽

第6章 外语教育中的跨文化能力测评

略了语言能力。Fantini（2009）列举、分析了44个跨文化能力测评量表后指出，大多数量表忽视了外语能力。如果在外语教育场景中使用这些量表，虽然能够在一定程度上反映学生的跨文化能力，但是由于和语言脱节，其在外语教学中的使用大打折扣。

其次，跨文化能力定义相对模糊，缺乏统一的标准，难以操作。高永晨（2014）指出，迄今为止国内外学者对跨文化交际能力和跨文化能力的定义各有不同，但基本可分为三类：等同说（跨文化交际能力=跨文化能力）、大于说（跨文化交际能力>跨文化能力）和小于说（跨文化交际能力<跨文化能力）。"等同说"认为跨文化交际能力与跨文化能力是同一概念，并可互用（庄恩平，2006）。"大于说"指跨文化能力只是跨文化交际能力的一个组成部分，其典型代表人物是拜拉姆。拜拉姆认为要具备跨文化交际能力，除了跨文化能力，还需具备语言能力、社会语言能力和语篇能力（Byram, 1997）。跨文化能力则由知识、态度、技能和批判性文化意识等构成。"小于说"是指跨文化能力涵盖跨文化交际能力，跨文化能力包括诸多要素，跨文化交际能力只是其中之一。高永晨认为，跨文化交际能力和跨文化能力这两个概念同中有异，异中有同。它们既相互包含、相互渗透，又具有各自的相对独立性和基本规定性。跨文化能力包含跨文化交际能力，但不等同于跨文化交际能力。跨文化能力既有交际方面的能力，也有非交际方面的能力。她在构建中国大学生跨文化交际能力测评体系的理论框架时采用"跨文化交际能力"一说，但仍将跨文化交际能力和跨文化能力视为共核概念，并在论述相关研究时尊重原作者的用法。除了术语的不确定性，跨文化能力本身在不同文化、情景中的内涵也不同。

再者，在外语教育评价体系中，语言和文化之间的关系在很大程度上是脱节的。以语言为导向的学习目标和以语言为导向的评价任务和标准一直在教学中占主导地位（Díaz, 2013）。文化作为测评构念经历了重大变化（Byrnes, 2010），但在语言测评文献中却没有得到充分体现。外语能力的评价指标体系长期局限于听、说、读、写、译等语言技能，似乎它们是完全中性的工具，学生一旦加以掌握，便可以在跨文化的环境下自然实现沟通的目的（孙有中，2017）。Schulz（2007：10）指出了第二语言教学中跨文化能力测评的一个基本问题:"尽管有大量的文献致力于文化教学,但是,在具体的教学目标方面,对于如何在外语学习的背景下操作性地定义文化还没有达成一致,对于是否应该或如何对其进行正式评价也没有达成共识。事实上,尽管所有人都声称语言课堂中文化内容和文化学习的重要性,但无论是在大学预科还是大学阶段,都没有在语言教学中评价文化理解的传统。" Kramsch(2014)指出全球化已经改变了外语教学和语言使用的大背景。《语言测试和评价》一书指出,在全球化、多语言、多元文化的时代,应该重新考虑将文化作为测评构念,以反映复杂的现实,挑战既定的语言评估模式,并指出了评价带来的相应伦理问题(Shohamy et al., 2017)。如果一个目标没有以某种形式或其他形式进行评估,那么对学习者而言,这个目标就失去了有效性(Schulz, 2007)。因此在外语教育中融入跨文化能力测评亟待进一步的研究。

最后,在已经进行的跨文化能力测评探索中,我们既需要借鉴在普通教育领域中较为成熟的测评理念和方法,更要关注外语教育领域中的独特性和要求。"普通教育中的'跨文化理解'和语言教育中的'跨文化理解'是不同的,前者不以语言为基础,后者以语言使用和语言学习为重点"(Scarino, 2017: 21)。但是以跨文化学习背景下的语言为重点的跨文化能力测评研究和实践仍然很少,而且在很大程度上被忽视(Timpe, 2013)。外语教学中使用的许多评价方法实际上也是教学方法,如角色扮演、跨文化关键事件分析等。这些方法既可以作为教学的输入,也用于课堂评价。在使用的测评方法中,综合任务较少,分项测评跨文化能力占主导,忽略了跨文化能力的整体性。跨文化能力测评正在经历一个转变,从单纯使用自我报告的方法转向以学习者为中心的基于表现的范式,这种范式对学习者来说是相关的、协作的、综合的和更有意义的。"由主要依赖自评工具的测量转向对可观察行为的测量也是一个有效的路径,它代表跨文化能力评估研究未来的发展方向之一。"(戴晓东, 2018:237)总而言之,外语教学中跨文化能力评价尚缺乏综合性框架(Sercu, 2004)。在外语教育中测评跨文化能力,我们迫切需要研究教师可以利用行为证据来评估跨文化交际能力的发展(Sercu, 2010)。

进入 20 世纪后,外语界已将跨文化能力培养确定为外语教育的重要目标，但对于如何考核、评价跨文化能力尚未形成共识，成果微乎其微（Byram, 2014）。外语教学中使用的跨文化能力评价仍是以学生的自我反思为主，缺乏多样性。在国内，这一领域，尤其是在外语使用情境中的跨文化能力测评，可以说才刚刚起步，还需要开发更多有效评价方法，满足我国对跨文化教育和人才选拔日益增长的需求。

6.3　外语教育中跨文化能力测评发展研究

我们必须对现状和存在的问题有清醒的认识：跨文化教学目标日渐清晰，教学实践层出不穷，但是与之匹配的测评研究还是比较滞后。为了保障测评的信度、效度和可操作性，未来的研究需要在测评构念和测评方法两个方面进行探索。

6.3.1　明确测评构念

测评的第一步是要确定构念，因为它影响着测评方式和评分标准。外语人才培养目标的变化对外语测试提出了新要求，对以语言能力为单一构念的传统测试提出了挑战（杨莉芳, 2018）。新时代的外语教育被赋予了新的内涵，各类跨文化能力理论和模型都为解释这一内涵做出了努力，这也是跨文化能力测评的理论基础，将指导和敦促测评构念、测评方法的更新和进步。

大多有影响力的跨文化能力定义是为了行业（如商务）培养人才，外语教育领域需要具备教育意义，外语教育中的跨文化能力需要突出其特质（Byram & Wagne, 2018）。我国跨文化能力内涵的讨论大多由外语教育者提出，大多为教学、国际化人才培养服务（戴晓东, 2019；付小秋、顾力行, 2016）。戴晓东（2018）回顾了国内具有影响力的四个跨文化能力理论：高一虹（1998）、许力生、孙淑女（2013）、高永晨（2014）、孙有中（2016）。张红玲、姚春雨（2020）的中国学生跨文化能力发展一体化模型也很有特色。这些模型内涵和优缺点在之前章节已有介绍，此处不再赘述。今后的研究需要注重理论视角的整合，促进共识积累和理论建构深化（戴晓东，2019）。跨文化能力理论基础要结合我国外语教育实际情况明确跨文化能力测评的构念。这不但涉及需要测什么的问题，还涉及哪些可测、哪些难测的问题，需要进一步实证研究。

在外语教育中进行跨文化能力的测评需要在语言使用的情境中进行，不仅评价目的语本身，而且还包括语言使用者作为交际参与者和分析者的意识和能力，以及学习和适应跨文化现实的潜力。研究者可效仿跨文化交际"能做"描述语建立一个指向跨文化能力和语言能力综合作用的评价体系。考虑到操作性，我们可以从跨文化能力构念的维度和级别入手。学界认可的三个维度为知识、技能和态度。在对这三个维度进行操作性定义的时候，要结合我国国情和外语教育育人目标，进行知识传授、技能培养和价值引领的本土化，如在知识层面加入中国文化要素。在技能培养和价值引领方面，要在了解世界文化的基础上理解和弘扬中国文化，在提高全球意识的基础上增强国家认同和文化自信。跨文化能力是动态发展的过程，级别描述很重要，难度也大。《大学英语教学指南》（2020）中大学英语三个级别（基础、提高、发展）的教学要求分总体描述和单项技能描述。总体描述包括语言知识与技能、跨文化交际能力、思辨能力和学习策略的要求；单项技能描述则从听、说、读、写、译五个方面对三个等级的教学要求做了进一步的说明，但对跨文化能力的要求描述却很模糊。认识到这一缺失后，我们要对不同级别的跨文化能力教学要求进行细化。以发展级别的跨文化教学为例，其旨在通过系统的教学增强学生的跨文化意识，拓展学生的国际视野、学生的语言综合应用能力和跨文化交际能力。这一级别考察的是学生在跨文化交际过程中发现问题、理解问题和解决问题的能力。这一能力需要依托知识的综合运用，也能反映出相应的跨文化态度。高阶语言、思维能力应进入这一级别的具体描述，如运用目标语进行"解释/关联"（Byram, 1997: 34）和"分析、评价和关联"（Deardorff, 2006: 254），以此考察学生的批判性文化意识。

除了高等教育，基础教育应关注英语学科核心素养的评价。英语学科核心素养不只是英语语言知识和英语语言运用能力，还包括思维品质、文化品格和学习能力（梅德明，2018）。程晓堂（2017）认为，目前关于思维品质、文化品格和学习能力的测评方式与手段还不太成熟，需要深入的研究。今后的测评要尽可能全面地覆盖这些素养的测评。基础教育的教师和测评开发者也可以参照现有理念和方法开发出适合基础教育的素养评价体系。

6.3.2 创新测评方法

除了测评构念，测评方法有待丰富和创新。跨文化能力是一个不断发展的学习过程，很难用传统的考试形式来对这一学习过程进行评价。跨文化能力构念的深化和拓展需要与相应的评价方式进行匹配，选拔和培养具备跨文化交流能力的人才必须运用相应的测评方式。跨文化能力发展具有开放性的特点，这决定了跨文化能力的评估工具和手段也应该具有开放性，应该从多角度，运用多种工具与多种方法评估跨文化能力（Deardorff, 2006, 2017; Fantini, 2019）。跨文化能力测评可以融入已有的英语测试，如大学英语四六级考试。胡艳红、樊葳葳（2014）认为，探索语言测试和跨文化交际能力测试相结合的新模式是提高语言测试效度，使语言测试更好地为教学服务的有效途径，也可以进行独立的测评改革，借鉴如"国才考试"和"跨文化能力大赛"的评价形式。同时，上海外语教育出版社跨文化能力测试中心即将推出"跨文化能力考试"（Intercultural Competence Test，ICT），属于中国学者研发的国内首个此类考试。

不论以何种形式进行，测评中的一个关键问题是如何以连贯的方式处理跨文化能力的组成部分（知识、技能和态度），并找出它们如何与语言使用相互作用。杨莉芳（2018）提出了两点建议：其一，打通输入与输出，不再用分离式任务测量语言知识与技能，重视高阶语言、思维能力的运用；其二，突出用目标语进行跨文化沟通，考生在测试中必须考虑用语言做什么、与谁交流、达到什么样的沟通目的。同时，在测评回答形式上要注意技能综合的交际，如听后说、读后写、多模态交际、互动交际（金艳、孙杭，2020）。也就是说，评估要做到语言与内容结合，理解与产出结合，表达与情境结合，整体测评（韩宝成，2018）。

实施这样的评价，需要设计出聚焦跨文化能力和语言能力核心概念的各类表现性任务，并创建任务库。在外语教育中，多维度捕捉跨文化语言学习的发展证据需要在任务类型上进行创新。Sercu（2004）详细分析、评价了五种任务类型：认知任务、认知态度任务、探究任务、生产任务、设定任务。Liddicoat & Scarino（2010）也提出了在外语学习中跨文化能力评价任务的设计要点。这些任务需要具有以下特点：（1）关注学习者对知识的解释、思考、提问和连接，而不是记录信息；（2）要求学习者构建自己的回答，而不是选择一个正确的答案；（3）要求学习者利用其语言和文化的相关知识，感知、比较和分析目标文化和其他文化的概念和实践；（4）在交际互动的背景下，全面了解学习者对语言、文化和学习的理解；（5）与来自不同文化和语言的人互动，以及从多个角度进行思考；（6）促进自我监控和自我评估，包括知道如何展示他们的反思能力和对反思采取行动的能力。在开发任务的同时，还要开发针对任务的评分标准，评分标准描述的是可观察的行为与技能。大学英语能力测试须重视教学过程中的形成性评价。测评内容应紧密结合教学内容，并充分利用信息技术，监测学生的学习行为等基本信息数据，构建学生个人学习档案，分析学生的学习行为特征，为不同类型的学生提供个性化的评价反馈。研究者需要根据自己的视角来决定评估的标准，基本原则是言之有理，一以贯之（戴晓东，2018）。

6.4 小结

大多数从事跨文化能力研究的学者都对跨文化能力的评价提出了一个问题：我们如何才能达到跨文化能力评价的信度、效度、公平性和一致性四个标准（Dervin, 2010）？

中国的外语教育正经历着巨大的变革，跨文化能力与语言学习的融合已被广泛认可。语言使用和跨文化能力的综合评价不能简单地通过自我报告量表和问卷调查来实现，尽管它们能高效、方便地提供一份结果报告。这需要跨文化外语教学学者、教师和来自语言测试领域的专家学者一起努力合作。当越来越多的人开始尝试以各种方法评价学生在外语

第6章　外语教育中的跨文化能力测评

学习中的跨文化能力时，我们会获得越来越多丰富、有意义的跨文化能力发展数据。这样不但可以为开发跨文化能力评价标准提供参照，也可以指导课程改进、课堂教学和学生发展。跨文化能力测评属于教育类测评，应以学习为导向（learning-oriented assessment）。从这个意义上说，测评跨文化能力不仅仅是评估一个复杂的学习结果，而是培养一种终身学习能力。

第 7 章
国内外跨文化外语教学相关标准

近年来，国内外跨文化外语教育研究方兴未艾，研究成果日趋丰富。就实践层面而言，世界各国教育主管部门和教育研究机构从全球化时代外语教育的需求出发，研制发布了一系列与跨文化外语教学相关标准，这些自上而下的政策文件对于规范和推动外语教育中的跨文化教学起了重要作用。本章将重点梳理国际国内一些具有影响力和代表性的跨文化教学相关标准，分析当前各国跨文化外语教学的现状和要求，为进一步推进我国跨文化外语教育研究和实践提供启示。

7.1 国外跨文化外语教学相关标准

随着跨文化外语教育在世界各国的蓬勃发展，相关教学标准不断推陈出新。本书在梳理十余个国家和地区的教学标准和参考框架之后，基于完整性、科学性、严谨性以及对我国制定相关教学指导性文件的参考价值的考虑，选取欧盟、美国、澳大利亚、日本和我国制定和实施的外语教学和跨文化教学相关课程标准，在本节进行介绍。

7.1.1 欧盟

自欧盟成立以来，欧洲经济一体化进程迅速加快，欧盟各成员国之间的交流合作也更加频繁。但由于各成员国在语言、文化等方面存在的差异，影响了成员国之间在商务贸易、科学教育、文化旅游等领域的有效合作。为了解决这一问题，促进各成员国之间的团结与和谐，欧盟决定推行语言文化多元化政策，开展跨文化教育，并率先研制、发布了一系列外语教学相关政策和标准。

1.《欧洲语言共同参考框架：学习、教学、评估》(2001)

早在1991年，欧洲召开以"欧洲外语教学的透明度与协调性：目标、评估与证书"为主题的研讨会，探讨欧洲未来的外语教学发展。同年，欧洲理事会召集欧洲各国及国际语言教学专家学者和一线外语教师开始研制适合欧洲的外语教学参考框架，经过近十年的努力，《欧洲语言共同参考框架：学习、教学、评估》(Common European Framework of Reference for Languages: Learning, Teaching, Assessment)（简称《欧洲框架》）于2001年正式出版。作为欧洲各国语言教学的纲领性文件，《欧洲框架》全面描述了语言学习者使用语言进行有效交际应该学习和掌握的知识和技能，将这些知识和技能分为通用能力（general competence）和交际语言能力（communicative language competence）两类。其中，通用能力与跨文化教学密切相关，它包括陈述性知识、技能、态度和学习能力四个层面，每个层面都包含跨文化能力相关的内容，具体包括：(1) 世界知识，即对社会机构、人际往来、目的语国家基本情况的了解；(2) 社会文化知识，即对某一社会群体的生活方式、生活条件、人际关系、价值观、信仰、态度、肢体语言、社会规范、仪式等的了解；(3) 跨文化意识，即能够意识到本族文化和目的语文化的共性和差异以及对两种文化地域和社会多样性的认知；(4) 跨文化技能，包括将本土文化与外来文化相互联系的能力、对文化差异的敏感性，以及识别和使用各种策略与其他文化背景的人们接触的能力，在本族文化和外国文化之间发挥文化中介作用的能力，有效处理跨文化误解和冲突、克服刻板印象的关系的能力；(5) 跨文化情感态度，即对目的语文化或其他异文化的开放、尊重的态度以及探索新文化的兴趣和意愿。《欧洲框架》纳入的这些跨文化能力相关内容涉及文化知识、跨文化意识、跨文化技能和跨文化情感态度，体现了较为全面、深入的跨文化能力教学理念，对教学实践具有很好的指导价值。

2.《欧洲框架—新增描述语》(2018)

2001年出版的《欧洲框架》虽然强调了外语教学中多元文化能力和跨文化能力的重要性，但并未将其单列出来，制定类似听、说、读、写等语言技能的文化能力等级标准。欧洲理事会在2018年出版的新版《欧洲框架—新增描述语》(*CEFR-Companion Volume with New Descriptors*)填补了这一空白，增加了跨文化能力分量表（见表7-1）。

表7-1 《欧洲框架—新增描述语》跨文化能力描述语

	Building on Pluricultural Repertoire
C2	• Can initiate and control his/her actions and forms of expression according to context, showing awareness of cultural differences and making subtle adjustments in order to prevent and/or repair misunderstandings and cultural incidents.
C1	• Can identify differences in socio-linguistic/-pragmatic conventions, critically reflect on them, and adjust his/her communication accordingly. • Can sensitively explain the background to, interpret and discuss aspects of cultural values and practices drawing on intercultural encounters, reading, film, etc. • Can explain his/her interpretation of the cultural assumptions, preconceptions, stereotypes, and prejudices of his/her own community and of other communities that he/she is familiar with. • Can deal with ambiguity in cross-cultural communication and express his/her reactions constructively and culturally appropriately in order to bring clarity.
B2	• Can describe and evaluate the viewpoints and practices of his/her own and other social groups, showing awareness of the implicit values on which judgments and prejudices are frequently based. • Can interpret and explain a document or event from another culture and relate it to documents or events from his/her own culture(s)/and/or from cultures he/she is familiar document or event from another culture with. • Can discuss the objectivity and balance of information and opinions expressed in the media about his/her own and other communities.

(续表)

	Building on Pluricultural Repertoire
B2	• Can identify and reflect on similarities and differences in culturally-determined behaviour patterns (e.g., gestures and speech volume) and discuss their significance in order to negotiate mutual understanding. • Can, in an intercultural encounter, recognise that what one normally takes for granted in a particular situation is not necessarily shared by others, and can react and express him/herself appropriately. • Can generally interpret cultural cues appropriately in the culture concerned. • Can reflect on and explain particular ways of communicating in his/her own and other cultures, and the risks of misunderstanding they generate.
B1	• Can generally act according to conventions regarding posture, eye contact, and distance from others. • Can generally respond appropriately to the most commonly used cultural cues. • Can explain features of his/her own culture to members of another culture or explain features of the other culture to members of his/her own culture. • Can explain in simple terms how his/her own values and behaviours influence his/her views of other people's values and behaviours. • Can discuss in simple terms the way in which things that may look "strange" to him/her in another sociocultural context may well be "normal" for the other people concerned. • Can discuss in simple terms the way his/her own culturally-determined actions may be perceived differently by people from other cultures.
A2	• Can recognise and apply basic cultural conventions associated with everyday social exchanges (for example different greetings rituals). • Can act appropriately in everyday greetings, farewells, and expressions of thanks and apology, although he/she has difficulty coping with any departure from the routine. • Can recognise that his/her behaviour in an everyday transaction may convey a message different to the one he/she intends, and can try to explain this simply. • Can recognise when difficulties occur in interaction with members of other cultures, even though he/she may well not be sure how to behave in the situation.

第7章 国内外跨文化外语教学相关标准

（续表）

	Building on Pluricultural Repertoire
A1	• Can recognise differing ways of numbering, measuring distance, telling the time, etc. even though he/she may have difficulty applying this in even simple everyday transactions of a concrete type.

从表7-1可见,《欧洲框架——新增描述语》对学习者的跨文化能力从多元文化能力发展视角出发,以"能做"形式进行分级描述,包括A1、A2、B1、B2、C1、C2六个级别,要求学习者在跨文化交际语境中能识别、解释、讨论、反思、评价文化异同,能恰当应对文化误解或冲突,积极适应新的文化语境,运用合适的跨文化交际策略开展跨文化交际活动。从六个级别的内容要求来看,跨文化能力的描述语以跨文化交际技能为主要内容,对跨文化知识和态度目标要求的描述较少,略显遗憾。

3.《语言与文化的多元教学法参考框架: 能力与资源》(2012)

为了有效践行《欧洲框架》提出的多元语言能力和跨文化能力的教学目标,欧洲理事会欧洲现代语言中心（European Centre for Modern Languages of the Council of Europe）于2012年研制、出版了《语言与文化的多元教学法参考框架: 能力与资源》（*A Framework of Reference for Pluralistic Approaches to Languages and Cultures:Competences and Resources*, FREPA）（以下简称《参考框架》）。本着为语言教师、教师培训者和教育机构管理人员提供培养多元语言文化能力的教学方法和教学资源的目的,《参考框架》提出了语言与文化的多元教学法（pluralistic approaches to languages and cultures）,即运用融合多种语言和多种文化的教学活动开展课堂教学。该文件首先提出了多元语言文化能力的内涵要素框架,即综合能力（global competence）框架,随后对各维度的能力要素进行了具体描述,为语言教师制定课程大纲、设计教学活动提供了很好的参考。

197

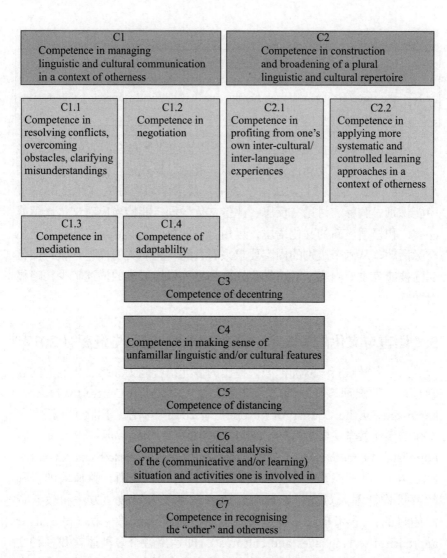

图 7-1 语言与文化综合能力

《参考框架》提出的综合能力框架,将语言和文化能力有机融合,包括七项能力(C1-C7)(见图 7-1)。具体来说,C1 指的是在"他者"语境中管理语言和文化交际的能力,包括解决冲突、克服障碍、澄清误解能力、协商能力、调解能力和调试能力等四种子能力;C2 指的是建构和拓展多元语言和文化的能力,包括受益于自己的跨文化(跨语

第7章 国内外跨文化外语教学相关标准

言）经历的能力和在他者语境中运用系统、可控的学习方法的能力；C3，去中心化的能力；C4，理解不熟悉的语言和文化特征的能力；C5，保持距离的能力；C6，批判性分析自己所处语境和活动的能力；C7，辨识"他者"及"他者"特征的能力。这些能力是学习者通过实践和反思得以发展，体现在知识、技能和态度三个维度。《参考框架》随后从知识、态度和技能三个维度对上述能力的发展给出了具体的描述。其中，知识层面分为语言和文化两部分，包括十五项内容（详见表7-2）；态度层面包括对语言文化及其多样性的关注度与好奇心、参与语言文化及其多元化活动的动机和意愿、批判与相对主义的立场态度、调适的主动性和自信心、身份认同以及对学习的态度等六项内容（详见表7-3）；技能包括观察分析、辨识辨别、比较、谈论、用已知语言理解并用另一种语言进行表达、互动以及知道如何学习等七项内容（见表7-2、7-3、7-4）。

表 7-2 多元语言与文化能力——知识

	Knowledge
Language	Section I: Language as a semiological system
	Section II: Language and society
	Section III: Verbal and non-verbal communication
	Section IV: Evolution of languages
	Section V: Multiplicity, diversity, multilingualism and plurilingualism
	Section VI: Similarities and differences between languages
	Section VII: Language and acquisition/learning
Culture	Section VIII: Cultures: general characteristics
	Section IX: Cultural and social diversity
	Section X: Cultures and intercultural relations
	Section XI: The evolution of cultures
	Section XII: The diversity of cultures
	Section XIII: Resemblances and differences between cultures
	Section XIV: Culture, language and identity
	Section XV: Culture and acquisition/learning

表 7-3　多元语言与文化能力——态度

Attitudes
Section I: Attention/sensitivity/Curiosity(interest)/Positive acceptance/openness/Respect/Valorisation with respect to languages, cultures and the diversity of languages and cultures (A1 to A6)
Section II: Disposition/Motivation/Will/Desire to engage in activity related to languages/cultures and to the diversity of languages and cultures (A7 to A8)
Section III: Attitudes/stances of: questioning–distancing–decentering–relativizing (A9 to A12)
Section IV: Readiness to adapt/Self-confidence/Sense of familiarity (A13 to A15)
Section V: Identity (A16)
Section VI: Attitudes to learning (A17 to A19)

表 7-4　多元语言与文化能力——技能

Skills
Section I: Can observe/Can analyse
Section II: Can recognise/Identify
Section III: Can compare
Section IV: Can talk about languages and cultures
Section V: Can use what one knows of a language in order to understand another language or to produce in another language
Section VI: Can interact
Section VII: Knows how to learn

《参考框架》还对多元语言与文化能力的知识、态度和技能三个维度提供了详细的二级和三级描述语，表 7-5、7-6 和 7-7 分别为知识、态度和技能描述语的举例。

表 7-5　多元语言与文化能力——知识描述语样例

Knowledge: Descriptors	
Section VIII: Cultures: General characteristics	
K8	Possesses knowledge about what cultures are/how they work
K8.4	Knows that the members of each culture define (partially) specific rules/norms/values about social practices/behaviours

第 7 章 国内外跨文化外语教学相关标准

（续表）

Knowledge: Descriptors	
K8.4.1	Knows some rules/norms/values relative to social practices in certain domains in other cultures (greetings, everyday needs, sexuality, death, etc.)

表 7-6 多元语言与文化能力——态度描述语样例

Attitudes: Descriptors	
Section I: Attention/sensitivity/Curiosity(interest)/Positiveacceptance/openness/Respect/Valorisation with respect to languages, cultures and the diversity of languages and cultures	
A3	Curiosity about/Interest in "foreign" languages/cultures/persons/pluricultural contexts/the linguistic/cultural/human diversity of the environment/linguistic/cultural/human diversity in general
A3.2	Curiosity about discovering how (one's own/other) language(s)/culture(s) work(s)
A3.2.1	Being curious about (and wishing) to understand the similarities and differences between one's own language/culture and the target language/culture

表 7-7 多元语言与文化能力——技能描述语样例

Skills: Descriptors	
Section I: Can observe/Can analyse	
S1	Can observe/analyse linguistic elements/cultural phenomena in languages/cultures which are more or less familiar
S1.1	Can make use of/master processes of observation/analysis (breaking down into elements/classifying/establishing relationships between them)
S1.1.3	Can resort to a known language/culture with a view to developing an analysis of another language/culture

从《参考框架》对多语言文化能力和跨文化能力的阐述和要求来看，它论述了多元语言能力的概念和理论基础，指出要从语言与文化密不可分的本质出发，采取语言和文化相融合的多元语言文化教学方法，从知识、态度和技能三维度培养学习者的语言能力和跨文化能力。此

外,《参考框架》的研制旨在为语言教师提供一套完整、切实可行的教学指南和教学资源库,其详细、具体的能力目标描述语具有较强的可操作性,为教师设计课程大纲和课堂教学活动提供了很好的参考,同时也有助于学习者根据自己的需求自主学习,大大促进了欧洲乃至世界其他国家的跨文化能力教学实践和学术研究。

7.1.2 美国

出于国家安全和全球竞争的需要,美国深刻认识到,在以文化多元化为重要特征之一的 21 世纪,仅仅依靠英语无法实现其在全球化进程中的最大利益,必须加强对其他国家的语言和文化的学习,提升美国公众对多元文化的理解和认识水平,增强新一代美国公民在经济全球化、文化多元化和教育国际化时代背景下的竞争力。因此,美国出台了一系列相应的外语教学改革政策和新的教学标准。

1.《21 世纪外语学习标准》(1996)

早在 20 世纪 50–60 年代,美国就已经开始关注文化教学。1953 年,美国现代语言协会在密歇根大学举行了以"通过外语学习增进文化理解"为主题的研讨会。1960 年,外语教学东北会议会议报告《语言学习中的文化》(Culture in Language Learning)出版。随着学界对这一主题的研究不断深入推进(Brooks, 1968; Norstrand, 1974; Seelye, 1976),文化教学成为美国外语教育的一个重点关注的内容。1991 年,美国联邦政府资助的语言教学高级研究中心(Center for Advanced Research on Language Acquisition, CARLA)在明尼苏达大学成立,该中心致力于外语教育前沿研究,其中跨文化研究项目是其重要课题。项目组围绕跨文化教学的内容和方法推出了多部成果,对美国教育部制定外语教学新标准产生了重要影响。

由美国外语教学委员会(American Council on the Teaching of Foreign Languages, ACTFL)与多个外语教师协会共同研制的《21 世

第7章 国内外跨文化外语教学相关标准

纪外语学习标准》(*Standards for Foreign Language Learning: Preparing for the 21st Century*)(以下简称《标准》)于1996年出版。作为美国全国性的外语教学纲领性文件,《标准》对美国进入新世纪的外语教学影响深远,明确了美国外语教学的定位和发展方向,确立了文化在语言教学中的重要地位。《标准》指出,在外语教学中,教师要从语言与文化密不可分、相互作用的本质特点出发,帮助学生在外语学习过程中认识文化学习的重要性,培养他们的文化意识和跨文化认知理解,提高他们的跨文化交际能力。《标准》以培养交际能力为核心,重视语言与文化的有机融合,提出了相互关联的五大目标:交际(Communication)、文化(Cultures)、联通(Connections)、比较(Comparisons)、社群(Communities),即"5C"外语学习标准(见图7-2)。"5C"标准均与文化和跨文化教学相关,《标准》对这些文化相关内容给出了具体的内涵解释和梯度描述。

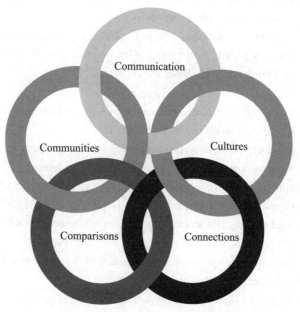

图7-2 美国"5C"外语学习标准

表 7-8 《标准》中的文化维度内容

Cultures	
Standard 1: Students demonstrate an understanding of the relationship between the practices and perspectives of the culture studied.	
Grades	Sample Progress Indicators
Grade 4	• Students observe, identify, and/or discuss simple patterns of behavior of interaction in various settings such as school, family, and the community. • Students use appropriate gestures and oral expressions for greetings, leave takings, and common classroom interactions. • Students participate in age-appropriate cultural activities such as games, songs, birthday celebrations, storytelling, and dramatizations.
Grade 8	• Students observe, analyze, and discuss patterns of behavior typical of their peer group. • Students use appropriate verbal and nonverbal behavior for daily activities among peers and adults. • Students learn about and participate in age-appropriate cultural practices such as games (roles of leaders, taking turns, etc.), sports, and entertainment (e.g., music, dance, drama).
Grade 12	• Students interact in a variety of cultural contexts that reflect both peer-group and adult activities within the culture studies, using the appropriate verbal and nonverbal cues. • Students learn about and participate in age-appropriate cultural practices, such as games, sports, and entertainment. • Students identify, analyze, and discuss various patterns of behavior of interaction typical of the culture studied. • Students identify, examine, and discuss connections between cultural perspectives and socially approved behavioral patterns.
Standard 2: Students demonstrate an understanding of the relationship between the products and perspectives of the culture studied.	
Grade 4	• Students identify and observe tangible products of the culture such as toys, dress, types of dwellings, and foods.

第7章 国内外跨文化外语教学相关标准

（续表）

	Cultures
Grade 4	• Students identify, experience, or read about expressive products of the culture such as children's songs, selections from children's literature, and types of artwork enjoyed or produced by their peer group in the cultures studied. • Students identify, discuss, and produce types of artwork, crafts, or graphic representations enjoyed or made by their peer group within the cultures studied. • Students recognize themes, ideas, or perspectives of the culture.
Grade 8	• Students experience (read, listen to, observe, perform) expressive products of the culture (e.g., stories, poetry, music, paintings, dance, and drama) and then explore the effects of these products on the larger communities. • Students search for, identify, and investigate the function of utilitarian products (e.g., sports equipment, household items, tools, foods, and clothing) of the culture studied as found within their homes and communities. • Students identify, discuss, and analyze themes, ideas, and perspectives related to the products being studied.
Grade 12	• Students identify, discuss, and analyze such intangible products of the target culture as social, economic, political institutions, and explore relationships among these institutions and the perspectives of the culture. • Students experience, discuss, and analyze expressive products of the culture, including selections from various literary genres and the fine arts. • Students identify, analyze, and evaluate themes, ideas, and perspectives related to the products being studied. • Students explore the relationships among the products, practices, and perspectives of the culture.

表7-8呈现了《标准》中文化维度的教学标准和梯度描述语。《标准》将文化教学标准分为理解所学文化实践与文化思维之间关系和文化知识与文化思维之间的关系两个子标准。文化实践，指的是受一种文化

的价值观念、思维方式和传统思想影响而产生或决定的各种文化行为，即人们在不同场合或情景中所表现出来的行为举止；文化产品，指的是一种文化中有形和无形的产品及其与文化观念之间的相互联系。有形的文化产品包括服饰、食品、住宅、建筑等；无形的文化产品包括教育制度、风俗习惯和节庆仪式等。基于文化实践、文化产品和文化思维三者之间的关系，《标准》将文化学习目标能力按照四、八、十二年级分为三个级别进行分级描述。

2.《世界语言学习标准》(2015)

根据国际形势变化和国内外语教学的实际需要，美国外语教学委员会对《标准》进行了修订，于2015研制推出了《世界语言学习标准》(World-Readiness Standards for Learning Languages)（以下简称《标准2015》)。《标准2015》的现实导向、框架结构和主体内容与1996年版《标准》均不相同。首先，"面向世界"的现实导向意味着对外语教育承担的增强学习者适应不断变化的世界、提高跨文化交际能力使命的重视；其次，《标准2015》保留了原有版本中的梯度描述语，但对每个学段学习者的学习目标进行了更加具体的划分，对小学、中学和大学的跨文化学习目标按照初级、中级和高级三个级别进行描述，这对于教师把握不同学段学习者的特点和目标提供了切实的参考；再次，《标准2015》中的"5C"目标内容也有所调整，调整后的描述语更加注重学习者跨文化交际能力的培养。

《标准2015》中的文化维度强调文化能力与文化理解的互动，要求学习者使用语言调研、解释和反思所学文化实践和文化思维之间、文化产品和文化思维之间的关系，要求学习者参与文化实践，在自我和他者文化之间进行对话和阐释，拓展自己对世界和自我认识（见表7-9），这些内容更好体现了跨文化外语教育理念。

表7-9 《标准2015》"文化"维度目标

Cultures: Interact with Cultural Competence and Understanding	
Relating cultural practices to perspectives	Learners use the language to investigate, explain, and reflect on the relationship between the practices and perspectives of the cultures studied.

第7章 国内外跨文化外语教学相关标准

（续表）

Cultures: Interact with Cultural Competence and Understanding	
Relating cultural products to perspectives	Learners use the language to investigate, explain, and reflect on the relationship between the products and perspectives of the cultures studied.

3.《"能做"等级描述语》（2017）

2017年，美国外语教学委员会与美国外语督学协会联合发布了《"能做"等级描述语》（*The NCSSFL-ACTFL Can-Do Statements*），对外语教学中的文化维度进行了更为详细的阐释，有效推进了跨文化外语教学的发展。《"能做"等级描述语》根据美国外语教学委员研究制定的《外语能力指南》（*ACTFL-Proficiency Guidelines, 2012*），将学习者应该达到的跨文化交际能力进行了五级划分，即初级（novice）、中级（intermediate）、高级（advanced）、优秀（superior）和杰出（distinguished）（见表7-10）。这一标准一方面为外语教师设计课程大纲和单元教学计划、开发课堂教学活动提供了更为细致的指导；另一方面也可以帮助语言学习者设定适合自己的学习目标，开展自主学习，满足个性化发展需要。

表7-10 《"能做"等级描述语》中的跨文化交际能力五级划分

	Intercultural Communication Proficiency Benchmarks	
	Intercultural Investigation Benchmarks	Intercultural Interaction Benchmarks
Novice	In my own and other cultures I can identify products and practices to help me understand perspectives.	I can interact at a survival level in some familiar everyday contexts.
Intermediate	In my own and other cultures I can make comparisons between products and practices to help me understand perspectives.	I can interact at a functional level in some familiar contexts.
Advanced	In my own and other cultures I can explain some diversity among products and practices and how it relates to perspectives.	I can interact at a competent level in familiar and some unfamiliar contexts.

（续表）

	Intercultural Communication Proficiency Benchmarks	
Superior	In my own and other cultures I can suspend judgment while critically examining products, practices, and perspectives.	I can interact in complex situations to ensure a shared understanding of culture.
Distinguished	In my own and other cultures I can objectively evaluate products and practices and mediate perspectives.	I can engage with complexity and pluricultural identities and serve as a mediator between and among cultures.

《"能做"等级描述语》主要从两跨文化探究（intercultural investigation）和跨文化互动（intercultural interaction）两个维度来描述学习者应该具备的跨文化交际能力，并将学习者的能力按照初级、中级、高级、优秀和杰出五个等级进行描述。五级能力标准主要是对学习者在自己和他者文化中应该如何开展跨文化探究和跨文化互动的描述。具体而言，初级学习者应能识别文化产品和文化实践以促进对文化思维的理解，要能在熟悉的日常生活语境中与他人进行基本的互动交流；中级学习者能够对文化产品和文化实践进行比较，从而促进对文思维的理解，要能在一些熟悉的语境中与他人进行工作和生活上的互动交流；高级学习者能够解释文化产品和文化实践中存在的多样性及其与文化思维之间的关系；优秀学习者能够做到不急于判断，批判性地审视文化产品、文化实践和文化思维，能与他人在复杂的语境中进行互动交流，并达成共享的文化理解；杰出的学习者能客观评价文化产品和文化实践，协调不同的文化思维，能以多元文化的身份认同处理复杂性，能够在不同文化之间起到斡旋作用。

总之，自 20 世纪末以来，美国意识到自己作为一个英语国家，外语学习动力不足导致国民失去了通过外语了解世界、参与世界的机会。基于这一认识，美国推进的一系列外语教育改革政策和教学标准都将外语教学与跨文化能力培养融合起来，拓展了人才培养的视野和成效，值得其他国家借鉴和学习。

7.1.3 澳大利亚

20世纪60-70年代以来,随着外来移民数量的不断增加,澳大利亚人口构成日益呈现出多元化趋势,澳大利亚文化也逐渐向多元化发展,成为一个融合欧美文化、亚洲文化以及原住民文化的多元文化国家。面对国内多元文化社会以及全球经济一体化的发展,澳大利亚政府开始着力培养能适应国家社会经济发展和全球化竞争与合作的新时代公民。为此,澳大利亚联邦政府陆续推出一系列教育政策,其中1999年颁布的《阿德莱德宣言:21世纪国家教育目标》(*The Adelaide Declaration on National Goals for Schooling in the 21st Century*)和2008年发布的《墨尔本宣言:澳大利亚青少年的教育目标》(*The Melbourne Declaration on Educational Goals for Young Australians*)最为重要。这两个文件对澳大利亚学校教育发展做出了规划,为研制全国统一的课程标准奠定了基础。

2009年,澳大利亚课程、评价与报告管理局(Australian Curriculum, Assessment and Reporting Authority, ACARA)成立,负责研制幼儿园到高中的课程标准,课程标准涉及的学科、课程和能力种类不断扩展,目前涵盖了八个学科领域(英语、数学、科学、人文与社会科学、艺术、科技、健康与体育、外国语言)、七大通用能力(读写能力、运算能力、信息与通信技术能力、批判与创新思维能力、个人与社会能力、道德理解能力、跨文化理解能力),和三大跨学科主题教育(了解原住民与岛民的历史文化、了解亚洲文化及澳大利亚与亚洲的关系、了解可持续发展)。文件指出,八个学科领域的课程标准与七大通用能力的培养密切配合,任何一种能力的培养不是某一学科的任务,而是需要所有学科共同承担。当然,共同承担并不是指平均分配,每个学科因其内容范畴差异,对接的能力培养必然有所侧重,比如,外国语言学科对跨文化理解能力的培养具有独特的优势。三大跨学科主题教育也无需另设课程,可以从现有学科课程中进行挖掘,帮助学生增强对本地、亚洲和世界及其之间关系的认识。

澳大利亚国家课程标准明确指出,跨文化理解能力(intercultural understanding)是21世纪人们在多元文化环境中与他人有效沟通、和谐相处的一项必备能力,是培养全球公民意识和终身学习能力的基础。

培养学生的跨文化理解能力是外语教学的主要目标。跨文化理解能力可以通过以下路径培养:(1)学会尊重自我和他者的文化、语言和信仰;(2)了解个人、群体和国家身份认同的形成以及文化多样性和多变性的特点;(3)认识文化共性与差异,与他人建立联系,培养相互尊重的态度等。学生在外语学习过程中积累丰富的外国语言和文化知识,通过与所学语言群体之间的对话交流,逐步形成开放、积极的跨文化态度,增强对文化差异的敏感性,提升灵活变通的跨文化交际能力。根据澳大利亚国家课程标准,跨文化理解能力包括三大核心要素:辨识文化和尊重文化(recognising culture and developing respect)、互动交流和发展共情力(interacting and empathising with others)、反思跨文化经历和学会承担责任(reflecting on intercultural experiences and taking responsibility)。每个核心要素包括三个子要素,共九个子要素:探究文化和文身份认同,探索和比较文化知识、信念和实践,尊重文化多样性、跨文化交际、思考和发展多元视角、对他人的同理心、反思跨文化经历、挑战刻板印象和偏见、斡旋文化差异(见表7-11)。

表7-11 澳大利亚国家课程标准中跨文化理解能力及其构成要素

Intercultural Understanding	
Recognising culture and developing respect	Investigate culture and cultural identity; Explore and compare cultural knowledge, beliefs and practices; Develop respect for cultural diversity.
Interacting and empathising with others	Communicate across cultures; Consider and develop multiple perspectives; Empathise with others.
Reflecting on intercultural experiences and taking responsibility	Reflect on intercultural experiences; Challenge stereotypes and prejudices; Mediate cultural difference.

为了便于教师在教学中有效开展跨文化理解能力的培养,课程、评价与报告管理局针对不同学段学习者制定了不同的学习目标和具体要求。按照澳大利亚国家课程采用的学段划分,跨文化理解能力学习进度指标(intercultural understanding learning continuum)分为六级,

第7章　国内外跨文化外语教学相关标准

即Levels 1-6，学前为1级，一到二年级为2级，三到四年级为3级，五到六年级为4级，七到八年级为5级，九到十年级为6级。表7-12呈现的是"认识文化和尊重文化"核心要素中"探究文化和文化身份认同"子要素（investigate culture and cultural identity）1-6级的教学标准。

表7-12　澳大利亚国家课程标准中跨文化理解能力学习进度指标

Intercultural Understanding Learning Continuum	
Levels	Investigate culture and cultural identity
Level 1: Typically, by the end of Foundation Year, students:	Share ideas about self and belonging with peers.
Level 2: Typically, by the end of Year 2, students:	Identify and describe the various groups to which they belong and the ways people act and communicate within them.
Level 3: Typically, by the end of Year 4, students:	Identify and describe variability within and across cultural groups.
Level 4: Typically, by the end of Year 6, students:	Identify and describe the roles that culture and language play in shaping group and national identities.
Level 5: Typically, by the end of Year 8, students:	Explain ways that cultural groups and identities change over time and in different contexts.
Level 6: Typically, by the end of Year 10, students:	Analyse how membership of local, regional, national and international groups shapes identities including their own.

除了跨文化理解能力学习进度指标对跨文化能力发展给出了具体能力描述之外，外语学科也在其成就标准（achievement standard）中对外语教学应该实现的跨文化能力其也进行了描述。以汉语学习为例（详见表7-13），2-6级跨文化能力教学标准分别是（1）辨识中澳语境、语言和文化的异同；（2）注意到文化差异影响人们之间的相互理解；（3）辨识并描述中国文化在交际实践中的表现，并运用该知识与中国人进行互动交流；（4）解释中国特色文化如何影响交际实践，并反思自己与说汉语的人进行的互动交流；（5）解释中国语言文化特色如何影响他们自己和他人的交际实践，并反思他们自己的文化体验如何影响他们与说汉语人的互动交流。

表7-13　澳大利亚国家课程标准中跨文化能力成就标准（汉语学科）

Year Levels	Achievement Standard
Foundation to Year 2, by the end of Year 2, students:	Recognise the similarities and differences between Chinese and Australian contexts, language and culture.
Years 3 and 4, by the end of Year 4, students:	Notice how cultural differences may affect understanding between people.
Years 5 and 6, by the end of Year 6, students:	Recognise and describe features of Chinese culture reflected in communication practices, and apply this knowledge to their own interactions with Chinese people.
Years 7 and 8, by the end of Year 8, students:	Explain how features of Chinese culture impact on communication practices, and reflect on their own interactions with Chinese-speaking people.
Years 9 and 10, by the end of Year 10, students:	Explain how features of Chinese culture and language shape their own and others' communication practices; Reflect on how their own cultural experience impacts on interactions with Chinese speakers.

根据澳大利亚国家课程要求，外语学科中的跨文化理解能力成就标准既要符合外语教学的目标，也要满足跨文化理解能力学习目标的要求，两个目标相互融合，最终实现跨文化外语教育目标，促使澳大利亚学生成长为能在多元文化环境中与他人和谐相处、有效合作、有责任担当的世界公民。

7.1.4　日本

"二战"后，日本政府对英语的重视程度日益增强，日本的英语教育进入快速发展时期。20世纪80-90年代，日本成为世界经济强国，国际化人才需求增大，尤其是进入21世纪后，日本开始对新世纪的日本英语教育进行了战略规划。2000年，日本举行了具有重要意义的"推进英语教学改革恳谈会"，专题研讨21世纪日本英语教学改革。2002

第7章 国内外跨文化外语教学相关标准

年,日本教育文化体育与科学技术部发布《培养"能使用英语的日本人"的战略构想》(以下简称《战略构想》),次年推出《培养"能使用英语的日本人"的行动计划》(以下简称《行动计划》),明确了日本各学段英语教育改革的目标要求。

日本英语教学长期以应试教育为主,注重语法和读写技能的教学,英语会话和交际能力较弱。《战略构想》和《行动计划》发布之后,日本教育部门开始重视英语交际能力与跨文化交际能力的培养。2008年修订的《中小学学习指导要领—外国语活动》指出,外语教学的总目标是学习者通过学习外语加深对日本和世界各国语言的体验式理解,培养跨文化交际的积极态度和基本能力。针对小学五、六年级学生,文件提出的目标要求是:了解日本和其他国家在生活方式、社会习俗和仪式等方面的差异,增强学习不同价值观念和思维方式的意识,积极与不同文化背景的人们进行交际,深化文化理解。初中阶段关于跨文化教学的目标要求主要体现在对教材编写和教学材料选用的要求,教材和教学材料应该能够增强学生对不同文化观念和思维方式的理解,培养他们理性、客观的判断力;要能丰富学生对日本和外国文化在日常生活、风俗习惯、民间故事、地理、历史、传统文化等方面的理解,培养对不同语言文化的兴趣和尊重的态度;要拓展全球视野,促进国际理解,增强日本公民对自己生活在全球化社区的意识,培养国际合作精神。2009年发布的《高中学习指导要领》对高中学段的跨文化教学目标要求做出了规定。它将跨文化理解作为重要内容进行了专门阐述,指出跨文化理解的总目标是培养能用英语与不同文化背景的人进行交流沟通的人才,培养学习者的积极态度和基本能力,丰富他们对外国文化的理解。教学内容应包括日常生活、社会交往、礼仪与习俗、地理与历史、传统文化、科技等。教师要选择适合学生实际情况的教学内容,鼓励学生通过日外交流提升跨文化理解能力,引导学生进行日外文化比较,分析文化异同,增强跨文化意识。

日本出台的一系列外语教育改革文件在一定程度上推进了跨文化外语教育,但相较于欧盟、美国和澳大利亚等国家,日本对外语教育中的跨文化教学目标要求的系统性不够,缺乏进阶性的能力描述,对教师的课堂教学实践的参考和指导价值有限,这一点与我国的现状有点类似。

7.2 我国跨文化外语教学相关标准

我国的跨文化外语教育始于20世纪80-90年代，进入21世纪后发展较快。通过研读我国不同时期、不同学段的英语课程标准和教学指南可以看出，我国对外语教育中文化教学的重视程度不断提高。本节聚焦21世纪初以来我国基础教育阶段英语课程标准和高等教育阶段大学英语教学指南，通过分析教育部颁布、实施的《全日制义务教育普通高级中学英语课程标准（实验稿）》（2001版）、《义务教育英语课程标准》（2011版）、《普通高中英语课程标准》（2017版）、《义务教育英语课程标准》（2022版）、《大学英语课程教学要求（试行）》（2004版）、《大学英语课程教学要求》（2007版）和《大学英语教学指南》（2020版）等一系列外语教学相关文件，管窥我国跨文化外语教育的发展历程。本节最后还将对近期发布的大中小学《跨文化能力教学参考框架》做简要解读和分析。

7.2.1 中小学相关教学标准

我国基础教育阶段的英语课程改革经历了从"双基"目标时代到"三维"目标时代再到"核心素养"目标时代的发展阶段（余文森，2019），在此过程中，外语教育中文化教学的重要性不断提升，文化教学的目标内容不断丰富、多元化。

1.《全日制义务教育普通高级中学英语课程标准（实验稿）》（2001）

教育部于2001年发布了《全日制义务教育普通高级中学英语课程标准（实验稿）》（以下简称《标准2001》）。《标准2001》在基础教育阶段英语课程的任务中明确指出，在发展学生的综合语言运用能力的同时，帮助学生了解世界和中西方文化的差异，提高跨文化意识；规定基础教育阶段英语课程的总体目标是在学生语言技能、语言知识、情感态度、学习策略和文化意识等素养整体发展的基础上培养学生的综合语言

第7章　国内外跨文化外语教学相关标准

运用能力（见图7-3）。

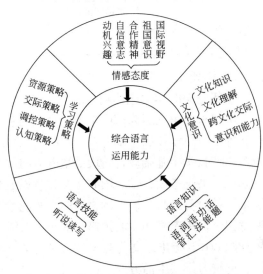

图7-3　《标准2001》英语课程目标结构

在英语课程总体目标结构中，文化意识和情感态度均为跨文化外语教学关注的目标内容，具体包括祖国意识、国际视野、文化知识、文化理解以及跨文化交际意识和能力。《标准2001》采用国际通用的分级方式，遵循语言学习的规律和不同年龄阶段学生生理和心理发展的需求和特点，将基础阶段英语课程总目标按照能力水平设为九个级别，并以"能做"形式描述各个级别学生应达到的水平要求。九级目标总体描述中对文化意识的描述如表7-14所示。

表7-14　《标准2001》中文化意识的目标总体描述

级别	目标总体描述
一级	对英语学习中接触的外国文化习俗感兴趣。
二级	乐于了解异国文化、习俗。
三级	能意识到语言交际中存在文化差异。
四级	在学习和日常交际中能注意到中外文化的差异。
五级	进一步增强对文化差异的理解与认识。
六级	能体会交际中语言的文化内涵和背景。
七级	理解交际中的文化差异，初步形成跨文化交际意识。

(续表)

级别	目标总体描述
八级	了解交际中的文化内涵和背景，对异国文化采取尊重和包容的态度。
九级	具有较强的世界意识。

根据国家英语课程要求，小学三年级开始开设英语课程。《标准2001》第二级为六年级结束时学生应达到的基本要求，第五级为九年级结束时应达到的基本要求，第八级为高中毕业应达到的基本要求，第九级为外国语学校和外语特色学校高中毕业课程目标的指导级，也可以作为部分学校少数英语特长学生基础教育阶段的培养方向。本课程标准对语言技能、语言知识、情感态度、学习策略和文化意识五个模块分别提出了具体目标要求，并对英语听、说、读、写四个技能给出了九级目标要求，但对文化意识、情感态度和学习策略只提出了二级、五级和八级的目标要求。《标准2001》指出，文化意识是指对所学语言国家的历史地理、风土人情、传统习俗、生活方式、行为规范、文学艺术、价值观念等文化知识的了解和掌握，学生在学习这些文化知识的基础上，拓展文化视野，提高对中外文化异同的敏感性和辨识能力，进而提高跨文化交际能力，具体目标内容见表7-15。

表 7-15 《标准2001》中文化意识目标描述

级别	目标描述
二级	知道英语中最简单的称谓语、问候语和告别语； 对一般的赞扬、请求等做出适当的反应； 知道国际上最重要的文娱和体育活动； 知道英语国家中最常见的饮料和食品的名称； 知道英语国家的首都和国旗； 了解世界上主要国家的重要标志物，如英国的大本钟等； 了解英语国家中重要的节假日。
五级	了解英语交际中常用的体态语，如手势、表情等； 恰当使用英语中的称谓语、问候语和告别语； 了解、区别英语中不同性别常用的名字和亲昵的称呼； 了解英语国家中家庭成员之间的称呼习俗； 了解英语国家正式和非正式场合服饰和穿戴习俗；

第7章　国内外跨文化外语教学相关标准

（续表）

级别	目标描述
五级	了解英语国家的饮食习俗； 对别人的赞扬、请求等做出恰当的反应； 用恰当的方式表达赞扬、请求等意义。 初步了解英语国家的地理位置、气候特点、历史等； 了解常见动植物在英语国家中的文化含义； 了解自然现象在英语中可能具有的文化含义； 了解英语国家中传统的文娱和体育活动； 了解英语国家中重要的节假日及主要庆祝方式； 加深对中国文化的理解。
八级	理解英语中常见成语和俗语及其文化内涵； 理解英语交际中常用典故或传说； 了解英语国家主要的文学家、艺术家、科学家的经历、成就和贡献； 初步了解主要英语国家的政治、经济等方面的情况； 了解英语国家中主要大众传播媒体的情况； 了解主要英语国家与中国的生活方式的异同； 了解英语国家人们在行为举止、待人接物等方面与中国人的异同； 了解英语国家主要宗教传统； 通过学习英语了解世界文化，培养世界意识； 通过中外文化对比，加深对中国文化的理解。

情感态度是指兴趣、动机、自信、意志和合作精神等影响学生学习过程和学习效果的相关因素，以及在学习过程中逐渐形成的祖国意识和国际视野，表 7-16 是《标准 2001》中对祖国意识和国际视野情感态度要素的目标描述。

表 7-16　《标准 2001》中情感态度部分内容目标描述

级别	目标描述
二级	无相关描述。
五级	对祖国文化能有更深刻的了解； 乐于接触并了解异国文化。
八级	能在交流中用英语介绍祖国文化； 能了解并尊重异国文化，体现国际合作精神。

《标准 2001》在实施建议中指出，语言与文化密不可分，教师在教学过程中应处理好两者之间的关系，帮助学生学习英语，提高语言技能的同时，了解外国文化，拓展文化视野，既深化对本族文化的理解，也要发展跨文化意识和能力。

2.《义务教育英语课程标准》(2011)

2003 年，为了适应全面实施素质教育的新要求，教育部组织专家对义务教育各学科课程标准进行修订，推动课程改革向纵深发展和可持续发展。其中，2011 年研制完成的《义务教育英语课程标准》(以下简称《标准 2011》)对于我国的跨文化外语教育具有重要的意义。

《标准 2001》首次提出义务教育阶段的英语课程应具有工具性和人文性双重属性，明确提出要培养学生的跨文化交际意识和能力，并且将文化意识作为五大内容之一纳入综合语言运用能力。语言是文化的载体，文化是语言传达的内容，两者相互依赖、密不可分。英语的学习不仅仅是作为语言技能的训练，同时还是对人文素养的提升。英语课程的工具性体现在培养学生的基本语言素养，发展学生思维能力，以发展学生的语言技能和为主要目标，即学生通掌握基本的英语语言知识，提升英语听、说、读、写等基本技能，初步形成用英语与他人进行交流的能力，同时进一步促进思维能力的发展，为日后继续学习英语和用英语学习其他知识奠定基础。英语课程的人文性与提高学生综合人文素养目标相关，学生通过英语学习能够更好地了解世界各国优秀文化知识，养成开放、包容的性格，发展跨文化交际意识与能力，初步具备跨文化交际能力，形成正确的人生观、价值观和良好的人文素养，为未来更好地适应经济全球化、文化多元化，以及传播中国文化做好准备。

比较来看，《标准 2011》继承并发展了《标准 2001》义务教育阶段英语课程总目标结构和分级标准。英语课程总目标仍然由语言技能、语言知识、情感态度、学习策略和文化意识等五个方面构成，但对于文化学习和跨文化学习的内容和要求更加丰富，更加明确（详见表 7-17、7-18、7-19）。例如，在"情感态度"分级标准描述中，二级和五级的

第7章 国内外跨文化外语教学相关标准

目标要求分别为"乐于接触外国文化,增强祖国意识"和"对祖国文化能够更深刻的了解,具有初步的国际理解意识",体现了对外语教育在促进学生的国家认同和全球意识发展中的作用的认识和重视。

表 7-17 《标准 2011》中文化意识目标总体描述

级别	目标描述
一级	对学习中接触的外国文化习俗感兴趣。
二级	乐于了解外国文化和习俗。
三级	能意识到语言交际中存在文化差异。
四级	在学习和日常交际中能注意到中外文化的异同。
五级	进一步增强对文化差异的理解与认识。

表 7-18 《标准 2011》中情感态度分级标准描述

级别	标准描述
二级	乐于接触外国文化,增强祖国意识。
五级	对祖国文化能够更深刻的了解,具有初步的国际理解意识。

表 7-19 《标准 2011》中文化意识分级标准描述

级别	标准描述
二级	知道英语中最简单的称谓语、问候语和告别语; 对一般的赞扬、请求、道歉等做出适当的反应; 知道世界上主要的文娱和体育活动; 知道英语国家中典型的食品和饮料的名称; 知道英语国家的首都和国旗; 了解主要英语国家的重要标志物,如英国的大本钟等; 了解英语国家中重要的节假日; 在学习和日常交际中,能初步注意到中外文化异同。
五级	了解英语交际中常用的体态语,如收拾、表情等; 恰当使用英语中的称谓语、问候语和告别语; 了解、区别英语中不同性别常用的名字和亲昵的称呼; 了解英语国家的饮食习俗; 对别人的赞扬、请求、致歉等做出恰当的反应;

（续表）

级别	标准描述
五级	用恰当的方式表达赞扬、请求等意义； 初步了解英语国家的地理位置、气候特点、历史等； 了解英语国家的人际交往习俗； 了解世界上主要的文娱和体育活动； 了解世界上主要的节假日及庆祝方式； 关注中外文化异同，加深对中国文化的理解； 能初步用英语介绍祖国的主要节日和典型的文化习俗。

3.《普通高中英语课程标准》(2017)

2012年，党的十八大提出把立德树人作为教育的根本任务。根据这一精神，教育部2014年发布《关于全面深化课程改革落实立德树人根本任务的意见》，指出要全面深化课程改革，落实立德树人根本任务，为此启动了新一轮基础教育阶段的英语课程标准修订工作，2017年完成了《普通高中英语课程标准》的修订（以下简称《高中标准2017》）。

《高中标准2017》的颁布恰逢我国基础教育进入核心素养时代，具有十分重要的时代意义，该标准不仅明确了英语学科的核心素养内涵，即语言能力、文化意识、思维品质和学习能力，同时还强调英语课程工具性和人文性的融合统一，指出普通高中英语课程应在义务教育的基础上，帮助学生进一步学习和运用英语基础知识和基本技能，发展跨文化交际能力，为他们学习其他学科知识、汲取世界文化精华、传播中华文化创造良好的条件；帮助学生树立人类命运共同体意识及多元文化意识，形成开放包容的态度，增强爱国情怀，坚定文化自信，树立正确的世界观、人生观和价值观，为学生未来更好地适应世界多极化、经济全球化和社会信息化的发展奠定基础。与此同时，《高中标准2017》还将高中英语课程定性为基础文化课，明确提出英语课程的总目标是培养具有中国情怀、国际视野和跨文化沟通能力的社会主义建设者和接班人，这一总目标与跨文化外语教育理念高度契合。

第7章　国内外跨文化外语教学相关标准

基于课程总目标,《高中标准 2017》对文化意识子目标进行了具体的界定:获取文化知识,理解文化内涵,比较文化异同,汲取文化精华,形成正确的价值观,坚定文化自信,培养自尊、自信、自强的良好品格,具备一定的跨文化沟通和传播中华文化的能力。该标准还将文化意识的发展分为三个级别进行目标描述(见表 7-20)。

表 7-20 《高中标准 2017》中文化意识分级要求

级别	核心素养
一级	能够在明确的情境中根据直接提示找出文化信息; 有兴趣和意愿了解并比较具有文化多样性的活动和事物; 感知中外文化的差异,初步形成跨文化意识,通过中外文化对比,加深对中国文化的理解,坚定文化自信; 了解中外优秀文化,形成正确的价值观; 感知所学内容的语言美和意蕴美; 能够用所学的英语简单介绍中外文化现象。
二级	能够选择合适的方式方法在课堂等现实情境中获取文化信息; 具有足够的文化知识为中外文化的异同提供可能的解释,并结合实际情况进行分析和比较; 提高跨文化意识,在进行跨文化交流时,能够注意到彼此之间的差异,运用基本的跨文化交际策略; 尊重和理解文化的多样性,具有国际视野,进一步坚定文化自信; 感悟中外优秀文化的精神内涵,树立正确的价值观; 理解和欣赏所学内容的语言美和意蕴美; 有传播中国特色社会文化的意识,能够用所学的英语描述、比较中外文化现象。
三级	能够运用多种方式方法在真实生活情景中获取文化信息; 基于对中外文化差异和融通的理解与思考,探究产生异同的历史文化原因; 具有跨文化意识,能够以尊重文化多样性的方式调适交际策略; 领悟世界文化的多样性和丰富性,具有人类命运共同体的意识; 分析、鉴别文化现象所反映的价值取向,坚定文化自信; 汲取优秀文化,具有正确的价值观、健康的审美情趣和道德情感; 能够用所学的英语讲述中国故事,描述、阐释中外文化现象。

为了对接英语学科核心素养培养目标,《高中标准2017》还提出了英语课程的六大要素:主题语境、语篇类型、语言知识、文化知识、语言技能和学习策略(见图7-4),其中文化知识要素对应的就是文化意识培养目标。

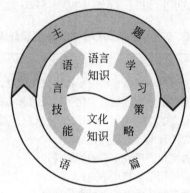

图7-4 《高中标准2017》中英语课程六大要素

根据《高中标准2017》,文化知识包括中外文化知识,涵盖物质文化和精神文化两个方面。只有掌握这些文化知识,学生才可能深入理解文化内涵,比较文化异同,汲取文化精华,坚定文化自信,才能培养较强的跨文化意识和跨文化交际能力。此外,《高中标准2017》将普通高中英语课程分为必修课程、选择性必修课程和选修课程,并对每一类课程的文化知识内容提出了具体的要求,表7-21呈现的是必修课程的文化知识内容要求。

表7-21 《高中标准2017》文化知识内容要求(必修课程)

课程类别	文化知识内容要求
必修课程	了解英美等国家的主要传统节日及其历史与现实意义;比较中外传统节日的异同,探讨中外传统节日对文化认同、文化传承的价值和意义; 了解英美等国家的主要习俗;对比中国的主要习俗,尊重和包容文化的多样性; 了解英美等国家主流的体育运动,感悟中外体育精神的共同诉求;

（续表）

课程类别	文化知识内容要求
必修课程	了解英美等国家主要的文学家、艺术家、科学家、政治家及其成就、贡献等，学习和借鉴人类文明的优秀成果； 发现并理解语篇中包含的不同文化元素，理解其中的寓意； 理解常用英语成语和俗语的文化内涵；对比英汉语中常用成语和俗语的表达方式，感悟语言和文化的密切关系； 在学习活动中初步感知和体验英语语言的美； 了解英美等国家人们在行为举止和待人接物等方面与中国人的异同；得体处理差异，自信大方，实现有效沟通； 学习并初步运用英语介绍中国传统节日和中华优秀传统文化（如京剧、文学、绘画、园林、武术、饮食文化等），具有传播中华优秀传统文化的意识。

4.《义务教育英语课程标准》(2022)

2022年颁布的《义务教育英语课程标准》是我国目前为止最新、最全的义务教育阶段英语课程标准（以下简称《义务标准2022》），它以培养担当民族复兴大任的时代新人为导向，继续强调英语课程工具性和人文性的统一，围绕语言能力、文化意识、思维品质和学习能力等英语学科核心素养，确定课程目标，选择课程内容。课程总目标是帮助学生了解不同国家的优秀文明成果，比较中外文化的异同，发展跨文化沟通能力，形成健康向上的审美情趣和正确的价值观；加深对中华文化的理解和认同，树立国际视野，坚定文化自信。就文化意识子目标而言，《义务标准2022》将其定义为对中外文化的理解和对优秀文化的鉴赏，是学生在新时代表现出来的跨文化认知、态度和行为选择，体现核心素养的价值取向，并按照一（三、四年级）、二（五、六年级）、三（七至九年级）三个级别对文化意识在各学段的目标要求进行描述（见表7-22）。

表 7-22 《义务标准 2022》中文化意识各学段目标

学段目标	比较与判断	调适与沟通	感悟与内化
一级	有主动了解中外文化的愿望；能在教师指导下，通过图片、配图故事、歌曲、韵文等获取简单的中外文化信息；观察、辨识中外典型文化标志物、饮食及重大节日；能用简单的单词、短语和句子描述与中外文化有关的图片和熟悉的具体事物；初步具有观察、识别、比较中外文化的意识。	有与人交流沟通的愿望；能大方地与人接触，主动问候；能在教师指导下，学习和感知人际交往中英语独特的表达方式；能理解基本的问候、感谢用语，并做出简单回应。	有观察、感知真善美的愿望；明白自己的身份，热爱自己的国家和文化；能在教师指导下，感知英语歌曲、韵文的音韵节奏；能识别图片、短文中体现中外文化和正确价值观的具体现象与事物；具有国家认同感，对中华优秀传统文化感到骄傲。
二级	对学习、探索中外文化有兴趣；能在教师引导下，通过故事、介绍、对话、动画等获取中外文化的简单信息；感知与体验文化多样性，能在理解的基础上进行初步的比较；能用简短的句子描述所学的与中外文化有关的具体事物；初步具有观察、识别、比较中外文化异同的能力。	对开展跨文化沟通与交流有兴趣；能与他人友好相处；能在教师引导下，了解不同文化背景下人们待人接物的礼仪；能注意到跨文化沟通与交流中彼此的文化差异；能在人际交往中，尝试理解对方的感受，知道应当规避的谈话内容，适当调整表达方式，体现出礼貌、得体与友善。	对了解中外文化有兴趣；能在教师引导下，尝试欣赏英语歌曲、韵文的音韵节奏；能理解与中外优秀文化有关的图片、短文，发现和感悟其中蕴含的人生哲理；有将语言学习与做人、做事相结合的意识和行动；体现爱国主义情怀和文化自信。
三级	能初步理解人类命运共同体和全人类共同价值的概念；	能认识到有效开展跨文化沟通与交流的重要性，对具有文化多样性的活动和事物持开放心态；	能理解与感悟中外优秀文化的内涵；领会所学简短语篇蕴含的人文精神、科学精神和劳动价值，感悟诚实、友善等中外社会生活中的传统美德；

（续表）

学段目标	比较与判断	调适与沟通	感悟与内化
三级	能通过简短语篇获取、归纳中外文化信息，认识不同文化，尊重文化的多样性和差异性，并在理解和比较的基础上做出自己的判断；能用所学语言描述文化现象与文化差异，表达自己的价值取向，认同中华文化；树立国际视野，具有比较、判断文化异同的基本能力。	了解不同国家人们待人接物的基本礼仪、礼貌和交际方式；能初步了解英语的语用特征，选择恰当的交际策略；能意识到错误并进行适当的纠正；在人际交往中，学会处理面对陌生文化可能产生的焦虑情绪，增强跨文化沟通与交流的自信心；初步具备用所学英语进行跨文化沟通与交流的能力。	能自尊自爱，正确认识自我，关爱他人，尊重他人，有社会责任感；能欣赏、鉴别美好事物，形成健康的审美情趣；具有国家认同感和文化自信，有正确的价值观和积极向上的情感态度；有自信自强的良好品格，做到内化于心、外化于行。

《义务标准2022》确定了主题、语篇、语言知识、文化知识、语言技能和学习策略六大内容要素，围绕这些要素，通过学习理解、应用实践、迁移创新等活动，推动英语学科学生核心素养的持续发展（见图7-5）。

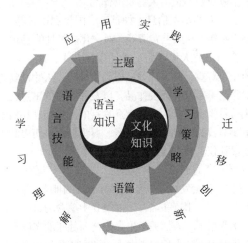

图 7-5 义务教育英语课程内容结构示意图

根据《义务标准2022》要求，文化知识教学是实现文化意识培养目标的主要途径。文化知识包括饮食、服饰、建筑、交通，以及相关发明与创造等物质文化知识，也包括哲学、科学、历史、语言、文学、艺术、教育，以及价值观、道德修养、审美情趣、劳动意识、社会规约和风俗习惯等非物质文化知识。《义务标准2022》强调，文化知识的学习不限于了解和记忆具体的知识点，更重要的是发现、判断其背后的态度和价值观。表7-23呈现了文化知识内容维度的三级目标要求。

表7-23 《义务标准2022》中文化知识内容要求

级别	内容要求
一级	人际交往中英语与汉语在表达方式上的异同，如姓名、称谓、问候等； 不同国家或文化背景下的学校生活、家庭生活、饮食习惯等的异同； 中外典型文化标志物和传统节日的简单信息。
二级	不同文化背景下，人们的行为举止、生活习俗、饮食习惯、待人接物的礼仪，应当规避的谈话内容； 中外重大节日的名称、时间、庆祝方式及其内涵； 简单的英语优秀文学作品（童话、寓言、人物故事等）及其蕴含的人生哲理或价值观； 为人类社会进步做出重大贡献的中外代表人物及其成长经历； 中外主要体育运动项目、赛事，优秀运动员及其成就和体育精神； 中外艺术领域有造诣的人物及其作品； 世界主要国家的基本信息（如首都、国旗和语言等）、旅游文化（重要文化标志物等）和风土人情等，对文化多样性的感知与体验。
三级	世界主要国家待人接物的基本礼仪和方式，体现文化的传承和人与人之间的相互尊重；具有优秀品格的中外代表人物及其行为事迹； 中外优秀艺术家及其代表作品，以及作品中的寓意； 中外优秀科学家，其主要贡献及具有的人文精神和科学精神； 中外主要节日的名称、庆典习俗、典型活动、历史渊源； 中外餐桌礼仪，典型饮食及其文化寓意； 世界主要国家的名称、基本信息（如首都、地理位置、主要语言、气候特征等）、社会发展，以及重要标志物的地点、特征和象征意义； 中外名人的生平事迹和名言，以及其中蕴含的人生哲理； 不同文化背景下，人们关于生命安全与健康的态度和观念； 不同文化背景下，人们的理财观念和方式及其带来的影响； 中外大型体育赛事的项目名称、事实信息、历史发展、优秀人物及其传递的体育精神；不同文化背景下人们的劳动实践和劳动精神； 不同国家青少年的学习和生活方式。

第7章　国内外跨文化外语教学相关标准

纵观我国义务教育英语课程标准和高中英语课程标准的历次修订内容，我们发现，随着国家对人才培养需求的不断变化，我国英语课程性质、目标、内容和方法等发生了很大变化。首先，课程性质从单一的工具性定位转向工具性与人文性兼具的双重性定位，越来越重视英语教育的育人功能；其次，英语课程教学总目标从培养以语言技能为主的综合语言运用能力，转向培养以核心素养为主的跨文化能力；再次，课程内容从侧重语言知识传授与技能训练，转向语言技能训练与文化意识培养并重的跨文化外语教育；最后，近年颁布的课程标准对教学方法的建议也更加关注主题活动教学法和参与体验教学法。这些修订的内容使得我国的外语教学日益显现出跨文化外语教学的特点，例如《高中标准2017》和《义务标准2022》以文化意识作为课程教学标准的一个核心素养，提出了诸如"比较与判断、调适与沟通、感悟与内化"的目标要求，涉及跨文化知识、跨文化情感态度和跨文化行为技能等跨文化能力的各个维度。不仅如此，《高中标准2017》和《义务标准2022》确定的英语课程教学内容超越了之前版本中仅关注英语国家文化的界限，明确提出要涵盖包括中国文化以及其他世界各国文化，这一要求符合跨文化外语教学理念。

7.2.2　大学相关教学标准

进入新世纪以来，我国大学英语教学也在不断改革。从2004年颁布的《大学英语课程教学要求（试行）》（以下简称《要求2004》），到2007年开始实施的《大学英语课程教学要求》（以下简称《要求2007》），再到2020年的《大学英语教学指南》（（以下简称《指南2020》），我国大学英语教学的目标任务和教学要求经历了几次大的变化，如何理解和处理外语教学中的文化内容，是伴随我国大学英语教学发展的一个核心问题。

1.《大学英语课程教学要求》(2004,2007)

2004年发布的《大学英语课程教学要求》(以下简称《要求2004》)在教学性质和目标中明确指出：大学英语是以英语语言知识与应用技能、学习策略和跨文化交际为主要内容，以外语教学理论为指导，并集多种教学模式和教学手段为一体的教学体系。在课程设置中规定：大学英语课程不仅是一门语言基础知识课程，也是拓宽知识、了解世界文化的素质教育课程。教学要求主要关注英语听、说、读、写、译五种能力的提高，对跨文化交际能力的培养涉猎较少，仅以"各校在教学中应考虑安排一定的跨文化交际的内容以提高学生的综合素质"一句话点到为止。2007年版《大学英语课程教学要求》(以下简称《要求2007》)延续了《要求2004》的基本框架、教学理念和主要规定，仅在课程设置中增加了"兼有工具性和人文性"的表述，指出大学英语课程不仅是一门语言基础课程，也是拓宽知识、了解世界文化的素质教育课程，兼有工具性和人文性，强调大学英语课程既教书又育人的双重属性。

总的来说，根据《要求2004》和《要求2007》，21世纪前十年我国大学英语课程仍以训练和提高学生英语语言基本技能为主要目标内容，虽然指出了英语课程应该帮助学生丰富文化知识，拓展国际视野，培养跨文化交际能力，但由于缺少对文化知识、文化意识或跨文化交际能力的目标要求的具体描述，跨文化外语教学并未在实践中得以落实。

2.《大学英语教学指南》(2020)

十余年之后，我国终于迎来的新版《大学英语教学指南》(2020)(以下简称《指南2020》)。《指南2020》是在《国家中长期教育改革和发展规划纲要》(2010–2020年)颁布之后，依据其提出的要培养大批具有国际视野、通晓国际规则、能够参与国际事务和国际竞争的国际化人才的目标，结合我国大学英语教学发展需要，研制完成的一份具有重要历史意义的大学英语指导性文件。《指南2020》将大学英语课程定性为高等学校人文教育的一部分，兼有工具性和人文性双重性质。就工具性而言，大学英语课程的主要目的是在高中英语教学的基础上进一步提高学生英语听、说、读、写、译的能力；就人文性而言，大学英语课程重

第 7 章　国内外跨文化外语教学相关标准

要任务之一是进行跨文化教育。跨文化教育的目标就是要让学生"了解国外的社会与文化，增进对不同文化的理解、对中外文化异同的意识，培养跨文化交际能力"。《指南 2020》对大学英语课程设置做出了较大改变，首次将大学英语教学分为通用英语、专门用途英语和跨文化交际三个模块的三大类课程。《指南 2020》指出，跨文化交际课程旨在进行跨文化教育，帮助学生了解中外不同的世界观、价值观思维方式等方面的差异，培养学生的跨文化意识，提高学生的社会语言能力和跨文化交际能力。《指南 2020》对跨文化交际课程的目的、内容和组织形式三个级别提出建议：

- 基础级别的跨文化交际课程以丰富学生中外文化知识、培养学生中外文化差异意识为目的，可在通用英语课程内容中适当导入一定的中外文化知识，以隐形教学为主要形式，也可独立开设课程，为学生讲授与中西文化相关的基础知识。
- 提高级别的跨文化交际课程在学生已掌握的语言文化知识基础上开设，主要包括文化类和跨文化交际类课程，帮助学生提升文化和跨文化意识，提高跨文化交际能力。
- 发展级别的跨文化交际课程旨在通过系统的教学，进一步增强学生的跨文化意识，扩展学生的国际视野，进一步提升学生的语言综合应用能力和跨文化交际能力。

与《要求 2004》和《要求 2007》相比，《指南 2020》的另一变化是提出了大学英语教学中跨文化交际能力的三级目标（见表 7-24）。

表 7-24　《指南 2020》中跨文化交际能力教学要求

级别	总体描述
基础目标	在与来自不同文化的人交流时，能够观察到彼此之间的文化和价值观差异，并能根据交际需要运用有限的交际策略。
提高目标	在与来自不同文化的人交流时，能够较好地处理与对方在文化和价值观等方面的不同，并能根据交际需要较好地使用交际策略。
发展目标	在与来自不同文化的人交流时，能够处理好与对方在文化和价值观等方面的不同，并能够根据交际情景、交际场合和交际对象的不同，恰当地使用交际策略。

可以看出，新版指南对跨文化交际能力的教学要求更加明确，更加详细，除了关注中外文化知识内容之外，还特别重视跨文化交际互动中的价值观、行为技能和交际策略。遗憾的是，《指南2020》对外语教育中的跨文化能力的内涵理解不够全面，不够深入，对跨文化认知理解、情感态度和行为技能多维度的阐述不够具体、翔实，也未提出类似英语听、说、读、写、译等语言技能的具体目标要求描述语，因此对教师的课堂教学实践的指导有限。

7.2.3 大中小学跨文化能力教学参考框架

跨文化能力作为教学内容和目标已被纳入我国各学段英语课程标准和教学大纲，但关于跨文化能力教学的内容目标尚无明确具体的阐述。同时，上述各个版本的课程标准大都相对独立，各自为阵，大中小学跨文化能力教学脱节。针对这些问题，上海外国语大学跨文化研究中心张红玲教授团队通过五年的理论构建、学校调研、教学实验等，研制、发布了一个贯通大中小学全学段的跨文化能力教学参考框架（张红玲、吴诗沁，2022）（见表7-25），填补了这个领域的空白，为教师开展开文化外语课堂教学实践提供了切实的参考。

表7-25 大中小学跨文化能力教学参考框架（张红玲、吴诗沁，2022）

能力维度	学段	小学	初中	高中	大学
认知理解	外国文化知识	K-FCK-1 知道教材涉及的外国文化产品，如主要节假日、特色饮食、重要历史人物等	K-FCK-2 知道教材涉及的外国文化产品及其渊源，如历史事件、神话故事等	K-FCK-3 基本了解教材及阅读中涉及的世界各国历史地理、社会文化、政治经济、文学艺术等知识	K-FCK-4 了解世界各国历史地理、社会文化、政治经济、文学艺术等知识

第7章 国内外跨文化外语教学相关标准

（续表）

能力维度	学段	小学	初中	高中	大学
认知理解	外国文化知识	理解所学外语的日常交际用语及其语用规则	理解所学外语中词汇的文化内涵及不同情境中的语用规则；了解教材涉及的文化群体的生活方式、交际风格、思维方式、价值观	理解所学外语中词汇、俗语、典故等的文化内涵；深入了解教材涉及的文化群体的生活方式、交际风格、思维方式、价值观念等	理解外语语篇包含或反映的社会文化现象；广泛、深入了解世界不同文化群体的生活方式、交际风格、思维方式、价值观念等
	中国文化知识	K-CCK-1 在学习外国文化知识过程中，了解中国代表性的文化产品及其特点，如主要节假日、特色饮食、传统服饰、重要历史人物等；知道家庭、学校和社会的行为规范和礼仪，了解社会主义核心价值观	K-CCK-2 在学习外国文化知识过程中，了解中国历史文化、民族英雄、传统艺术、名胜古迹等；了解中国各地各民族的生活方式、社交礼仪、风土人情等，理解社会主义核心价值观	K-CCK-3 了解中国历史脉络及各时期重要事件、代表性人物、经典文学艺术作品等；了解当代中国社会政治、经济和科技发展情况；了解中国各文化群体的交际风格和思维方式，深入理解社会主义核心价值观	K-CCK-4 熟悉中国历史、传统文化、哲学思想、经典著作等；了解当代中国在世界政治、经济、科技发展中扮演的重要角色及其对全球治理的贡献；认识中国文化多样性，深刻理解社会主义核心价值观
	普遍文化知识	K-GCK-1 初步知道文化是什么，了解衣食住行、社交礼仪、社会禁忌等文化内容	K-GCK-2 基本理解交际风格、思维方式、价值观念等概念	K-GCK-3 深入理解文化的内涵及其与语言的相互作用关系	K-GCK-4 认识世界语言多样性和文化多样性及其意义

（续表）

能力维度	学段	小学	初中	高中	大学
认知理解	普遍文化知识		了解语言交际和非语言交际在跨文化交际中的作用；初步理解人类命运共同体的概念及全人类共同的文化价值观	了解刻板印象、文化中心主义、文化休克等概念及其对跨文化交际的影响；理解人类命运共同体的概念以及全人类共同的文化价值观	掌握跨文化交际、文化价值观、文化身份认同等理论；深入理解人类命运共同体的理念及人类共同价值
情感态度	文化意识	A-CA-1 对不同文化心怀好奇，愿意学习、探索中外文化；有兴趣了解自己在家庭、学校等社会群体中的身份角色及相应的语用规则和行为规范；不惧怕与不同文化的人互动交流，尝试理解对方感受	A-CA-2 对不同文化持开放、包容的态度，乐于了解文化差异；有意识学习并遵守自己所属社会群体的行为规范；积极主动探索和学习中外文化，勇于和不同文化的人互动交流，有意识照顾对方感受	A-CA-3 对不同文化持尊重、理解的态度，欣赏文化多样性；基于对中国历史文化的理解，形成较强的中国文化身份意识；愿意与不同文化的人相处与合作，具备基本的同理心	A-CA-4 尊重文化差异，主动换位思考；基于对中国历史文化和当代中国发展的认识，深化中国文化身份的理解；乐于和不同文化的人相处与合作，具备较强的同理心
	国家认同	A-NI-1 有兴趣了解中国及其民族，乐于学习中国历史文化，关注当代中国发展，增强祖国意识和民族自豪感	A-NI-2 乐于了解中华优秀传统文化和中国发展成就，感悟其精神内涵，形成较强的民族自尊和文化认同	A-NI-3 积极关注当代中国及其在世界政治、经济、科技发展中所扮演的角色及面临的挑战，乐于用所学外语讲述中国故事，体现中国文化自信	A-NI-4 积极参与中外人文交流，勇于应对国际交往中对中国的偏见、误解和质疑，传播中国声音，增进国际理解，体现家国情怀和使命担当

第7章 国内外跨文化外语教学相关标准

（续表）

能力维度	学段	小学	初中	高中	大学
情感态度	全球视野	A-GM-1 对国内外发生的重要事件有好奇心，有兴趣了解世界各国文化和人类文明发展，认识"地球村"的概念和意义	A-GM-2 在学习中国文化和外国文化过程中，积极探究文化异同，理解和欣赏世界文化的多样性和相通性，关注全球问题	A-GM-3 乐于关注当今世界发展动态，了解人类社会面临的全球问题，在不断丰富世界文化知识的基础上，增强国际理解力和竞争力	A-GM-4 认识全球化和国际化的时代意义，认同人类命运共同体理念，有志于代表国家参与国际合作和全球治理
行为技能	跨文化体认	S-IEr-1 能观察和辨识家庭、学校、社会中衣食住行等的异同，并能用外语简单描述	S-IEr-2 能观察和辨识家庭、学校、社会中衣食住行及社会习俗、社交礼仪等的异同，并能用外语描述和比较；能倾听他人的文化故事，通过观察、思考初步形成对不同文化的认知理解	S-IEr-3 能用心倾听他人文化故事，仔细观察、积极思考，形成对不同文化的认知理解；能用外语描述和比较不同文化群体在文化行为、思维方式等方面的异同	S-IEr-4 在广泛接触和学习世界文化的基础上，加深对中外文化的理解，逐步提升跨文化思辨能力；能用外语深入描述、分析和比较不同文化群体在思维方式、价值观念等的异同
	跨文化对话	S-ID-1 能用外语做自我介绍，并就日常学习、生活等主题与不同文化的人礼貌、得体地交流互动	S-ID-2 能用外语讲述自己的文化故事，并能自信地与不同文化的人就日常学习、生活等主题进行交流互动，表达思想和观点	S-ID-3 能用外语讲述中国文化故事，并与来自不同文化的人较深入地交流思想和观点	S-ID-4 能用外语与不同文化的人进行跨文化对话；

（续表）

能力维度	学段	小学	初中	高中	大学
行为技能	跨文化对话		能冷静面对、简单分析人际交往中的误解和冲突	在跨文化交际中遇到误解和冲突时，尝试从文化差异角度分析并解决问题	遇到跨文化误解和冲突时，能从文化差异角度分析问题，积极采取应对策略解决问题，并建立与维护和谐关系
	跨文化探索	S-IEl-1 能在教师指导下，通过图片、歌曲、动画、书籍、报刊等了解中外文化；能初步反思自身跨文化交际行为和学习经历	S-IEl-2 能通过书籍、报刊、新媒体等渠道获取文化信息，认识不同文化；能通过合作学习，与同伴分享文化故事，交流学习体验；能比较深入地反思自身跨文化交际行为和学习经历	S-IEl-3 能就感兴趣的文化现象自主查找、获取相关信息，进行探索式学习；在深入反思自身跨文化交际行为和学习经历的基础上，基本掌握跨文化交际的普遍原则和一定学习策略	S-IEl-4 经过反复实践、总结、反思和评价，掌握并能在实践中灵活应用跨文化交际的普遍原则；能自主探索陌生文化，形成一定的文化研究意识和能力

跨文化能力教学参考框架运用大中小学跨文化能力发展一体化模型、教育目标分类学理论和发展心理学理论，对照我国义务教育和高等教育英语教学标准或教学指南，从学生能力发展视角出发，对各学段英语教学中跨文化能力教学的内容目标进行了界定和描述，旨在为一线英语教师开展跨文化教学实践提供参考。跨文化能力教学参考框架由认知理解（外国文化知识、中国文化知识、普遍文化知识）、情感态度（文化意识、国家认同、全球视野）、行为技能（跨文化体认、跨文化对话、跨文化探索）三个维度、九个要素构成，每个要素依据小学、初中、高中、大学四个学段进行梯度划分和目标描述。张红玲和吴诗沁还明确了

第 7 章 国内外跨文化外语教学相关标准

三个维度在跨文化教学中的关系：认知理解是起点和基础，情感态度培养是重点和难点，行为技能培养是终点和目标，并针对参考框架的应用提出了六个原则或建议：（1）外语能力与跨文化能力培养有机融合，相辅相成，同步推进；（2）以文化知识教学为基础，跨文化情感态度培养为重点，跨文化行为技能培养为目标；（3）将中国文化和外国文化作为跨文化能力教学的两大支点，在文化对话和比较中发展学生既对中国文化认同自信、又对世界其他文化尊重理解的融合式文化身份认同；（4）跨文化能力发展具有阶段性和长期性，外语教学存在地域和学校差异，参考框架使用应注重灵活性和语境化；（5）跨文化能力教学应尊重学生个体作为"文化的人"的主体性，也应利用不同学生构成的多元文化资源，就地取材开展教学；（6）跨文化能力教学应将课堂延伸到课外，将学校延伸到社会。外语教育中的跨文化能力教学参考框架填补了当前国内跨文化能力培养一体化发展研究的空白，为一线外语教师开展跨文化外语教学设计提供了切实可行的参考。当然，该参考框架的适切性和有效性还有待进一步的检验。

7.3 国内外跨文化外语教学相关标准的比较分析

基于上述国内外跨文化教学相关标准的介绍和分析，本节将从各国相关标准发布的背景和动因、对跨文化能力内涵的理解和教学目标要求三个方面进行比较，旨在明确我国跨文化外语教育发展存在的问题和努力的方向。

7.3.1 教学标准研制的背景和动因

欧洲、美国、澳大利亚、日本和中国的跨文化外语教学标准的制定的背景和动因既有共同之处，也有各有特点。共同点在于人类社会进入全球化和国际化时代，培养能够胜任多元文化和跨文化语境中工作和生活的国际化人才，以应对全球化挑战，参与全球竞争与合作是各国共同的追求，跨文化教育、全球公民教育、全球胜任力教育等成为21世纪教育的发展趋势。以此同时，世界各国外语教育研究也在不断推进，外语教学的目标、内容和方法随着国际国内形势的发展和人才培养需求的变化而不断更新，从语言作为符号系统和交际工具的教学，拓展到语言作为价值和思想的载体以及身份认同发展的路径的教学，外语教学的人文性本质和育人功能越来越受到重视。如此以来，外因与内因相互作用促使跨文化外语教育快速发展，成为当下各国外语教育的一个主流发展方向。跨文化教育自20世纪40—50年代正式起步以来，在美国、欧洲及世界其他国家的发展都有其各自独特的国情或地域发展的背景，这些背景在一定程度上也会影响其跨文化外语教学政策或标准的制定。欧盟拥有27个成员国，24种语言，不同语言、不同文化给各成员国公民之间的沟通交流造成了很大障碍，影响了欧洲一体化发展进程，因此欧盟决定推行多元语言政策，要求学生除了母语之外，还要掌握英语，同时还要学习另一门欧盟语言和另一门欧盟以外的语言，目的是促进成员国之间的相互理解，保护欧洲语言和文化多样性，同时培养全球公民，这一要求在其参考框架中都有体现。

　　美国自二战以来，在经济、科技、工业、文化等很多领域一直处于世界领先地位，长期以自认为优越的社会制度为傲，实施英语中心主义的文化输出。20世纪50—60年代，随着多元文化主义的兴起以及外来移民数量的增加，美国政府开始关注多元文化并存的现实，着力推进多元文化教育，促进少数民族融入主流文化。在此期间，学习外语在美国的各级学校并未受到重视，很多学生由于缺乏外语学习的动力纷纷逃离外语课堂。直到20世纪90年代，美国开始意识到不学外语会让孩子们失去一个认识世界、了解他人的重要机会，因此日益重视学校的外语课程，将其设置为核心课程之一。在此背景下，美国在1996年出台了影响广泛的《21世纪外语学习标准》，强调外语对于促进学习者的交流沟通、比较对话、文化学习、社会参与等方面的重要作用。

　　澳大利亚作为一个典型的移民国家，有来自世界120多个国家的移民，并形成了一个多元文化社会。20世纪60年代中期以前，澳大利亚跟美国一样，对移民实施"同化"政策，即通过跨文化教育帮助移民

第7章　国内外跨文化外语教学相关标准

尽快融入澳大利亚本国文化，成为一名"合格的"的澳大利亚人。随着经济全球化和文化多样化时代的到来，澳大利亚一方面认识到多元文化并存的价值，另一方面为了树立良好的国际形象，开始推进多元文化发展，以尊重、包容和平等的态度对待原住民和移民的语言文化，陆续出台一系列教育政策，积极推行跨文化外语教育。

日本作为一个母语非英语国家，提高国民的英语语言能力一直是日本政府致力于推进的一项教育行动。20世纪80—90年代，日本经济迅速发展，跻身世界前列之后，英语语言能力问题凸显，为此自2000年以来，日本政府采取多种措施，制定、出台了一系列英语教育发展战略规划和行动计划。这些举措大都以提高国民整体的英语语言能力特别是用英语进行沟通交流的能力为主要目标，虽然日本教育文化体育与科学技术部提出要将跨文化教学融入英语教育，但与欧美相比，日本出台的有关跨文化外语教育的政策和教学标准较少，缺乏系统性。

我国也是一个母语非英语国家，与日本一样，在发展国民外语能力，特别是英语能力方面，国家和民众投入很大。2001年我国加入世界贸易组织，我国经济快速融入全球化发展进程，中国与世界各国的交流与合作日益频繁，提高外语语言能力，增强跨文化沟通能力成为国家和个人发展必须解决的问题。在此背景下，我国外语教育迎来了大发展，其中一个标志性的成果是外语教育政策研究蓬勃发展，推动了我国欧外语教育改革。近年来，随着人类命运共同体理念和"一带一路"倡议的提出，我国更加重视共建、共享、合作、共赢的外交，大力推进中外人文交流，着力推动国际传播能力建设和话语能力建设，力争向世界讲好中国故事。与此同时，我国2019年启动"新文科"建设，要求通过学科交叉融合，创新知识体系和人才培养模式，对接立德树人教育根本任务。跨文化外语教育将外语语言能力和跨文化能力培养有机融合，培养具有语言能力、话语能力和跨文化能力的人才，符合我国发展需要，因此中小学和大学的各类外语教学标准和指导大纲都明确了跨文化能力的发展目标和要求。

7.3.2 对跨文化能力的理解和界定

外语教育的本质是跨文化教育，在外语教育中培养跨文化能力，理解和界定跨文化能力的内涵是一个核心问题，是各国跨文化教学相关标准研制的重要依据。根据本章前两节对欧盟、美国、澳大利亚、日本和我国跨文化教学相关标准的介绍，我们不难发现各个标准对跨文化能力内涵的理解和界定存在差异。

欧盟 2001 年发布的《欧洲框架》是世界上出台较早的对语言教学和文化教学标准进行科学阐述的一份外语教育参考框架，它不仅重视多元语言交际能力的提升，也关注外语教育中的跨文化能力培养。该框架阐述了跨文化能力的内涵要素，提出跨文化能力不仅包括跨文化知识、理解和技能，还包括态度、动机、价值信念、身份认同等个性特点。外语教学要帮助学习者积累跨文化知识，增强跨文化意识，培养跨文化情感态度，并通过体验跨文化交际互动，促使他们学会从文化差异的视角看待问题和分析问题，运用跨文化交际策略解决问题和冲突，在交际实践中不断提高跨文化交际技能。在此基础上，欧洲理事会欧洲现代语言中心 2012 年发布的《语言文化的多元方法参考框架》提出了一个包含七项内容的综合能力框架，并对每项能力的具体内容按照知识、态度、技能三个维度给出了非常具体的描述，体现了研究团队对学习者应该具备的语言能力和文化（跨文化）能力内涵的理解非常全面、深入。例如，文化知识维度的内容目标包括：理解文化的普遍特征、社会文化多样性、文化与跨文化的关系、文化的发展变迁、文化多样性、不同文化之间的异同、语言与身份认同、文化与学习；态度维度的内容目标包括：培养对异文化的注意、敏感性和好奇心以及对语言文化多样性的积极、开放、尊重的态度，增强参与多元语言文化活动的动力和意愿，培养质疑、抽离、去中心化、相对主义的立场，做好调适的准备和信心，对自我和他者身份认同复杂性和动态性的认识等；技能维度采用"能做"描述语，包括能观察、分析，能辨识、辨别，能比较，能就语言和文化主题进行讨论，能使用语言进行互动，学会如何学习。欧盟研制的这两份语言文化参考框架对外语教育中的跨文化能力的内涵界定科学、详实，具有开创性意义，对世界其他国家和的确的跨文化外语教育研究都起到

第 7 章　国内外跨文化外语教学相关标准

了重要的参考和借鉴作用。

美国 1996 年发布的《21 世纪外语学习标准》提出了交际、文化、联通、比较、社群五个目标层面的教学标准。该标准采用文化产品（culture product）、文化实践（culture practice）和文化思维（culture perspective）的文化理解三角模型来界定外语教育中的文化（跨文化）能力。根据 "5C" 标准，学习者通过学习外语，学会与不同文化背景的人进行跨文化交际（文化实践），理解本族文化和他者文化的特点和文化多样性（文化知识），用所学语言拓展其他学科的学习（文化实践、文化思维），进行跨文化比较和对话（文化实践、文化思维），参与社会实践和群体活动（文化实践、文化思维）。2015 年发布的《面向 21 世纪的外语学习标准》进一步提出了关于跨文化交际能力培养的目标要求，指出外语教学要促进学习者使用语言调研、解释和反思所学文化的文化实践和文化产品与文化思维之间的关系，要求学习者参与文化实践，在自我和他者文化之间进行对话和阐释，拓展自己对世界和自我的认知。在此基础上，美国 2017 版的《"能做"等级描述语》进一步丰富了对跨文化交际能力的内涵界定，并从跨文化探究和跨文化互动两个方面对学习者的跨文化交际能力进行了详细的描述，重点关注学习者对文化产品和文化实践的辨识和解释，以及他们对文化产品和文化实践与文化思维之间关系的理解，体现了美国标准的文化观及其对外语教育中培养学习者跨文化交际能力的理解。

澳大利亚外语语言学科的国家课程标准指出，外语教学要将语言教学和文化教育有机融合，培养学生的跨文化理解能力，提出了包含认识文化与尊重文化、文化互动与共情、反思跨文化体验与承担责任三个维度的跨文化理解能力学习进度指标，明确了探究文化和发展文化身份认同，探索和比较文化知识、信念和实践，尊重文化多样性和跨文化交际，培养多元视角和共情力，反思跨文化体验，挑战刻板印象和偏见，斡旋文化差异等九项具体能力指标，同时提出通过学会尊重自我和他者的文化、语言和信仰，了解个人、群体和国家身份认同的形成以及文化多样性和多变性的特点，认识文化共性与差异，与他人建立联系，培养相互尊重的态度等路径培养学生的跨文化理解能力。澳大利亚的国家课程标准对跨文化能力的界定涉及跨文化知识、情感态度和行为技能多个维度，且进行了六个梯度的能力标准描述，其理解较为全面、深入，描述具体、翔实，对课堂教学的指导作用较大。

我国各学段英语教学大纲和教学指南对跨文化能力有一定的论述和规定，但对跨文化能力概念及要求不够统一。《义务教育英语课程标准》（2011）指出要将文化意识纳入英语课程总目标，文化意识包括文化知识、文化理解、跨文化交际意识和能力。《普通高中英语课程标准》（2017）将文化意识作为核心素养，指出文化意识是指对中外文化的理解和对优秀文化的认同，是学生在全球化背景下表现出的跨文化认知、态度和行为取向。《义务教育英语课程标准》（2022）对文化意识的界定与《普通高中英语课程标准》（2017）基本一致，但对文化意识教学要求从"比较与判断、调适与沟通、感悟与内化"三个维度进行了详细的规定和描述。《大学英语教学指南》（2020）中关于跨文化能力的理解和界定主要体现在总体教学目标、跨文化交际课程目标和跨文化交际能力教学要求三个地方，综合三处的描述，我们发现《大学英语教学指南》中对跨文化能力的理解主要聚焦中外文化知识、跨文化意识、跨文化交际能力，虽然涉及知识、情感和技能多个维度，也提出了基础级、提高级和发展级的目标要求，但并未提出具体、可操作的能力要素和目标描述，因此对教学实践的指导作用远远不够。

总之，我国外语教学标准对跨文化能力的理解和界定存在术语使用不统一、概念界定不清晰、内涵要素描述不完整等问题。张红玲团队开发的大中小学跨文化能力教学参考框架以先期开发的中国学生跨文化能力发展一体化模型（张红玲、姚春雨，2020）为理论基础，借鉴欧盟、美国和澳大利亚等国家和地区研制的跨文化教学相关标准，结合我国各学段英语教学标准和指导大纲，建构了一个跨文化能力教学参考框架。该框架将跨文化能力界定为认知理解、情感态度和行为技能三个维度，包含外国文化知识、中国文化知识、普遍文化知识、自我认知、国家认同、全球意识、跨文化体认、跨文化对话、跨文化探索九个要素，虽然各要素在不同学段的能力标准的描述仍有待进一步验证，但参考框架提出的跨文化能力框架既是跨文化研究最新成果的体现，也立足中国国情，符合本土化需求，能够为我国课程标准的修订提供参考。

综上所述，就跨文化能力的内涵而言，各国跨文化教学标准的理解

第 7 章　国内外跨文化外语教学相关标准

和界定不尽相同，但万变不离其宗。欧盟的《欧洲框架》和《参考框架》采用了广泛接受的知识、态度、意识和技能的跨文化能力四维度模型，并对每个维度提出了具体的能力目标。美国的《面向 21 世纪的外语学习标准》和《面向世界的语言学习标准》以及《"能做"等级描述语》都采用文化产品、文化实践和文化思维三角模型来理解和界定外语教学中的跨文化交际能力培养，重点关注的是文化产品和文化实践与文化思维之间的关系以及跨文化探究与跨文化互动两个层面的学习活动。澳大利亚国家课程标准聚焦的是外语教学中学生的跨文化理解能力，认为跨文化理解能力包括认识文化并学会尊重文化、文化互动并培养共情力、反思跨文化经历并学会承担责任三个层面构成。我国和日本的外语教学相关标准重视中外文化知识、跨文化意识和跨文化交际能力，但总体来看缺乏学理支撑，显得比较主观、随意。

7.3.3　跨文化能力培养目标的设定和描述

　　跨文化能力是一个多维、复杂的概念，发展跨文化能力是一个长期的过程，甚至需要终身学习。跨文化外语教育主张外语语言能力和跨文化能力同步发展，因此跨文化能力的培养应该贯穿各个学段，各国在研制相关教学标准时，必须考虑跨文化能力发展的这一本质特点，注意不同学段之间的衔接。欧洲、美国和澳大利亚的跨文化教学标准符合这一要求，值得我国学习借鉴。

　　欧盟的先后颁布的两份参考框架和《欧洲框架——新增描述语》从发展公民多元语言和多元文化能力的目标出发，重视学习作为社会推动者（social agents）的作用，期待他们利用自身的语言和文化资源和个人经历，参与社会活动和学校教育，在与他人交往中，实现相互理解，丰富文化认知，发展语言和文化能力。根据这一理念，欧盟推出的跨文化能力分级标准以"能做"形式进行分级描述，包括 A1、A2、B1、B2、C1、C2 六个级别，重点关注在日常交往和跨文化交际实践中学习者的语用能力和交际能力，要求学习者能识别、解释、讨论、反思、评价文化异同，能恰当应对文化误解或冲突，积极适应新的文化语境，运用合适的跨文化交际策略，开展跨文化交际活动。六个级别的设定和内容描述将语言教学和文化教学融为一体，相互促进。跨文化能力相关目标涉及跨文化认知理解和行为技能，虽然对文化知识和态度目标没有明确描述，但整体上体现了跨文化外语教学的要求，可操作性较强。

美国的两份外语学习标准和《"能做"等级描述语》以"5C"标准为核心，重视外语教学在促进学习者的文化学习、学科知识的学习、对世界的认知和参与社会活动等方面的作用，体现了外语教育的人文价值理念。《面向 21 世纪的外语学习标准》将中小学的跨文化交际能力发展分为三个级别（1-4 年级，5-8 年级，9-12 年级），提供教学目标梯度描述语。《"能做"等级描述语》进一步优化了跨文化交际能力发展阶段划分，不按学段或年龄划分，而是按照能力水平，分为初级、中级、高级、优秀和杰出五个级别，这样的划分能更科学地描述具体能力水平，有利于开发相应的测评工具，也能便于学习者根据自己的实际情况，制定合适的跨文化学习计划，进行个性化学习。

澳大利亚国家课程标准指出，跨文化理解能力是学习者不断学习、丰富文化知识，逐步形成对不同文化的文化产品和文化实践的理解和批判，最终提高跨文化交际互动能力、调适个人行为、培养对异文化和跨文化积极态度的过程，跨文化理解能力的发展具有阶段性。因此，研究团队开发了跨文化理解能力学习进阶表，该将跨文化理解能力水平分为六个级别（学前为 1 级，1-2 年级为 2 级，3-4 年级为 3 级，5-6 年级为 4 级，7-8 年级为 5 级，9-10 年级为 6 级），对辨识文化和尊重文化、互动交流和发展共情、反思跨文化经历和学会承担责任三个核心要素，以及探究文化和文身份认同、探索和比较文化知识、信念和实践、尊重文化多样性、跨文化交际、思考和发展多元视角、对他人的同理心、反思跨文化经历、挑战刻板印象和偏见、斡旋文化差异九个子要素，逐一进行能力描述。

相较于欧盟、美国和澳大利亚，我国和日本在跨文化教学相关标准对其教学目标的界定和阐述过于简略，不够具体，分级描述更是远远不够。根据外语学科核心素养框架，我国《义务教育英语课程标准》（2022）和《普通高中英语课程标准》（2017）都提出，将文化意识作为外语课程的重要目标内容，融入主题语境、语篇类型、语言知识、语言技能和学习策略的教学中，并且都提出了三个级别的目标要求。《大学英语教学指南》(2020)将跨文化交际作为一个课程方向,提出开设跨文化交际课程,也提出了基础、提高、发展三个能力水平。遗憾的是,上述课程标准和教学指南中关于跨文化能力发展三个级别的目标要求一方面比较抽象、模糊,可操作性不大;另一方面,义务教育、高中和大学三个学段各自为阵,缺少能力衔接,科学性较弱。

通过上述比较可以看出,跨文化能力培养目标设定主要有两大趋势:一是按照不同学段设定学习者跨文化能力发展梯度;二是按照跨文化能力提升的阶段性特征设定学习者跨文化能力发展梯度。就我国而言,需统筹各学段英语课程教学标准,将英语语言能力的提高和跨文化能力的发展进行阶段性梯度划分。刘建达教授团队已经开发完成了我国英语听、说、读、写、译等技能的等级标准,张红玲教授团队也发布了大中小学跨文化能力教学参考框架,如何运用这两个研究成果修订我国英语课程教学标准和指导大纲,确保我国外语教学实践的科学性和有效性是当务之急。

7.4 小结

研制和发布科学的课程标准和教学指南是推动教育理念落地的关键。本章从跨文化外语教学实践需求出发,聚焦世界各国跨文化教学相关标准,重点介绍了欧洲、美国、澳大利亚、日本和中国进入21世纪后外语教育中的跨文化教学相关标准,并从教学标准出台的背景和动因出发,对各国外语教学标准中对跨文化能力核心概念的理解以及教学目标要求等角度对这些国家和地区的教学标准进行了比较分析,指出了我国现有标准中存在的问题和不足,希望为我国外语课程标准的修订和跨文化教学实践提供参考。

第 8 章
跨文化外语教育中的教师发展

教育大计，教师为本，教师对于教学目标的实现发挥着关键作用。跨文化能力培养已成为外语教学的一个重要目标，外语教师作为跨文化教学的设计者和实施者，他们的意识和能力至关重要。因此，探究教师如何理解和开展跨文化教学，如何认识自己在跨文化教学中的角色，如何发展自己的跨文化教学能力很有必要，对于促进学生的跨文化能力培养和教师自身的职业发展都有重要意义。本章将聚焦外语教师，对他们对跨文化外语教学的认知和实践、角色定位以及教学能力进行分析。

8.1 跨文化外语教育中的教师研究概述

教师是课堂教学的实践者、决策者和改革者。外语教育一直走在教育改革的前沿，教师不断面临改革带来的新要求和新挑战。对外语教师的研究兴起于 20 世纪 90 年代，研究关注教师的方方面面，包括身份认同、成长发展、知识结构和认知信念等（Borg, 2006; Freeman & Johnson, 1998; Johnson, 2009; Kumaravadivelu; 2012）。进入 21 世纪以来，我国对外语教师教育和发展的关注也日益增长（顾佩娅，2009；吴一安，2008；徐浩，2018；徐锦芬，2020）。

然而，从跨文化教学视角关注外语教师的研究数量较少。郑萱（2019）通过文献检索分析认为，国外最早的相关研究是 Ernst 于 1937 年发表的《关于外语教师》（*Concerning Foreign Language Teachers*）一文，该文呼吁"外语教师必须深刻理解语言的生命和文化意义"（转引自郑萱，2019：87）。此后几十年间与外语教师和文化相关的发表大多是一些零星的观点性文章,直到90年代后才有相对显著发展。其中,很多研究通过问卷、访谈等方法调查欧洲国家如英国、丹麦、芬兰(Byram & Risager, 1999; Larzén-Östermark, 2008; Sercu et al., 2005)和其他地区国家如新西兰、伊朗等语境下外语教师对跨文化教学的认知和实践情况(Estaji & Rahimi, 2018; Oranje & Smith, 2017)。也有学者致力于教师的跨文化教学能力发展研究(Deardorff, 2009; Dimitrov & Haque, 2016),这些成果为美国和加拿大等多元文化国家的教师发展提供了参照。20世纪末,我国开始出现关注文化教学中的外语教师研究,以教师的文化素质为主题(转引自郑萱,2019)。2010年开始学界对跨文化教学中的教师研究有显著增长,其中,很多学者从应然的角度阐述了外语教师跨文化教学能力的重要性,提出了跨文化教学能力的建议框架(潘亚玲,2016;潘晓青、朱丽华,2017;颜静兰,2014;张红玲,2007;庄恩平;2012),也有研究以问卷方式调查了中国语境下外语教师们跨文化教学的信念和实践,分析了其现状和问题(韩晓蕙,2014;邵思源、陈坚林,2011;张淳,2014;Han & Song, 2011)。

不可否认的是,外语教师是"外语教学改革和培养学生跨文化交际能力培养目标实现的关键,教师的观念和能力的显现对培养学生跨文化交际能力紧密关联"(颜静兰,2014:142)。外语教师们不仅要熟悉文化、跨文化能力等相关概念,还要理解使用什么样的教学策略才能实现教学目标,即如何开展跨文化外语教学实践。跨文化外语教学要"充分挖掘外语教学的文化教学功能,将外语教学与文化教学有机结合,融为一体"(张红玲,2007:323)。面对新时代外语教学赋予教师的新使命,他们应在已有跨文化教学认知和实践的基础上,不断更新教学理念,丰富学科知识,调整角色定位,提升跨文化教学能力。

8.2　教师对跨文化教学的认知与实践

教师认知是指教学中不宜观察到的教师的认识过程和结构,即教师的所知、所思和所信(Borg, 2006),其作为教学行为的助推力对教师的教学实践和课堂决策起到决定性作用。语言教师认知研究表明,相对于教学方法或教学材料,理解并改善教学效果最关键的因素是教师。就跨文化外语教学而言,教师作为教学实施主体和决策者,他们对跨文化教学的认知和教学行为决定了学生跨文化能力的培养。目前,国内外外语教师基于语言与文化不可分割关系的认识,在课堂教学中开展了各种形式、不同程度的文化或跨文化教学,学界也日益关注教师对跨文化教学的认知理解、态度信念以及教学实践。

8.2.1　教师对跨文化教学的认知

20 世纪 90 年代以来,随着跨文化能力培养逐步被接受,成为外语教学的重要内容和目标,国内外学界关于教师跨文化外语教学认知、态度和能力的研究成果不断丰富。从国外来看,莱萨德 - 克劳斯顿(Lessard-Clouston,1996)是早期关注这一研究领域的学者,在其 *Chinese Teachers' Views of Culture in Their EFL Learning and Teaching* 一文中对 16 名中国中学英语教师的文化教学观念进行了案例研究和访谈调查,发现教师对文化在外语教学中的作用都被高度认可,但对于如何将文化融入他们的英语教学知之甚少,有必要对文化显性地融入英语课程体系加强研究。该领域另一位具有重要影响力的学者塞尔库在其 *Foreign Language Teachers and Intercultural Competence: An International Investigation*(Sercu et al., 2005)一书中,对来自比利时、保加利亚、波兰、墨西哥、希腊、西班牙、瑞典 7 个国家的 424 名教师从职业身份认同的视角进行问卷调查和访谈,重点关注教师对外语教学中跨文化教学的理解、信念以及在课堂教学中采取的教学策略。研究发现,教师普遍认同跨文化教学的必要性,认为在实践中重视和落实不够,意识到自己跨文化教学能力欠缺,因此研究指出要重视对教师的跨文化教学认知和能力的培训,促进教师职业发展。除此之外,芬兰、英国、新西兰、伊朗也有学者(Larzén-Östermark,2008; Young & Sachdev, 2011; Oranje & Smith, 2017; Estaji & Rahimi, 2018)对外语教师的跨文化教学的理解、信念和实践进行了实证研究,综合这些研究成果我们发现,在外语教育中培养学生的跨文化能力已成为教师的共识,各国外语教师已在课堂教学中进行了卓有成效的探索,但是因为缺乏教学理念和策略的指导以及课时、教材的限制等原因,跨文化教学在实践中未能到位。

国内学者近年来也在中国语境下开展了类似的研究。韩晓蕙、宋莉(2011)调查了东北地区30名高校英语教师对于跨文化能力的理解和教学实践;邵思源、陈坚林(2011)对东部35名高中英语教师的跨文化敏感度进行了调查;张淳(2014)调查了武汉地区201名高校英语教师对跨文化能力培养的信念;韩晓蕙(2014)调查了全国39所高校1081名英语教师对跨文化能力及教学的认知。这些研究均在近十年完成,体现了外语界对教师跨文化教学认知和信念的日益关注。根据这些研究的结果分析,绝大多数教师都认同文化教学或跨文化能力培养在外语教学中的必要性和重要性,但对跨文化教学的目标和内容的理解不够全面、深入,存在不同程度的误解,有些教师仍将传授目的语国家的语言文化知识当作文化教学的重点,对世界其他文化关注不够。这些问题是多方面原因造成的。"教师缺乏实际的、有指导的跨文化体验;观念的转变并非易事,而干预性的教师培训效果有待验证;缺乏以培养跨文化能力为目标的外语教材、课程设计和测试。"(郑萱,2019:89)"外语教师普遍认为自身跨文化能力尚不足、难以很好地胜任文化教学及缺乏文化教学培训等问题;在教学实践中教师多是凭借自己对跨文化含义的理解和经验进行教学,往往主要涉及自身熟知的领域。"(周易,2020:124)由此看来,我们应该加强对外语教师进行培训,帮助他们全面、深入理解跨文化教学理念和目标,掌握跨文化教学的原则和方法,促使他们通过积极探索和实践,不断提高跨文化教学能力。

8.2.2 教师的跨文化教学实践

外语界的学者从外语课堂教学实际出发,纷纷提出跨文化外语教学的理论框架和教学原则,为教师的深入实践提供参照。达门(Damen,1987)结合跨文化领域的研究成果,从方式手段、教学材料、活动设计等方面对如何开展文化教学提出了系统性的建议。凡蒂尼(Fantini,1997)在提出多维度、多要素、发展性的跨文化能力框架的基础上开发

第 8 章　跨文化外语教育中的教师发展

了 50 个适合应用于外语课堂教学的创新性跨文化教学活动。克罗泽等学者（Crozet et al., 1999）归纳了四种文化教学方法：传统（或广义）文化教学、文化研究或区域研究教学、文化作为行为或社会规范的教学和跨文化语言教学，指出前三种文化教学法将目的语文化知识作为主要学习内容，目标是本族语者，而跨文化语言教学法通过强调对文化普遍性概念的理解，主张将培养跨文化的人作为教学目标。莫兰（Moran, 2004）提出了"文化体验"的概念，提出了跨文化教学的"文化五要素"模型，即文化产品、文化实践、文化观念、文化社群及文化个体，五要素之间密切相关，文化教学要将五要素综合考虑，融为一体进行教学。他还提出了文化教学的 12 条基本原则，并特别强调外语教师要具备相应的知识和能力。里迪克特（Liddicoat, 2004）提出跨文化外语教学应包含四类文化活动：文化学习、文化对比、文化探索和文化间"第三者身份"定位。他认为跨文化外语教学可以按照留意、比较、反思和互动四步开展，学生在这四个不断循环往复的过程中发展跨文化能力（Liddicoat & Scarino, 2013）。这些教学框架、模型和原则为外语教师们开展跨文化教学实践能够起到较好的指导和参考作用。

除上述理论研究之外，各国外语教师和研究者立足课堂，积极开展跨文化教学行动研究。例如，在英语课堂上通过比较分析不同视角对同一社会事件不同的解读，帮助学生认识语言使用隐含的文化价值观，增强他们对时事评论的批判意识以及对多元观点和立场的敏感性（Escudero, 2013）；在教学设计中运用开放性的关键事件"相遇练习"（encounter exercise），让学生在获取英语语言训练机会的同时，能够通过理解和分析事件中的误解和冲突，提高对跨文化交际过程规律的认识，促进跨文化理解（Snow 2015）；在英语阅读课上通过收集、观察、描述、比较和评述富含社会文化信息的数字照片，培养学生的批判性跨文化意识（Kusumaningputri & Widodo, 2017）；把戏剧的朗读、观看、讨论和表演等特色活动应用于法语作为第二语言的教学，加强学生与当地法语人群的联系，使他们在深度体验中从态度、知识和技能上全面提升跨文化交际能力（Thibault, 2020）。

我国的跨文化教学实践在 20 世纪 90 年代基本上还是以目的语文化知识的传授为主，研究多以"文化导入"为主题（陈光磊，1992；廖光蓉，1999；束定芳，1996；赵贤洲，1992）。进入 21 世纪之后，胡文仲、高一虹、孙有中、张红玲、黄文红、常晓梅、郑萱等学者开展了真正意义上的跨文化教学研究。高一虹（2002）在分析跨文化能力培养的三种重要模式（构成三分模式、行为中心模式及知识中心模式）的基础上，区别了与其之前提出的跨文化能力"器"和"道"相对应的跨文化教学的跨越和超越两个层面。孙有中（2016）提出了跨文化教学的五项基本原则，分别是思辨、反省、探究、共情和体验。这些教学理念和原则对于我国的跨文化教学实践具有重要的指导意义。此外，教师也积极在教学中开展跨文化教学行动研究，如通过描述文化信息、分析跨文化交际案例、体验交际活动和反思文化差异等环节提高学生的跨文化意识和能力（常晓梅、赵玉珊，2012）；通过描述中西文化开展文化研究、撰写学习日志、反思中西文化等步骤的过程性跨文化教学（黄文红，2015）；运用观看视频、小组讨论、角色扮演、游戏、反思日记、社会调查等多元活动开展反思性跨文化教学的模式（郑萱、李孟颖，2016）；在综合英语课程教学中运用关键事件等跨文化培训方法，将跨文化能力培养与语言技能训练有机结合的教学方法（付小秋、张红玲，2017）；运用"第三空间"理论，在西方影视作品中的中国文化课程中，通过态度培养、知识建构、模拟交际、批判反思、调试顺应五个环节开展跨文化教学（顾晓乐，2019）。这些研究以跨文化外语教育理念为导向，在大学各类英语课程教学中尝试多种方法和路径，推进语言教学与跨文化教学的融合，促进学生语言能力和跨文化能力的发展，值得外语教师学习借鉴。

8.2.3 存在的问题分析

综合国内外研究我们可以得出结论：教师对在外语教学中培养学生的跨文化能力这个理念普遍认同，有较强的意愿开展跨文化教学，并在教学中积极探索，尝试了很多不同的教学方法。然而我们也发现，目前教师的跨文化教学认知和实践存在一些问题。首先，教师对外语教育中跨文化教学理念及目标内容的认识还不够全面、深入，很多老师的理解仍停留在文化知识或日常交际文化层面，因此他们的跨文化教学较为肤

第 8 章　跨文化外语教育中的教师发展

浅，鲜少触及价值观和思维方式的文化对比；其次，教师虽然获取了一些跨文化教学经验，开发了一些创新教学方法，但很多教师的跨文化教学实践都是凭借自己的主观理解和教学经验，教学方法单一，理论性、系统性、科学性不够，文化知识介绍较多，对跨文化情感态度和行为技能的培养重视不够；再次，外语教师的跨文化交际学科知识较为缺乏，涉及跨文化交际和跨文化能力的教师入职培训很少，很多教师因此不具备跨文化交际相关知识，导致他们在课堂教学中要么因为信心不足而裹足不前，不敢尝试，要么盲目、随意地开展跨文化教学；最后，世界上很多国家（包括中国）针对外语教育中跨文化教学课程标准、教学方法和测试评价等尚未形成明确的政策和建议，以跨文化外语教学为导向的教材编写亦严重滞后，教师在得不到这些重要政策和学术成果支持的情况下开展跨文化教学实践难免困难重重。

总之，近年来，随着跨文化外语教育理念不断深入人心，随着学界对外语教育中的跨文化教学日益关注，随着外语教师们的积极探索和广泛实践，国内外的跨文化外语教育均取得了显著发展。但是，由于主客观原因，教师们对跨文化教学的认知存在局限性，认知和实践之间也有较大差距，教师们有必要与时俱进，更新教育理念，重新审视自己作为外语教师的角色定位，提升在外语教学中开展跨文化教学的能力。

8.3　教师在跨文化外语教学中的角色定位

二语教学专家从历史的角度总结了人们对教师角色的三种认识，分别是"被动型技术工"（passive technician）、"反思型实践者"（reflective practioner）和"转换型知识分子"（transformative intellectual），对应其"管道型中介"（conduit）、"学习的促进者"（facilitator）和"变革的推动者"（change agent）作用，它们共同形成了一个相互关联的发展趋势（Kumaravadivelu, 2003）。实际上，外语教学中语言教师被赋予了多重角色，以胜任他们在语言教学、学生教育方面的工作，包括教学材料开发者、教学效果评估者、资源管理者、学习引导者、协调者等（Garrido & Álvarez, 2006）。

当前，外语教学中的跨文化教学受到前所未有的重视，提高学习者的跨文化能力是重要教学目标之一。外语教师的角色也随之发生了变化，教师不再只是传统知识模块，诸如词汇、语法、句型、篇章等点、线、面层面的搬运工，也不能只是信息层面传授诸如传统习俗、节日庆典、餐桌礼仪等文化背景知识的传授者。教师作为跨文化教学活动的设计者和组织者，要对跨文化能力教学内容进行取舍和平衡，尤其要审视自己在教学中的角色定位。外语教师有责任让学生了解世界，并让他们能够跨越语言和文化，与来自其他文化背景的人进行交流、相处与合作，从而最大限度发挥自己的积极作用。此外，外语教师要引导学习者对目标语文化和母语文化进行比较、对话和反思，加深他们对母语文化和其他文化的理解，同时帮助学习者增强自我认知，为其今后应对千变万化的跨文化或多元文化语境做好准备。因此，教师既是跨文化教学的设计和组织者，也是跨文化学习的引导和推动者，还是跨文化教育的学习和研究者。

8.3.1 跨文化教学的设计和组织者

教师的重要角色之一是课程的设计者与教学环境的构建者（Connelly & Clandinin, 1988）。外语教师可以通过恰当的活动设计和任务安排，为学生创设跨文化交际语境来指导他们学习，教学活动设计对于增强学生跨文化意识和跨文化能力至关重要。从这个角度来说，教师在跨文化教学中既是"专家"（expert），又是"经理"（manager）（Shaules, 2019），不仅要拥有相关跨文化交际知识，还要懂得如何将这些知识纳入教学活动的设计。

要做好跨文化教学活动的设计，教师要在理解学生需求和学习特点的基础上，明确教学目标，确定教学内容，设计教学方案，开发教学活动。跨文化教学活动可以是讲授加讨论的传统教学活动，但更多的应该是能够激发学生进行反思、促进师生和生生互动的、参与式和体验式的教学活动，可以是个体参与的任务，也可以是小组协作的任务，如案例分析、小组讨论、角色扮演、时事评论、社会热点讨论、模拟游戏，也可以布置课外作业,让学生对某一不同文化群体或个人进行观察和访谈等。教师应该熟悉这些跨文化教学方法,设计能够激发学生多元智能发展的教学活动,促进学生在文化知识、跨文化情感态度和行为技能各维度的全面提升,充分发挥教师作为课堂教学活动设计和组织者的作用。

8.3.2 跨文化学习的引导和推动者

当今世界人们可以通过多种渠道和途径便捷地获得信息,自由地开展学习,教师已不再是学生获取知识的唯一来源。课堂教学正在逐渐摆脱"满堂灌"的教学模式,教师要给学生更多的机会发挥自主性,使课堂教学逐渐实现从"以教师为中心"到"以学生为中心"的转变。外语教学中教师很重要的角色就是"引导学习者沿着正确的方向,自己去学习知识、提高能力、探索学习方法"(张红玲,2007:324)。

在跨文化教学中,教师作为引导者的作用尤其重要(Fantini, 1997)。为了增强学生的跨文化敏感性,教师在课堂上要注重引导学生对文化差异的关注和思考,指导他们对文化差异进行理解、比较和反思,并在不同文化之间架起桥梁,进行对话。此外,教师要引导学生关注课堂内外的文化现象和跨文化问题,帮助他们学会从文化视角对现实问题进行分析,培养他们的批判思维意识和解决问题的能力。为此,教师在跨文化教学中应多采取启发性教学方式,激发学生的好奇心,引导他们积极思考。教师可以将任务型教学法和学生自主学习相结合,在布置学习任务时,注意设置跨文化自主学习内容,一方面检验他们对课堂所学内容的理解和掌握情况,另一方面让学生有机会运用所学跨文化理论知识,对实际问题进行分析,提出解决问题方案,在活学活用过程中,提高学生跨文化自主学习意识和能力,为他们未来探索新的文化,在不同的跨文化或多元文化语境中与人有效交流与合作做好准备,教师作为学生跨文化学习的引导与推动者的作用也因此得以体现。

8.3.3 跨文化教育的学习和研究者

教师不仅是授业解惑者，也是学习者（顾佩娅，2009），尤其是在瞬息万变的当今世界。世界文化丰富多彩，文化一直在动态发展变化中，外语教师也必须成为学习者（Luk, 2012），甚至可以从学生那里学习。

一方面，教师，尤其是承担培养学生跨文化能力使命的教师，应该不断为自己充电，构建较为丰富的跨文化交际学科知识体系，同时以研促教，开展跨文化教学研究。教师不仅要系统学习跨文化交际学科知识，不断深化对跨文化教学内容目标的理解，还要通过积极参加教师培训和学术会议等了解跨文化交际学科前沿发展动向和最新研究成果，另外还要结合自己的学术兴趣对教学中发现的问题开展研究，不断提高学术水平和科研能力，以研促教，在发挥能动性中促进自身的专业发展（徐锦芬，2020），进一步推动课程改革（Díaz, 2016）。另一方面，在跨文化教学过程中，教师还应将学生看作是学习的资源。每一个人都有其独特的文化体验和背景故事，教师可以鼓励学生分享他们的文化故事和跨文化体验，从中接触新的文化视角和经历，形成更加丰富、立体的跨文化认知理解。同时，教师也以平等的"文化人"的身份，向学生讲述自己的文化故事这必然会营造良好的文化学习和交流氛围，课堂教学会更加活跃，教学效果也会更加有效。

总之，教师是跨文化教学的设计和组织者、跨文化学习的引导和推动者，跨文化教育的学习和研究者，这些多重角色体现了跨文化教学的本质特点。值得注意的是，教师在跨文化教学的不同阶段和不同教学层面扮演的角色也不尽相同。莫兰（Moran, 2004）在其关于文化知认教学模式的论述中指出，教师在知认方式的教学中是示范者和教练，在知认内容教学中是学习资料的来源，是信息资源的提供者、判断者和启发者，在知认归因的教学中是引导者和合作研究者，在自我知认教学中是倾听者、见证者和合作学习者。这一论述进一步说明教师在跨文化外语教学中的角色是立体多面的。

8.4 跨文化教学能力的内涵与发展

外语教师是培养学生跨文化能力的关键主体，是课程教学的设计者和实施者，他们是否具备应有的教学意识和能力至关重要。那么，教师应该具备怎样的跨文化教学能力？外语教师如何提升跨文化教学能力？本节将围绕这两个问题进行分析。

8.4.1 跨文化教学能力的内涵

跨文化教学能力这一概念是逐渐形成和发展的，国内外学者从不同视角和侧重点对其构成要素和内涵特点不断丰富和完善。

1. 跨文化培训师能力

早期的跨文化研究很大一部分来自解决外派人员跨文化障碍的现实问题的需要，跨文化培训对于推动跨文化研究学科发展起到很重要的作用。跨文化培训研究为外语教育中的跨文化教学提供了很多参考和借鉴（付小秋、张红玲，2017）。美国作为跨文化研究学科的发源地，较早出现了跨文化培训师的概念，学者提出了跨文化培训师能力（cross-cultural trainer competencies）的概念框架（Paige, 1986）。该框架包括三个要素，分别是认知基础（cognitive foundations）、行为能力（behavioral competencies）和个人特质（personal attributes）。每个要素的内涵可以从七个方面进行细致分析和解释：跨文化现象、跨文化培训、培训师与培训对象的关系、道德因素、特定文化内容、培训师因素及国际背景因素。这个框架的提出为跨文化培训师的培养与发展研究提供了重要参照，也对我们理解外语教师的跨文化教学能力具有启发意义。

2. 外语教师的跨文化能力

外语教育中的跨文化教学是国内早期跨文化研究的核心主题之一，但自20世纪80-90年代以来，相关研究多聚焦于跨文化教学理念和教法,对教师的研究关注较少。张红玲(2007)较早呼吁学界要重视外语教师的跨文化能力,认为培养教师较强的跨文化意识和能力是跨文化外语教学理念得以落实的前提。外语教师的跨文化能力应该由教师本人的跨文化交际能力和他们开展跨文化教学的能力两个层面构成。前者是教师进行跨文化外语教学的一个必要条件,如果教师自己缺乏较为丰富的文化知识和较强的跨文化意识和开放、包容的情感态度,不具备灵活、变通的跨文化交际能力,指望他们在课堂教学中培养学生的跨文化能力是难以想象的。外语教师应该通过系统学习和自主探索,培养跨越不同思维方式和不同世界观和价值观的能力,培养应对与解决跨文化冲突的能力。后者指的是教师的跨文化教学能力,也可以从态度、知识与技能三个维度考量,分别是教师对跨文化外语教学理念的接受度和认同度,对跨文化外语教育理念、目标、原则和方法的认识和了解,对跨文化教学课程设计、教学活动开发及教学效果评价的能力。张红玲从发展教师个人的跨文化能力和提升教师跨文化外语教学能力两个方面的论述较好地呈现了外语教师跨文化能力的构成要素和内涵特点。

潘亚玲(2016)建构了外语教师跨文化外语教育与教学能力框架,认为从情感态度层面,教师要对本族文化和目的语文化深入反思,培养对异文化的包容心、跨文化敏感性和移情能力;在认知层面,教师要不断积累对不同文化的认知理解,学习跨文化交际理论知识;在行为技能层面,教师要积极开展跨文化教学实践,积累跨文化教学资源,在课堂内外为学生设计跨文化教学活动,创造跨文化学习的机会,帮助学生获取更多跨文化体验和实践经历,多途径提高他们的跨文化能力。潘亚玲的研究里对跨文化教学能力要素和内涵的描述基于跨文化能力最广为接受的情感、认知和行为三维度模型,强调教师在学生跨文化能力培养上的主动性和创造性。

施渝、樊葳葳(2016:117)将跨文化教学能力定义为"在外语教学中培养学生以一种批判性的态度观察本族语和目的语的语言和文化,以合适的方式进行跨文化交际活动的能力"。基于该操作定义,他们认为跨文化教学能力主要体现在跨文化教学信念、教学实践及教学反思三个维度。他们基于这三个维度开发了大学英语教师跨文化教学能力自测量表,量表包括教师对外语教学和文化教学目的的理解、文化教学主题与活动以及教师自身的跨文化意识、态度、效能和对教学情况的反思等。该研究从测试评价的角度阐述跨文化教学能力内涵要素，其编制的量表具有较高的信度和效度，为教师跨文化教学能力的测评奠定了良好的基础。

3. 多元文化环境下教师的跨文化教学能力

加拿大学者多年来致力于多元文化环境下教师跨文化教学能力（intercultural teaching competence）的研究，并研制出一个相应的模型（Dimitrov & Haque, 2016），该模型包含三个方面，分别是：跨文化基础能力（foundational competencies）、跨文化引导能力（facilitation competencies）和跨文化课程设计能力（curriculum design competencies）。跨文化基础能力指的是教师自身的跨文化意识以及为学生提供跨文化学习示范和参照的能力；跨文化引导能力建立在跨文化基础能力之上，指的是教师引导学生理解和欣赏文化多样性、与来自不同文化背景的人们交流互动的能力；跨文化课程设计能力指的是教师在课堂教学中设计和实施跨文化教学活动的能力。除此之外，他们还提出了20条具体技能，对三个方面的能力进行具体化描述，如针对跨文化课程设计能力提出了五项具体技能：（1）确定课程具体的跨文化学习目标；（2）选用多元视角和多种学科的材料作为学习资源；（3）设计能够促使学生换位思考、增强共情力的教学活动；（4）为增进学生自我认知、发展多元文化身份认同创造机会；（5）设计包括笔试和口试的多种形式测评手段。这一研究成果虽然聚焦的是多元文化环境中的多元文化教育，但这一跨文化教学能力框架对于开展跨文化教学的外语教师也具有启发和参考意义。

综上所述，为了有效开展跨文化教学，外语教师一方面要增强自我跨文化意识和跨文化交际能力，另一方面要积极探索，培养较强的跨文化教学能力，包括对跨文化教学理念的深入理解以及课程设计、活动开发、教学组织、教学评价等能力。

8.4.2 跨文化教学能力的发展

外语教育中的跨文化教学旨在培养学生在认知理解、情感态度和行为技能多层面的跨文化意识和跨文化能力,教师作为课堂教学的组织和实施者对于实现这一教学目标起着至关重要的作用。从现实情况来看,我国外语教师的学科背景知识以语言学、文学、翻译等为主,缺乏跨文化交际学科知识,因此要承担跨文化教学的目标任务困难很大,迫切需要接受跨文化交际和跨文化教学相关培训,促进教师专业发展。本节将从跨文化培训、跨文化交际体验和跨文化教学反思三个方面阐述教师跨文化教学能力发展途径。

1. 跨文化培训

培训是教师发展的重要手段,对于促进教师更新教学理念、提升教学实践和科研能力具有重要的意义。跨文化外语教育是外语学科发展的新理念,为教师提供跨文化培训的主要目的是帮助教师丰富跨文化交际学科知识,理解外语教育中跨文化教学的内涵目标,掌握跨文化教学的普遍规律和教学方法。张红玲在《跨文化外语教学》一书中提出,对外语教师进行跨文化培训首先要帮助教师"理解跨文化交际能力的概念和意义,了解导致跨文化交际困难和失败的因素"(张红玲,2007:322)。为了促进跨文化外语教学理念在大学英语教学中得到贯彻落实,她对英语教师做了需求调查,发现教师特别需要三方面的培训:"自身跨文化素养的培养、教学观念的更新和实际教学能力的提高"(张红玲,2009:287)。通过教师个人跨文化能力的培训帮助他们积累丰富的跨文化交际学科知识,提高文化意识和跨文化敏感性,促使他们有意识地调整自己的文化行为,全面提高跨文化能力。就跨文化教学能力培训而言,教师培训要在课程设计和活动设计方面给教师们提供具体指导,包括跨文化教学目标的确定、教学大纲和教案的设计、教学方法的选择及使用、教学材料的选取及补充、学习任务的布置及评价等方面。她开发了一个为期两天的外语教师跨文化培训项目,培训内容包括以认知学习为主要目的的讲座和案例分析、以情感态度培

第8章　跨文化外语教育中的教师发展

养为目的的模拟游戏和角色扮演、以促进交流反思为目的的小组讨论和故事分享。该教师培训项目从学生跨文化能力培养的现实需求出发，采用先进、前沿的设计理念和多元、创新的培训方法，是我国外语教师跨文化培训的一项有益尝试。

庄恩平（2012）认为外语教师的跨文化培训应包括四方面的内容：对跨文化教学法的理解与探讨、跨文化交际能力、跨文化交际学科的了解与课堂组织应变能力。颜静兰（2014）发现很多外语教师在跨文化交际能力上存在"缺口"，培训是有效的"补漏"方式之一，她建议邀请跨文化研究专家对教师进行理论辅导，或邀请具有丰富海外留学和生活经历的教师，包括外籍教师，分享跨文化交流体验。在培训内容上要理论联系实践，将教师自己的文化知识和跨文化经历与跨文化交际理论联系起来。

潘晓青、朱丽华（2017）从教师教育和专业发展的角度指出，外语专业，尤其是师范类本科及研究生阶段，应该开设跨文化教育课程，培养具有跨文化教学能力的合格教师，同时还要为在职外语教师提供短期的跨文化培训课程，帮助他们在课堂教学中开展跨文化教学，促进教师的职业发展。她们以跨文化交际能力模型（Byram, 1997）为理论基础开发了一个培训项目，培训的目标内容由教师的跨文化交际能力和跨文化教学能力两个模块构成，培训方法包括讲座、案例分析、关键事件、讨论、角色扮演和跨文化体验，培训的评价除了常用的跨文化能力量表，还运用了学习者作品集等形成性评价方式。

我国外语学习者和外语教师人数庞大，学校类型差异和地区差异很大，因此对外语教师开展跨文化培训并非易事，需要教育主管单位统筹推进，也需要大量的跨文化研究和外语学科专家一方面深入研究外语教师开展跨文化教学的规律和要求，建构科学、合理的教师跨文化培训理论，另一方面积极实践，设计符合不同类型教师需求的培训项目，帮助教师获取跨文化交际学科知识，提高跨文化教学设计和实践能力。与此同时，广大外语教师应该增强跨文化自主学习意识，将培训中获取的新知识、新理念和新方法有意识地进行反思与实践，在不断应用中，既培养学生的跨文化能力，也增强自己的教学能力。

2. 跨文化体验

对异文化的认知和体验对于培养教师的跨文化意识和能力、提升课堂教学质量、促进教师职业发展有很大的作用（Göbel & Helmke, 2010），外语教师应当尽可能利用多种途径和方式去体验与感知异文化。文化沉浸（如海外研修、出国留学）通常被认为是获得跨文化体验的理想方式之一，沉浸在新的文化环境中，教师亲身接触目的国文化的生活方式和社会习俗，并与当地文化群体成员互动交流，感知文化差异及其带来的困难或兴奋，有助于增强对目的国文化的认知和对文化差异的敏感性，从而增强跨文化意识和能力。具有这种异文化经历和体验的教师，更容易培养对不同文化的理解和包容，因此在跨文化交际中往往能更好地调整自己的言行，更快地适应新环境。换言之，丰富的跨文化体验能够促进教师个人的跨文化能力发展，在课堂教学中还能将个人的跨文化体验"转化"为教学资源和素材（Senyshyn, 2018），与学生分享和交流，教学过程和教学效果会更佳。

因此，学校和各级教育部门应该给外语教师提供赴目的语国家研修的机会，既帮助他们在接触和体验目的语国家文化中丰富认知理解，感受文化差异，也通过跨文化交流促进他们教学科研水平的提升。欧盟的伊拉姆斯项目（Erasmus）就是为了促进英语在欧洲作为外语的教学设计的跨文化师资培训项目，项目参与者是来自四个国家（芬兰、法国、波兰、西班牙）四所大学的英语师范生，两周的项目结束后，研究者通过问卷调查发现学员在文化知识、跨文化交际技能和文化反思三个层面都有明显的提升，跨文化教学能力也因此得到了增强（Strugielska & Piątkowska, 2016）。

考虑到出国体验和研修的成本较高，机会有限，教师可以利用一些其他方式增加对异文化的了解。例如，在网络时代，"在地"国际化资源非常丰富，教师一方面可以充分利用网络资源，关注国际社会动态发展和世界各国时事新闻报道中的跨文化问题，对这些问题进行跨文化思考和分析，培养自己的跨文化思辨意识和能力，同时积累相关音视频资料，作为教学资源应用于跨文化外语教学中；另一方面积极参加在国内或本地举行的各类国际化活动，或者主动与身边来自不同文化背景的人们交流互动,增强对文化差异的敏感性。

3. 跨文化教学反思

反思作为教师自我提升的重要途径,已经得到国内外学者的普遍认可和重视。美国教育家和哲学家杜威指出,反思是思维主体对行动过程中遇到的问题不断深思,反思有助于解决问题(转引自张红玲,2007)。这一概念的提出在教育领域反响热烈,对教师的自主学习和教学实践都具有重要的启发意义。为了不断优化教学过程、提高教学能力,教师要对自己的教学设计和课堂行为进行反思,以认识自己教学中的优点和不足。反思有助于促进教师业务能力的提高,对于从事跨文化教学的教师而言,反思的作用更加不可或缺。张红玲(2007)指出,跨文化外语教学的教师要从三个方面进行反思。首先,教师作为学习者要对自己的语言文化认知进行反思,不断完善自己的跨文化知识储备和能力;其次,教师通过记录语言文化教学的经历和体会进行反思,发现存在的问题并努力找到解决问题的办法;最后,教师通过参加教学研讨等学术活动,与同行交流分享教学体会,共同研讨更有效的跨文化教学方法和教学资源,并通过教学笔记和日志及教学案例分析等方式进行反思。

迪尔朵夫(Deardorff,2009)基于其跨文化能力金字塔模型提出了一系列具体反思问题,为教师在通过跨文化反思增强自己的跨文化意识、提升跨文化教学能力、培养学生的跨文化能力方面提供了一个较为全面、可行的建议方案。首先,她认为情感态度是基础和起点,为了实现培养开放、尊重和好奇的跨文化情感态度目标,教师要从以下五个方面进行反思:(1)教师对来自不同文化、社会经济和宗教背景的人们到底有多开放?(2)教师是否会针对个体学生很快给出自己的主观判断?教师在了解具体、复杂的情况过程中是对学生或对形势会有提前预判,还是会暂缓判断?(3)教师是根据我自己的文化期待来评价学生行为,还是基于学生的文化背景来理解学生行为?(4)教师尊重那些来自不同背景的人吗?教师是如何表现自己对他们的重视,即使在不同意他们的信念和观点的时候?(5)教师是否渴望了解不同文化,是否很想知道学生的背景和经历,是否努力去了解更多?

从文化认知理解维度,迪尔朵夫认为教师要深入理解世界观、历史语境等因素对具体文化的影响,还要从他者视角来认识世界,具体来说,应该对以下问题进行反思:(1)教师能够描述自己的文化语境吗?哪些文化价值观影响教师的言行以及教师与他人交际的方式?教师的核心价值观念是什么?它们是如何受到文化的影响而形成的?(2)教师如何来描述自己的世界观?(3)教师如何来描述学生的世界观?这些与教师理解世界的方式有何不同?(4)教师对学生的文化背景知道多少?还有哪些缺失的信息,如何才能获取?(5)教师应该如何把学生的世界观纳入课程材料中?(6)教师现在使用的课程材料体现了怎样的世界观?教师应如何夯实教学材料,使其能够代表和展示更多的世界观?

就跨文化行为技能而言,倾听与观察及讲述与评价被认为最重要,迪尔朵夫提出的反思问题包括:(1)教师有多少时候是真正地在倾听学生的声音?(2)在课堂上教师是否会积极地观察,在学生互动以及教师与学生之间互动过程中,是否会注意其中的细微差别和动态变化?(3)教师会积极反思自己的教学实践以及与不同文化背景的人之间的互动吗?会尽力去理解事情发生背后的原因,并思考从中可以获取怎样的经验教训吗?(4)教师知道如何从跨文化的视角去评价交际互动和事件情形,力求理解现象背后的文化原因吗?

除了上述情感态度、认知理解和行为技能三个维度之外,迪尔朵夫的跨文化能力金字塔模型还包括内在和外在两个结果。针对内在结果,即灵活、变通、共情能力,她为教师们提供的反思问题是:(1)教师知道学生想要如何被对待,还是主观认定他们希望教师根据自己的文化标准来对待他们?(2)教师是否能够调整行为和交际风格来适应具有不同文化交际风格的学生?(3)在回应学生学习需求时教师是否足够灵活,是否能够去理解不同文化视角下的不同需求?(4)教师真的能够从多元视角来看待知识、文化产品、事情或问题吗?外在结果是指在跨文化交际中恰当和有效的交际行为,对此迪尔朵夫给教师们提出的反思问题包括:(1)教师在与学生的互动中是否表现恰当?在教学中呢?学生会如何回答这个问题?(2)教师在完成目标任务过程中是否采取了恰当和有效的方式?(3)在未来的人际交流和课堂教学中,教师可以做哪些改变,让自己的交际行为更恰当,更有效?

迪尔朵夫最后就教师对于如何培养学生跨文化能力应该反思的问题进行了梳理和总结,具体包括:(1)教师如何将学生的文化视角融入课程教学?(2)教师如何为学生反思自己的跨文化能力发展提供机会和空间?(3)教师在此过程中如何扮演导师的角色?(4)其他相关群体的人员在学生跨文化能力发展过程中可以起到什么作用?(5)技术对于学生获取与其他来自不同背景人们相关的知识和技能能够起到什么作用?(6)教师如何帮助学生对不同的世界观表现出恰当的尊重和开放?(7)教学过程中学生如何有效、恰当地进行小组合作学习?(8)教师在课堂上如何超越"客观文化",促使学生更多关注影响他们与他人互动方式的"主观文化"?(9)教师如何帮助学生培养跨文化的世界观?如何帮助学生进行跨文化思考?

综上所述,外语教师跨文化教学能力包括教师自身的跨文化能力和设计、实施跨文化教学的能力。外语教师可以通过跨文化培训、跨文化体验和以及跨文化教学反思等途径来提升自己的跨文化教学能力。这个提升的过程比较复杂,不仅依赖于教师个人的自主学习探索和积极实践积累,还需要教育管理部门为教师组织职前和在职培训,提供进修学习机会,同时还需要同行教师之间的交流合作,通过跨文化教学教研室和教师共同体等形式,促进教师共同发展。

8.5 跨文化教学活动设计案例

教师普遍对跨文化外语教学高度认同,然而在实际教学中由于缺乏指导,教师往往力不从心,教学效果不佳。本节将以《大学跨文化英语综合教程》第二册第 2 单元为例,重点对文化探索模块(Cultural Exploration)中的性别刻板印象主题的跨文化教学活动设计进行讲解和分析,希望给教师的教学实践提供一点参考。

Breaking Away from Sexism

Step 1: Check Your Gender Expectations

What qualities or characteristics do women often have? What about men? Brainstorm and write down your ideas in the following chart.

Women	Men
What they have in common:	

  这个活动的目的是促使学生客观理解女性和男性的不同和相同之处。具体教学步骤如下：
  （1）请学生快速思考女性和男性的特征，并写下关键词；
  （2）请学生快速思考女性和男性共同之处，并写下关键词；
  （3）引导学生反思女性和男性的异同点。

Step 2: Appreciate a Poem

Every Girl, Every Boy

By Crimethinc

For every girl who is tired of acting weary when she is strong,
There is a boy tired of appearing strong when he's vulnerable.

For every boy who is burdened with the constant expectation of knowing everything,
There is a girl tired of people not trusting her intelligence.

For every girl who is tired of being called overly sensitive,
There is a boy who fears to be gentle and weep.

第8章　跨文化外语教育中的教师发展

For every boy for whom competition is the only way to prove his masculinity,
There is a girl who is called unfeminine when she competes.

For every girl who throws her E-Z- Bake oven,
There is a boy who wishes he had one.

For every boy struggling not to let advertising dictate his desires,
There is a girl facing the ad industry's attack on her self-esteem.

For every girl who takes a step toward her liberation,
There is a boy who finds the way to freedom a little easier.

（1）What does the poet try to tell his readers in this poem?
_____
_____

（2）Do you agree with the poet? Why or why not?
_____
_____

这个活动的目的是帮助学生在反思性别刻板印象的基础上打破这一刻板印象。具体步骤为：

（1）请学生大声朗读该诗歌；
（2）引导学生分析作者的写作动机与目的；
（3）帮助学生打破以往的性别刻板印象，减少性别歧视。

Step 3: Role Play Two Scenarios
Go over the two scenarios involving toys, boys and girls. Role play one of the scenarios with your partner and share your opinions about toys and gender stereotypes.

  A. Elizabeth and John are given a play fire engine during recess. John tells Elizabeth that she can't play with the fire engine because only boys can become firefighters. Elizabeth tries to tell John he is wrong.

B. Adele is playing in her room with her Barbie doll. Her brother Fred comes in and starts to play with another Barbie doll. Adele tells Fred that he can't play with the Barbie doll because only girls can play with Barbies. Fred tries to tell Adele she is wrong.

这个活动的目的是让学生体验性别刻板印象造成的负面影响。具体步骤为：

（1）请学生浏览两个场景，并与同伴进行角色扮演；

（2）邀请学生上台进行角色扮演展示；

（3）引导学生对当前社会上存在的性别刻板印象进一步反思和批判，并能在实际行动上促进男女平等。

8.6 小结

本章关注跨文化教学中的教师，主要探讨了教师对外语教育中跨文化教学的理解与实践、教师在跨文化外语教学中的角色定位，以及教师跨文化教学能力的内涵及其发展。研究发现，外语教师普遍认同跨文化能力培养作为外语教学目标和内容的重要性，并开展了不同程度的跨文化教学实践。然而，教师的认知和实践之间存在较大的差距，这与教师本身的跨文化能力和跨文化教学能力不足有关。外语教师是跨文化教学的设计和组织者、跨文化学习的引导和推动者、跨文化教育的学习和研究者。教师要承担起这些角色任务，需要接受系统的跨文化培训，具备丰富的跨文化体验，以及积极的跨文化教学反思，培养较强的跨文化教学能力。

对于中国大多数外语教师来说，跨文化外语教学是一种较新的教育理念，涉及外语和跨文化交际以及教育学和心理学等多个学科。如何为教师们设计跨文化教学培训项目，如何发展教师的跨文化外语教学能力，需要更多学者予以关注，开展研究。

第9章
跨文化外语教育研究方法

本章主要是对跨文化外语教学研究的范式以及具体研究方法的归纳和梳理。范式源于特定的人性理解方式，特定的哲学思想流派对文化、交际、交际者等基本观念及其关系的指导性理解形成了跨文化研究的特定范式类型。西方现代哲学自笛卡尔开始，在本体论层面出现了物质与精神的二分，同时在认识论层面导致了经验论和唯理论的对立，因此在范式层面，就形成了实证主义范式（经验论基础）和解释／诠释主义范式（唯理论基础）的对立。前者注重探究影响跨文化交际行为的因果模式，在这一范式的指导下产生了行动研究、实验研究等量化研究方法；后者则注重对人们交际模式进行深刻且详细的描写，主要诞生了教育民族志、案例研究等质性研究方法。为了解决笛卡尔的二元思想，后现代主义哲学由此诞生，新的范式，即批判主义范式以及实用主义范式相继产生。批判主义范式在解释／诠释主义范式的基础上，聚焦群体间的权力差异与交际行为之间的相互建构，是会话及文本分析方法的理论基础。实用主义范式则以生活整体或人类活动全体来理解文化和交际，以交际者对交际情境的应对和创造为基本逻辑主线，探究每一次交际行为对交际情境和自身人格的建构作用，与扎根理论的研究方法紧密契合。总的来说，实证主义范式仍然是整个跨文化外语教育研究的主导范式，解释／诠释主义范式和批判主义范式作为补充和新兴范式也愈加被广泛接受，最后实用主义范式力图对已有范式进行整合，为混合型研究方法的使用提供了元理论层面的支持。

9.1 研究范式

范式之争是西方社会科学领域的缩影，本质上是不同哲学思想之间的互动，范式之争始于柏拉图哲学与亚里士多德哲学的分歧。亚里士多德从目的论或终极论上理解事实的哲学传统，产生了唯心主义的反实证主义范式，也就是建构主义范式；柏拉图从因果——机制论的观点来解释和预言现象的哲学传统，产生了实证主义范式。总的说来，目前整个跨文化交际领域，甚至是整个社会科学的研究领域均存在三种相互对立并相互补充的研究范式，即实证主义范式、解释/诠释主义范式以及批判主义范式。从更加概括和宏观的角度，这三种范式还可以简化为本质主义范式与建构主义范式，严格说来，实证主义范式属于本质主义，解释/诠释主义则属于建构主义范式，而批判主义范式则介于两种之间。但是为了论述的方便，学者们倾向于从整体上把握范式之间的差异，因此许多学者将批判主义范式列入到建构主义的范畴当中。但是随着实际研究的不断开展，学者们开始着力于在实践层面弥合范式之间的对立，以更为实用和灵活的方式来运用和遵循范式，以满足开展混合性研究的需要。这在很大程度上，也使得实用主义的研究模式逐渐在实践的应用中得以慢慢产生，在不断被总结升华后最终上升至理论层面，成为第四种范式，即实用主义范式。

9.1.1 概述

对范式进行系统思考和梳理的理论研究在社会学领域中很早就开始了，但是具体到跨文化交际领域，直至20世纪80年代初，真正意义上的系统性理论研究才开始出现。古迪昆斯特（Gudykunst）是这项学术工作的初创者之一并为此打下了基础。对范式进行思考和梳理的过程，也是一个整合现有理论的过程，范式的梳理能够让人们看到现有理论之间的共性和差异（戴晓东，2011）。因为范式是超越具体理论的，它为理论的建构方式提供了基本的指导框架，能够涵盖诸多不同议题的理论，所以将跨文化交际置于不同范式下进行综合对比，可以凸显跨文化理论建构及研究实践所呈现的整体特征及差异。

1. 二分法：客观主义与主观主义

古迪昆斯特在范式层面将跨文化能力的讨论划分为两类——客观主义路径（因果过程）和主观主义路径（行为/解释），基本上等同于实证主义和诠释/解释主义的划分方式。本体论层面，客观主义路径持唯实论/现实主义（realism）的世界观，客观主义路径持唯名论（nominalism）的世界观；认识论层面，客观主义路径持有实证主义的观点，而主观主义路径持有反实证主义的观点；方法论层面，客观主义路径具有常规科学（nomothetic）的特征，主观主义路径则具有描述科学的观点（ideographic）的特征。值得注意的是，古迪昆斯特除了在本体论、认识论、方法论层面对"范式"进行解构分析之外，还结合跨文化交际实际的研究特性，增加了"人性"的维度，来表示人与其外部环境的相互作用方式。主观主义路径持有唯意志论的立场，强调交际者对交际情景的创造，交际活动更具有建构性；客观主义路径持有决定论的立场，强调交际情境对交际者交际方式的塑造，交际活动更具有行为主义的特性（Gudykunst et al., 2005）。

古迪昆斯特最大的问题在于他以一种二元对立的框架去审视已有范式，忽视了一些兼具主观主义与客观主义特征的范式，如批判主义范式。而且古迪昆斯特对范式与已有理论之间联系的关注十分有限，对于范式以何种方式指导并建构了理论，他也并没有做出详细的说明。但是他的工作是基础性和开创性的，为跨文化交际理论的整合性研究创立了初步的框架，也为本土化理论的建构指明了方向。

2. 三分法：社会科学范式、解释范式及批判范式

马丁和中山两位学者指出，跨文化交际研究存在三种基本范式，即社会科学范式（功能范式）、解释范式、批判范式。与其他对范式的主导分析模式不同，马丁与中山对范式的解构性分析更加贴近于理论建构的需要以及跨文化交际学科本身的特性。学者一般倾向于从本体论、认识论、知识论、以及价值论这几个层次来阐释范式，但这两位学者则更注重形而上的思想与研究实践的融合，因此他们从学科基础、研究目标、对现实的假设、对人类行为的假设、研究方法、文

化与交际的关系、贡献这几个层面来论述三种主要范式的联系和差异。"学科基础"范畴的设定是由于两位学者考虑到了跨文化交际本身的跨学科性，不同学科背景的研究者所关注的跨文化交际维度也有所区别；"对现实的假设"代表本体论的哲学假设；"对人类行为的假设"可以认为是一种自我观的表达；"研究方法"联结了哲学层面的方法论和实践层面的资料收集方法。随后他们又指出，文化、交际、情境、权力是理解跨文化交际的基础概念。其中，文化与交际属于前景性因素（foreground），是学者最为关注的并具有凸显意义的概念；而情境与权力则属于背景性因素（background），相较于前景性因素，背景性因素并不十分显著，容易被研究者所忽略。在对研究范式梳理的基础上，他们还指出三种范式所存在的不足，并认为如果仅仅只是在一种路径/范式的指导下开展研究的话，势必只会对跨文化交际产生片面的理解。他们提倡不能简单地肯定或否定某一种路径/范式，而应该辩证地看待跨文化交际，辩证地使用不同的方式，因此他们提出了第四种路径/范式，即辩证主义的范式（Martin & Nakayama, 2009）。

总的来说，马丁与中山所提到的社会科学范式（功能范式），基本上等同于古迪昆斯特的客观主义路径，也是社会科学领域中被广泛熟知的实证主义范式，而解释范式即解释主义范式，也是古迪昆斯特文中出现的主观主义路径。不过与古迪昆斯特相比，马丁和中山所给出的研究范式框架更加翔实和实用。其原因在于：第一，它涵盖了批判主义范式，在一定程度上弥补了古迪昆斯特简单的二元分类（主观主义与客观主义）；第二，他们比较注重理论取向与研究实践的联系，增加了"文化与交际的关系"以及"对人类行为行动假设"的维度。这两个维度不仅融合了本体论、认识论等形而上学假设，而且表现出了在形而上学假设之下的学者对交际者自我的认识，因为交际与文化之间的创造，从本质上说，并不是交际创造了文化，而是人通过交际活动创造了文化，所以对交际和文化关系的理解包含着对人自身本性的探讨。

9.1.2 实证主义范式：跨文化能力研究的主导范式

1. 思想背景

实证主义范式诞生于法国哲学家孔德创立的实证主义哲学及社会学思想。该范式的基本假设可以简单描述为：第一，它将人类生活简化为三类现象：思想、情感和行动，并用来分别对应哲学和科学，宗教和道德，以及社会和政治，同时这种三分模式也被用来认识人类自身；第二，知识的发展过程和人类理智进步的过程具有一致性，即均遵循神学或虚构阶段，到形而上学或抽象阶段，再到科学或实证阶段；第三，哲学是基础，是理论的来源，而社会和政治则是实践，接受哲学的指导。这一模式不但将人类生活进行三分的模式划分，同时将理论与实践之间画上了鸿沟；第四，实证主义采取用一种机械的因果决定论对外部世界，对研究对象进行解释，但是这种因果关系只是一种"现象之间的外部的前后相继或彼此相似关系"（刘放桐，1982：57），也就说这种关系只是遵循线性时间的先后，或者具有时间上的相关性；第五，虽然实证主义承认感觉经验和理性认知的作用，但是仍旧将理性与感觉进行二元区分，并将理性认知置于感官经验之上，因此有重认知，轻情感的特征。

2. 实证主义范式下跨文化能力的元理论特征

元理论假设是实证主义哲学思想为具体跨文化研究提供的基本结构框架，是基本概念以及概念间关系假定的逻辑预设。具体到跨文化交际而言，主要涉及对文化、交际、交际者（人性）的概念及其相互关系的假定，而这些假定基本上决定了跨文化理论建构的逻辑主线以及研究开展的步骤环节。

学科基础方面，李特约翰和福斯提出，实证主义范式主要应用于跨文化社会心理学领域，该领域最显著的特征是个人主义，就是对个体社会交际行为、对个人特质、认知的关注。总的来说，这一学科领域主要有三个分支——行为、认知、生物，在实际的研究中也常以个体为研究单位来探究交际者认知/情感因素或生物因素与交际行为之间的关系。研究目标方面，实证主义范式下理论建构的目标在于描述和预测。描述是指因果关系的描述，即研究者试图探究出能够导致跨文化能力产生及发展的各种因素，并通过研究对假定的某一因素和跨文化能力之间的关系进行统计学的实证验证；预测层面是指通过操作研究所证实的各项因素来提高交际者的跨文化能力。所以实证主义范式下的跨文化理论在于为跨文化交际的参与者提供交际策略（Little John & Foss, 2009）。

就对"情境"的认识而言，实证主义的社会研究倾向于忽视"情境"的特性，这一特点表现在跨文化研究中就是以本质决定性的方式去简单化地处理交际情境。通常以会话发生的时空环境来定义情境。不同文化的价值观或规则被看作是一种静止不变的认知模式，是对交际结果有着决定性作用或影响的关键变量。实证主义范式下的文化被限定在某一个被想象的共同体当中（某一国家、区域、民族、性别等），是一个"静止的、具有内部同一性的并有别于其他实体的实体"（Pillar, 2014: 8）。文化的本质主义假设使得研究者认为属于某一特定文化群体的人们必定共享一套共有的价值信念，因此文化之间的差异就完全替代了具体的交际情境，被认为是交际过程中产生误会的最主要原因。文化被当成一个自变量。研究者往往明确指出文化语境的参数，并在这种文化语境中对因变量进行测量（Liu, 2013:18; Zhu, 2016:32）。将交际情境僵化地处理成文化差异的做法可以追溯到实证主义范式的思想层面，即一切概念均要被"物化"和"操作化"的经验主义思维。

就对"交际"的认识而言，实证主义范式下的"交际"具有如下特征：第一，"交际"是一个具有普遍意义的线性过程。这意味着，实证主义范式下的"交际"是由个人主义所主导的并具有高度认知意义的活动。在这种范式下，交际被简化为一个线性的并以说服他人使其态度发生变化为目标的过程，这一过程可以被拆分为个体感知外部信息、制定交际计划、产生交际行为等几个部分。通过对交际者认知机制的探寻，研究者认为可以预测交际行为，进而解释交际者如何适应不同的交际情境以及如何通过交际使他人态度发生变化（Little John & Foss, 2009）；第二，交际活动中的各个环节是彼此分离的。西方思想将人类的沟通或交际活动看作是一个原子的过程，这意味着实证主义视角下的交际虽然是一个过程性的活动，但是这个过程中的每一个环节都是具体可分的，以分析而非整体的视角来认识交际活动，使研究者可以将有限的时间和精力专注于交际活动的某一个组成部分或者发展环节，单独考察这一部分或这一环节对交际效果的影响，而不太关注其他部分或其他环节的协同效应（Chen，2011）。而且交际者也成为相互独立的个体，交际者仅仅是对对方发出的信息做出回应，不是共同地建构并引领交际活动的发展和走向。人际关系也仅仅局限于两个或若干个个体之间，与其各自所处的文化群体的联系也并不十分紧密，因此传播及其发生时所处的具体文化和社会背景与交际活动之间的联系就这样被割裂了（Liu，2013）。

交际者层面，研究者会将自我认识会投射至交际者或研究对象身上，任何交际或传播学的研究都建立在特定的自我观的基础之上。实证主义范式下的自我观基础是物质主义的，人被还原成一套神经机制或者是由基因决定的生物体。在神经机制的基础上，又逐渐衍生出行为主义的观点，即人是由一整套神经机制构成的，因此人与外部环境之间的互动模式就可以描述为：外部刺激——反应的线性因果模式。除了物质主义之外，个人主义也是实证主义主义范式下自我的特征，而且由于接受了实证主义的机械因果论，所以个体的行为是可以通过心理因素以及环境因素来预测的（Little John & Foss，2009）。

就对情境、交际者与交际之间的关系而言。首先，有的研究者并没有十分关注交际情景，甚至直接忽视了情境在交际过程中的作用，认为人的实践决定于个人特质；其次，很多时候交际情境被等同于文化环境，情境/文化在很大程度上影响了特定文化群体交际者的交际实践模式。虽然有的研究者承认交际活动决定于内部认知与外部情境，但却忽视了情境的变化，以一种实体化的静态视角去认识情境。把情境等同于特定的交际场所的特征，进而等同于一系列符合情境需要的规则性要求，所以就忽视了交际活动本身对情境变化的建构性；最后，无论是把情境等同于文化，还是将情境等同于具有特定交际规则的场景，情境均作为外部刺激在很大程度上影响了交际者认知方式，进而影响交际行为，三者处于一种线性的因果联系当中，即情境/文化—交际者—交际活动。

3. 实证主义范式下跨文化能力理论梳理

总的来说，实证主义范式下的跨文化能力理论（intercultural competence theory）在本体论层面是实质主义的，就是力图回答"跨文化能力是什么？"这类问题，与此伴随而生的则是知识论层面的因果解释模式，即"导致跨文化能力产生和变化的原因是什么？"具体到理论建构模式方面，主要遵循因果线性解释，并在此基础上对交际者的跨文化能力进行预测，力图回答"产生跨文化能力的因素如何发挥作用？"这类问题。这是所有实证主义范式下的跨文化能力理论的共性所在。该范式下的跨文化能力理论庞杂繁多，除了上文提到的共性，理论形式之间也存在诸多差异方面。跨文化能力的理论建构主要集中在两个领域之中，即对交际者的关注和对交际过程本身的关注。我们将之称为交际者取向的理论和交际取向的理论（Little John & Foss，2009）。交际者取向理论的核心在于找出一种持续的思维、情感、行动模式，这一模式能够使跨交际活动得以成功实现，思维、情感、行动等因素就变成了影响跨文化能力的变量，因此关注交际者的跨文化能力理论实际上是一种"特质论"；而交际取向理论的核心在于找出影响甚至决定了跨文化交际结果的本质因素，通常以认知作为自变量因素，因此关注交际的跨文化理论实际上是一种"（认知）状态论"。下面本文就以"跨文化能力是什么？"以及"产生跨文化能力的因素如何作用于交际行为？"这两个问题为切入点，结合"交际者取向（特质论）"与"交际取向（状态论）"的基本分类方式对实证主义范式下的跨文化能力理论进行归类和梳理。

在对"跨文化能力是什么？"这一问题的讨论中，特质论的理论多及集中在跨文化适应或对他者文化的儒化（assimilation）过程的研究中。学者试图观察交际者在长期的异文化的生活中，其心理特质在认知、态度、行为等方面发生了哪些变化，心理特质的变化又如何调整自身生活与交际方式以适应与当地人交往的需要。状态论的理论多集中在某一个交际事件的情景中（in the episode of interaction），学者更为关注交际者为了有效且适宜地达成自身交际目的而采用的认知及会话策略。总的说来，交际者的认知状态是交际活动结果好坏的关键性因素。

第9章 跨文化外语教育研究方法

在"状态论"和"特质论"各自内部的差异方面,特质具有稳定、持久以及超越情境的特性,但是并不意味着它是不可变的。因此,强调其静止一面的学者一般会将其分解为由"情感/动机、认知、行为"三个彼此相关部分组成的人格特质结构;而倾向于强调其动态一面的学者一般会在一个很长的时间内以个体成长或发展的视角来整体性地考察特质的变化过程。而认知状态则具有短时的、易变的,并决定于情境的特性。状态一般被认为是一种认知过程,通常存在三个研究视角。一是以不确定性及其管理来代表交际者在交际中产生的认知状态;二是以(认知)协调和调整所代表的认知状态(Little John & Foss,2009)。除此之外,本书认为,"状态"既可以存在于个人层面,也可以存在于集体层面,既可以是个体的认知,也可以是群体的认知。在实证主义范式下,"文化"就代表着具有共性的群体认知状态,是一种长期稳定的集体状态,被认为是产生特定行为模式的普遍性原因。为了组织与整合的需要,本书将"文化"或"文化价值观",或特定群体的认知方式归为"状态"的第三个研究视角,同时这一视角也是实证主义范式的跨文化能力理论最为一般化和简单化的建构模式。

总的说来,对"跨文化能力是什么?"的回答主要有"特质"和"认知"两种方式。其中,"特质论"按照学者对变化的侧重不同,还可以再分为结构性特质(structured traits),通常以情感、认知、行为为三分模式为主,以及成长性特质(developmental traits)两类研究视角。而"状态论"又可被分为不确定性、协商与配合、文化价值观三类研究视角。

就第二个问题,即"产生跨文化能力的因素如何发挥作用?",实证主义范式下的理论所给出的解释一般为线性因果模式,该模式可进一步分为直接作用和间接作用两种形式。直接作用是指某一或某些因素与"跨文化能力"直接发生因果联系,特质性的理论多是在人格特质与跨文化能力之间直接建立联系,由于特质本身具有普遍性和规定性,因此特质性的跨文化能力具有超越具体文化差异的特性,无论在何种跨文化情境中均能与当地人开展有效且适宜的交际活动。间接作用则是某一或某些因素通过作用于其他交际中的其他因素,与跨文化能力发生间接的联系。中介因素往往是主导交际实践结果的问题性因素,如焦虑和不确定性（Gudykunst，2005）、面子的协商能力（Ting-Tommey, 2004）、对于有效和适应的认知方式（Kim & M.S., 2006）等。由于某个/某些因素能够成功回应某一/某些特定的交际问题，因此这个/些因素就间接地产生并代表了跨文化能力。而在间接作用的理论形式中，"文化"因素通常被看作是第一原因，是研究中的自变量，而"不确定性/协商与管理"则变为中介性变量，形成"文化——不确定性/协商与管理/面子——跨文化能力"的理论模式。相比于直接联系的跨文化能力理论，以交际问题为中介因素的理论更加具有实用性，因为问题取向的交际视角最终要以对问题的回应和解决为落脚点，以给交际者提供交际策略为最终目的。但是问题取向的跨文化能力本质上是一种"刺激—反应"的行为主义理论模式，这在一定程度上也为持有诠释/解释主义立场的学者所诟病。但是行为主义却并没有为实用主义哲学所完全排除，通过赋予行为主义一定的解释空间，实用主义范式成功地对实证主义与解释/诠释主义两个范式立场做出了调整和融合。

根据学者是将"跨文化能力"定位于交际者层面还是交际过程层面以及"跨文化能力的本质是什么？"和"产生跨文化能力的因素如何发挥作用？"这两类问题的回答，本书形成了一个用于梳理实证主义范式下的跨文化能力理论类型框架（如表9-1所示）。

表9-1　实证主义范式下的跨文化能力（IC）理论的维度框架

	交际者取向的IC理论		交际取向的IC理论		
IC是什么或产生IC的原因是什么	人格特质（Traits）		认知状态（States）		
	结构性特质的理论模式（金字塔模型）	发展性特质的理论模式（DMIS）	不确定性的理论模式（AUM）	协商合作的理论模式	文化认知的理论模式（价值观维度）
产生IC的因素如何发挥作用	超越情境：人格特质——IC		直接联系：文化认知——IC 间接联系（问题取向）：文化认知—不确定性/协商合作——IC		

根据这一类型框架，我们认为，实证主义范式下的跨文化能力理论主要有六种形式，即"个人结构性特质—跨文化能力"理论模式、"发展

性特质—跨文化能力"理论模式、"文化认知—跨文化能力"理论模式、"文化认知—不确定性管理—跨文化能力"理论模式、"文化认知—协商合作—跨文化能力"理论模式,其中"文化认知—不确定性管理—跨文化能力"和"文化认知—协商合作—跨文化能力"等两类中介性的理论样态也可以被理解为是问题取向的理论模式。

9.1.3 建构主义范式:跨文化能力研究的补充范式

1. 思想背景

解释/诠释主义范式的思想背景是唯理论的哲学思想。"唯理论"肇始于笛卡尔哲学思想中理性的一面。笛卡尔将广延视作物质实体的本质,将理性思维活动看作人存在的本质特性,即"我思故我在",那么在本体论层面,理性思维活动以及与思维互动相关的概念就是人类和物质世界存在的本质。"唯理论"在斯诺宾莎和莱布尼茨的发展下,逐渐为西方哲学思想界所承认。斯诺宾莎在《伦理学》中提到,由理性思维所达到的境界是人的心灵与自然融为一体的最高境界,因此哲学思辨也就是反思,就是唯理论哲学思想推崇的方法论。哲学思辨就是在认识外部事物时,将自我与反思对象融为一体,而不是客观地观察研究对象。同时在知识论上,"唯理论"认为"反思"无需借助经验,只需借助纯粹的逻辑推理,因为真理并不是经验物质世界与思想的一致,而是思想与思想,也就是观念与观念之间的一致,因此寻求"真理"就是寻求和增加"真观念"的过程(赵敦华,2012)。

2. 解释/诠释范式下跨文化能力的元理论特性

在学科基础层面,解释/诠释主义范式得益于人类学这一学科的发展,以人类学的研究模式为基础,对在特定文化中人们的交往模式进行全面且深入的探究。除了人类学之外,伴随着西方整个当代哲学的语言学转向,社会语言学和语用学也为解释/诠释主义范式提供了学科层面的理论支持,帮助研究者对研究对象的会话内容进行修辞分析。

在研究目标层面，解释/诠释主义范式的目标不在于寻找产生跨文化能力的原因，不以"预测"而是以"描述"和"理解"为理论目标。具体说来，一方面是为了全面地描述某一特定文化中人们的交际模式，并在描述中依照研究者自身理性对其加以理解，并用概念性的语言对模式予以呈现，这也是人类学理论视角所注重的；另一方面，在描述和理解的过程中，识别出特定文化规则和语言规则对人们交际行为的影响，注重语言、文化、人类实践三者之间的互构方式。

在"情境"认识的层面，与实证主义对文化的实体认识不同，文化不再被操作性地认为是能够决定个体的交际行为的因素，人与文化之间的关系是相互建构。解释/诠释主义范式肯定了文化对交际行为模式的导引作用，但也同样强调人类通过交际对文化的继承和创造。由于解释/诠释范式的研究多集中在历时性的观察中，因此比实证主义范式更能观察到文化的动态变化，所以除了考察文化对个体自我认识的建构性影响之外，诠释/诠释范式也注重在文化规则之外考察交际者的自由意志对情境的创造和建构，如果说实证主义范式对文化持有外部决定论的观点，即认为文化对交际方式具有一定的塑造和决定作用，那么诠释/解释主义范式对于文化的认识则发生了内部决定的转向，即认为人可以通过自身主体性的发挥对文化产生建构性影响的反作用。

在"交际"的认识层面，两个来自不同文化社群的交际者的交际过程是"不同习俗的相遇，这个相遇是一个复杂的生态现象，其中包含了分布在不同层面的不同关系"（Liu, 2013：20）。因此"交际"过程无法用变量之间的线性关系来表示，而且"交际"活动本身具有创造性，人们通过交际来维持和创造自身生活。"交际"不再认为是两个相互独立个体的彼此回应，也不能被拆分为若干组成部分或环节，它螺旋形地贯穿在交际者之间，以及交际者与文化情境之间关系的建构过程之中。交际的考察势必伴随着人际关系的变化，而人际关系的变化在很大程度反映了交际者所处文化情境的变化，而当特定类型的人际关系不断趋于常态化和规范化的时候，就又为交际活动提供了描述和认识的前提条件。正是由于交际与文化情境的紧密纠缠，彼此相互建构，诠释/解释主义提出了"交际即是文化，文化也是交际，二者是有差异的同一"的观点（Zhu, 2016：34）。

第9章 跨文化外语教育研究方法

在"交际者"的认识层面,解释／诠释范式认为人的本质特性是"具有自由意志的主体",交际者通过语言符号的互动内化学习并创造交际模式,自由意志意味着交际者具有在交往中扮演他人的能力,"也就是想象在特定情况下他人的感觉和行为的能力"(巴比,2009:37)。因此跨文化研究中所一直强调的交际者的"移情能力",实质上是在交际者的社会化成长过程中逐步获得的。除了"移情能力",自由意志还意味着交际者拥有在交际活动中创造出某种自我形象的动机和努力。交际者的自由意志可以通过反思活动得以彰显,因此交际者的反思内容是研究者重点关注的内容。通过交际者的反思,研究者可以获得交际者的假设、动机、计划等一系列与其视角相关的内容。

在交际者、情境、交际活动之间的关系层面,交际情境为交际者提供了一些指导交际活动开展和进行的原则,但是人们也会在交际过程中做出各自的假设,即关于对方以及情境的假设。比如对他人的期待是什么、情境对自己行动的要求是什么、在多大程度上可以改变情境、等诸多影响交际者自身交际方式因素的假设。上述假设基于这样的信念,即人们相信通过交际能够实现人与人、人与情境关系的改变。因此,交际活动既是交际者之间关系变化的中介,同时也是交际者与其所处交际情境之间关系变化的中介,交际者通过人际关系的改变,间接地改变了其与所处情境之间的关系。

在贡献层面,由于解释／诠释主义范式非常关注特定文化情境与交际模式之间的关系,这一范式引发了跨文化交际领域学者对"欧洲中心主义"的反思,并提出了"非洲中心"的交际框架,在这一框架的指导下,许多学者建构了基于非洲交际者的交际理论。"非洲中心"的成功促使亚洲学者对自身文化特性的思考,进一步又提出了"亚洲中心"的交际理论框架,并在此框架的指导下建构了中国传统思想背景下的跨文化能力理论。

在跨文化能力的研究层面,与实证主义范式相比,解释／诠释能够更加深入地描述和解释跨文化能力,而不仅仅只是将其归于若干个因素,同时重视不同文化情境对交际模式的影响,以及情境与交际者之间的互动过程,不再以一种静态的决定性的方式认识情境。需要特别强调的是,该范式在人与文化情境的双向建构中发现了跨文化交际的辩证特征，即跨文化交际是理解和误解的辩证统一（庄恩平、萨斯曼，2014）。由于跨文化的交际双方处于不同的社会阶层、身份认同、民族国家等文化背景之中，这使得每一次看似在字面含义上所取得的共识其实在言外之意或者更为深层的意义联想及情绪感受上，却存在着分歧，因此每一次理解的同时也是误解的产生。基于上述对跨文化交际理解和误解辩证统一的特性理解，建构而非决定性的认识成为解释/诠释主义范式的基本理论共识。在这一共识的指导下，交际、文化、跨文化能力均被视为过程性而非实体性概念被重新加以审视，因而上述概念的建构和被建构的产生与发展过程就成为解释/诠释主义范式下的理论及研究所关注的主要内容。

目前，解释/诠释主义范式下的跨文化研究还多集中在理论建构和概念化描述方面，建构和描述的对象由宏观整体到微观个体均有所涉及。宏观整体主要关注两种文化群体之间的互动以及彼此间相互建构的过程和方式，而微观个体则是倾向于在特定交际情境中针对交际者个体之间的会话过程来考察人与人之间的相互影响和建构。但总体来说，宏观整体性的理论过于抽象，而情境化的微观个体的研究又缺乏普遍性，上述理论、研究与实践的不匹配使得更具平衡意义的中观理论及研究显得尤为重要。与对群体性和个体性的关注不同，中观理论注重文化对人之塑造以及人对文化之创造的双向互动，对这一互动的描述和解释有助于研究者更为深刻地理解"人作为社会文化存在"的真实意义。社会文化存在即为文化精神的存在，可以是整个民族文化的精神，也可以是作为个体的人在不同程度内化了自身民族文化精神之后而作为主体成立的个人精神气质。同时，个体之主体精神的特质特征也是民族文化精神在不同个体身上，在不同程度和不同方面的外化和表现。这样的认识就在很大程度上突破了作为整体概念的文化与作为个体概念的个人特质或人格两个范畴之间的藩篱。

具有代表性的中层解释/阐释理论不多，本书在此特举文化语法理论模型（grammar of culture）（Holliday, 2016）这一比较具有代表性和时代性的理论予以简单说明。文化语法理论模型以马克斯·韦伯的社会行动模型为基础，以"文化制约"和"文化协商"的对立且辩证的过程为总体框架，在这一框架中动态地考察文化与交际者之间的互动方式。该模型将文化分为结构（structure）、个人成长轨迹（personal trajectory）、普遍性的深层文化过程（underlying universal cultural process）、特定文化成果（specific cultural product）四个部分。这四部分呈现"成果—结构"与"结构—成果"两条运动路径。"成果—结构"路径表示文化结构（如全球经济地位和政治制度、语言、宗教）对交际者个体自我认识以及自我与外部世界关系的认识的规定性影响，是在文化濡化和跨文化适应中自我认识的接受和被给予的过程；"结构—成果"路径则表明交际者个体从文化的结构性规定出发，在个人生活现实中，对所接受和赋予的文化意义进行具体化和个人情境化的建构，形成自身独特的自我认知，这一具体化过程的本质是意义的创造和建构。文化语法理论模型最大的贡献在于，为理解个体如何通过交际实现其与文化情境的双向建构提供了"制约"和"协商"两条辩证且统一的路径，摆脱了个体与文化之间关系的单向线性的决定性理解，提供了一条循环交互的建构性理解路径，有助于质性研究者在更深刻和更复杂的层面对个体和文化之间的互动进行整体性地理解和把握。但是总的来说，解释/诠释主义范式理论的应用性还是比较薄弱，究其原因在于：第一，研究者注重的是特定文化中交际模式的描述和归纳，很少出现跨文化的研究；第二，虽然这一范式强调主位的研究，但在实际的操作中，研究者对研究对象所处的文化情境其实是处于"局外人"的位置，因此从理论中总结出的交际模式在很大程度上并不能准确地反映"局内人"的交际模式（Martin & Nakayama, 2009）。

9.1.4 批判主义范式：跨文化能力研究的新兴范式

1. 思想背景

批判主义是一个综合性的多学科范式，其思想根源诞生于西方后现代哲学思潮的发展，以及20世纪50年代中期黑人民权运动的实践需要。在思想方面，马克思主义者对主流阶级和文化的反抗意识，以及福柯对知识背后权力关系的哲学思辨都给批判主义范式的发展提供了最直接的思想武装。马克思主义者认为经济地位或者资本拥有数量的差异生产出相应的社会关系，决定了社会权力的掌握和分布。社会权力集中在特定群体中，势必会导致这一群体在社会中的某些方面享有特权，这一特权正是以牺牲另外某些群体的正当权利为代价的。福柯则认为不能将权力地位简单还原为经济地位，而且权力也并不仅仅存在于暴力性的"支配和压抑"模式中，即不只是表现于国家、法院等权力机关对人的强制性的规范和操纵作用。在福柯看来，权力与知识是相互蕴含的，知识的内容、形态、传播方式无一不是权力者自身意识形态的体现。个体的社会化过程是在对主流知识的学习和内化中完成的，知识接受的过程在某种程度上也是对某种权力意志的接受。因此权力不是被经济地位结构决定的某种静态的实体，而是一种普遍渗透的、塑造与被塑造的人际关系，在大多数时候，它在知识的传播中对社会中的每一个人实行了温柔的规训作用，塑造了每一个个体对真善美的认识和评判标准，而这一标准是与主流群体的权力意志相匹配的。

2. 批判范式下跨文化能力的元理论特性

就对情境的认识而言，批判范式的建构主义特性使其非常关注事件所发生的情境，这里的情境主要是指宏观的历史、政治情境。文化的发展就是历史的进程，历史的进程就是不同阶层群体之间的遭遇和碰撞。这意味着，如果从共时性的角度认识文化的话，文化就是对群体之间权力关系结构的揭示，而如果从历时性的角度来说，就是对群体间权力关系变化历程的揭示。人与人交往的权力关系主要分为两个层面：第一层面来自年纪、种族、身体、性取向等生理因素；第二层面来自教育背景、地理位置、婚姻状况、社会经济地位等社会因素。

在对"交际"的认识层面，在批判主义者看来，现实生活中的交际活动永远是与权力交织在一起的。交际者之间，无论是个体还是群体，本质上均处于不平等的交际地位，这也是对实证主义范式下将交际者视为"理性的""平等的"等元理论假设的直接挑战。更重要的是，交际活动也并非是中性的活动，交际活动具有政治的效用性，它可以强化，也可以缩小交际者之间的权力差异。批判主义者认为，真正有效的交际活动应该能够促使其中的一方或双方对权力差异进行反思，并对平等的实现有所帮助。如果交际双方没有共享一套权力系统，那么处于权力弱势一方的交际者就很难与强势的一方开展平等而公开的交流（Martin & Nakayama, 2009）。

在"交际者"的认识层面，批判主义范式下的交际者虽然具有一定的主动性，但是在很大程度上，交际者还是被权力关系所决定，因为权力来自社会文化制度，同时权力也决定了个体在社会中所扮演的角色，以及与角色相一致的言行标准。总的说来，批判主义范式虽然承认交际者有其主动性的一面，即能够通过交际活动改变双方之间的权力差异，但是其对交际者的认知还是侧重于"外部决定论"，交际者在不平等之中大多处于无力的状态。不过对交际者的认识在很大程度上凸显了研究者的社会责任和学术价值，研究者有帮助弱势群体改变不公平境遇的责任。研究者既要作为中立的观察者来揭示社会交往中权力差异的现象，同时也要作为实践者积极地介入其所观察的社会现象之中并致力于对其进行改变。

9.1.5 实用主义范式：跨文化能力研究的融合范式

1. 思想背景

以杜威为代表的实用主义的产生源于对"实在论"与"唯心论"的批判式的调和，是在元哲学（metaphilosophy）层面上进行的。在杜威看来，传统哲学，无论是"实在论"还是"唯心论"，都是以"两个世界"理论为核心特征的哲学，即是以二元论为核心特征的哲学。西方传统哲学的本体论基建于世界本质实体的追问，无论本质是外部静止的实体，还是被人心建构的动态实体，都具有无限的超越性，因此它必然存在于超越人们生活世界的形而上哲学世界之中，而且被认为是静止的、不变的、具有普遍意义的。实用主义则强调，哲学的本体论不应仅仅停留在世界本质的形而上意义，更重要的，应以人们所处的经验世界为基础，这样对世界本质的追问变成了对人们日常行动的关注，而经验世界的本质实在也不再是静止不变的，而是过程变化的，只有在日常行动中，在过程和变化中，才能实现二者之间的多元化统一。就对万事万物真理的追问而言，实用主义哲学反对纯粹的"唯理论"，反对认识论的"理智主义"。因为在一切经验主义者（包括实用主义者）看来，"纯粹理性只是一种与物质世界毫无关系的抽象能力……理性的作用只是依赖我们对语言的使用方式，理性并不能告诉人们这个世界到底有什么"（塔利斯，2015：51-52）。实用主义哲学又提出，只有当理性被用于现实生活中，运用于人们对自身每一次行动的理解和反思中，才具有揭示真理的作用。真理获得的主体性和实践性就是实用主义哲学在认识论层面对"唯理论"和"经验论"所做出的平衡。

2. 实用主义范式下跨文化能力的元理论特性

在研究目标层面，实用主义范式下理论的最大特点就是实用性和实效性。它不再停留在认识跨文化交际层面，而是上升至改造世界，改变社会的实践层面。以往的哲学家总是在"伦理学"和"政治学"之间划上界限，但是杜威认为它们是同一个问题，改造世界、改造社会的过程才是个人跨文化能力的提升或是跨文化人格的培养层面，所以实用主义范式将理论建构的目标聚焦于个人成长和社会发展，并谋求二者之间的统一路径，这一目标重点也是实用主义范式与批判主义范式所契合的一面。

就"情境"的认识而言，在实用主义范式下，"情境"是一个具有广泛意义的概念，任何交际沟通形式都是在情境中进行的。"情境"可以是人内在的视角、立场以及解释框架，"情境"也可以是人在社会化的成长中所处的外部文化社会情境。

在"交际"的认识层面，实用主义范式认为"交际"不仅仅是人的一项社会活动，而是人生活的全部，"交际"或者"交往"包括人与自己的层面、人与他人的层面、人与社会，文化的层面。原先在实证主义范式与解释/诠释主义范式下的"交际"不再局限在人与人之间，而是扩展至人与其所处的整个生活情境之中。"交际"的效果决定了人的生活状态，"交际"不只是传递信息，而是能够让人获得人格上的成长。

在"交际者"的认识层面，在实用主义范式下，交际者既有主动性的一面也有适应性的一面，交际者一方面要适应情境，回应交际情境中

第9章 跨文化外语教育研究方法

产生的各种问题,同时也会积极作用于情境。

在"情境、交际、交际者"之间的关系层面,实用主义范式下这三者的关系具有行为主义特性。情境中会产生交际问题,或者刺激,而交际者要通过交际活动对情境中的问题进行回应,回应问题的同时能够在一定程度上改变情境,同时交际者也可以通过交际主动改变情境。回应情境与改变情境的同时,交际者获得了实践的知识,知识的增加使得交际者能够更好地对交际情境予以控制。

1)意义协商管理理论

在皮尔斯(Pearce)学术生涯的后期,他将自己提出的意义协商管理理论(Coordinated Management of Meaning, CMM)进行了最终的总结和升华,使其从社会研究领域逐步提升至人文精神以及超越人类领域的整个宇宙的形成和发展层面。培养交际能力并不仅仅只是培养某一项特殊的技能,而是要帮助个体获得能够改变人类社会状态的力量,是一种人文精神的实践和升华,这一点与力图在中国传统文化背景下探究(跨文化)交际能力的许多本土学者之间达成了共识。

意义协商管理理论中主要围绕着两个核心概念展开——情境与视域。情境被认为是用于解释自身经验的框架,决定人们看待事物和事件的视角;视域指的是解读经验时的出发点,是解释框架中最为核心和最为人们认知所关注的部分,也是最能引起人们情感变化的部分。视域可以理解为人们所处情境的宽度和广度,皮尔斯认为视域并不是真实的物理性存在,因为人们在生活中所遭遇的事件以及所体验到经历其实并不是简单的线性因果关系,而是一个由多重因素互动产生的结果,不同的因素对这一结果影响的程度有差异。所以在对一个事件或者经验进行解读时,由于受到视角所关注内容的限制,人们只能看到整个事件的部分真相,交际者知道的部分和不知道部分之间的比例关系就构成了交际发生时的视域。视角与视域之间是紧密不分的,视域的广度和宽度决定于每个人在对事件和经验解释时采取的视角,本质上视域决定了人们在成长过程中所固化的与他人之间的界限。如果界限越深越多,那么内部解释框架的范围也就越小,视域也就愈狭窄。而视域的拓宽和发展也在很大程度上使视角发生改变,更进一步拓宽了人们对自身所处情境的认知,因此改变和管理情境的能力正是意义协商管理理论中交际能力的核心部分(Pearce, 2014)。每个人天生都具备改变自己所处情境的潜能,只要不断通过反思来培养和激发这一潜能,就能成为情境艺术家,进而创造和管理事物和经验解读的框架。改变情境能力与人反思自我意识的能力有关,反思自我意识的能力是指人能够反思性地意识到自己所意识的内容(aware of aware)的能力(Pearce, 2014)。通过这一能力,人们能够反思到自己的经历以及在社会化过程中所获得的经验,获悉自己在实际生活中或者沟通实践中持有的视角和视域。

在实践层面,皮尔斯提出了行动者意义层级模型(the hierarchy model)来帮助人们获得改变情境的能力。行为者意义层级模型将"情境"分为"文化""情节""身份"和"关系"四个层次。人们将哪个层次置于层级模型中的顶层,就意味着将这一层次看作是自身解释框架的核心和大前提,核心和大前提在很大程度上决定了交际者的尺度感(sense of scale)和接受度。这四个层次分别包含了多重故事。比如"情节"就包括特定事件发生的起因、经过、结果的回应,也可以是在会话层面对他人在前一个交际行为中言行的回应;"文化"包含了在交际活动中所发挥作用的价值观、制度、规范等文化图示;"身份"包含交际双方所处的组织、阶层等;"关系"包含了交际者之间的关系等。四个层次中的任何一个维度都源于经历和经验。不同的交际者会在不同时刻将上述层次按照重要性的不同进行排序,这四个层次的重要性排序解释并引导人们的沟通方式,或者说是生活的方式,同时这一顺序也可以为人们下一时刻的沟通方式提供预设。每个交际者所看重的层次不同,在交际过程中对同一事件进行解读的时候,每个交际者的视角和视域也因此不同,对同一事件的尺度感和接受度表现的差异,最终导致交际活动中的误解和冲突(Pearce, 2004)。

2)交际整合理论

交际整合理论实质上就是典型的跨文化适应理论(宏观层面),即交际者从进入陌生的文化开始,经过不断地学习,最终完全融入新文化的过程。这是一个人成长的过程,同时也是一个人特质逐渐变化的过程。交际整合理论关注的是移民在新的文化环境中适应以及跨文化认同发展的过程，值得注意的是，交际整合理论将跨文化能力的发展过程与交际者人格的发展联系起来，跨文化整合的最终目标就是交际者实现了跨文化人格。从某种意义上讲，交际整合理论拓宽了实证主义范式理论的研究范围，拉近了实证主义理论与诠释/解释主义理论之间的距离。

金荣渊（2005）认为，目前跨文化适应的研究割裂了适应在宏观/微观与长期/短期两个维度之间的联系，仅仅将适应认为是一种直线因果性的过程。所以她提出，应该以一种更为实用的融合性视角来审视跨文化适应，将适应中的宏观（如文化与制度的模式）和微观因素（个人的背景和心理特质），以及长期性的适应与短期性的适应融合起来，而且在适应的研究中，"文化学习"与"心理成长"两个过程均要有所涉及。因此金荣渊的理论建构前提包括如下三个方面，同时这三个方面也反映了实用主义哲学的特性。第一，适应是一个自然普遍的现象，不仅仅只存在于跨文化情境中，只要人处于不利的情境条件下，就会发生适应活动；第二，适应是一个无所不包的现象，由处于各种维度因素的同时互动和作用来推动的，因此"跨文化适应"被定义为人与其所处情境的动态互动，这样就避免了还原主义理论只将适应归于一个或几个变量，而是将宏观—社会因素与微观—心理因素整合在一起；第三，适应是一个以沟通为基础的现象。适应活动必须通过沟通才能发生，因为适应本身就是一个人与情境沟通的过程，因此跨文化适应能力即为跨文化沟通能力。交际整合理论中的适应指的是个体在进入一个不熟悉的文化社会环境时，努力与新环境建立并维持一个稳定、双向、功能性关系中所出现的现象，分为内外两个方面。内的一面是个体不断应对新环境中的压力而获得个人成长的过程；外的一面是个体不断学习获得新文化而忘却原有文化的过程，即新文化的"儒化"和原有文化"萎缩"两个过程的交织互动。

具体地说，"跨文化适应"外的一面，是个体在自己原来的文化环境中，通过不断与身边人沟通，获得在文化中得以生存的能力。但是在进入一个新的文化环境以后，由于个体内部心理状态与外部环境要求的分歧，个体不得不学习新的文化系统，这个学习的过程被称为"儒化"。学习新的文化体系必然伴随着已有文化的忘却，这个忘却的过程被称为文化"萎缩"。这样的话，个体的适应过程就被分解为"儒化"和"萎缩"这两个相互交织的过程，在不断经历"儒化"和"萎缩"的互动以后，个体的内部心理状态就发生了转变。从表层领域到深层的价值观领域都实现了转变，最终到达了"吸收"的状态，"吸收"意味着个体已经使自己内部心理与外部世界的要求最大化地趋于一致。而内的一面则是"压力—适应—成长"的动力过程，因为"儒化"与"萎缩"的交织给身处于新文化之中的个体带来了压力。压力的经验可能会让个体选择退缩的方式来回应，反过来也会激发个体的适应潜能帮助个体解决压力并向前进步。因此，个体对其所面临压力的应对既有积极创造的一面，也有被动回应的一面。人之所以能在压力面前不仅仅只是一味退缩也能主动改变，是由于个体具有自我反思（self-reflexivity）的能力。"反思"是人内部的心理运动，因此在应对压力、化解压力的过程中，个体的心理获得了成长。对于交际者反思意识的强调，也是与意义协商理论中的"自我反思意识"是相通的（Kim, 2005）。

9.2 研究方法

本书在第 2 章述评跨文化外语教育历史与现状时指出，目前我国的跨文化外语教育研究、跨学科和本土化研究的力度仍需加大实证。因此，我们专辟一节简要介绍相关研究方法，并辅以研究实例，供广大教师与研究者借鉴参考。

实证研究通常包括两类：质的研究（或质性研究）和量的研究（或量化研究）。根据王晓宇、潘亚玲（2019）统计，在我国跨文化外语教育研究领域，学者涉足的研究方法有一般性调查、实验法、准实验法、个案研究、民族志研究，其中前两种方法占比最多。通常来说，一般性调查以量的研究方法为主，也可采用开放式问卷或访谈收集质的研究数据，实验法、准实验法则是量的研究的代表型方法，而个案研究和民族志研究则是质的研究的主要路径。我们认为，目前最亟需且最稀缺的是在应用与实用的层面采用多元的方法开展研究，如深入课堂聚焦微观层面实施精细化的质的研究或采用科学实证主义的量的研究方法对教学手段的有效性进行验证，或用质、量结合的方法多角度开展研究。鉴于跨文化外语教学研究的特性，本书选取了调查研究、实验研究与教学实验、行动研究以及教育民族志这几种操作性较强或适用度较高的研究方法进行简要介绍。

9.2.1 调查研究

调查研究是有目的、有计划、有系统地搜集有关研究对象的现实状况或历史状况的材料，借以发现问题，探索规律，开展研究（李克东，2003）。在一个典型调查中，研究者先选择调查对象作为样本，然后利用标准化的问卷来进行调查（巴比，2018）。除了问卷之外，访谈也是一种收集调查资料的方法。这里我们以问卷调查为例，具体介绍这一研究方法。问卷调查是一种以自填问卷或结构访谈的方法，系统地、直接地从一个取自总体的样本那里收集量化资料，并通过对资料的统计分析来认识社会现象及其规律的研究方式（舒存叶，2010）。抽样、问卷、统计分析三者构成调查研究的关键环节和本质特征（风笑天，2009）。

1. 抽样

研究者的抽样过程是否科学是评判研究结论可靠性的重要依据。抽样方法包括概率抽样（probability sampling）和非概率抽样（nonprobability sampling）两大类。概率抽样指的是"在被限定的研究对象中每一个单位都具有同样大的被抽中的概率"，而非概率抽样指的是"按照其他非概率标准进行抽样的方式"（陈向明，2000：103）。相对来说，概率抽样中样本对于总体的代表性较好，且比较科学。研究会选取大型和具代表性的样本，如民意调查就是一种概率抽样。概率抽样的方法主要有简单随机抽样（simple random sampling）、系统抽样（systematic sampling）和分层抽样（stratification）。而非概率抽样不遵循概率均等的原则，样本的代表性较差，比较适合小范围的探索性的调查研究（风笑天，2009）。但是，巴比（2018）指出，在具体的研究情境下，常常不可能或不适合进行概率抽样，反而非概率抽样倒是最合适的方式。对于广大教师来说,开展跨文化外语教育的调查研究一般情况下也处于这一的情境,因此我们在这里简要介绍五种非概率抽样方法(巴比,2018):

1)就近抽样(reliance on available subjects)

　　这是一种常用却极其冒险的方法,可行性强但在做推论时必须谨慎。这一方法常被高等教育研究者用来对人数众多的大班课程学生进行调查。

2)目标式或判断式抽样(purposive or judgmental sampling)

　　根据研究者个人对研究对象是否最有效或最有代表性进行的判断来选择样本,代表性虽有欠缺但可以作为对问卷内容的检验,可以发现其中的问题,适宜作为预研究。

3)滚雪球抽样(snowball sampling)

　　根据既有研究对象的建议找出其他研究对象的累积过程来获取样本,常用于实地研究,当特定总体的成员难以找到时是最适宜的方法。

4)配额抽样(quota sampling)

　　根据预先了解的总体特征来选择样本的方法,能够保证样本的特征分布和所要研究的总体一致。比如,研究者事先知道目标总体中的男女比例,以及在各年龄阶层、教育水平、种族团体等不同种类中的男女比例情况,并根据这些类型建立矩阵,按照每一个格子(cell)的比例选择相应比例的样本。但这一方法对配额的框架(即不同格子代表的不同比例)的精确度要求很高。

5)选择线人(selecting informants)

　　线人能够为研究者提供所要研究群体方方面面的信息,通常是研究对象群体中具有代表性的人物。但是,需要注意的是,正因线人愿意和外来研究者合作,他们在其所在群体中有可能是边缘性人物,因此可能会对研究者的观点造成偏误,且也会限制研究者深入该群体的其他方面。研究者在撰写报告时,应对抽样方法进行介绍,并对回收率进行说明,因为回收率是反映抽样调查结果对总体的代表性程度的重要指标之一(风笑天,2009)。

2. 问卷

调查问卷（questionnaire）是"问卷调查法所使用的工具，它是根据研究目的，把调查内容设计成一系列依据特定规则和要求组织起来的问题"（翟振武，2019：5）。调查问卷通常是标准化的纸质印刷品，但如今互联网及信息化办公技术迅速发展普及，电子界面的调查问卷成为研究者常用的工具。调查问卷按填答方式可分为自填问卷和访问问卷两种，目前，我国跨文化外语教育研究领域的问卷调查以自填问卷的形式为主。此外，根据问题答案类型，还可将调查问卷分为以下两类（翟振武，2019）：

1）结构式问卷

问卷的设计有结构性特征，问题的提问方式、顺序和组合是根据特定逻辑关系安排的，不能随意变动。这种方式比较容易控制调查的信度、效度，但对问卷的设计要求很高。按照问题的回答方式，又可分为三类问卷模式：（1）封闭式（close-ended）结构问卷：所有问题的备选答案已确定，调查对象只能从给定的备选答案种进行选择。此类问卷的结构应遵循两条原则，一是穷尽原则，即答案的分类应包括所有可能性；二是互斥原则，即答案选项不能有所重复。（2）开放式（open-ended）结构问卷：只提出问题，不提供任何参考的答案和选择项，调查对象自由回答。（3）半封闭式结构问卷：前两种形式的综合，所包含的问题中既有备选答案已确定的，也有需调查对象自由回答的，还有可能给出一定备选答案供调查对象选择，同时列出一个或若干个开放式的答案选项。

总体而言，封闭式问卷的设计对研究者要求高，且不利于进行深层原因的分析，也容易对调查对象产生干扰和诱导作用；开放式问卷则对研究者前期相关知识的要求低，调查对象受干扰影响的程度也较小，有利于挖掘深层次问题，但对调查对象的耐心与态度要求高，分析数据也更有难度。两类问卷各有优劣势。因此，大多数研究者会采用半封闭式结构的问卷，根据自身研究目的与题目适切度选择合适的提问方式，将两类问卷形式相结合。

2）无结构式问卷

较结构式问卷而言，无结构式问卷具有一定的自由性，常被用于探索性的研究中，目的是得到一些启发性的问题和线索。一般来说，无结构式问卷的调查对象人数较少，将调查资料进行量化的目的性不强。所以问卷所包含问题的结构较松散，题目的用语、回答格式可以是自由的，但并非完全没有结构，所提问题仍旧紧紧围绕调查目的展开，只是可根据实际情况适当变动问题的顺序或形式，便于研究者根据需要控制问题的内容和方向。这种问卷的优点是调查对象受约束小，可自由表达想法，因而研究者可以从中了解深层次的内容；缺点是资料分散，量化困难，对调查对象的耐心、时间、精力、配合度及文化水平要求较高，且调查对象可能隐藏自己的真实想法，从而对研究结果产生不利影响。另外，从调查问题的内容来看，又有客观性问题和主观性问题。前者是指针对已经发生或者正在发生的行为和事件进行询问的问题（翟振武，2019），如调查对象的人口统计信息，包括年龄、性别、种族、婚姻状况、教育背景、收入水平及职业信息等，在跨文化外语教育领域常涉及的还有跨文化交往经历、课程学习经历、留学情况、语言测试成绩等；后者则针对调查对象的态度、倾向、意愿、感受、看法等进行提问，主要依靠量表这一工具进行测量（翟振武，2019）。跨文化外语教育研究中常用的就是各种跨文化能力评估量表。戴晓东的著作《跨文化能力研究》（2018）对过去五十多年中外较有影响的16个跨文化能力评估工具进行了综述，并深入评介了其中8个具有代表性的自评量表。除量表之外，针对主观性问题，研究者也可采用质性的访谈方式进行调查。

3. 统计分析

对问卷结果的定量统计分析主要有两种类型：一种是描述统计（descriptive statistic），用来描述样本属性或样本中的变量关系，是对样本观察的总结，如相关性测量、回归分析等；另一种则是推论统计（inferential statistic），它超越特定的描述而对样本所代表的总体特性进行推论，如单变量推论、显著性检验（如卡方、t检验）等。另外，还

第9章 跨文化外语教育研究方法

有其他常用的多变量分析方法,如路径分析、因素分析、方差分析等。根据我们对国内跨文化外语教育领域的调查研究,目前国内学者常将问卷调查方法应用于师生跨文化能力现状的描述性调查,故多采用简单的描述性数据统计,如百分比、中数、众数、标准差等。

问卷调查法因其可操作性较强,故最早被我国学者应用到跨文化外语教育的实证研究中。早期在以思辨为主的研究中,胡文仲(1986)最早开展了小规模的调查研究,以了解师生对文化意识的看法。通过对七所大学中的28位外教及作者任教学校中的64位学生开展的问卷调查发现,几乎所有被调查者都认为了解文化差异应是外语教学的目标之一。基于问卷调查的结果,以及Hanvey(1979)对文化交叉意识(cross-culture awareness)四阶段的阐述,胡文仲对外语教学如何帮助学生达到文化交叉意识的第三、第四阶段提出了相关设想与建议。这便是我国跨文化外语教育领域最早的调查研究,接下来是两例采用问卷与访谈相结合的数据收集方法的调查研究。

1)研究示例1-1:一项对高中英语教师跨文化交际敏感度的调查

邵思源、陈坚林(2011)结合问卷与访谈的方法对高中英语教师进行了调查,以了解目前中学英语教师跨文化敏感度和高中英语文化教学的现状,以及引起这种现状的原因。研究发现,教师整体的跨文化敏感度处在较好状态,但在实际教学过程中,文化教学并没有得到应有重视,传统的以教师为中心的教学方法仍然是中学英语的主流。文化教学形式单一、缺乏培训和过重的语言教学目标是导致这一现状的主要原因。

(1)抽样。在研究报告中,研究者并未描述抽样方法,仅对样本进行了描述。该研究的样本为来自江苏省某地区四所高中的35名高中英语教师。年龄从21岁至43岁,平均年龄为32岁。平均教龄为6年,最少的2年,最多的10年。其中研究者又随机对10人进行质性访谈,了解他们如何看待自身的跨文化交际能力、能力高或低的原因以及提高跨文化交际能力的方法。此外,研究者还随机抽取了58名高中生作为研究对象。问卷回收率为100%。

(2)问卷。该研究的调查问卷由三个子问卷组成,都是自填问卷。

其中，问卷（一）采用跨文化敏感度量表以测量教师的跨文化交际敏感度（Chen & Starosta, 2000）。问卷（二）和问卷（三）采用文化教学的问卷调查（Castro et al., 2004; Lessard-Clouston, 1996），分别从教师和学生两个层面了解教师实施文化教学的现状。其中，问卷（二）的对象为教师，分两部分内容：第一部分包括研究对象的基本信息，如年龄、学校、教龄及学历；第二部分涉及教师对新课标的理解、对跨文化交际能力作用的看法，对开展文化教学的意愿、对外语教学目标的理解以及文化教学的重点和难点。问卷（三）的对象是高中生，内容包括他们对语言和文化两者关系的认识、对文化教学和教学现状的了解，以及获取文化信息的途径。

（3）统计分析。根据研究报告中数据呈现，该调查研究仅呈现了平均值、中数、众数、均值、标准差和百分比。质性访谈的数据作为量化数据的验证和补充材料呈现在报告中。该研究的问卷设计根据研究目的，整合了前人设计的一份量表和两份问卷，是讨巧且操作性强的做法，同时辅以访谈对问卷数据进行验证与补充，整体研究设计值得参考借鉴。研究缺陷在于样本太小，且未说明抽样方法，样本代表性与结论推广度值得商榷。另外，在数据分析方面的缺憾是，对问卷结果的分析仅仅是最简单的描述性统计，质性数据也值得更深入的挖掘。

2) 研究示例 1-2：中国大学生跨文化能力自我评价分析

樊葳葳等（2013）结合问卷与访谈的调查方法对中国大学生跨文化能力的自我评价进行了一次实证分析，研究结果发现，中国大学生普遍认为自己对外国文化知识掌握不足，在与外国人交流时不愿主动调整自己行为去适应外国人，使用外语进行成功交流的能力欠缺，但较少意识到外国人对自己的看法及存在成见的缘由。

（1）抽样。与研究示例 1-1 一样，在研究报告中，研究者并未描述抽样方法，仅对样本进行了描述。该研究的样本来自于全国七所综合性大学的 1 300 名一至四年级的大学生。他们的学科背景包含管理、中文、新闻、电气与电子、自动化与控制、计算机、材料、生物工程等。其中，所选样本学科比例为：文科 38%，理工科 41%，其他学科 21%。在这些研究对象中，研究者又随机抽取了 20 名学生作为访谈的对象。问卷共发出 1 300 份,回收有效问卷 1 050 份,问卷回收率 81%。

（2）问卷。该研究使用的问卷为自填问卷,包括两个部分:第一部分为大学生个人信息,包括性别、年级、专业、大学英语四级考试分数、出国经历以及跨文化接触经历等;第二部分为跨文化能力自评量表。该量表为研究者团队自主开发设计的中国大学生跨文化能力自评量表（吴卫平等,2013）,主要基于拜拉姆提出的跨文化能力多维度模型（知识、技能、批判的文化意识、跨文化态度）,参考跨文化能力自评问卷（A Yoga Form）（Fantini, 2000; Fantini & Tirmizi, 2006）和联邦 EIL 研究项目跨文化能力自评问卷（AIC）,并结合中国大学生的实际情况制定而成。量表采用莱克特量表分级计分方法,包括四个主要因子（意识、态度、技能和知识）及 40 个描述项。该量表曾采用探索性因子分析、信度分析和验证性因子分析,具有较好的信度和效度。

（3）统计分析。该研究使用 SPSS17.0 对数据进行统计分析。与研究示例 1-1 类似,该调查研究仅呈现了最小值、最大值、众数、均值、标准差和百分比这些描述性统计结果。质性访谈的数据作为量化数据的验证和补充材料呈现在报告中。与研究示例 1-1 不同的是,该研究的最大亮点在于使用了具有信度、效度的自建量表工具,且样本数量较大,样本代表性方面的说服力相对研究示例 1-1 更高。遗憾的是该研究未说明抽样方法,对样本代表性有所折损,且在数据分析方面也与研究示例 1-1 有同样的缺憾。

9.2.2　实验研究与教学实验

1. 实验研究

实验研究（experiment）是教育研究方法中一种常用的量化研究方法,其根本特征是,研究者对决定事件的条件进行精心的控制和操作:引入一个干预,测量这个干预带来的差异（Cohen et al., 2015）。实验的设计主要有以下几种类型（Denscombe, 2014）:(1)"真"实验（the "true" experiment）:在实验室条件下进行的控制性实验,有两个或多个小组;(2)随机对照试验(the randomized controlled trial);(3)实地或准实验(the field or quasi-experiment):在非实验室的自然情景中开展,但变量是经过分离、控制和操纵的;(4)自然实验(the natural experiment):变量无法分离和控制;(5)回顾性实验(the retrospective experiment):研究人员从观察到的效果出发,进行测试以找到可能的原因,是一种事后回溯研究(ex post facto research)(Cohen et al., 2018)。

具体而言,实验研究一般可按照十个步骤开展(Cohen et al., 2015):(1)确定实验的目的;(2)选择相关的变量;(3)说明实验干预的水平;(4)对实验条件和环境进行控制;(5)选择适当的实验设计;(6)进行前测;(7)将参与者分配到各组;(8)实施实验干预;(9)进行后测;(10)分析实验结果。我们可以一项随机对照实验研究为例,展示实验研究在跨文化外语教学研究中的应用。

1)研究示例 2-1:跨文化素质培养的实验研究

张凌岩,陈莹(2012)采用随机对照实验的研究方法,对某高校 150 名非英语专业学生开展了教学实验,以验证研究者先期开发的"强化跨文化素质"的大学英语教学设计是否在提高学习者跨文化能力和学习者英语水平两个方面切实有效。

(1)前测。使用由权威英语教师拟定的英语国家文化测试题进行前测,按测验结果进行同质分班,共五个班。其中,三个班为实验班,另二个班为控制班。研究者通过单因素方差分析结果证明,实验班与控制班之间无显著差异,分班结果合理。

(2)干预。开展两个学期的教学。其中,实验班采用"强化跨文化素质"的大学英语教学设计,分别在课前准备、课堂教学、课后拓展三个阶段加强对文化背景知识的训练;控制班采用传统的大学英语教学设计,不对英语国家文化知识做额外的训练。实验班和控制班的任课教师完全相同。

(3)后测。完成两个学期的教学实验后,研究者同时对实验班和控制班进行后测,后测题目同样是由权威英语教师拟定的英语国家文化测试题,题目内容与前测试题不同,但水平相当。在两个学期将要结束时,研究者组织这五个班的学习者参加全国大学英语四级考试,进行英语综合能力测试，并对其成绩加以收集和整理。

（4）结果分析。跨文化能力提升结果：配对样本 T 检验表明，实验班和控制班的前、后测差异都很显著，即经过一年的学习，不论是传统的大学英语教学方式还是"强化跨文化素质"的大学英语教学方式，都对学习者的跨文化能力的提高起到很大的促进作用。但通过对实验班和控制班后测成绩进行的单因素方差分析表明，实验班与控制班的成绩差异达到了 0.01 水平上的显著差异，即经过一年的"强化跨文化素质"教学训练，实验班跨文化能力的提高程度明显高于控制班的跨文化能力的提高程度。英语水平提升结果：对实验班和控制班的大学英语四级考试成绩进行的单因素方差分析表明，经过一年的教学训练，"强化跨文化素质"的教学设计比传统的大学英语教学设计更有利于学习者英语综合水平的提高。

该研究是一个完整、规范的随机对照教学实验，验证了"强化跨文化素质"的大学英语教学设计对于学习者跨文化能力及英语水平提升的有效性和可行性。然而，该研究中的教学设计和测量的"跨文化能力"都仅限于知识层面，对于情感态度以及行为技能方面的跨文化能力是否能通过课堂教学而有效提升尚未可知，是研究者可以继续探究的方向。

2. 教学实验

相较于前一种我们熟知的实验研究方法，本节重点介绍的是区别于传统教育研究领域所使用的实验研究法的教学实验法。教学实验法是一种特殊类型的设计研究（design research），这一方法论范式已在教育研究中得到详尽的应用和发展（Kelly, 2003）。教学实验的目的是在每个教学阶段以及整个研究过程中测试并生成假设和猜想（Steffe & Thompson, 2000）。具体来说，教学实验可以有两种的目标，一方面，研究者旨在验证所使用的模型的可行性；另一方面，若出现意外，研究者则可对初始模型进行修正（Confrey, 2006; Steffe & Thompson, 2000）。教学实验由一系列教学情节（teaching episodes）组成，参与者一般包括一名作为研究者的教师（researcher-teacher），一个或多个学生以及一名作为研究者的观察员（researcher-observer）

（Steffe & Thompson, 2000）。教学实验的持续时间可以从数小时到一学年不等，研究环境可大可小，可以是访谈的小实验室，也可以是完整的课堂，甚至可以是其他各种各样的学习环境（Molina et al., 2007）。教学实验的程序主要包括：(1)提出一个假设的框架或模型；(2)根据假设的框架设计课程；(3)进行课堂教学实验；(4)通过多种方式收集实验数据；(5)清理、分析和解释数据；(6)必要时根据数据调整和修改假设框架.

教学实验这一研究方法尚未在跨文化外语教学研究领域得到广泛的应用，但本书认为，这一研究方法在验证模型、教学参考框架的可行性与适切性方面极具适用性。考虑到目前跨文化外语教学领域出现了不少尚待教学实践检验的模型框架，本书向教学工作者与研究者推荐这一研究方法开展验证性的实证研究，并附上一例研究作为参考。

2) 研究示例 2-2：小学阶段跨文化能力教学参考框架建构——基于上海某学校的教学实验

该研究以小学生群体为研究对象，在对中国小学生跨文化能力的内涵和要素进行界定后，通过文献研究法提出了外语教育语境下小学生跨文化能力培养的理论模型，并组织专家访谈及教师焦点团体访谈以完善初步参考框架。之后，为验证该教学预设参考框架在小学英语教学中的适切性，研究者在上海某小学四年级开展了基于此教学预设参考框架设计的跨文化能力培养教学实验。基于教学框架，研究者设计了一门名为"Cultural Journey"的跨文化英语课程，每次课时长 40 分钟，每周一次，历时 12 周，教学对象为上海某小学四年级一个班的 36 位学生。该课程涉及 12 个教学主题，包括身份认同、校园生活、家庭生活、节日风俗、衣食住行等日常生活话题，教学方法以活动为主，包括角色扮演、视频观看、体验式学习等。教学目标为：(1)培养学生对于不同文化的积极态度与兴趣；(2)增加学生对中国文化及其他文化的知识；(3)培养学生比较不同文化之间异同的能力；(4)增强学生的中国文化认同。研究者通过录音录像和教学反思记录教学实验的具体情况，收集数据并借助 NVivo 软件进行整理和归类，再以教学预设参考框架中的三个维度及其 15 个构念要素为编码，对整理后的数据做进一步分析。分

第9章 跨文化外语教育研究方法

析结果表明,该预设参考框架中的大多数描述语内容都可以在教学实验中找到有力的数据支撑,证明该参考框架比较适合此学习阶段学生的认知发展水平。但研究者也发现,个别描述语并未获得相关数据支持,如在"冲突管理"这一要素的三条描述语中,有两条描述语内容均未得到数据验证。对此,研究者分析了其中原因,并基于本研究中教学实验的数据资料,共对四条描述语进行了调整或删除,形成最终版的中国小学阶段跨文化能力教学参考框架。

鉴于该研究的目的,教学实验这一研究方法与该研究极度契合。研究者首先提出假设性教学框架,继而开展教学实验检验框架,最终根据教学实验中的数据修改完善框架,将理论与实践有机衔接起来。这一研究方法或许能解决当前跨文化外语教学研究领域理论与实践间脱节的问题,值得我们探索尝试。

9.2.3　行动研究

行动研究(action research)这一术语最早由社会心理学先驱 Kurt Lewin 提出,它被描述为"一种认识一类社会制度并试图改革这种社会制度的方法"(Hart & Bond, 1995:13),是"一种由社会活动的直接参与者对自己的社会活动所进行的一种研究"(Herbert, 1993:6-7)。它通过采取行动和进行研究二者同步的过程来寻求变革,这些过程通过批判性反思而联系在一起。行动研究的方式最早只应用于社会心理学,20 世纪 50 年代逐步推广到教育界。Kemmis & McTaggart(1982:5)将行动研究定义为"一种自我反思的方式",社会工作者和教育工作者以此提高他们的理性认识和正确评价。这些认识和评价关乎其自身的社会或教育实践、自身对此实践的理解以及此实践开展的环境。而行动研究最基本的特征是"行动"和"研究"相互结合,在实践中验证理念,改进教学,增强对课程大纲、教学和学习的认识,更好地诠释和检验目前的教学理念(Nunan, 1990)。王蔷(2000:10)认为,"对于课堂教学来说,行动研究是通过'变革'来改进教育实践的一种方式,它鼓励教师加强对自己的教学目的、教学目标、教学过程和教学效果的关注和意识，对自己的教学实践不断提出质疑，不断追求变革。"总之，教学行动研究与课堂教学和学习直接相关，为教师提供了提升教学和改善学生学习的方式。在课堂这个社会环境下，教师作为教学的参与者和实施者直接参与研究，在课堂教学过程中不断对自己的教学改革进行反思以寻求有效的解决方法，在实施计划中观察和了解学生的学习过程与学习效果，在分析数据中展开评价，最终将研究成果应用于实践（邵春艳，2018）。它可以由一位教师单独进行，也可以由一所学校的一组教师合作开展，也可由教师与一位或多位研究人员合作进行，同时也可能涉及其他相关组织（Holly & Whitehead, 1986）。

Lewin（1948）指出，行动研究是一个螺旋上升的过程，大体分三步：计划、行动和反思。Kemmis（1997）认为，可将行动研究视为一个自我反思的循环过程，包括计划（确定问题，决定解决问题的可能干预措施，并计划干预措施）、采取行动（实施干预措施）、观察（监控并记录干预措施/效果）、反思（审查、评估和解释干预措施）、新一轮循环。Nunan（1993）结合第二语言和外语教学环境把行动研究的过程分为六步：（1）发现问题/感觉疑惑；（2）初步调查（收集数据以期分析与了解现状）；（3）提出假设（根据数据分析问题）；（4）计划干预（设计并实施行动策略或方案）；（5）结果（行动所产生的效果）；（6）报告结果（开展交流研讨、撰写研究报告等教学反思）。Ferrance（2000）则提出了行动研究的五步：（1）发现问题；（2）收集数据并对其归类；（3）解释数据；（4）根据数据开展行动；（5）反思。上述学者所描述的步骤详略不一，但大致上都遵循了计划、行动和反思三大步，研究者可根据实际情况与研究目的选择合适的具体步骤开展研究。

从研究方法来说，行动研究可以采用量化或质化任何一种研究方法（维尔斯马、于尔斯，2010）。以下两例研究分别采用了质性和量化的研究方法。

1）研究示例 3-1：探索反思性跨文化教学模式的研究

郑萱、李孟颖（2016）采用行动研究的方法，构建、实施并评价了

第9章 跨文化外语教育研究方法

以转化学习理论为指导的"反思性跨文化教学"模式。他们的研究数据是不同来源的质性材料,包括期初与期末的开放式问卷结果、学生的书面作业、课堂笔记、任课教师与助教的课后对话、课后日记等。行动研究按四个阶段开展:

(1)问题分析。研究者根据自己在美国、中国两地生活和学习的经历,并结合文献阅读,对以下两个问题进行了分析:"跨文化能力"包括哪些方面?外语课堂教学如何培养"跨文化能力"?(2)行动设计:反思性跨文化教学模式的构建。通过文献梳理和教学反思,研究者设计出适合大学英语专题课"语言、文化与交际"的"反思性跨文化教学"模式。该模式具有几大特点:重视个人经验、重视批判性反思、重视交谈式的课堂话语。(3)行动:"反思性跨文化教学"实施过程。该行动研究依托研究者任教的大学英语专题课"语言、文化与交际"开展,时长为一学期(4个月),教学对象为两个班级的学生,共70人。参与者均为非英语专业的学生,年龄在18-23岁之间,来自大一到大四。这些学生来自不同院系和专业,如社会科学(56%)、自然科学(30%)、人文学科(14%),男性略多于女性,学生英语水平均达到该校大学英语"四级"水平(由该校自行测试)。课程设计以跨文化交际中的主要议题和相关理论为单元,从认识和描述文化差异开始(第1-4周),接着学习从不同视角解释差异(第5-8周),再探讨对差异的评价和态度(第9-11周),最后学习协商差异、化解冲突、沟通和适应的策略(第12-14周)。阅读材料来源于不同的跨文化交际教材和相关主题的文章(如许力生,2013; Jackson, 2014)。教学采用多种形式的活动,如观看视频、小组讨论、角色扮演、游戏、反思日记、参与社会调查等。课程成绩由平时分数(30%)与档案袋分数(70%)组成。档案袋中包括期中论文(有关语言、文化与认同的成长自传)、期末小组研究报告(关于生活中与跨文化交际相关的一个问题的探索,及解决方案)、期末反思信(反思本学期学到了什么,自身有何变化)。(4)结果分析与反思。在行动实施过程中,研究者收集了各种来源的质性材料,并在数据收集结束后,根据研究问题和有关跨文化能力概念的文献,对所有材料进行主题分类、编码和归纳,进而对教学行动的结果进行分析与反思。教学结果分析评价从两方面展开:(1)教学整体效果与跨文化能力的变化。通过对课堂观察、期末问卷等数据的分析发现，学生不仅表现出对课程的喜爱，也体现出跨文化能力的积极变化；（2）批评性反思与转变。通过对期末反思信的分析发现，有 7 位学生（10%）的作文中展现了"批判性反思"。虽然能够开展批判性反思的学生只是少数，但课程毕竟只有短短 16 周，这样的变化可以从一定程度上验证教学模式的有效性。除了对教学效果展开评价，研究者通过分析课堂观察记录、任课教师与助教的课后对话以及学生期末反思信等材料，对整个教学行动进行了反思。

2）研究示例 3-2：跨文化三维互动模式研究

邵春艳（2018）根据 Nunan（1993）提出的行动研究六大步骤开展跨文化能力培养实践模式的行动研究。不同于研究示例 3-1，该研究采用量化的研究方法，分三个阶段进行：

（1）问题研究与分析。研究者在教学实践中发现大部分学生的跨文化知识狭隘，跨文化意识薄弱，跨文化交际能力往往处于比较低的水平。针对该问题，研究者对 112 名大一第二学期的学生进行了调研。这些学生主要来自国际经济与贸易、会计学、法学、金融学、计算机科技、环境设计、财务管理、汉语言八个不同的专业。研究者采用跨文化能力测试卷调查了学生跨文化能力现状，并通过学生跨文化学习问卷了解了学生课内外跨文化的学习情况。测试卷借鉴邓兆红（2007）所设计的跨文化交际能力测试试卷，适当修改了测试问题的数量与内容。测试卷共八个部分，依次为英语国家的知识、社会价值观、时间观念、社交规约、会话原则、非言语交际行为、英语文化意蕴词以及言语行为。其中，会话原则部分有 4 题，其他各部分均为 3 题，共 25 题。研究数据表明，受试者对跨文化交际各类知识的掌握都有所欠缺，对具体跨文化情景下所要求的社交规约、会话原则、言语行为、非言语行为等方面的运用更显不足，特别是对英语国家的社会价值观的认知最为薄弱。问卷调查内容参照蒋莉（2004）以及邓兆红（2007）所设计的问题，并对其中的一些问题进行了适当修改。问卷由个人基本情况与跨文化学习状况两部分组成，目的是了解大学生在跨文化学习中的态度、内容、方式与途径。问卷数据说明，虽然大部分学生能意识到跨文化交际能力在英语学习中的重要性，但对学习中出现的跨文化交际现象关心程度还不够高，对跨文化交际能力的理解也非常狭隘，多数学生是围绕教材进行学习或为大学英语四六级考试积极备考。研究者基于该调研结果，总结出传统大学英语教学中的几点不足：一，缺乏有效可行的跨文化课堂教学模式；二，缺乏科学系统的跨文化内容输入；三，缺乏丰富多样的跨文化知识输入方式与途径。（2）跨文化三维互动模式行动。为解决上述三大问题，研究者开展了为时两个学期的行动研究。首先，根据所发现的问题，基于较为公认的跨文化能力三维结构理论（胡文仲，2013）以及建构主义思想（Duffy，1991），依据Liddicoat（2004）所解释的教学核心内容与各环节关系，研究者尝试性地构建了一种多渠道、渐进式的"跨文化知识输入—跨文化意识敏觉—跨文化交际场景植入"三维互动模式，并运用该模式设计课程，开展了两个学期的教学实验，将112位学生分成采用该模式学习的实验组（63位学生）以及同年级同学制的对照组（50位学生）。（3）行动结果与反思。为验证该模式的实践效果，在模式行动结束后，研究者对两组学生分别进行了跨文化交际能力的综合测试。测试内容包括跨文化基础知识、跨文化案例分析（考察跨文化意识的敏觉性）、跨文化交际场景中的合适用语。描述性统计结果表明，实验组的跨文化交际能力测试的平均分高于对照组的成绩（72.36＞53.14）；独立样本 t 检验的结果表明，各组平均数之间的差异都具有显著性意义（Sig.值为0.000，小于0.01）。实验组的学生在跨文化交际的基础知识、跨文化意识以及跨文化交际场景合适用语的选择能力方面均显著地好于对照组学生，这证明跨文化三维互动模式在很大程度上能够帮助学生提高跨文化交际能力。最终，研究者对跨文化教学的本质与内涵进行了更深入的反思，对跨文化教学的目的、过程、方法、手段等方面有了更深刻的认识。

9.2.4 教育民族志

民族志是人类学、社会学、文化学、传播学、语言学等人文社会科学常用的一种质性研究方法，研究者通常以观察和访谈的形式深入目标群体，考察研究目标群体的文化行为模式、习俗和生活方式，细描和阐释文化现象。把人类学概念、理论和方法应用于教育研究领域就形成了教育人类学这门学科；把人类学中的民族志研究方法引入教育领域研究的跨学科应用就是教育人类学的"根基"（即最根本的知识生产方式）——教育民族志（ethnography in education/educational ethnography）。它既是一个研究的过程，也是一种研究的方法，同时也是研究成果的表达之一。近年来，民族志研究法不断被引入教育领域。研究者通过课堂观察搜集第一手资料，分析教学行为，全面详尽地阐释课堂教学中存在的问题（樊秀丽，2008；柳夕浪，2003；王鉴，2007；叶澜、吴亚萍，2004）。民族志研究法之所以越来越受到传播学、语言学、教育学等领域学者的欢迎，一个重要的原因在于过去广泛运用的量化和实验研究方法无法充分解释人类思维过程和行为模式，很多与人相关的活动必须借助类似于民族志的质性研究方法得到深入探究（李松林，2005）。

作为一种研究方法，教育民族志以描述性和整体性为主要特征，是对特定教育情境的全景式深描。它以田野调查（field work）为核心，研究者走出书斋，进入课堂，通过对课堂的观察与分析、对教师的访谈与调查、对学生的问卷与测量等，开展课堂教学研究。其中，参与观察（participant-observation）与深度访谈（depth-interview）是搜集材料的主要技术手段（樊秀丽，2008；王鉴，2008）。

1. 参与观察

研究者在一所学校或一个课堂中做研究时，不仅作为旁观者观察所研究对象的一切，同时也相当程度地参与到他们的活动中，作为其中的一员，更密切地、接近地观察。

2. 深度访谈

研究者与研究对象作无拘无束、较深入的访问谈话，事前不规定所要访谈的问题，更不限定回答的方式，而是就某一范围的问题作广泛的聊天式对话，或对某一特定的问题作详细的说明（李亦园，1996）。正

第9章 跨文化外语教育研究方法

如王鉴（2008：17）指出："作为微观民族志的课堂人类学研究已经成为教育民族志的主要研究方法，形成了课堂民族志研究的学科技术和研究特征，基于课例的叙事风格、研究者的参与观察与角色定位、被研究者的共性与个性、课堂日志的记录与整理、教学主体的叙述与再叙述，等等。这些特征可以作为对课堂进行科学研究与人文研究共同使用的方法，尤其在课堂人文性方法研究方面有着更恰切的运用。课堂研究因为有了课堂民族志的研究方法，正在迈向一种回归教学生活'实事本身'的、'深描'的实证研究之路。"

就我们所看到的国内跨文化外语教育研究文献，目前鲜少有研究者采用教育民族志的方法开展课堂研究，但这一方法在微观层面的教学研究中有极大的适用度，是值得未来探索的方向。下文所举的研究示例4-1虽并非以教育民族志作为研究方法开展的研究，但采用了民族志教学法开展跨文化外语教学项目，这一教学法能将语言教学与文化教学有机融合，值得引介，故在此仅供参考。

1）研究示例4-1：民族志跨文化外语教学项目的设计、实施与评价

该研究中的教学项目在张红玲、赵涵（2018）依托上海某大学"综合英语"课程开展民族志跨文化外语教学，旨在为学生提供用英语与外国人面对面交流沟通的机会，提升学生的跨文化意识和跨文化能力。项目参与者为新闻专业本科二年级一个班级的23名学生，以及来自12个国家、精通英语的13名外国专家。其中，每两名学生和一名外国专家组成一个文化学习小组，共有11个小组。该项目采用的民族志跨文化外语教学法是由培训、实践和报告三个步骤构成的参与体验式文化学习方法，项目过程主要分为准备阶段、实施阶段和总结阶段，要求学生围绕四个问题展开探究学习：一，外国专家在上海的工作和生活状况如何？请描述其日常生活；二，外国专家对自己在上海的工作和生活感觉如何？请陈述其感受及其在上海的跨文化适应情况；三，外国专家对于中国文化最感兴趣的层面是什么？请列举其最感兴趣的问题；四，外国专家代表的文化与中国文化的主要差异有哪些？

（1）项目准备阶段。项目正式实施之前，研究者为学生提供民族志研究方法和民族志报告撰写培训，明确民族志跨文化外语教学活动的具

体要求。同时，研究者通过微信群和参与项目的外国专家互动交流，回答关于项目的疑问，使他们深入理解项目的目的和意义。(2) 项目实施阶段。项目实施为期一个月，每个文化学习小组开展四次活动，活动包括互访做客、带专家参观上海景点等，学生以日志形式记录每次活动。第二周活动结束之后，学生提交中期民族志报告。在"综合英语"课上，教师让学生报告活动进展情况，及时解答学生提出的问题，解决专家与学生在课外活动中遇到的技术问题。(3) 项目总结阶段。项目结束后，每个小组在教师指导下，撰写民族志跨文化外语学习研究报告。研究者组织所有参加项目的学生参与问卷调查，了解学生参加项目后的感受及其对项目的评价意见，并对学生进行群体访谈，对授课教师进行深度访谈。根据研究报告中的项目实施评价结果来看，民族志跨文化外语教学表现出了几个主要特点：首先，民族志跨文化外语教学将外语课堂教学延伸至课外，充分利用社会资源，丰富学生的外语学习体验，为学生创造学以致用、在用中学的外语学习机会，有利于提高学生的外语运用能力；其次，作为一种文化探索学习途径，民族志跨文化外语教学法在学生感知异国文化、开展跨文化交际实践、增强跨文化敏感性、提高跨文化能力等方面发挥了重要作用；最后，民族志跨文化外语教学法具有较强的适用性和灵活性，教师可以因地制宜，利用学校和社会现有的外国文化资源设计周期长度不等的项目。

整体而言，民族志跨文化外语教学项目实现了语言教学和跨文化教育的有机融合，能够同步提升学生的语言运用能力和跨文化能力。

9.3　小结

本章主要分析了范式和具体研究方法，从抽象向实践过渡。总的说来，任何具体的研究方法都是在特定研究范式的元理论假设的指导下提出的。在更为具体的跨文化领域中，范式为理论建构及研究提供了关于文化、交际、交际者的基本认识。本章的范式部分主要呈现了范式由实证主义与解释/诠释主义的二分法，然后是批判主义范式，最后是实用主义范式，其标志着随着西方哲学思想的演变，以及整个跨文化学科对

第9章　跨文化外语教育研究方法

文化、交际等基本概念理解的发展。实证主义范式作为主导范式，使该领域的大部分研究呈现出交际者认知/情感或生物因素与跨文化交际行为差异之间的因果线性解释模式。解释/诠释主义范式作为对实证主义范式的回应认为，无论是文化还是个体心理认知，抑或是行为方式，均不能以实体的方式对其进行观察和测量，这三者是动态性的相互建构。与探究普遍性因果关系的研究任务相比，深层且详细地描述语言、文化、人类实践三者之间的互构方式更加具有真理意义。解释/诠释主义的发展为批判主义范式的产生开拓了建构主义的道路，只不过批判主义范式将建构的深层原因聚焦于群体之间所拥有的社会权力的差异，力图描述社会权力结构与人际交往方式之间的相互影响。实用主义范式并不排斥任何一种对于交际和文化的理解，这一范式的最大特点就是将交际视为人类的全部活动，将文化视为人类的全部生活情境。个体通过交际与跨文化情境进行互动，互动包含被动适应与主动改变两个辩证统一的维度。适应与改变的循环往复一方面促使个体获得跨文化能力或培养出跨文化人格，另一方面可以促使情境发生某种程度的改变。因此，实用主义范式主张每个人都可以在成为合格的跨文化交际者的过程中，为国际理解和世界和平贡献自身力量。

今后的跨文化研究范式的发展将会呈现融合性和本土化两个基本特征，随着混合型研究方法的广泛应用，实证主义范式与解释/诠释范式的对立将会被逐渐弥合。实证主义范式下的研究需要解释/诠释主义对其假设进行情境化的调试，以更为契合研究对象的实际特征；解释/诠释主义范式下的研究则需要实证主义范式对其所提出的理论和模式进行统计学的证实，以增加其理论的解释力度。在本土化方面，跨文化研究本土化转向的呼声愈加强烈，但是到目前为止，还缺乏具有普遍共识意义的中国本土化范式可以帮助学者开展有效的本土化研究。不过，中国儒家思想与实用主义哲学有着天然的共通性，也许可以在实用主义范式及其理论的启发下，构建与中国文化精神和民族性格相契合的本土化范式。

在具体方法的部分，本章简要介绍了问卷调查研究、实验研究与教学实验、行动研究和教育民族志四种适用于跨文化外语教育研究的方法，并配以研究实例供读者参考借鉴。其中，问卷调查研究常作为量化研究的方法,但也可以通过问卷收集质性材料进行分析。在调查研究的实践中,跨文化外语教育领域的学者常采用各类跨文化能力量表作为测量工具和问卷的一部分,对广大师生进行跨文化能力的评估。同时,学者会辅以访谈展开质性研究,作为问卷调查的验证与补充。实验研究则是典型的量化研究方法,适用于对某一具体教学干预手段的有效性进行验证。教学实验则是一种特殊类型的设计研究,通常用于检验某一教学模型或框架的可行性,或对其进行修正。在教学实验研究开展过程中,研究者采用多种方式收集数据,多角度评估验证教学模式的有效性。行动研究则是最适于广大外语教师采用的研究路径,教师可以研究者和教师的双重身份对自己的教学进行改革与完善。行动研究的具体方法可以是量化的也可以是质性的,教师可根据研究目的、自身能力以及课堂实际情况,多方面考量,选取最合适的研究方法。教育民族志则是最适用于开展微观层面的课堂教学研究的方法。然而,目前我国跨文化外语教育领域的学者鲜少使用该方法开展研究,是亟待探索的一个领域。

因篇幅有限,本书只介绍了四种研究方法,但实际上可供使用的研究方法相当丰富,尤其是鉴于跨文化外语教育本身的跨学科属性,研究者可从心理学、教育学、社会学、语言学、传播学、跨文化交际学以及其他各类交叉学科中汲取养料,学习借鉴各类学科的研究方法。这不仅有助于拓宽我们外语教育研究者的视野,也有助于推进整个跨文化外语教育研究领域的发展。

第 10 章
跨文化外语教育资源

跨文化外语教育在我国正蓬勃开展，其理念已深入人心，但是外语教师们在实施跨文化外语教学的过程中，往往由于缺乏相关的配套资源，感觉心有余而力不足，这其中包括英语教材以及有利于发展学生综合语言运用能力的其他教学材料、支持系统和教学环境等（徐锦芬，2019）。针对教师们的需求和困惑，本章将首先阐述跨文化外语教育资源的内涵、特点和选择原则，然后围绕研究资源和教学资源两大类，分别介绍梳理国内外具有影响力的跨文化外语教育资源。

10.1 跨文化外语教育资源概述

课程资源是教育资源的重要组成部分，有广义和狭义之分（吴刚平，2001；徐锦芬，2019）。广义的课程资源指的是促进课程发展、达成课程目标的各种因素；狭义的课程资源是指实施课程教学的直接素材来源。本章所讨论的是广义的跨文化外语教育课程资源，既包括有关学科知识的经典理论和最新进展以及各学科之间的相互作用和影响，又包括直接作用于课堂教学的素材来源，如教学材料、在线资源、项目资源等。吴刚平（2001）指出，以教师为核心的教育队伍建设始终是课程资源建设中的决定因素。因此本章从外语教师的视角出发，为提升其教学品质和科研素养，提供优质的学术和教学资源。与此同时，教师专业化水平的提升必将带动其他课程资源的建设与发展。

跨文化外语课程资源不是单一的语言样本，它呈现的是文化作品，是在一定的文化语境中创作而成，体现了创作者及读者双方的文化立场、文化身份、世界观等文化要素（Liddicoat & Scarino, 2013）。它一方面以语言为媒介提供了大量的文化信息和知识，另一方面又以多种多样的言语形式促进信息的输出。课程资源为运用语言提供了契机，学习者通过口述、笔写、在线交流等言语形式及欣赏艺术作品和参与游戏等非言语形式，提升语言表达能力，促进相互之间的沟通和交流，形成跨文化理解力。因此，选择合适的外语课程资源不应仅仅停留在语言表面，而要看它是否能激发更深层次的文化学习和思考，比如能促进生成探究性的问题和开发丰富多彩的教学活动，促进情感互动、理性分析和换位思考。

对课程资源的选择和评估应当遵循以下原则：（1）目标语相关性（target-language-relevance）（Kramsch, 1988; Liddicoat & Scarino, 2013）。课程资源应当充分体现目标语的语用逻辑、使用规则，能真实地反映目标语的文化特点；（2）文化意义的建构。以资源为媒介，学习者在阅读学习的过程中能够与目标语文化产生互动，从"我者"和"他者"的视角形成对自我文化和作品文化的审视与比较，促进文化反思；（3）促进主动学习。通过不同类型的学习资源，开拓不同方式的互动路径，学习者在提升外语语言能力的同时，构建起对文化差异的认知、对不同文化的敏感性，形成跨文化理解力和行动力，实现"主动学习"。

接下来，本章将着重介绍与跨文化外语教育相关的学术研究资源和教学资源。资源的选择基于三个方面的因素：第一，外语教学、文化教学和跨文化教学三者有机结合的资源；第二，在国内外具有较强学术影响力和能发挥教学引领作用的资源；第三，既有经典性又符合时代发展需要的资源。

10.2 跨文化外语教育研究资源

学科知识和理论研究是促进教学发展的基石，尤其是国际国内最新的学科发展和学术前沿动态将为提升教学内涵提供新鲜的血液和充沛的养分。本节将从代表性学者及其研究成果、学术杂志和研究学会三个方面，逐一介绍国内外有影响力的跨文化外语教育学术资源。

10.2.1 代表性学者及其研究成果

本节从跨文化外语教育的不同研究视角出发，按照理论框架的建构、教学方法的研发、跨文化能力的界定、测试测评的实施以及身份认同的构建五个主题，从对该主题研究最有影响力的学者及其相关研究成果入手，逐一梳理国内外权威的跨文化外语研究资源。

1. 理论研究

迪亚兹是澳大利亚昆士兰大学语言和文化学院学者，研究领域包括应用语言学、二语研究、文化研究、批判性跨文化语言教育等。他主张在语言学习过程中培养学习者对潜在的价值观、需求和动机的意识，并鼓励培养学习者的批判性思维。其代表作有：《在高等教育阶段发展批判性语言文化教学法：理论与实践》（2013），*Tertiary Language Teacher-Researchers Between Ethics and Politics: Silent Voices, Unseized Spaces*（Díza & Crozet, 2020）等。

里迪克特是英国华威大学应用语言学中心教授，其研究涉及应用语言学的多个领域，包括语言教育、语言政策和规划与话语分析。他关注跨文化理解和语言教学之间的关系，以及学习外语如何促进跨文化能力的发展，重点研究语言和文化之间相互作用的课堂实践如何提升语言教育，以及语言规划对教师、学生和社会将产生什么影响。其代表作有：*Intercultural Language Teaching and Learning*（2013）、*Language Policy and Planning in Universities: Teaching, Research and Administration*（2017）、*An Introduction to Conversation Analysis*（2021）等。

诺顿是加拿大英属哥伦比亚大学语言和文化教育系教授，主要研究领域是文化认同、语言学习理论以及投资理论。其代表作有：*Identity and Language Learning: Gender, Ethnicity and Educational Change*（2000）、*Social Identity, Investment and Language Learning*（1995）、*Identity and Language Learning*（2013）等。她基于五位加拿大女性移民的英语学习经历，研究了语言学习者不断变化的身份认同是如何影响二语习得（SLA）这一过程的。她认为身份认同集语言学习者和语言学习环境为一体，而传统的二语习得理论忽视了语言学习者及目标语会话者之间的权力关系（Norton, 2000）。她主张在语言学习和教学中采用后建构主义的身份认同观念，"语言是语言学习者社会身份构建过程中的一部分，只有通过语言，学习者才能在不同的时间不同的地点形成自我的概念，也只有通过语言，学习者才能进入或被拒绝进入给与他说话机会的强大的社会网络。"（熊淑慧，2009：56–57）语言学习者在会话的过程中不仅与目标语会话者交换信息，而且在不断地构建与重构他们是谁、他们与外部世界是如何联系的。此外，诺顿在布迪厄资本理论的影响下提出了"投资"（investment）的概念，对于目标语言的"投资"是学习者对自我社会身份的投资，而这一身份随着时空的转变在不断变化（Norton, 1995）。因此，语言学习者的社会身份是多重的、是抗争的也是变化的，应通过考察学习者的认同来探讨语言学习与社会语境之间的关系（陈宗利等，2017）。

克拉姆契是美国加州大学伯克利分校的应用语言学家，主要研究领域是二语习得、语言与文化、身份认同、多语言与多元文化主义等，并提出了象征能力（symbolic power）这一概念。他发表了大量有关语言、语篇和文化的学术专著和论文，为跨文化外语教育打下了深厚的理论基础。其代表作有：《语言教学的环境与文化》（1993）、《语言与文化》（1998）、*Language Acquisition and Language Socialization: Ecological Perspectives*（2002）、*Identity and Language Learning: Extending the Conversation*（2013）、*Language as Symbolic Power*（2021）等。作为一位多语言使用者、教学者和研究者，他指出在当前多语、多元文化的全球化时代，外语教学的目标应从表层的交际能力提高转为对多维度象征能力的培养；外语教师应通过实际交际的例子，为学生阐释在语言学习过程中结合多语使用的途径和方法，提高他们的主观能动性（李茨婷，任伟，2017）。

德文是芬兰赫尔辛基大学教授，主要从事批判性跨文化教育、多元文化主义社会学、国际学生和学术迁移等方面的研究，倡导跨学科、批判性、反思性的跨文化教育理念。他提出重构跨文化性，反对全盘接受西方学者的观点，培养对非西方思想的兴趣（张珊，2021）。其代表作有：*Cultural Identity, Representation and Othering*（2012）、*Interculturality in*

第 10 章　跨文化外语教育资源

Education: A Theoretical and Methodological Toolbox（2016）等。

索尔斯是日本庆应大学教授，日本跨文化中心主任，研究领域包括跨文化适应、深度文化、文化与认知、心理语言学、文化学习等。其代表作有：Language, Culture and the Embodied Mind: A Developmental Model of Linguaculture Learning（2019）、Transformation, Embodiment, and Wellbeing in Foreign Language Pedagogy: Enacting Deep Learning（2022）等。他从社会认知视角（a socio-cognitive perspective）出发，指出学习一门新的语言将带来思维和认知的适应性改变。基于此，他提出了语言文化学习发展模型，这一模型将语言和文化教学合为一体，其过程基于动态技能理论，分为相遇、经历、融合和跨越四个阶段，是一个语言和文化相互交织，共同深入影响人们的思想和行为的过程（Shaules, 2019）。

库利奇（Kulich）是上海外国语大学跨文化研究中心执行主任，国际跨文化研究学会会长（2019-2021），主要从事价值观和身份认同以及跨文化交际、教育、培训等研究，致力于推进跨文化学科发展，对跨文化的学科全貌进行规划并作历史梳理，在中国和国际学者之间建立起桥梁。其代表作有：The Multiple Frames of Chinese Values: From Tradition to Modernity and Beyond（2010）、Does Context Count? Developing and Assessing Intercultural Competence through an Interview-and Model-Based Domestic Course Design in China（2015）、Interdisciplinary History of Intercultural Communication Studies: From Roots to Research and Praxis（2020）等。

胡文仲是北京外国语大学教授，从事英语教学和研究、跨文化交际研究和澳大利亚文学研究，是中国跨文化交际学会首任会长。其代表作有：《英语的教与学》（1989）、Encountering the Chinese（胡文仲、Grove，1991）、《外语教学与文化》（胡文忠、高一虹，1997）、《跨文化交际面面观》（1999）、《跨文化交际学概论》（1999）、《超越文化的屏障》（2002）、《超越文化的屏障（修订版）》（2004）等。他认为，学界普遍的共识是跨文化交际能力包含认知层面、感情（态度）层面和行为层面的能力，跨文化交际能力需要通过课堂内外、国内外等多路径培养（胡文仲，2013）。

贾玉新是哈尔滨工业大学外语学院教授，中国跨文化交际学会第二任会长。其代表作有：《跨文化交际学》（1997）、《跨文化交际：东西方对话》（2014），后者汇集了近几十年中外学者对跨文化交际理论与实践的探索与思考。近年来，他致力于发展"人类宇宙论"（anthropocosmic）。"这是一个从自我逐步向家庭、社会、国家以及超越国家的世界，以及超越世界的宇宙等同情共鸣的社会化过程。"（贾玉新，2019：7）他提出，21世纪的跨文化交际教育应是一个以"天地与我并生，与万物为一""万物皆备于我"的"仁者与天地万物为一体/一体之仁"的人类宇宙论为视角，以命运共同体和全球公民教育为目标，以"利他"和"利己利人"之全球交际/对话伦理所导引的跨文化交际，尤其是其理想形式平等对话为路径的育人载道的教育（贾玉新，2019；贾玉新、贾雪莱，2016）。

孙有中是北京外国语大学教授，中国跨文化交际学会第三任会长，主要研究方向为跨文化交际与传播、美国思想和文化、英语教育。其代表作有：《跨文化研究前沿》（2010）、《跨文化传播丛书》（2012）、《英语专业人文思辨系列教材》（2014）等。他提出了外语类专业跨文化教学的五项基本原则（CREED）。跨文化教学必须引导学生运用思辨的方法对跨文化知识、信息与案例反复进行概念化、运用、分析、综合和/或评价；跨文化反省旨在实现理论学习与实践应用的有机结合；跨文化教学应重视通过跨文化探究活动培养学生的独立学习能力和终身学习能力；一个具有跨文化同感的人最终能够超越自我文化的边界，建构包容个人与人类和民族文化与世界文化的跨文化人格（intercultural personhood）（Kim, 2008）；跨文化教学应该创造跨文化体验的机会以促成跨文化能力的内化，实现做中学（孙有中，2016）。

高一虹是北京大学外国语学院教授，研究方向为社会语言学、跨文化交际、外语教育。其代表性作有：《语言文化差异的认识与超越》（2000）、*Foreign Language Learning:"1+1>2"*（2001）、《大学生英语学习动机与自我认同发展—四年五校跟踪研究》（2003）等。她的主要研究范畴包括从文化认同、学习动机、语言态度等视角分析大学生和外语学习者的英语学习社会心理。对于英语二语认同（second language identity）典型模式，她基于巴赫金的对话性理论，提出"对话的交流者"的新模式。该模式以尊重和反思为基础聆听和言说，以文明的冲突与对话为主要社会语境，以"生产性双语现象"为主要认同变化类型，以成熟健康的成年人为心理发展特征（高一虹，2014）。她提出的"道"与"器""跨越"与"超越"等概念对跨文化能力培养具有重要的理论指导意义。

2. 教学研究

西利的主要研究领域有跨文化交际、文化教学、文化冲突外语教学法等。其代表作有：*Teaching Culture: Strategies for Intercultural Communication*（1993）、《跨文化学习中的体验式活动》（1995）。他认为，语言和文化学习的融合离不开教师在认知、情感、技能方面展现的跨文化能力，也离不开教学策略和活动设计，还离不开课堂内外的人力和文化资源，教学资源和有效的学习活动包括能产生共情效果的文学作品、小戏剧、同化训练、文化舱、文化群等（Seelye, 1993）。

考伯特（Corbett）任职于英国格拉斯哥大学英语系，教授EFL、英国文化研究等课程，研究领域包括ELT、语体和翻译研究。他在代表作 *An Intercultural Approach to English Language Teaching*（2003）一书中提出，运用文化比较的方法培养英语学习者协调母语文化与目的语文化之间关系的能力，为语言学习者提供了探索文化差异的方法，帮助他们在了解自身文化的同时也了解目标语文化。书中系统地论述了英语跨文化教学法的界定、内容和文化语境的含义（毕继万，2014），着重阐释和介绍了对话策略、写作、民族志、访谈、视觉素养、文学作品、媒体、文化研究等可运用于英语跨文化教学的实践方法。

莫兰有丰富的跨文化教学和培训经验。他聚焦外语教育中的文化教学，重视文化实践，借鉴了库伯的体验式学习圈理论，提出体验教学模式。在其代表作《文化教学：实践的观念》（2001）一书中，他探讨了如何在语言教学中实现文化教学的目标，并提出了文化的五个层面：文化产品、文化实践、文化观念、文化社群、文化个体。他指出语言与文化息息相关，是文化的五个层面的聚合体（language as an integral part of the five dimensions of culture），同时从语言功能的角度对此关系进行了深入的分析（Moran, 2001）。

张红玲是上海外国语大学教授，主要研究领域是跨文化交际、外语教学、跨文化教育。其代表性作有：《跨文化外语教学》(2007)、《网络外语教学：理论与设计》(2010)、《大学跨文化英语综合教程》(2019)等。其中，《跨文化外语教学》(2007)是国内第一部系统研究跨文化外语教学的专著。该书从英语教学的时代背景出发，阐明了在英语发展成为国际通用语的形式下，英语教学的最终目的是培养具有跨文化交际能力的外语人才的思想。该书对外语教学和跨文化交际能力培养等问题进行了全面、深入的探讨，并提出了具有现实意义和参考价值的中国跨文化外语教学一体化框架（张红玲，2007）。

3. 跨文化能力研究

凡蒂尼曾担任跨文化教育、培训和研究学会（Society for Intercultural Education, Training and Research，SIETAR）主席，他致力于语言教育和跨文化学科的研究和教学，有丰富的跨文化教育和培训经验。其主要研究领域为跨文化教育评估（测试与评价）、社会语言学与心理语言学、第一和第二语言习得、双语教育、种族与多元文化教育、跨文化沟通能力、跨文化培训等。其代表作有：*A Central Concern: Developing Intercultural Competence*（2000）、*Dimensions: Focus on Intercultural Competence*（2016）、*Intercultural Communicative Competence in Educational Exchange: A Multinational Perspective*（2018）等。他构建的"多要素跨文化能力模型"（a multi-component model）内涵丰富，影响广泛，包括建立和保持关系的能力、沟通中语义丢失或语义曲解最小化的能力、合作共赢的能力三个方面；知识、态度、技能和意识四个维度，其中意识是核心。同时，他强调二语能力或者外语能力是跨文化能力的重要组成部分（Fantini，2000）。

斯卡里诺是南澳大利亚大学传播、国际研究与语言学院的学者，其研究专长是以学习为导向的测试、多元社会的语言教育、二语习得、二语课程设计、跨文化语言学习和二语教师教育。她承担的主要研究项目有：跨文化语言学习评估（ARC Linkage, 2006–2009）、亚洲语言教育学生成效考核（DEEWR, 2009–2011）。其主要著作有：*Languages in Australian education: Problems, prospects and future directions*（Scarino & Liddicoat, 2010）、*Intercultural Language Teaching and Learning*（2013）、

第 10 章　跨文化外语教育资源

Dynamic ecologies: A relational perspective on languages education in the Asia-Pacific region（Scarino et al., 2014）。

迪尔多夫是联合国教科文组织的学术专家，主要研究方向为跨文化能力定义与评估、跨文化交流及国际教育，著有 *The Sage Handbook of Intercultural Competence*（2009）、*The Sage Handbook of International Higher Education*（2012）、*Building Cultural Competence*（2012）、*Manual on Developing Intercultural Competencies: Story Circle*（2019）。迪尔多夫基于扎根理论构建的跨文化能力模型影响广泛，它以两种方式呈现：一个是金字塔型，由四个层级构成，位于基础层的是"态度"，其上是"知识"和"技能"，再其上是"理想的内化成果"，最顶层是"理想的外在表现"，这是一个静态体现能力要素之间层层关系的模型；另一个是动态循环、有输入和输出导向的因果过程式模型，其构成要素同于金字塔模型，但动态形象地表现出能力发展的路径（Deardorff, 2006）。此外，迪尔多夫创建的"全球跨文化能力"网站为跨文化能力研究提供了丰富的学术资源和交流平台。

拜拉姆是英国杜伦大学荣休教授，研究领域包括跨文化研究、语言教学和比较教育学。其代表作有：《在实践中培养跨文化能力》（2014）、《从外语教育到跨文化公民教育——文集与思考》（2014）、《跨文化交际能力的教学与评估》（2014）、*From Principles to Practice in Education for Intercultural Citizenship*（2016）、《跨文化交际与国际汉语教学》（2017）等。他较早地将跨文化交际的理论运用在外语教育领域，指出外语教学不应当局限于培养地道的外语会话者，而是以培养"跨文化语者"为核心（Byram, 2009）。他提出了着眼于外语教育以及跨文化公民身份建构的跨文化能力模型，该模型融合了外语能力与跨文化能力两个要素，两者形成双向互动的关系。其中，外语能力包括语言能力、社会语言能力和语篇能力；跨文化能力包括知识、技能（解读关联技能和发现互动技能）、态度和批判性的文化意识，而最后一点也是跨文化能力的核心要素。拜拉姆认为，外语教师应该明确何为文化知识并且真正掌握文化知识，设定切合实际的跨文化能力教育目标，积极探索整体评估的方法。他还指出，即使教材在跨文化能力教育方面设计得不够完善，教师依然可以在教学方法上发挥创造性，从而落实跨文化能力教育理念（王强，

2016）。其代表作《外语教育中的文化研究》一书论述了如何在外语教学的过程中认识了解他国文化和民众。该书以中学教育阶段的外语教学为背景，从各方面系统探讨了语言教学的哲学基础和目的。拜拉姆从外语教师的局内人视角出发，借助了常常被排除在外语教学以及职业培训之外的其他学科知识，以期通过此书让外语教师以及学习者全面深入地领悟外语教学的价值。

戴晓东是上海师范大学外国语学院教授，主要从事跨文化交际理论和跨文化能力研究。其代表作有：《跨文化交际理论》（2011）、《跨文化能力研究》（2018）、*Intercultural Communication Competence: Conceptualization and Its Development in Cultural Contexts and Interactions*（戴晓东、陈国明，2014）、*Conflict Management and Intercultural Communication: The Art of Intercultural Harmony*（戴晓东、陈国明，2017）、《跨文化能力研究》（2018）。其中，《跨文化能力研究》（2018）围绕跨文化能力概念界定、理论视角建构及评估方法三个基本问题梳理与评析国内外研究成果，探索未来的研究方向。他还对跨文化能力过去六十年的理论发展进行了梳理，将其分为四个阶段：第一阶段以有效性为中心；第二阶段有效性和得体性成为焦点；第三阶段跨文化能力理论多元化发展；第四阶段是视角的整合与理论建构的深化（戴晓东，2019）。

彭仁忠是华中科技大学外国语学院教授，主要研究方向是跨文化能力测评、跨文化适应、跨文化教育与培训等。其代表作有：《中国大学生跨文化路径研究》（2017），主要研究成果有"中国大学生跨文化能力测评量表"（2013）、"中国大学生跨文化能力综合评价模型"（2015）、"中国大学生跨文化能力发展路径模型"（2016）、"在华留学生跨文化适应模型"（2019）等，并提出了跨文化外语教学理论模型和实践模型（2020），开展了"基于 Rasch 模型的跨文化能力测试质量研究"（2022）。

10.2.2　学术杂志

本节将重点推介与跨文化外语教育密切相关的国际和国内学术期

刊。其中，国际期刊多为社会科学引文索引（Social Science Citation Index, SSCI），国内期刊皆属于中文社会科学引文索引（Chinese Social Sciences Citation Index, CSSCI）。

1. 国际期刊

（1）《语言和跨文化交流》（Language and Intercultural Communication）旨在促进对语言、跨文化交流和教育的跨学科研究。该杂志关注教育，特别是高等教育以及语言学习和教学的最新成果，尤其是有关语言和文化、语言学和跨文化相关的前沿研究，力求在复杂多元的世界中促进对语言跨文化层面的认识，抵制文化霸权主义，鼓励批判性观点。（2）《应用语言学》（Applied Linguistics）关注对世界现实问题的语言研究类文章，力求通过语言学和其他相关领域的广泛研究，在学术论文、理论探索和研究方法之间建立起联系。该期刊主要反映当前应用语言学的前沿理论与实践发展，其论坛栏目旨在激发作者和广大应用语言学家之间的辩论，通常是对研究问题和专业实践的评论，或是对已发表文章的回应。（3）《跨文化语用学》（Intercultural Pragmatics）是一个理论与应用语用学研究论坛。该期刊的目标是通过发表侧重于一般理论问题研究、多语言和文化研究和语言的变体研究，以促进实用理论和跨文化能力的发展和提升。该期刊注重学科内和语用学研究领域的跨文化交叉，支持代表语用学不同分支的研究者之间的互动和学术辩论，包括语言学、认知学、社会学和语际范式等分支。（4）《语言、文化和课程》（Language, Culture and Curriculum）是一本跨越教育学和语言学的期刊，主要关注各种语言情景下的双语教学和多语教学过程，收录并发表与语言、文化和课程三大主题有关的研究文章。（5）《语言学与教育》（Linguistics and Education）致力于促进语言学和教育学交叉领域的知识、理论和方法论的发展。该期刊关注语言和其他交际/符号系统在全球化学习和参与方面的作用，其研究涉及教学情境和实践的复杂性，关注各个年龄段的常规教育以及贯穿人们一生的非常规学习情境，包括各种学习模式、教育流派和技术手段。（6）《语言与社会互动研究》（Research on Language and Social Interaction）是关于语言互动的实证型和理论型研究的学术期刊，主要关注传播学、话语分析、会话分析、语言人类学和人种学等领域对互动这一话题的研究,尤其是对自然发生的互动的详细分析。(7)《跨文化关系国际期刊》(*International Journal of Intercultural Relations*)致力于促进与跨文化关系相关的理论研究和实践发展。研究话题涵盖移民适应和融合、群体间关系和对社会有影响的跨文化交流等。该期刊重视将理论研究应用于教育、卫生、社会福利以及组织和社区发展等领域,为心理学、传播学、教育学、管理学、社会学和其他相关学科提供了一个跨学科研究的平台。

2. 国内期刊

(1)《外语界》由上海外国语大学主办,高等学校外国语言文学类专业教学指导委员会、高等学校大学外语教学指导委员会等协办,上海外语教育出版社出版。该期刊是专门反映以大学英语和英语类专业为主的外语教学与科研成果、探讨外语学习理论与方法、关注外语学科建设与发展、评介外语教学与科研论著的综合性学术刊物,辟有"外语教学""二语研究""翻译教学""外语教师教育与发展""教育技术与模式""跨文化教学""外语评估与测试""外语教材编写研究""学术会议综述""书刊评介""信息之窗"等栏目。(2)《外语教学与研究》是教育部主管、北京外国语大学主办的学报,创办于1957年6月。主要栏目包括有"语言学研究""语言研究""外语教育"。研究范围包括对中外外语教育政策、历史等的考察和分析,对域外文化摄入和中华文化走出的双向考察和研究,以及对中外思想文化的比较研究。(3)《中国外语》是国家教育部主管、高等教育出版社主办的综合型外语学术期刊。该刊把中国外语教学改革与科研创新摆在首位,推动中国外语教学与学术研究的发展,让国际学术界听到中国学者的声音。其主要栏目有"学论经纬""改革论坛""学术探索""教学研究""综合论译""书评"等。《外语学刊》是黑龙江大学主办的外语类核心期刊。该期刊以语言不仅是交际工具,而且是人的存在方式为理念,以多维度探索语言奥秘为原则,设置了"语言哲学""语言学""外语教学""翻译研究"等栏目。《外语教学》是西安外国语大学主办的双月刊,设有"语言学与语言研究""英汉对比研究""外语教学与研究""外语教育研究""外国文学评论""翻译研究""翻译与中国文化走出去"等栏目。

10.2.3 研究学会

本节梳理了当前国内外比较活跃的与跨文化外语教育密切相关的国际和国内的研究学会。

（1）语言与跨文化交际国际学会（International Association for Languages and Intercultural CommunicationI, IALIC）成立于2000年，支持语言和跨文化交流领域学者的学术研究。语言与跨文化交际国际学会旨在汇聚不同学科背景的国际学者和从业人员，以加深知识探究，促进对跨文化交流的现实理解，推动跨文化理论和实践的发展，助力实现社会公正。语言与跨文化交际国际学会每年组织一次年会，学者和从业者可以分享他们的研究进展，建立交流网络，思考当代的理论和现实问题。（2）对外英语教学（Teachers of English to Speakers of Other Languages, TESOL）国际协会是全球最大的以英语为第二语言或外语语言的教师专业组织，成立于1966年，总部设在美国弗吉尼亚州亚历山大市。该协会有100多个语言教育附属组织，其中一半以上的组织总部设在美国以外的地区。该协会每年组织一次年会，出版两份同行评议的学术期刊——《TESOL季刊》《TESOL杂志》。（3）国际语言研究学会（International Society for Language Studies, ISLS）是一个跨学科研究协会，探索各种批判性语言观。国际语言研究学会认为，语言由历史、政治、社会和文化共同塑造，从这种角度看待语言的研究在历史上一直被边缘化，并在学术体系中被人为地分离出来。国际语言研究学会的主要目的是弥合这些学科领域，并为理论和实践研究提供场所，通过已有的和新兴的研究方法，探索语言、权力、话语和社会实践之间的关系。该协会每两年举行一次重点研究报告会，每年举行一次区域性会议。（4）国际跨文化研究学会（International Academy for Intercultural Research, IAIR）学会由诸多学科领域的学者组成，研究领域包括教育学、人类学、管理学、传播学、心理学、社会学和政策科学等。该学会每两年召开一次国际会议，赞助学术书籍的出版和其他相关活动，并出版了跨文化领域的重要期刊《国际跨文化关系杂志》（1977）。国际跨文化研究学会的主要目的是促进不同文化间的理解，鼓励文化间"关系"领域的理论研究和实践发展，向公众传播有关跨文化关系的信息，鼓励对跨文化关系感兴趣的人进行交流。国际跨文化研究学会的最终目标是通过学术研究成果促进世界和平与繁荣，改善人们之间的交流。（5）跨文化教育、培训和研究大会（Society for Intercultural Education, Training and Research, SIETAR）是跨文化学者交流有关培训实践、理论发展和学术思想的平台，也是一个参与社会互动、加强彼此联系的平台。1974年，跨文化教育、培训和研究大会在马里兰州盖瑟斯堡举行了首次大会，多年来不断发展壮大，吸纳世界各地的成员，于1982年成立了跨文化教育、培训和研究国际协会（SIETAR International），形成了一个基于国家与地区组织的全球网络，继续将全球各地的跨文化学者聚集在一起，为创造共同合作的环境发挥了重要作用。（6）中国跨文化交际学会（China Association for Intercultural Communication, CAFIC）成立于1995年，2019年11月更名为跨文化交流研究委员会。该学会创立后吸引了众多国内外语教师的加入，在推动国内跨文化外语教育发展、促进外语教师的成长方面发挥了重要作用。学会每年举办一次全国性或国际性学术研讨会，出版会议论文集，开展优秀论文评选等活动，旨在搭建学术平台，汇集学术资源，促进国内和中外跨文化研究领域学者的相互交流与合作，推动学术创新和跨文化外语教育的全面发展。其研究主题涵盖诸多领域，既关注全球化背景下中外文化间以及世界多元文化间的交流，也关注中国国内多元文化间的互动，提倡跨学科研究视角和定性与定量研究方法，兼顾理论研究与应用研究。

10.3　跨文化外语教学资源

本节将围绕教学材料（包括教材和其他配套材料）、慕课资源、项目资源三个方面，介绍与跨文化外语教学相关的重要资源。

10.3.1　教学材料

跨文化外语教材是把语言能力和跨文化能力培养有机融合的教材。

外语教材虽然普遍关注了文化内容，但是将语言能力和跨文化能力有机结合、寓跨文化能力培养于语言教学之中的教材尚不多见。国外将语言教学和文化教学有机融合的代表性教材是 Beyond Language: Cross-Cultural Communication second edition（Levine & Adelman，1992），作者在此书中将美国文化和跨文化知识与英语语言学习相结合，旨在增强英语学习者与英语母语者之间的沟通能力。首先，该书介绍了影响美国民众交际的文化因素，并提供了如何在语言学习过程中实现若干重要学习目标的参考意见，包括阅读、练习、跨文化主题的会话活动，对美国文化多样性的讨论、对文化冲突和解决方案的探讨等，帮助读者理解并适应美国文化；其次，该书兼顾了对移民和外国旅居者的学习需求，以多种材料展示了美国的主流价值观，列举了翔实的案例来展现美国与他国之间的跨文化行为模式的差异，为读者在实际交际过程中有效应对文化差异提供了切实具体的指导；最后，该书所涉及的交际场景极其丰富，适用于在美移民、旅居的外国人士、商业人士等多个群体。当然，此书距离现在已较为久远，同时它是一本基于美国文化撰写的跨文化教材，与当今全球胜任力和全球公民教育的要求有一定的距离，但依然不妨碍它成为一本经典的跨文化外语教材供读者学习和借鉴。

近年来，随着跨文化能力培养纳入国家英语教学课程标准，国内高校和出版界根据跨文化外语教育的学科特点及不同学习对象的发展要求，编写出版了各具特色的跨文化外语教材。（1）《大学跨文化英语综合教程》（Intercultural Communication: An Integrated English Course）由上海外国语大学跨文化研究中心张红玲和顾力行两位教授任总主编，2019 年由上海外语教育出版社出版。该教材是根据《大学英语教学指南》和《中国学生发展核心素养》编写的一套大学英语教材。该套教材基于跨文化能力的情感态度、文化知识、行为能力三个维度，运用综合性、关联性、实践性的外语学习活动观，在大学英语课程教学中将语言学习的工具性和人文性有机统一，将语言教学与跨文化教学有机融合，实现大学英语教学效益最大化。该教材的编写借鉴了布鲁姆学习分类法，对各单元的学习活动进行设计，形成了 "Understanding & Analyzing—Applying & Evaluating—Reflecting & Creating" 的编排框架。同时，该教材强调跨文化交际的体验和实践，强调学习者既是学习的主体，也是文化的载体、尊重学习者及其文化背景，重视学习者对中国文化的学习和思考，在教学活动中将中国文化与世界其他文化进行关联、比较，在跨文化对话中增强学习者的中国文化身份认同，提升文化自信。（2）《大学思辨英语教程》由北京外国语大学孙有中教授任总主编，2018年由外语教学与研究出版社出版，是一套英语专业基础教材。本套教材以《英语专业本科教学质量国家标准》为指导，涵盖英语专业本科一、二年级主要课程，着重训练学生的英语能力、思辨能力、跨文化能力、自主学习能力、人文素养。《大学英语跨文化交际教程（第三版）》由黑龙江大学严明教授主编，清华大学出版社2022年出版。本教程依托"大学英语跨文化交际"国家精品课程，通过对英语国家较为典型的主流文化现象进行描述、阐释和讨论，使学生能够较为客观、系统、全面地认识英语国家的文化，增强跨文化交际能力。

值得一提的是，校本教材的开发以及基于校本教材的跨文化教学设计在外语教学中发挥着日益重要的作用，它既可以激发学生的学习兴趣又有助于提升教师的研究素养，同时充分体现了教师的主观能动性，即可以依据学校办学特色、学科特点以及学生的实际情况，解决教学中的实际问题。"以学校为研究主阵地、以教师为主体、以解决教学实践中教材需求的研究将成为今后教材建设的重点。"（杨廷君等，2009：291）

10.3.2 慕课资源

传统的语言教学资源以文本和教材为主，随着信息时代的发展，目前已经发展出多种多样的在线教学资源：慕课、微课、SPOC等。

由上海外国语大学跨文化研究中心精心打造的全英语国际慕课FutureLearn: Intercultural Communication（跨文化交际）于2015年11月在FutureLearn平台正式上线，已成为享誉全球的跨文化学习和英语学习的优质资源，入选国家首批精品在线开放课程。每一期课程持续六周左右，共包含五个主题，分别是 Comprehending Intercultural Communication、Contextualizing Cultural Identities、Clarifying and

Contrasting Values、Comparing Cultural Communication Styles、Cultivating Intercultural Adaptation。每周以专家讲解引领，通过视频和阅读资料传递知识，学习过程强调讨论和同伴互评等社交学习方式（迟若冰等，2016）。为了配合各校开展混合式教学和翻转课堂教学，该慕课每年春季和秋季各运行一轮，至今已成功运行了 12 轮，有来自世界近 200 个国家和地区的约 65 000 人参与了课程学习。所有参与者都可以在平台上分享自己的文化故事，聆听他人的文化感受，交流各自的文化理解，同时还会有跨文化专家给予反馈和点评。师生共同完成跨文化探索，真正实现了以学习者为中心。

10.3.3 特色项目

跨文化外语教育除了课堂教学、在线教学等形式之外，越来越多的国际和国内研究团队以项目的形式进行资源的开发和设计，以弥补教育资源的不足，拓充资源开发和利用的渠道，提供多样化的学习路径。本节将选取国内外多个有代表性的项目逐一介绍。

1. CARLA 项目

Center for Advanced Research on Language Acquisition（CARLA）是美国教育部下属的一个语言教学研究机构，设在明尼苏达大学，也是美国少数几个语言资源中心项目。该项目的主要任务是研究多语言及多元文化，丰富二语习得的学科知识，提升二语教学及其评估的质量，为有效发展国家的外语教学水平做出贡献。除了开展相关研究和活动项目之外，它还通过培训项目和网络平台分享基于研究的多学科知识，将成果运用于更广阔的社会平台。从 1993 年至 2018 年，该项目完成了多个语言研究课题，其中就包括对语言和文化学习的研究。

2. 中国高等教育跨文化研究资源

中国高等教育跨文化研究资源（Resources for Interculturality in

Chinese Higher Education, RICH-Ed）项目由欧盟资助，由国内五所大学共同参与，旨在为中国高等教育提供支持，构建出让学生和教师都能进行全球参与的学习环境。该项目将明确中国高校的跨文化教学方法，并为教师与学生开发和测试学习材料。该项目的教育框架（the RICH-Ed Pedagogic Framework, REPF）由八个模块及相关的教学活动组成，并提供与八个模块相应的理论、概念、方法论和教学方法支持。具体而言，八个模块包括：（1）在国内外探索和实践文化多样性；（2）通过在线故事圈活动提升跨文化倾听能力；（3）文化间性：语言、身份认同和权力关系；（4）男女朋友和家庭：反思跨文化相遇；（5）文化转变；（6）语言景观：语言的社会文化功能；（7）对于飞行的思考：旅行与自我表征；（8）就业能力：作为小写c文化的职场实践。每一个模块一般含有四个教学活动、一套学习目标和学习产出标准以及一套形成性的评价机制。这些内容既适用于线下也适用于线上教学。教师可以根据具体的教学环境和学生的需求及能力调整教学内容和方法。该框架囊括了文化间性、本质主义、社会建构主义、天人和谐观、大写C文化和小写c文化、身份认同、跨文化能力等重要概念，以David Kolb的体验式学习理论为依托，综合运用了对话活动、基于任务的活动、叙述、日志、反思、文本视频分析、朋辈学习等教学方法，具有深厚的学理性和可操作性。

目前，由RICH-Ed项目开发的教育框架及其配套的八个教学模块已正式公开发布。所有教学模块均提供了细致具体的教学活动、作业和测评设计以及相应的文字和视频资源。这些设计均已经过教学实践的检验，并根据反馈进行了相应的调整修改。项目内容均为英文，尤其适合于高校英语课堂教学。该项目研究成果将为广大的外语教师、跨文化培训师和跨文化外语教育研究者提供丰富的教学和研究资源，同时也将有助于提升学生的外语学习兴趣，从知识、技能、情感诸方面提升其跨文化交际能力。

3. 跨文化能力大赛项目

上海外国语大学跨文化研究中心与上海外语教育出版社开发的

"外教社杯"全国高校学生跨文化能力大赛(以下简称跨文化能力大赛)从 2016 年至今,已经成功举办了多届。该项赛事以服务国家发展战略和外语能力建设需求为宗旨,本着以赛促学,以赛促教,以赛促研的精神,为高校师生搭建一个展示跨文化能力风采,交流跨文化教学经验的平台,同时大赛探索以比赛作为评价跨文化能力的方法,为学校实施跨文化能力评价提供借鉴和参考(张红玲等,2018)。

跨文化能力大赛以学校为单位,采取三人一组的团队比赛形式,围绕"多元文化生活""公共外交""商务沟通"三个主题,设计了一系列能够展现选手跨文化能力的比赛项目,其中复赛包括原创案例展析、评委提问、开放式提问,决赛包括文化知识问答、情境评述和讲述中国故事等环节。大赛依据跨文化交际能力的"情感—认知—行为框架"(张红玲,2007),基于跨文化能力评价相关研究成果,结合新时期外语学科人才培养目标,构建了跨文化能力竞赛评价指标体系,包括文化知识、情感态度、行为技能三个一级指标(Byram, 1997;Chen & Starosta, 1996;Spitzberg & Cupach, 1984),以及文化普遍知识、中国文化知识、外国文化知识、自我认知、国家认同、全球视野、国际理解、交流沟通、冲突管理和反思评价等十个二级指标,确保竞赛评价跨文化能力的可操作性(张红玲等,2018)。跨文化能力竞赛项目已经成为跨文化能力评价的有效手段,为师生们提供了实践和检验跨文化能力的情境和平台,可推广应用于跨文化外语教学和各类跨文化教育实践之中。

4. 海外中医中心医师跨文化培训项目

海外中医中心医师跨文化培训项目由上海外国语大学跨文化研究中心设计并实施,培训对象是即将派驻海外中医中心工作的中医医师。项目团队由具有跨文化交际背景的培训师和来自不同国家的外籍专家组成,旨在充分营造跨文化教育环境,让学员近距离接触对象国文化。项目正式启动前,随机挑选的学员受邀参加了跨文化敏感度测试。此外,多位已经结束外派任务新近归国的中医医生接受了访谈,介绍他们在海外的工作、生活情况及碰到的问题。项目团队通过前期测试及需求分析考察学员的跨文化能力等级，理解学员的最大诉求，以此作为编排培训内容的根据，同时也作为后期培训效果的参照。

经过充分的前期论证，培训团队确立了以下教学目标：（1）增强学员对赴任国当地文化的理解；（2）提升学员的跨文化适应能力；（3）帮助学员掌握中医文化海外传播与推广的策略；（4）促进学员中医文化身份建构及形象管理水平；（5）夯实学员英语交际能力。围绕以上目标，该项目设定了11个培训主题，课程内容聚焦跨文化能力三大核心内容：认知——加强文化背景知识；态度——培养尊重、包容、理解、开放的文化心态；技能——提升在跨文化语境中有效及恰当沟通的能力。在教学模块的设置上，培训团队充分借鉴Gudykunst等人的跨文化培训类型，综合运用多种培训方法；在素材的选用上，培训团队不仅在中医背景知识上下功夫，还借鉴了欧美发达国家在公共卫生传播领域的素材、做法和创新之处；在培训实施过程中，培训团队充分运用文化特色教学法与文化特色体验法：前者以全英文专题讲座和课堂分析讨论为主，后者则通过形式各异的跨文化主题活动展现学员可能在陌生文化中遇到的问题场景。该项目已经成功运行了六轮，共计100多名中医师参加了培训，极大地提升了培训学员的跨文化能力，受到了广泛的赞誉。项目的设计和实施为中医药国际化人才培养提供了借鉴，有利地促进了中医药文化走出去的战略实施。

10.4 小结

本章首先概述了跨文化外语教育资源的特点及其选择和评估的原则，然后从研究资源和教学资源两个方面，分别梳理和介绍了国内外重要的跨文化外语教育资源，包括代表性学者及其研究成果（理论研究、教学法研究、跨文化能力研究）、学术杂志、研究学会、教学材料、慕课资源和项目资源。本章的归纳和梳理以期为外语教师及研究者们提供兼具经典性与前沿性、学术性与实用性的跨文化外语教学和研究参考。当然，跨文化外语教育资源璀若星河，本章的介绍仅仅只是窥斑见豹。

值得一提的是，教师与学生、研究者与学习者皆可以参与资源的开发和构建。尤其是广大的外语教师,他们既是资源的使用者,也是资源的开发者和贡献者。学生不同,课堂不同,资源的选择和利用也不同。今后,除了教育、研究和出版机构之外,一线外语教师应针对课堂特点积极开发相应的教学资源,如总结和反思教学活动、设计校本教材、研发在线资源、实施和参与教学项目等。"问渠哪得清如许,为有源头活水来。"只有充分发挥教师在资源开发中的主观能动性和创造性,才能从源头上保证教育资源取之不尽用之不竭。

第 11 章
跨文化外语教育研究展望

跨文化外语教育是后方法时代外语教育的新理念，它一方面从语言和文化的本质特点，以及语言教学与文化教学密不可分、相辅相成的关系出发；另一方面从全球化背景下人类命运共同体建设和中外人文交流、国际传播能力建设等国家战略出发，认为外语教育的本质是跨文化教育，跨文化能力应该且可以成为外语教育的重要目标。跨文化外语教育理念不仅体现了外语教育既关注语言知识和技能的表层教学，也重视语言承载的思想价值和文化行为等人文教育本质，两个层面的教学内容通过教学理念转变和教学活动设计，得以有机融合，相互促进，同步发展，从而实现外语教育在语言交际能力（BICS）、认知学习能力（CALP）和跨文化能力（ICC）三个维度上的多元目标。

我国的跨文化外语教育研究与实践起步于 20 世纪 80-90 年代，进入 21 世纪后迅速发展成为外语学界广泛认可的新时代外语教育理念。当前，我国强调立德树人教育根本任务，大力推进学科育人和新文科建设，在此背景下，发挥外语学科的人文教育潜力，将跨文化教育融入外语课堂，培养具有全球视野、中国情怀的跨文化人才是我国外语教育发展的必然趋势。三十多年来，学界对跨文化外语教育的研究日益重视，从理念阐述、理论构建，到教学方法探究、课堂行动研究，都产出了相当丰富的研究成果。然而，受语言知识和语言技能教学为主导的传统思想影响，我国的外语教育难以在短时间内从根本上转变观念，目前跨文化外语教育理论研究与教学实践存在诸多问题，亟须在后续研究中得到关注，予以解决。本章从理论建构、标准研制、教学方法及有待研究的问题四个方面对接下来跨文化外语教育研究提出建议。

11.1 理论体系建构

作为一个新兴外语教育理论,跨文化外语教育研究既要从理论科学的角度论证外语语言教学和跨文化教学融合的必然性与可行性,探究其教学过程和规律;同时,也要从应用科学的角度,研究遵循原则和规律解决教学实际问题的方法策略。教学理论来源于教学实践,也应该反哺并指导教学实践。

当前,我国跨文化外语教育理论研究与这一要求显然还有很大差距,具体体现在两个方面。其一,理论研究薄弱,视角单一,深度和广度不够,缺乏整体性和系统性。目前,国内外语界对跨文化外语教育的研究多为应用研究,即将跨文化外语教育作为一种教学理念在课堂教学中进行实践探索,真正意义上的理论研究较少,且多从语言与文化、语言教学与文化教学的关系等语言学视角进行分析和阐述,缺少了哲学、心理学、社会学、教育学等相关学科的参与和支撑,难以全面、深入地揭示外语教育与跨文化教育融合教学中的复杂现象及其本质过程和规律;其二,目前我国跨文化外语教育理论以借鉴美国、英国和欧洲学者的研究成果为主,缺乏本土化理论研究。高一虹(1998,2002)提出的"道"与"器"和"跨越"与"超越"、高永晨(2014)提出的"知行合一"等跨文化能力及其教学模型符合我国国情和师生教学需求,是我国本土化跨文化外语教育研究的代表性成果,受到很多学者的广泛关注和引用,但由于后续研究和实践应用没有跟上,对跨文化外语教育实践的指导作用有限。相较而言,欧美学者以其自成体系的研究成果(如Byram, 1997, 2009; Fantini, 2007, 2009, 2020; Liddicoat, 2013; Moran, 2001)在我国产生了重要的影响,成为当下我国跨文化外语教育理论和实践研究的重要参考。

本书在笔者 2007 年出版的《跨文化外语教学》一书的基础上,通过梳理分析国内外跨文化外语教育相关理论研究成果,在一定程度上丰富拓展了我们对外语教育中的文化教学和跨文化教学内涵和本质特点的理解。由于本书的主要目的是对过去三十余年跨文化外语教育理论研究和实践探索的综合述评,并未对跨文化外语教育理论体系进行深入探究和阐述。同时，因笔者的学科背景和能力水平有限，需要更多学者从语言学、哲学、心理学、教育学等多学科视角切入，对跨文化外语教学中的语言与文化习得过程和规律、学习者文化心理和身份认同发展、语言与文化融合教学原理、阶段性目标、教学模式等核心主题开展研究。涓涓细流，汇聚成海，我们需要多学科、多视角、多主题的研究，才能促进我国跨文化外语教育理论体系的丰富和完善。

11.2　政策标准研制

有了准确的认识，理解了跨文化外语教育的内涵、目标和原理，还需要科学的方法去解决问题。当前，跨文化能力作为外语教学的一个目标已纳入大中小学外语教学大纲和课程标准，虽然这些大纲和标准对跨文化能力相关内容都有所涉猎和描述，但与外语听、说、读、写、译等语言技能的教学目标、内容和方法阐述相比，跨文化能力教学的要求过于笼统粗略，无法起到指导教学实践的作用。2018年发布的《中国英语能力等级量表》为我国的英语教学、学习和测评提供了统一标准，但仍然只涉及英语听、说、读、写、译等技能，跨文化能力不在其列。究其原因，一方面，跨文化能力作为外语教育的社会人文目标，涉及人的世界观、价值观、生活方式、思维方式等，相较于语言知识和技能，其教学和测评更加复杂，难以把握；另一方面，当下我国的跨文化外语教育研究尚处于初始阶段，理论研究和体系建构还不充分，在没有完善的理论指导下，难以研制出科学的教学大纲和课程标准。此外，当前不同学段及不同类型的学校对跨文化外语教育的理解认识和教学要求各不相同，缺乏贯通性和整体性考量。跨文化能力的发展与学习者的心智成长密切相关，具有长期性、终身性的特点。跨文化外语教育主张将跨文化能力的培养融入外语教育全过程，因此在制定教学指导大纲和课程标准时应该体现其阶段性、渐进性，对大中小学跨文化教学进行一条龙的设计，对各学段跨文化教学的目标、内容和标准进行一体化的描述。

11.3　教学方法研究

与理论研究相比,当前跨文化外语教学实践更加活跃。经过三十余年的发展,在外语教学中培养学生跨文化能力已经得到外语教师的普遍认可,老师们跃跃欲试,积极在课堂教学中开展跨文化教学探索,产出了越来越多的行动研究和实验研究成果。然而,现有的跨文化外语课堂教学研究多为思辨性的教改经验总结,难以形成科学的、可推广的教学模式。为了促进跨文化外语教育理念在课堂教学落到实处,需要更多学者依托课堂,从学生学和老师教两个视角,探究跨文化学习和教学的过程特点,在借鉴现有国内外研究成果的基础上,构建符合不同学段和不同类型学校学生特点的跨文化教学模式和教学方法,并通过实验研究,基于课堂观察、问卷访谈等数据统计和分析,对教学方法进行验证和完善,最终形成具有本土特色的跨文化外语教学模式和教学方法。

11.4　育人价值挖掘

外语教育的本质是跨文化教育,除了帮助学习者掌握一门语言工具这一核心目标之外,外语教育的人文本质决定其育人价值。从新文科建设视角来看,跨文化外语教育是将跨文化交际学科研究成果应用于外语教育,是两个学科的融合,能够促进学科体系的重构、知识系统的重建、教学目的的转换和教学理念的更迭,培养思想观念正确、具有很强思维能力和适应未来社会发展的知识结构的社会主义建设者和接班人(刘建军,2021)。跨文化教学的内容目标包括:(1)丰富学习者的文化知识,包括目的语国家的文化、学习者本国文化、世界其他文化,以及文化普遍知识;(2)培养开放、包容、尊重、理解、欣赏不同文化的情感态度和全球视野,增强对本国文化的反思、自信和认同,培养家国情怀;(3)提高在跨文化和多元文化语境下倾听、观察、描述、讲述和评价的技能,帮助学习者学会与人和谐相处、有效合作、能够应对和解决冲突的能力。广大外语教师在今后的教学实践和研究中,应好好把握跨文化外语教育承载的内涵和潜质,深入研究,从立德树人和课程思政的角度，设计教学活动，开展教学实验，产出更多教学研究成果，推动外语学科育人的理论发展和应用实践。

11.5 未来研究方向

除了上述需要进一步探究的问题之外，本书基于对我国跨文化外语教育研究现状的认识，结合当前跨文化外语教育实践的现实需要，提出四个亟待讨论和探究的问题。（1）如何理解跨文化外语教育在当今外语学科中的定位，它是一个范式、理念、理论，还是一个方法？当前我国外语界对跨文化外语教育的认识和定位比较含糊，不够深入全面，需要从外语教育政策层面对其加强研究，认可其作为新时代外语教育必由之路、必然选择的意义；（2）以外语教学为平台的跨文化教学具体能发展哪些层面的跨文化能力？跨文化能力是一个多维度、多视角、多要素的概念，本书介绍的国内外的各类跨文化能力模型说明了其复杂性。外语教学不可能对接跨文化能力全面发展的需要。因此，我们有必要深入探究，梳理分析外语教学语境中应该且可以培养的跨文化能力层面和要素；（3）如何设计教学活动培养学生的跨文化情感态度，特别是共情力的培养和身份认同的发展？跨文化能力包括文化认知理解、跨文化情感态度和行为技能，其中情感态度的培养是跨文化教学的重点，但是在实际教学中，教师很难突破传统讲授式教学方式的束缚，缺乏情感教学的培训。我们的研究应该聚焦这个问题，分析情感态度转变的本质规律，提出切实可行的教学方案，供广大教师参考使用；（4）如何将社会和家庭纳入跨文化教育体系，丰富学习者的跨文化体验和跨文化实践？跨文化教育是关于人的世界观、价值观和身份认同的教育，具有变革性意义。它不仅是文化知识的学习和文化差异的理解，更重要的是大量的跨文化交际体验和实践，有限的课堂教学时间远远不够。为了让学生有机会再丰富的跨文化体验和实践中与他人进行意义建构和协商，促进反思和自我认知，课外活动和校外生活都可以成为跨文化教育的资源。但如何利用这些资源，学者应对此开展研究。

经过三十余年的发展，跨文化外语教育作为新时代外语教育的一个重要理念在我国已得到广泛关注和认可,学界围绕什么是跨文化能力和如何培养跨文化能力开展研究,产出了一批理论研究成果。同时,广大外语教师积极实践,积累了较为丰富的跨文化教学经验,这些理论和实践成果标志着我国跨文化外语教育研究走过了初级发展阶段。展望未来,本书笔者希望与外语学界的跨文化教育研究者共同努力,进一步丰富完善跨文化外语教育理论体系,研制跨文化教学指导大纲和课程标准,开发跨文化外语教学模式和教学方法,加强对跨文化教育视角下外语学科立德树人的研究,从而将我国跨文化外语教育研究推向一个成熟发展的新阶段。

参考文献

巴比. 2018. 社会研究方法（第十一版）. 邱泽奇译. 北京：清华大学出版社.
白鸽. 2014. 试论西方现代语言学理论的创立及发展演变. 西安交通大学学报（社会科学版），34(4)：85–90.
毕继万，张占一. 1991. 跨文化意识与外语教学. 天津师大学报（社会科学版），(5)：72–76.
毕继万. 1998. 跨文化交际研究与第二语言教学. 语言教学与研究，(1)：10–24.
毕继万. 2005. 第二语言教学的主要任务是培养学生的跨文化交际能力. 中国外语，(1)：66–70.
毕继万. 2014. 跨文化交际理论研究与应用. 北京：北京语言大学出版社.
鲍志坤. 1997. 也论外语教学中的文化导入. 外语界，(1)：7–10.
从丛. "中国文化失语"：我国英语教学的缺陷. 光明日报，2000-10-19.
陈光磊. 1992. 语言教学中的文化导入. 语言教学与研究，(3)：19–30.
迟若冰. 2010. 国内英语专业跨文化交际教材参考文献的内容分析. 中国外语教育，(2)：70–74，81.
迟若冰，张红玲，顾力行. 2016. 从传统课程到慕课的重塑——以"跨文化交际"课程为例. 外语电化教学，(6)：29–34.
陈舒. 1997. 文化与外语教学的关系. 国外外语教学，(2)：1–4.
陈申. 1999. 外语教育中的文化教学. 北京：北京语言大学出版社.
陈申. 2001. 语言文化教学策略研究. 北京：北京语言文化大学出版社.
崔树芝. 1986. 基础阶段精读课教学的一个重要课题——语言教学与文化背景知识的关系. 外国语，(1)：35–41.
曹文. 1998. 英语文化教学的两个层次. 外语教学与研究，(3)：3–5.
陈向明. 2000. 质的研究方法与社会科学研究. 北京：教育科学出版社.
常晓梅，赵玉珊. 2012. 提高学生跨文化意识的大学英语教学行动研究. 外语界，(2)：27–34.
程晓堂. 2017. 英语学科核心素养及其测评. 中国考试，(5)：7–14
陈钰. 2020. 外语教师跨文化教学能力培养探析. 考试与评价（大学英语教研版），(3)：110–115.
陈宗利，刘媛媛，张云清. 2017. 英语教育全球语言市场国内社会资源分配——基于CiteSpace的布迪厄语言思想分析. 外语电化教学，(2)：77–83.

杜农一. 1987. 漫谈文化模式与口语教学. 外语研究，（3）：25–27+24.
杜瑞清. 1986. 谈英语文学教学. 外语教学，（3）：16–21.
杜瑞清. 1987. 英语教学与英美文化. 外语教学，（3）：15–19.
戴晓东. 2011. 跨文化交际理论从欧洲中心多中心演进探析. 学术研究，（3）：137–146.
戴晓东. 2018. 跨文化能力研究. 北京：外语教学与研究出版社.
戴晓东. 2019. 跨文化能力理论发展六十年：历程与展望. 外语界，（4）：58–66.
戴晓东. 2022. 中国教师视角的跨文化能力模型建构. 外语界，（5）：20–28.
邓炎昌，刘润清. 1989. 语言与文化——英汉语言文化对比. 北京：外语教学与研究出版社.
邓兆红. 2007. 高中英语课程标准视野下学生跨文化交际能力实证研究. 武汉：华中师范大学硕士学位论文.
恩斯特·卡西尔著；甘阳译. 2013. 人论：人类文化哲学导引. 上海：上海译文出版社.
冯建军. 2014. 全球公民社会与全球公民教育. 高等教育研究，35（3）：6–14.
冯·赖特. 2016. 解释与理解. 杭州：浙江大学出版社.
冯敏. 2014. 跨文化交际理论视角下商务英语语用能力培养策略研究. 外国语文，（1）：153–156.
樊葳葳，吴卫平，彭仁忠. 2013. 中国大学生跨文化能力自我评价分析. 中国外语，（6）：53–59.
付小秋，顾力行. 2015. 外语教学与跨文化交际能力培养：模型建构二十年. 中国外语教育，（3）：11–19，107.
付小秋，张红玲. 2017. 综合英语课程的跨文化教学设计与实施. 外语界，（1）：89–95.
风笑天. 2009. 现代社会调查方法. 武汉：华中科技大学出版社.
樊秀丽. 2008. 教育民族志方法的探讨. 教育学报，（3）：80–84.
葛春萍，王守仁. 2016. 跨文化交际能力培养与大学英语教学. 外语与外语教学，（2）：79–86，146.
高等学校外语专业教学指导委员会英语组. 2000. 高等学校英语专业英语教学大纲. 北京：外语教学与研究出版社.
顾佩娅. 2009. 外语教师成长案例研究. 北京：外语教学与研究出版社.
谷启楠. 1988. 文化教学与外语教学. 外语界，（02）：1–4.
顾晓乐. 2017. 外语教学中跨文化交际能力培养之理论和实践模型. 外语界，（1）：79–88.
顾晓乐. 2019. "第三空间"视域下的跨文化交际能力培养实践探索. 外语界，（4）：67–75，96.
高永晨. 2014. 中国大学生跨文化交际能力测评体系的理论框架构建. 外语界，（4）：80–88.
高永晨. 2016. 中国大学生跨文化交际能力现状调查与分析. 外语与外语教学，（2）：71–78，146.

高一虹. 1994. 生产性双语现象考察. 外语教学与研究,（1）：59–64.
高一虹. 1995."文化定型"与"跨文化交际悖论". 外语教学与研究,（2）：35–42，80.
高一虹. 1998a. 跨文化交际能力的"道"与"器". 语言教学与研究,（3）：3–5,39–53.
高一虹. 2002. 跨文化交际能力的培养："跨越"与"超越". 外语与外语教学,（10）：27–31.
高一虹. 2008. 跨文化意识与自我反思能力的培养——"语言与文化""跨文化交际"课程教学理念与实践. 中国外语教育,（2）：59–68，79.
高一虹. 2014a. 忠实的模仿者、正规的发言者、嬉戏的创编者——英语学习者认同典型模式回顾. 外语研究,（2）：33–39.
高一虹. 2014b. "对话的交流者"——英语学习者认同典型模式的新发展. 中国外语,（2）：54–59.
葛詹尼加，伊夫利，曼根著；周晓林，高定国译. 2011. 认知神经科学：关于心智的生物学（第三版）. 北京：中国轻工业出版社.
韩宝成. 2018a. 整体外语教育及其核心理念. 外语教学,（2）：52–56.
韩宝成. 2018b. 整体外语教学的理念. 外语教学与研究.（4）：584–595.
胡超. 2005. 大学生跨文化意识与跨文化交际能力调查报告. 中国外语,（3）：60–64.
韩骅. 2000. 90年代美国多元文化教育的理论与实践述评. 比较教育研究,（6）：46–50.
杭国生. 1994. 跨文化交际能力与跨文化交际法德语教学. 外语界,（4）：52–56.
何冰艳. 2018. 从DST看二语习得的多语转向. 外国语文,（3）：87–94.
何道宽. 1986. 文化在外语教学中的地位. 外国语文,（1）：96–116.
何宏华. 2017. 关于语言本质问题的反思. 外语教学与研究, 49（3）：440–448.
黄文红. 2015. 过程性文化教学与跨文化交际能力培养的实证研究. 解放军外国语学院学报,（01）：51–58.
胡文仲. 1982. 文化差异与外语教学. 外语教学与研究,（4）：45–51.
胡文仲. 1985. 不同文化之间的交际与外语教学. 外语教学与研究,（4）：43–48.
胡文仲. 1986. Why Bother about Culture in ELT?. 外国语（上海外国语学院学报）,（4）：1–6.
胡文仲. 1988. 跨文化交际与英语学习. 上海：上海译文出版社.
胡文仲. 1994. 文化与文学——通过文学教文化之探讨. 外语教学与研究,（1）：34–38，80.
胡文仲. 2005. 论跨文化交际的实证研究. 外语教学与研究,（5）：323–327，400.
胡文仲. 2013. 跨文化交际能力在外语教学中如何定位. 外语界,（6）：2–8.
胡文仲，高一虹. 1997. 外语教学与文化. 长沙：湖南教育出版社.
韩晓蕙. 2014. 高校学生跨文化交际能力培养的现状与思考：以高校英语教师为考察维度. 外语学刊,（3）：106–110.
核心素养研究课题组. 2016. 中国学生发展核心素养. 中国教育学刊,（10）：1–3.

胡艳. 2011. 大学生跨文化交际敏感度调查. 外语界,（3）: 68-73.
胡艳红, 樊葳葳. 2014. 大学英语四级考试中跨文化交际能力测试的现状调查——基于 1990-2012 年大学英语四级考试全真题的统计与分析. 外语测试与教学,（1）: 1-8, 13.
黄志成, 魏晓明. 2007. 跨文化教育——国际教育新思潮. 全球教育展望,（11）: 58-64.
胡壮麟. 2015. 对中国外语教育改革的几点认识. 外语教学,（1）: 52-55.
姜锋, 李岩松. 提升国际传播能力, 讲好中国故事.《光明日报》, 2021-06-07.
江桂英, 李成陈. 2017. 积极心理学视角下的二语习得研究述评与展望. 外语界,（5）: 32-39.
贾玉新. 1997. 跨文化交际学. 上海: 上海外语教育出版社.
贾玉新, 贾雪莱. 2016. "人类宇宙观"视野下作为"世界公民"教育的外语教育（英文）. 跨文化交际研究,（4）: 1-25.
贾玉新. 2019. 跨文化交际的新视界——为人类命运共同体和全球公民做准备. 跨文化研究论丛,（2）: 3-10, 149.
蒋红, 樊葳葳. 2002. 大学英语限选课"英美文化"教学模式初探. 外语界,（1）: 42-46.
蒋莉. 2004. 关于中国非英语专业大学生跨文化交际能力和跨文化敏感度的调查. 南京: 南京师范大学硕士学位论文.
中华人民共和国教育部. 2011. 义务教育英语课程标准. 北京: 北京师范大学出版社.
中华人民共和国教育部. 2007. 大学英语课程教学要求. 北京: 外语教学与研究出版社.
金艳, 孙杭. 2020. 中国语言测试理论与实践发展 40 年——回顾与展望. 中国外语,（4）: 4-11.
康莉, 徐锦芬. 2018. 大学英语教材中的文化自觉及其实现. 外语学刊,（4）: 70-75.
孔德亮, 栾述文. 2012. 大学英语跨文化教学的模式构建——研究现状与理论思考. 外语界,（2）: 17-26.
刘宝权. 2008. 跨文化交际能力与语言测试的接口研究. 保定: 河北大学出版社.
罗伯特·B.塔里斯; 2014. 杜威. 彭国华译. 北京: 中华书局.
吕必松. 1990. 关于教学内容与教学方法问题的思考. 语言教学与研究,（2）: 4-13.
刘长江. 2003. 谈外语教育中目的语文化和本族语文化的兼容并举. 外语界,（4）: 14-18.
柳超健. 2018. 商务英语专业跨文化交际能力框架与培养途径研究. 外语界,（3）: 10-17.
罗常培. 1950. 语言与文化. 北京: 北京大学出版社.
李传松, 许宝发. 2006. 中国近现代外语教育史. 上海: 上海外语教育出版社.
林大津. 1996. 跨文化交际能力新探. 福建师范大学学报（哲学社会科学版）,（3）: 58-62.

李雯雯, 刘海涛. 2011. 近年来日本英语教育的发展及变革. 外国语, (1): 84–89.
刘放桐. 1982. 新编现代西方哲学. 北京: 人民出版社.
廖光蓉. 1999. 英语专业基础阶段阅读教学中文化导入的几个问题. 外语界, (1): 3–5.
廖鸿婧, 李延菊. 2017. 大学英语课程评估与跨文化能力培养的实证研究. 外语与外语教学, (2): 18–25, 146–147.
廖鸿婧, 李延菊. 2018. 跨文化大学英语课程评估量表的构建与检验. 外语教学, (1): 65–69.
罗凯洲, 韩宝成. 2018. 国才考试的构念界定、任务设计与评分方法. 中国外语教育, (1): 40–46, 79.
李克东. 2003. 教育技术研究方法. 北京: 北京师范大学出版社.
李磊伟, 李文英. 1988. 文化与语言习得. 外国语, (4): 47–49.
李松林. 2005. 论教学研究中的教学行为分析方法. 首都师范大学学报（社会科学版）, (1): 109–113.
李茨婷, 沈伟. 克拉姆奥. 2017. 象征能力与外语教学及应用语言学学科定位. 中国外语, (6): 49–52.
林汝昌. 1996. 外语教学的三个层次与文化导入的三个层次. 外语界, (4): 1–6.
刘润清. 1999. 外语教学研究的发展趋势. 外语教学与研究, (1): 3–5.
刘润清. 2015. 外语教学中的科研方法（修订版）. 北京: 外语教学与研究出版社.
刘英杰, 田雨. 2021. 从反本质主义的"身份"到逆向文化策略——斯图亚特·霍尔文化身份观探微. 求是学刊, (1): 63–71.
吕圣尧. 1987. 浅谈"苏联概况"课与"文化背景教学". 外语学刊, (2): 7, 74–76.
黎天睦. 1987. 现代外语教学法——理论与实践. 北京: 北京语言大学出版社.
李特约翰·福斯. 2009. 人类传播理论（第九版）. 北京: 清华大学出版社.
李桐珍. 1997. 外语教师应具备的文化素质. 石油化工管理干部学院学报, (1): 66–68.
李伟, 周迪裔. 1983. 略谈中学英语教学中的中英文化对比. 山东外语教学, (2): 72–75.
柳夕浪. 2003. 建立学生导向的课堂新秩序. 江苏教育, (19): 22–23.
李艳, 张卫东. 2013. 基于CDIO教育理念的外语专业学生跨文化交际能力培养模式的构建. 外语电化教学, (6): 61–65.
李亦园. 1996. 人类的视野. 上海: 上海文艺出版社.
刘易斯·科恩, 劳伦斯·马尼恩, 基思·莫里森. 2015. 教育研究方法（第六版）上下册. 程亮, 宋萑, 沈丽萍等译. 上海: 华东师范大学出版社.
李宇明. 2016. 试论全球化与跨文化人才培养问题. 文化软实力研究, 1(3): 5–12.
鲁子问. 2002a. 试论跨文化教育的实践思路. 教育理论与实践, (4): 1–7.
鲁子问. 2002b. 国外跨文化教育实践案例分析. 外国教育研究, (10): 61–64.
鲁子问. 2004. 莫兰. 文化教学: 实践的观念. 北京: 外语教学与研究出版社.
鲁子问. 2005. 中小学英语跨文化教育理论与实践. 北京: 中国电力出版社.

鲁子问. 2018. 小学英语教学设计. 上海：华东师范大学出版社.
梅德明. 2016. 基于核心素养的英语学科课程发展——课程目标演进的价值取向. 英语学习，（12）：6–12.
米俊绒，殷杰. 2008. 实证主义与社会科学. 科学技术哲学研究，25（3）：21–25.
彭仁忠. 2013. 中国大学生跨文化能力维度及评价量表分析. 外语教学与研究，（4）：581–592.
彭仁忠，付容容，吴卫平. 2020. 新时代背景下跨文化外语教学理论模型和实践模型研究. 外语界，（4）：45–53.
彭世勇. 2005. 中国跨文化交际研究亟待多学科化. 中国外语，（4）：74–77，79.
浦小君. 1991. 外语教学与跨文化交际技能. 外语界，（2）：25–30.
潘晓慧. 1996. 试析跨文化交际能力. 外语学刊（黑龙江大学学报），（2）：32–34.
潘晓青，朱丽华. 2017. 英语教师跨文化教学培训项目初探. 教师教育研究，29（3）：14–18.
潘亚玲. 2008. 我国外语专业学生跨文化能力培养实证研究. 中国外语，（4）：68–74.
潘亚玲. 2016. 跨文化能力内涵与培养——以高校外语专业大学生为例. 北京：对外经济贸易大学出版社.
戚雨村. 1992. 语言·文化·对比. 外语研究，（2）：1–8.
秦丽莉，王绍平，刘风光. 2015. 二语习得社会文化理论研究的学科归属与理念. 北京师范大学学报（哲学社会科学版），（1）：193–196.
沈安平. 1986. 语言、文化、思想——阅读课教学的一点体会. 外语界，（1）：13–16.
舒存叶. 2010. 调查研究方法在教育技术学领域的应用分析——基于2000–2009年教育技术学两刊的统计. 电化教育研究，（9）：76–80.
束定芳. 1996. 语言与文化关系以及外语基础阶段教学中的文化导入问题. 外语界，（1）：11–17.
史蒂芬·平克. 2015. 语言本能：人类语言进化的奥秘. 欧阳明亮译. 杭州：浙江人民出版社.
索格飞，迟若冰. 2018. 基于慕课的混合式跨文化外语教学研究. 外语界，（3）：89–96.
沈鞠明，高永晨. 2015. 基于知行合一模式的中国大学生跨文化交际能力测评量表构建研究. 中国外语，（3）：14–21.
宋莉. 2008. 跨文化交际法中国英语教学模式探析. 上海：上海外国语大学博士学位论文.
宋美华. 2019. 本质主义，还是非本质主义？——翻译研究传统、现代与后现代哲学意义观的思考. 上海翻译，（5）：7–13.
沈骑. 2017. 全球化3.0时代中国外语教育政策的价值困局与定位. 当代外语研究，（4）：26–31，109.
沈骑. 2019. 新中国外语教育规划70年：范式变迁与战略转型. 新疆师范大学学报（哲学社会科学版），40（5）：68–77.

孙淑女，许力生. 2014. 大学英语教学中计算机主导的跨文化能力培养研究. 外语界，
　　（4）：89–95.
邵思源，陈坚林. 2011. 一项对高中英语教师跨文化交际敏感度的调查. 外语学刊，
　　（3）：144–147.
司徒双. 1985. 社会文化因素与外语教学. 外语教学与研究，(3)：49–53.
史兴松. 2014. 外语能力与跨文化交际能力社会需求分析. 外语界，(6)：79–86.
史兴松，万文菁. 2021. 中外商务英语教材跨文化元素对比分析. 外语教育研究前沿，
　　4（2）：50–56, 91.
史兴松，朱小玢. 2015. 我国近十年跨文化交际研究回顾与展望. 中国外语，12（6）：
　　58–64.
施渝，樊葳葳. 2016. 大学英语教师跨文化教学能力自评量表的建构. 大学外语教学
　　研究，(1)：115–123, 188–189.
邵艳春. 2018. 跨文化三维互动模式行动研究. 浙江师范大学学报（社会科学版），43
　　（3）：113–120.
孙永春. 2019. 跨文化能力评价模式建构及测试. 外语学刊，(3)：73–78.
孙有中. 2016. 外语教育与跨文化能力培养. 中国外语，(3)：1, 17–22.
孙有中. 2017. 人文英语教育论. 外语教学与研究，(6)：859–870.
王勃然. 2019. 动态系统理论视域下的中国外语教育：反思与展望. 教学研究，(2)：
　　26–30.
王德峰. 2020. 哲学导论. 上海：复旦大学出版社.
王福祥，吴汉樱. 1994. 文化与语言. 北京：外语教学与研究出版社.
吴国华. 1990. 外语教学中的文化干扰问题. 外语学刊，(3)：25, 47–51.
吴刚平. 2001. 课程资源的理论构想. 教育研究，(9)：59–63,, 71.
王佳音，孙颖. 2018. 日本语能力测试的反拨效应研究. 解放军外国语学院学报，
　　（6）：73–80, 89.
王鉴. 1995. 论西方国家学校教育中的跨文化教育. 外国中小学教育，(5)：21–25.
王鉴. 2003. 多元文化教育：西方民族教育的实践及其启示. 民族教育研究，(6)：
　　5–12.
王鉴. 2004. 西方国家的多元文化教育及其批判. 贵州民族研究，(3)：137–142.
王鉴. 2007. 课堂研究概论. 北京：人民教育出版社.
王鉴. 2008. 教育民族志研究的理论与方法. 民族研究，(2)：12–20, 107.
威廉·维尔斯马，斯蒂芬·G. 于尔斯. 2010. 教育研究方法导论（第九版）. 袁振国
　　主译. 北京：教育科学出版社.
王蔷. 2002. 英语教师行动研究. 北京：外语教学与研究出版社.
王蔷. 2015. 从综合语言运用能力到英语学科核心素养：高中英语课程改革的新
　　挑战. 英语教师，(16)：6–7.

王蔷. 2016. 外语教学中的跨文化能力教育理念——Michael Byram 教授访谈. 中国外语,（3）: 12–17.
文秋芳. 1999. 英语口语测试与教学. 上海: 上海外语教育出版社.
文秋芳. 2008. 评析二语习得认知派与社会派 20 年的论战. 中国外语,（3）: 13–20.
王添淼. 2012.《欧洲语言共同参考框架：学习、教学、评估》评析. 海外华文教育,（2）: 158–162.
王伟华. 1987. 社会文化因素与外语教学. 外语学刊,（2）: 69–73.
王晓宇, 潘亚玲. 2019. 我国跨文化外语教学研究发展现状及启示——基于文献计量学分析 2000–2018. 外语界,（4）: 76–84.
吴一安. 2008. 中国高校英语教师教育与发展研究. 北京: 外语教学与研究出版社.
吴卫平, 樊葳葳, 彭仁忠. 2013. 中国大学生跨文化能力维度及评价量表分析. 外语教学与研究,（4）: 581–592, 641.
王勇. 1998. 在语言教学中培养跨文化交际能力. 国外外语教学,（4）: 7–12.
王英鹏. 1999. 对在大学英语教学中培养学生社会文化能力的几点思考. 外语界,（1）: 3–5.
王振亚. 1990. 社会——文化教学法探讨（提纲）. 外语界,（1）: 1–5.
吴庄, 文卫平. 2005. 论作为"国际语言的英语"及英语教育中的跨文化能力培养. 四川外语学院学报,（4）: 131–134.
徐波. 1997. 跨世纪人才与跨文化教育. 江苏高教,（2）: 3–8.
徐波, 黄沈渝. 1998. 论跨文化交际能力. 外语学刊,（1）: 60–62.
西村义树, 野矢茂树. 2019. 语言学课堂：当哲学家遇到认知语言学. 郑若曦, 李菲译. 北京: 商务印书馆.
邢福义. 1990. 文化语言学. 武汉: 湖北教育出版社.
徐浩. 2018. 外语教师教育重点问题研究. 北京: 外语教学与研究出版社.
郗佼. 2020. 社会文化理论与二语习得研究——理论、方法与实践. 外语界,（2）: 90–96.
徐锦芬, 雷鹏飞. 2018. 社会文化视角下的外语课堂研究. 现代外语,（4）: 563–573.
徐锦芬. 2019. 关于基础教育阶段英语课程资源建设的思考. 外语学刊,（2）, 64–67.
徐锦芬. 2020. 大学英语教师的自主性专业发展. 山东外语教学,（4）: 19–26.
肖龙福. 2004. 浅析我国中学英语教科书中的文化信息. 国外外语教学,（1）: 31–37.
许力生. 2000. 跨文化的交际能力问题探讨. 外语与外语教学,（7）: 17–21.
许力生, 孙淑女. 2013. 跨文化能力递进—交互培养模式构建. 浙江大学学报（人文社会科学版）,（4）: 113–121.
熊淑慧. 2009. 一个中英文双语者的自我身份个案研究. 外语教学理论与实践,（4）: 55–64.
姚春雨. 2020. 小学阶段跨文化能力教学参考框架建构—基于上海某学校的教学实验. 上海: 上海外国语大学博士学位论文.

杨桂华，赵智云. 2018. 培养跨文化能力的大学英语阅读教学实践研究. 外语界，（3）：24–29.

杨华，李莉文. 2017. 融合跨文化能力与大学英语教学的行动研究. 外语与外语教学，（2）：9–17，146.

叶洪. 2012. 后现代批判视域下跨文化外语教学与研究的新理路——澳大利亚国家级课题组对跨文化"第三空间"的探索与启示. 外语教学与研究，（1）：116–126，160.

袁靖. 2021. 构建大学生跨文化交际能力量表的理论模型——基于《大学英语教学指南》. 外语学刊，（1）：74–78.

颜静兰. 2018. 外语教学中的跨文化教育实践与思考——以英语报刊公选课为例. 外语界，（3）：18–23.

颜静兰. 2014. 外语教师跨文化交际能力的"缺口"与"补漏". 上海师范大学学报（哲学社会科学版），43（1）：138–145.

叶澜，吴亚萍. 2004. 改革课堂教学与课堂教学评价改革. 辽宁教育，（3）：39.

杨莉芳. 2018. 融合思辨能力与跨文化交流能力的语言测试任务设计——以"国际人才英语考试"为例. 外语界，（2）：49–56.

杨连瑞，陈雨杉，陈士法. 2020. 二语习得理论构建的认识论思考. 外语学刊，（3）：113–119.

杨廷君，李跃平，余玲丽. 2009. 论大学英语校本教材开发. 西南民族大学学报（人文社科版），（11）：290–294.

虞怡达. 2017. 跨文化交际能力培养——核心通识课"跨文化沟通"之"伙伴计划"个案研究. 孙有中，吴英东主编. 全球本土化视角下的跨文化研究. 北京：外语教学与研究出版社，46–55.

虞怡达. 2021. 外语教育中的跨文化能力评价——基于"外教社杯"跨文化能力大赛的研究. 上海：上海外国语大学博士学位论文.

孙有中，吴英东. 全球本土化视角下的跨文化研究. 北京：外语教学与研究出版社.

杨盈，庄恩平. 2007. 构建外语教学跨文化交际能力框架. 外语界，（4）：13–21，43.

杨盈，庄恩平. 2008. 跨文化外语教学：教材与教法——外语教学跨文化能力模式的应用. 江苏外语教学研究，（2）：16–21.

杨忠. 2013. 索绪尔语言符号系统观的贡献与局限. 外语学刊，（4）：20–26.

尤泽顺，林大津，陈建平. 2017. MTI"跨文化交际"教学模式：跨文化语篇分析视角. 外语界，（6）：62–68，78.

余文森. 2019. 从"双基"到三维目标再到核心素养—改革开放40年我国课程教学改革的三个阶段. 课程. 教材. 教法，（6）：40–47.

翟振武等. 2019. 新编21世纪人口学系列教材社会调查问卷设计与应用. 北京：中国人民大学出版社.

赵爱国，姜雅明. 2003. 应用语言文化学概论. 上海：上海外语教育出版社.

张淳. 2014. 中国高校外语教师信念量化研究——基于跨文化交际能力的培养. 中国外语, 11（6）：91–95.

庄恩平. 2012. 跨文化外语教学：研究与实践. 上海：上海外语教育出版社.

庄恩平, 萨斯曼. 2014. 跨文化沟通. 北京：外语教学与研究出版社.

赵敦华. 2012. 西方哲学简史. 北京：北京大学出版社.

中国社会科学院语言文字应用研究所社会语言学研究室编. 1991. 语言·社会·文化 首届社会语言学学术讨论会文集. 北京：语文出版社.

钟华, 樊葳葳. 2013. 中国大学生跨文化交际能力量具构建的理论框架. 中国外语教育, （3）：19–28.

钟华, 白谦慧, 樊葳葳. 2013. 中国大学生跨文化交际能力自测量表构建的先导研究. 外语界, （3）：47–56.

张虹, 于睿. 2020. 大学英语教材中华文化呈现研究. 外语教育研究前沿, 3（3）：42–48, 91.

张红玲. 2007. 跨文化外语教学. 上海：上海外语教育出版社.

张红玲. 2009. 外语教师跨文化能力培训研究. 贾玉新主编. 跨文化交际研究：第一辑. 北京：高等教育出版社，279–290.

张红玲. 2010. 交流跨文化研究学术思想推动跨文化研究学科发展——2010 中国跨文化研究学科发展研讨会综述. 外国语（上海外国语大学学报），（6）：49–53.

张红玲. 2012. 以跨文化教育为导向的外语教学：历史、现状与未来. 外语界，（2）：2–7.

张红玲. 2016. 公民人文交流能力的建构与培养. 神州学人，（5）：22–27.

张红玲, 虞怡达, 沈兴涛. 2018. 基于竞赛的跨文化能力评价研究——以"外教社杯"上海市高校学生跨文化能力大赛为例. 外语界，（1）：52–61.

张红玲, 赵涵. 2018. 民族志跨文化外语教学项目的设计、实施与评价. 外语界，（3）：2–9, 45.

张红玲, 顾力行. 2019a. 大学跨文化英语综合教程 2. 上海：上海外语教育出版社。

张红玲, 顾力行. 2019b. 大学跨文化英语综合教程 2（教师用书）. 上海：上海外语教育出版社。

张红玲, 吴诗沁. 2022. 外语教育中的跨文化能力教学参考框架研制. 外语界，（05）：2–11.

张红玲, 姚春雨. 2020. 建构中国学生跨文化能力发展一体化模型. 外语界，（4）：35–44, 53.

张凌岩, 陈莹. 2012. 跨文化素质培养的实验研究. 外语学刊，（3）：129–131.

张蓓, 马兰. 2004. 关于大学英语教材的文化内容的调查研究. 外语界，（4）：60–66.

钟启泉. 2001. "整体教育"思潮的基本观点. 全球教育展望，（9）：11–18

张珊. 2021. 后疫情时代的跨文化教育——赫尔辛基大学 Fred Dervin 教授访谈录. 山东外语教学，（1）：3–11.

张绍杰. 2010. 面向多元社会需求和多元目标取向培养"厚基础、强能力、高素质"的外语人才——对英语专业教育教学改革的新思考. 中国外语,（3）: 4–9.

张卫东, 杨莉. 2012. 跨文化交际能力体系的构建——基于外语教育视角和实证研究方法. 外语界,（2）: 8–16.

郑晓红. 2009. 论文化价值取向在大学英语教材中的呈现——以《大学英语综合教程》（全新版）为例. 外语界,（2）: 86–91.

郑晓红. 2018. 跨文化交际视角下的教材评价研究——与Michael Byram教授的学术对话及其启示. 外语界,（2）: 80–86.

赵贤洲. 1989. 文化差异与文化导入论略. 语言教学与研究,（1）: 76–83.

赵贤洲. 1992. 关于文化导入的再思考. 语言教学与研究,（3）: 31–39.

郑萱, 李孟颖. 2016. 探索反思性跨文化教学模式的行动研究. 中国外语, 13（3）: 4–11.

郑萱. 2019. 国内外跨文化外语教师研究述评与展望. 外语界,（4）: 85–93.

周易. 2020. 从教学和教师发展的视角探讨跨文化外语教学. 高教学刊,（21）: 122–125.

张友平. 2003. 对语言教学与文化教学的再认识. 外语界,（3）: 41–48.

张以群. 1981. 语言、文化和外语教学. 现代外语,（3）: 44–48.

曾煜. 2005. 美国多元文化教育的启示. 云南师范大学学报（哲学社会科学版）,（4）: 117–119.

周振鹤, 游汝杰. 1986. 方言与中国文化. 上海: 上海人民出版社.

张占一. 1984. 汉语个别教学及其教材. 语言教学与研究,（3）: 57–67.

Abid, N. & Moalla, A. 2019. The promotion of the good intercultural speaker through intercultural contacts in a Tunisian EFL textbook. *Language and Intercultural Communication, 20*(1): 37–49.

ACTFL. 2017. NCSSFL-ACTFL can-do statements. ACTFL Language Connects. Retrieved July 1, 2022 https://www.actfl.org/resources/ncssfl-actfl-can-do-statements

Agar, M. 1994. *Language Shock: Understanding the Culture of Conversation*. New York: Perennial.

Agudelo, J. 2007. An intercultural approach for language teaching: Developing critical cultural awareness. *Íkala, Revista de Lenguaje y Cultura, 12*(18): 185–217.

Allen, W. 1985. Toward cultural proficiency. In A. C. Omaggio (Ed.), *Proficiency, Curriculum, Articulation: The Ties that Bind*. Middlebury: Northeast Conference, 137–166.

Alptekin, C. & Alptekin, M. 1984. The question of culture: EFL teaching in non-English-speaking countries. *ELT Journal, 38*(1): 14–20.

Álvarez, J. A. 2014. Developing the intercultural perspective in foreign language teaching in Colombia: A review of six journals. *Language and Intercultural Communication*, 14(2): 226–244.

Álvarez, J. A. & Bonilla, X. 2009. Addressing culture in the EFL classroom: A dialogic proposal. *PROFILE Issues in Teachers' Professional Development*, 11(2): 151–170.

Amerian, M. & Tajabadi, A. 2020. The role of culture in foreign language teaching textbooks: An evaluation of New Headway series from an intercultural perspective. *Intercultural Education*, 31(6): 623–644.

Atay, D., Kurt, G., Çamlibel, Z., Ersin, P. & Kaslioglu, Ö. 2009. The role of intercultural competence in foreign language teaching. *Inonu University Journal of the Faculty of Education*, 10(3): 123–135.

Atkinson, D. 1999. TESOL and culture. *TESOL Quarterly*, 33(4): 625–654.

Atkinson, D. 2002. Toward a sociocognitive approach to second language acquisition. *The Modern Language Journal*, 86: 525–545.

Atkinson, D. 2004. Contrasting rhetorics/contrasting cultures: Why contrastive rhetoric needs a better conceptualization of culture. *Journal of English for Academic Purposes*, 3(4): 277–289.

Atkinson, D. 2011. *Alternative Approaches to Second Language Acquisition*. Abingdon: Taylor & Francis.

Atkinson, D. & Sohn, J. 2013. Culture from the bottom up. *TESOL Quarterly*, 47(4): 669–693.

Australian Curriculum, Assessment and Reporting Authority. 2015. *The Australian Curriculum*. From Australian Curriculum website.

Bachman, L. F. 2007. What is the construct? The dialectic of abilities and contexts in defining constructs in language assessment. In J. Fox, M. Wesche, D. Bayliss, L. Cheng, C. Turner & C. Doe (Eds.), *Language Testing Reconsidered*. Ottawa: University of Ottawa Press, 41–71.

Badger, R. & MacDonald, M. 2007. Culture, language, pedagogy: The place of culture in language teacher education. *Pedagogy, Culture & Society*, 15(2): 215–227.

Baiutti, M. 2021. Developing and assessing intercultural competence during a mobility programme for pupils in upper secondary school: the Intercultural Assessment Protocol. *Frontiers: The Interdisciplinary Journal of Study Abroad*, 33(1): 11–42.

Baker, W. 2008. A critical examination of ELT in Thailand: The role of cultural awareness. *RELC Journal*, 39(1): 131–146.

Baker, W. 2009. The cultures of English as a lingua franca. *TESOL Quarterly*, 43(4): 567–592.

参考文献

Baker, W. 2011. Intercultural awareness: Modelling an understanding of cultures in intercultural communication through English as a lingua franca. *Language and Intercultural Communication, 11*: 197–214.

Baker, W. 2012. From cultural awareness to intercultural awareness: Culture in ELT. *ELT Journal, 66*(1): 62–70.

Barletta, N. 2009. Intercultural competence: Another challenge. *PROFILE Issues in Teachers' Professional Development, 11*(1): 143–158.

Bayyurt, Y. 2006. Non-native English language teachers' perspective on culture in English as a foreign language classrooms. *Teacher Development, 10*(2): 233–247.

Berti, M. 2020. Digital ethnography for culture teaching in the foreign language classroom. *Intercultural Communication Education, 3*(1), 44–54.

Beaujour, M. 1969. Teaching culture in the foreign environment: Goals and non-Goals. *The Modern Language Journal, 53*(5): 317–320.

Bernal P. A. N. 2020. Authentic materials and tasks as mediators to develop EFL students' intercultural competence. *HOW Journal, 27*(1): 29–46.

Berti, M. 2020. Digital ethnography for culture teaching in the foreign language classroom. *Intercultural Communication Education, 3*(1): 44–54.

Bhawuk, D. P. S. 2001. Evolution of culture assimilators: Toward theory-based assimilators. *International Journal of Intercultural Relations, 25*(2): 141–163.

Blatchford, C. 1973. Newspapers: Vehicles for teaching ESOL with a cultural focus. *TESOL Quarterly, 7*(2): 145–151.

Bloom, B. S. (Ed.).1956. *Taxonomy of Educational Objectives: The Classification of Educational Goals.* New York: Longman.

Bhabha, H. 1994. Frontlines/Borderposts. In A. Bammer. (Ed.), *Displacements: Cultural Identities in Question.* Bloomington: Indiana University Press, 269–272.

Bonilla, X. 2008. Evaluating English textbooks: A cultural matter. *HOW Journal, 15*(1): 167–192.

Bonilla, X. 2012. TEFL principles for teaching English in changing times. *Colombian Applied Linguistics Journal, 14*(2): 181–192.

Borg, S. 2006. *Teacher Cognition and Language Education: Research and Practice.* London: Continuum.

Broady, E. 2004. Sameness and difference: The challenge of culture in language teaching. *Language Learning Journal, 29*(1): 68–72.

Brooks, N. 1960. *Language and Language Learning.* New York: Harcourt Brace Jovanovich.

Brooks, N. 1969. Teaching culture abroad: From concept to classroom technique. *The Modern Language Journal, 53*(5): 320–324.

Brown, J. D. 2004. Performance assessment: Existing literature and directions for research. *Second Language Studies*, 22 (2): 91–139.

Brunsmeier, S. 2017. Primary teachers' knowledge when initiating intercultural communicative competence. *TESOL Quarterly, 51*: 143–155.

Byram, M. 1992. Foreign language learning for European citizenship. *Language Learning Journal, 6*(1): 10–12.

Byram, M. 1997. *Teaching and Assessing Intercultural Communicative Competence.* Clevedon: Multilingual Matters.

Byram, M. 2008. *From Foreign Language Education to Education for Intercultural Citizenship.* Clevedon: Multilingual Matters.

Byram, M. 2009. Intercultural competence in foreign languages. The intercultural speaker and the pedagogy of foreign language education. In D. Deardorff (Ed.), *The Sage Handbook of Intercultural Competence.* California: Sage, 321–332.

Byram, M. 2010. Linguistic and cultural education for Bildung and citizenship. *Modern Language Journal, 94*: 318–321.

Byram, M. 2014. Twenty-five years on—from cultural studies to intercultural citizenship. *Language, Culture and Curriculum, 27*(3): 209–225.

Byram, M. & Feng, A. 2004. Culture and language learning: Teaching, research and scholarship. *Language Teaching, 37*(3): 149–168.

Byram, M. & Morgan,C. 1994. *Teaching and Learning Language and Culture.* Clevedon: Multilingual Matters.

Byram, M. & Risager, K. (Eds.).1999. *Language Teachers, Politics, and Cultures.* Clevedon: Multilingual Matters.

Byram, M. & Wagner, M. 2018. Making a difference: Language education for intercultural and international dialogue. *Foreign Language Annals, 51*(1): 140–151.

Byram, M. & Zarate, G. 1996. Defining and assessing intercultural competence: Some principles and proposals for the European context. *Language Teaching, 29*(4): 239–243.

Byram, M., Golubeva, I., Han, H. & Wagner, M. (Eds.).2017. *From Principles to Practice in Education for Intercultural Citizenship.* Clevedon: Multilingual Matters.

Byrnes, H. 2010. Revisiting the role of culture in the foreign language curriculum. *Modern Language Journal, 94*(2): 315–317.

Çakir, I. 2006. Developing cultural awareness in foreign language teaching. *Turkish Online Journal of Distance Education, 7*(3): 154–161.

Canale, M. & Swain, M. 1980. Theoretical bases of communicative approaches to second language teaching and testing. *Applied Linguistics, 1*(1): 1–47.

Canale, G. 2016. (Re)Searching culture in foreign language textbooks, or the politics of hide and seek. *Language, Culture and Curriculum, 29*(2): 225–243.

Carey, J. W. 1989. *Communication as Culture: Essays on Media and Society*. Boston: Unwin Hyman.

Castañeda, M. E. 2012. Adolescent students' intercultural awareness when using culture–based materials in the English class. *Profile Issues in Teachers' Professional Development, 14*(1): 29–48.

Castro, P., Sercu, L. & García, M. 2004. Integrating language-and-culture teaching: An investigation of Spanish teachers' perceptions of the objectives of foreign language education. *Intercultural Education*.

Chen, G. M. & Starosta, W. J. 1996. Intercultural communication competence: A synthesis. *Communication Year Book*, (1): 353–383.

Chen, G. M. & Starosta, W. J. 2000. The development and validation of the intercultural communication sensitivity scale. *Human Communication, 3*(1): 1–15.

Chen, G. M. 2011. An introduction to key concepts in understanding the Chinese: Harmony as the foundation of Chinese communication. *China Media Research, 7*(4): 1–12.

Chun, M. 2010. Taking teaching to (performance) task: Linking pedagogical and assessment practices. *Change: The Magazine of Higher Learning, 42*(2): 22–29.

Cogo, A. 2011. English as a lingua franca: Concepts, use, and implications. *ELT Journal, 66*(1): 97–105.

Cohen, L., Manion, L. & Morrison, K. 2018. *Research methods in education* (8th ed.). London: Routledge.

Cole, D. & Meadows, B. 2013. Re–imagining belonging: Communities of practice in the (foreign) language classroom. In D. Rivers & S. Houghton (Eds.), Social Identities and Multiple Selves in Foreign Language Education. London: Bloomsbury, 121–138.

Collier, M. J. 2014. Theorizing cultural identification. In W. B. Gudykunst (Ed.), *Theorizing About Intercultural Communication*. Shanghai: Shanghai Foreign Language Education Press, 235–256.

Connelly, F. & Clandinin, D. 1988. *Teachers as Curriculum Planners: Narratives of Experience*. New York: Teachers College Press.

Confrey, J. 2006. The evolution of design studies as methodology. In R. K. Sawyer (Ed.), *The Cambridge Handbook of the Learning Sciences*. Cambridge: Cambridge University Press, 135–152.

Corbett, J. 2003. *An Intercultural Approach to English Language Teaching*. Clevedon: Multilingual Matters.

Cots, J. M. 2015. Developing critical languaculture pedagogies in higher education: Theory and practice. *Language and Intercultural Communication*, *15*(3): 441–445.

Council of Europe. 2001. *Common European Framework of Reference for Languages: Learning, Teaching, Assessment*. Cambridge: Cambridge University Press.

Council of Europe. 2012. *A Framework of Reference for Pluralistic Approaches to Languages and Cultures: Competences and Resources*. Strasbourg: Council of Europe Publishing.

Council of Europe. 2018. *Common European Framework of Reference for Languages: Learning, Teaching, Assessment-Companion Volume with New Descriptors*. Strasbourg: Council of Europe Publishing.

Crawford-Lange. L. & Lange, D. 1984. Doing the unthinkable in the second-language classroom: A process for the integration of language and culture. In T. Higgs (Ed.), *Teaching for Proficiency: The Organizing Principle*. New York: ACTFL, 139–177.

Crichton, J. & Scarino, A. 2007. How are we to understand the "intercultural dimension"?: An examination of the intercultural dimension of internationalization in the context of higher education in Australia. *Australian Review of Applied Linguistics*, *30*(1): 41–42.

Crozet, C., Liddicoat. A. & Lo Bianco, J. 1999. Intercultural competence: From language policy to language education. In J., Lo Bianco, A. Liddicoat & C. Crozet (Eds.), *Striving for the Third Place: Intercultural Competence through Language Education* . Melbourne: Language Australia, 1–20

Crozet, C. 2003. A conceptual framework to help teachers identify where culture is located in language use. In J. Lo Bianco & C. Crozet. (Eds.), *Teaching Invisible Culture-Classroom Practice and Theory*. Melbourne: Language Australia, 39–49.

Cruz, F. 2007. Broadening minds: Exploring intercultural understanding in adult EFL learners. *Colombian Applied Linguistics Journal*, *9*: 144–173.

Csikszentmihalyi, M. 1990. *"Flow": The Psychology of Optimal Experience*. New York: Harper and Row.

Damen, L. 1987. *Culture Learning: The Fifth Dimension in the Language Classroom*. Reading: Addison–Wesley.

Darling-Hammond, L. & Adamson, F. 2013. *Developing Assessments of Deeper Learning: The Costs and Benefits of Using Tests That Help Students Learn*. California: Stanford Center for Opportunity Policy in Education.

De Mejía, A. 2006. Bilingual education in Colombia: Towards a recognition of languages, cultures and identities. *Colombian Applied Linguistics Journal, 8:* 152–168.

Deardorff, D. K. 2006. Identification and assessment of intercultural competence as a student outcome of internationalization. *Journal of Studies in International Education, 10*(3): 241–266.

Deardorff, D. K. 2009a. Implementing intercultural competence assessment. In D. K. Deardorff (Ed.), *The Sage Handbook of Intercultural Competence*. California: Sage, 477–491.

Deardorff, D. K. 2009b. Exploring interculturally competent teaching in social sciences classrooms, *Enhancing Learning in the Social Sciences*, (1): 1–18.

Deardorff, D. K. 2014. Some thoughts on assessing intercultural competence. National Institute for Learning Outcomes Assessment.

Deardorff, D. K. 2017. The big picture of intercultural competence assessment. In D. K. Deardorff & L. A. Arasaratnam (Eds.), *Intercultural Competence in Higher Education: International Approaches, Assessment and Application*. New York: Routledge, 124–133.

Deardorff, D. K. & Arasaratnam-Smith, L. A. (Eds.). 2017. *Intercultural Competence in Higher Education: International Approaches, Assessment and Application*. New York: Routledge.

Debyser, F. 1968. The relation of language to culture and the teaching of culture to beginning language students. *CCD Language Quarterly, 6:* 1–8.

Denscombe, M. 2014. *The Good Research Guide* (4th ed.). Maidenhead: Open University Press.

Dervin, F. 2010. Assessing intercultural competence in language learning and teaching: A critical review of current efforts. In F. Dervin & E. Suomela-Salmi (Eds.), *New Approaches to Assessment in Higher Education*. Frankfurt: Peter Lang, 157–174.

Dervin, F. 2010. Assessing intercultural competence in language learning and teaching A critical review of current efforts. *New Approaches to Assessment in Higher Education, 5:* 155–172.

Dervin, F. 2020. Creating and combining models of Intercultural Competence for teacher education/training: On the need to rethink IC frequently. In F. Dervin, R. Moloney & A. Simpson (Eds.), *Intercultural Competence in the Work of Teachers Confronting Ideologies and Practices*. New York: Routledge.

Dervin, F. & Jacobsson, A. (Eds.). 2021. *Teacher Education for Critical and Reflexive Interculturality*. Basingstoke & New York: Palgrave Macmillan.

Dewey, J. 1933. *How We Think: A Restatement of the Relation of Reflective Thinking to the Educative Process*. Boston: Heath & Co Publishers.

DeJaeghere, J. G. & Zhang, Y. 2008. Development of intercultural competence among US American teachers: Professional development factors that enhance competence. *Intercultural Education*, (3): 255–268.

Díaz, A. R. 2013a. *Developing Critical Languaculture Pedagogies in Higher Education*. Clevedon: Multilingual Matters.

Díaz, A. R. 2013b. *Developing Critical Languaculture Pedagogies in Higher Education: Theory and Practice*. Clevedon: Multilingual Matters.

Díaz, A. 2016a. *Developing Critical Languaculture Pedagogies in Higher Education: Theory and Practice*. Shanghai: Shanghai Foreign Language Education Press.

Díaz, A. R. 2016b. *Developing Critical Languaculture Pedagogies in Higher Education: Theory and Practice*. Shanghai: Shanghai Foreign Language Education Press.

Dimitrov, N. & Haque, A. 2016. Intercultural teaching competence: A multi-disciplinary model for instructor reflection. *Intercultural Education*, (5): 437–456.

Duffy, M. 1991. Constructivism: New implications for instructional technology. *Educational Technology*, (1): 28–32.

Earle, M. 1969. A cross-cultural and cross-language comparison of dogmatism scores. *Journal of Social Psychology*, (79): 19–24.

Egron-Polak, E. & Hudson, R. 2014. *Internationalization of Higher Education, Global Survey Report on Internationalization of Higher Education*. Paris: IAU.

Engeström, Y. 1987. *Learning by Expanding: An Activity-Theoretical Approach*. Helsinki: Orienta-Konsultit.

Esteban-Núñez, M. T. 2021. Pre-Service language teachers' knowledge and practices of intercultural communicative competence. *HOW Journal*, 28(1): 11–29.

Escudero, M. 2013. Teaching intercultural awareness in the English as a foreign language classroom: A case study using critical reading. *Intercultural Education*, 24(3): 251–263.

Estaji, M. & Rahimi, A. 2018. Exploring teachers' perception of intercultural communicative competence and their practices for teaching culture in EFL classrooms. *International Journal of Society, Culture and Language*, 6(2): 1–18.

Fandiño, Y. J. 2014. Teaching culture in Colombia Bilingüe: From theory to practice. *Colombian Applied Linguistics Journal*, 16(1): 81–92.

Fantini, A. E. 1995. Language, culture, and world view: Exploring the nexus. *International Journal of Intercultural Relations*, 19: 143–153.

Fantini, A. E. 1997. *New Ways in Teaching Culture*. Alexandria: TESOL.

Fantini, A. E. 1997. Languag: Its cultural and intercultural dimensions. In A. E. Fantini (Ed.), *New Ways in Teaching Culture*. Alexandria: TESOL., 3–15.

Fantini, A. E. 2000. A central concern: Developing intercultural competence. In *SIT Occasional Papers Series: Addressing Intercultural Education, Training and Service*. Vermont: School for International Training, 25–42.

Fantini, A. E. 2001. *Exploring Intercultural Competence: A Construct Proposal*. NCOLCTL Fourth Annual Conference, Arlington, Virginia.

Fantini, A. E. 2009. Assessing intercultural competence: Issues and tools. In D. K. Deardorff (Ed.), *The Sage Handbook of Intercultural Competence*. California: Sage, 456–476.

Fantini, A. E. 2012. Language: An essential component of intercultural communicative competence. In J. Jackson. (Ed.), *The Routledge Handbook of Language and Intercultural Communication*. London: Routledge, 263–278.

Fantini, A. E. 2020. Reconceptualizing intercultural communicative competence: A multinational perspective. *Research in Comparative and International Education*, 15(1): 52–61.

Fantini, A. E., Arias-Galicia, F. & Guay, D. 2001. *Globalization and 21st Century Competencies: Challenges for North American higher education*. Boulder: Western Interstate Commission for Higher Education.

Fantini, A. E. & Garrett-Rucks, P. 2016. Expanding our educational goals: Exploring intercultural competence. *Dimension Special Issue: Focus on Intercultural Competence*, 6–21.

Ferrance, E. 2000. *Action Research*. Providence: Northeast and Islands Regional Educational Laboratory at Brown University.

Fischer, M. 1967. Contrastive cultural features in FL teaching. *Slavic and East European Journal*, 11(3): 302–307.

Fois, E. 2020. ELT and the role of translation in developing intercultural competence. *Language and Intercultural Communication*, 20(6): 561–571.

Fredrickson, B. L. 2001. The role of positive emotions in positive psychology: The broaden-and-build theory of positive emotions. *American Psychologist*, 56(3): 218–226.

Freeman, D. & Johnson, K. E. 1998. Reconceptualizing the knowledge—base of language teacher education. *TESOL Quarterly*, (32): 397–417.

Gabryś-Barker, D. & Dagmara, G. (Eds.). 2016. *Positive Psychology Perspectives on Foreign Language Learning and Teaching*. Cham: Springer.

Gao, C. Z., Hinkel, E. & Fotos, S. 2002. New perspectives on grammar teaching in second language classrooms. *TESOL Quarterly, 36*(2): 240.

Gardner, H. 1993. *Multiple Intelligences: The Theory in Practice*. New York: Basic Books.

Garrido, C. & Álvarez, I. 2006. Language teacher education for intercultural understanding. *European Journal of Teacher Education, 29*(2): 163–179.

Ghanem, C. 2017. Teaching intercultural communicative competence: The perspective of foreign language graduate student instructors. *International Journal for the Scholarship of Teaching and Learning, 11*(2): 1–9.

Göbel, K. & Helmke, A. 2010. Intercultural learning in English as foreign language instruction: the importance of teachers' intercultural experience and the usefulness of precise instructional directives. *Teaching and Teacher Education, 26*(8): 1571–1582.

Gómez, L. F. 2015. The cultural content in EFL textbooks and what teachers need to do about it. *Profile Issues in Teachers' Professional Development, 17*(2): 167–187.

Gray, J. 2010. *The Construction of English. Culture, Consumerism and Promotion in the ELT Global Coursebook*. New York: Palgrave Macmillan.

Gudykunst, W. B., Carmen, L. M., Nishida, T. & Ogawa, N. 2005. Theorizing about intercultural communication: An introduction. In W. B. Gudykunst, (Eds.), *Theorizing About Intercultural Communication*. Shanghai: Shanghai Foreign Language Education Press, 3–32.

Gudykunst, W. B. 2005. An anxiety/uncertainty management (AUM) theory of effective communication. In W. B. Gudykunst (Eds.), *Theorizing About Intercultural Communication*. Shanghai: Shanghai Foreign Language Education Press, 281–322.

Guest, M. 2002. A critical "checkbook" for culture teaching and learning. *ELT Journal, 56*(2): 154–161.

Gyogi, E. 2019. Translating "Japanese culture": A discourse approach to teaching culture. *Language and Intercultural Communication, 19*(2): 152–166.

Griffith, R. L., Wolfeld, L., Armon, B. K., Rios, J. & Liu, O. L. 2016. Assessing intercultural competence in higher education: Existing research and future directions. *ETS Research Report Series, 2016*(2): 1–44.

Gu, X. 2016. Assessment of intercultural communicative competence in FL education: A survey on EFL teachers' perception and practice in China. *Language and Intercultural Communication, 16*(2): 254–273.

Hall, J. 2012. *Teaching and Researching: Language and Culture* (2nd ed.). New York: Routledge.

Harmer, J. 1998. *How to Teach English*. Beijing: Foreign Language Teaching and Research Press.

Hammer, M. R., Bennett, M. J. & Wiseman, R. 2003. Measuring intercultural sensitivity: The intercultural development inventory. *International Journal of Intercultural Relations, 27*(4): 421–443.

Han, X. & Song, L. 2011. Teacher cognition of intercultural communicative competence in the Chinese ELT context. *Intercultural Communication Studies, 20*(1): 175–192.

Hanvey, R.G. 1979. Cross-cultural awareness. In E. C. Smith & L. F. Luce (Eds.), *Toward Internationalism: Readings in Cross-cultural Communication*. New York: Newbury House Publishers, 45–56.

Harsch, C. & Poehner, M. E. 2016. Enhancing student experiences abroad: The potential of dynamic assessment to develop student interculturality. *Language and Intercultural communication, 16*(3), 470–490.

Hart, E. & Bond, M.1995. *Action Research for Health and Social Care: A Guide to Practice*. Buckingham: Open University Press.

Harvey, L., McCormick, B., Vanden, K., Collins, R. & Suarez, P. 2019. Theatrical performance as a public pedagogy of solidarity for intercultural learning. *Research for All, 3*(1): 74–90.

Herbert, A. 1993. *Teachers Investigate Their Work: An Introduction to the Methods of Action Research*. London: Routledge.

Ho, S. 2009. Addressing culture in EFL classrooms: The challenge of shifting from a traditional to an intercultural Stance. *Electronic Journal of Foreign Language Teaching, 6*(1): 63–76.

Hoff, H. E. 2014. A critical discussion of Byram's model of intercultural communicative competence in the light of bildung theories. *Intercultural Education, 25*(6): 508–517.

Holliday, A. 1999. Small cultures. *Applied Linguistics, 20*(2): 237–264.

Holliday, A., Hyde, M. & J. Kullman. 2004. *Intercultural communication*. London: Routledge.

Holliday, A. 2011. *Intercultural Communication and Ideology*. California: Sage.

Holliday, A. 2016. Studying culture. In Zhu, H. (Eds.), *Research Methods in Intercultural Communication*. Chichester: John Wiley & Sons Inc., 23–36.

Holly, P. & Whitehead, D. 1986. *Action Research in Schools: Getting It into Perspective*. Cambridge: Classroom Action Research Network.

Holmes, J. & Brown, D. 1976. Developing sociolinguistic competence in a second language. *TESOL Quarterly, 10*(4): 423–431.

Holmes, P. & O'Neill, G. 2012. Developing and evaluating intercultural competence: Ethnographies of intercultural encounters. *International Journal of Intercultural Relations, 36*(5), 707–718.

Holmes, S. 2016. How can the pragmatic philosophy of John Dewey make a contribution to the theory and practice of intercultural communication? *Contemporary Pragmatism, 13* (3): 242–262.

Houghton, S. A. 2013. Making intercultural communicative competence and identity-development visible for assessment purposes in foreign language education. *The Language Learning Journal, 41*(3): 311–325.

Hu, W. Z. 1986. Why bother about culture in ELT? *Journal of Foreign Languages,* (4): 1–6.

Hudson, R. A. 1980. *Sociolinguistics*. Cambridge: Cambridge University Press.

Hymes, D. 1972. On communicative competence. In J. B. Pride & A. Holmes (Eds.), *Sociolinguistics: Selected Readings*. Harmondsworth: Penguin, 269–293.

Imhoof, M. 1968. Controlling cultural variations in the preparation of TESOL materials. *TESOL Quarterly, 2*(1): 39–42.

Izadpanah, S. 2011. The review study: The place of culture in English language teaching. *US-China Foreign Language, 9*(2): 109–116.

Ingulsrud, J. E., Kai, K., Kadowaki, S., Kurobane, S. & Shiobara, M. 2002. The assessment of cross-cultural experience: Measuring awareness through critical text analysis. *International Journal of Intercultural Relations, 26*(5): 473–491.

Jacobson, R. 1976. Incorporating sociolinguistic norms into an EFL program. *TESOL Quarterly, 10*(4): 411–422.

Jacobson, W., Sleicher, D. & Maureen, B. 1999. Portfolio assessment of intercultural competence. *International Journal of Intercultural Relations, 23*(3): 467–492.

Johnson, K. 2009. *Second Language Teacher Education: A Sociocultural Perspective*. London: Routledge.

Jones, N. & Saville, N. (Eds.). 2016. *Learning Oriented Assessment: A Systemic Approach*. Cambridge: Cambridge University Press.

Kalaja, P. & Pitkänen-Huhta, A. 2020. Raising awareness of multilingualism as lived-in the context of teaching English as a foreign language. *Language and Intercultural Communication, 20*(4): 340–355.

Kasper, G. 2006. Speech acts in interaction: Towards discursive pragmatics. In K. Bardovi-Harlig, C. Félix-Brasdefer & A. Omar (Eds.), *Pragmatics and Language Learning*. Honolulu: University of Hawaii Press, 281–314.

Kelly, A. E. 2003. Research as design. *Educational Researcher, 32*(1): 3–4.

Kemmis, S. 1997. Action research. In J. P. Keeves (Ed.), *Educational Research,*

Methodology, and Measurement: An International Handbook (2nd ed.). Oxford: Elsevier Science Ltd. 173–179.

Kemmis, S. & McTaggart, R. 1982. *The Action Research Planner*. Victoria: Deakin University Press.

Kim, J. 2002. Teaching culture in the English as a foreign language classroom. *The Korea TESOL Journal, 5*(1): 27–40.

Kim, M. S. 2006. Culture-Based Conversational Constrains Theory: Individualand Cultural-Level Analyses. In W. B. Gudykunst (Eds.), *Theorizing About Intercultural Communication*. Shanghai: Shanghai Foreign Language Education Press, 93–117.

Kim, Y. Y. 1998. Cross-cultural adaptation: An integrative theory. In J. Martin, T. Nakayama & L. Flores (Eds.), *Readings in Cultural Contexts*. California: Mayfield Publishing Company, 295–303.

Kim, Y. Y. 2005. Adapting to a new culture: An Integrative Communication Theory. In W. B. Gudykunst (Eds.), *Theorizing About Intercultural Communication*. Shanghai: Shanghai Foreign Language Education Press, 375–400.

Kim, Young Yun. 2008. Intercultural personhood: Globalization and a way of being. *International Journal of Intercultural Relations, 32*(4): 359–368.

Kiss, T. &Weninger, C. 2017. Cultural learning in the EFL classroom: The role of visuals. *ELT Journal, 71*(2): 186–196.

Kohonen, V. 2000. Student reflection in portfolio assessment: Making language learning more visible. *Babylonia, 1*: 13–16.

Kolb, D. A. 1984. *Experiential Learning: Experience: As The Source of Learning And Development* (Vol. 1). Englewood Cliffs: Prentice-Hall.

Kramsch, C. 1987. Foreign language textbooks' construction of foreign reality. *The Canadian Modern Language Review, 44*(1): 95–119.

Kramsch, C. 1988. *The cultural discourse of foreign language textbooks*. Northeast Conference on the Teaching of Foreign Languages, Middlebury, Vermont.

Kramsch, C. 1991. Culture in language learning: A view from the States. In K. de Bot, R. B. Ginsberg & C. Kramsch. (Eds.), *Foreign Language Research in Cross-Cultural Perspective*. Amsterdam: John Benjamins, 217–240.

Kramsch, C. 1993. *Context and culture in language teaching*. Oxford: Oxford University Press.

Kramsch, C. 1998. *Language and culture*. Oxford: Oxford University Press.

Kramsch, C. 1999. The privilege of the intercultural speaker. In M. Byram & M. Fleming (Eds), *Language Learning in Intercultural Perspective: Approaches through Drama and Ethnography*. Cambridge: Cambridge University Press, 16–31.

Kramsch, C. 2006. From communicative competence to symbolic competence. *The Modern Language Journal*, 90(2): 249–252.

Kramsch, C. 2008. Ecological perspectives on foreign language education. *Language Teaching*, 41(3): 389–408.

Kramsch, C. 2013. Culture in foreign language teaching. *Iranian Journal of Language Teaching Research*, 1(1): 57–78.

Kramsch, C. 2014. Teaching foreign languages in an era of globalization: Introduction. *The Modern Language Journal*, 98(1), 296–311.

Kramsch, C. 2015. Language and culture in second language learning. In F. Sharifian (Ed.), *The Routledge Handbook of Language and Culture*. London: Routledge, 403–416.

Kramer, J. 2000. Cultural studies. In M. Byram (Ed.), *Routledge Encyclopedia of Language Teaching and Learning*. London: Routledge, 162–164.

Krasnick, H. 1982. Beyond communicative competence: Teaching culture in ESL. *TESL Reporter*, 15(3): 45–49.

Kubota, R. 1999. Japanese culture constructed by discourses: Implications for applied linguistics research and ELT. *TESOL Quarterly*, 33(1): 9–35.

Kumaravadivelu, B. 1994. The postmethod condition: Emerging strategies for second/foreign language teaching. *TESOL Quarterly*, 28(1), 27–48.

Kumaravadivelu, B. 2001. Toward a postmethod pedagogy. *TESOL Quarterly*, 35(4): 537–560.

Kumaravadivelu, B. 2003. *Beyond Methods: Macrostrategies for Language Teaching*. New Haven: Yale University Press.

Kumaravadivelu, B. 2008. *Cultural Globalization and Language Education*. New Haven: Yale University Press.

Kumaravadivelu, B. 2012. *Language Teacher Education: For A Global Society A Modular Model for Knowing, Analyzing, Recognizing, Doing, and Seeing*. London: Routledge.

Kusumaningputri, R. & Widodo, H. P. 2018. Promoting Indonesian university students' critical intercultural awareness in tertiary EAL classrooms: The use of digital photograph-mediated intercultural tasks. *System*, 72: 49–61.

Kushner, K. & Brislin, R. W. 1995. *Intercultural Interactions: A practical Guide* (Vol. 9). California: Sage.

Lado, R. 1957. *Linguistics across Cultures*. Ann Arbor: University of Michigan Press.

Lado, R. 1997. How to compare Two cultures. In P. R. Heusinkveld (Ed.), Pathways to Culture: Readings on Teaching Culture in the Foreign Language Class. New York: Intercultural Press, 39–56.

Lafayette, R. 1978. *Teaching Culture: Strategies and Techniques*. Washington D.C.: Center for Applied Linguistics.
Lafayette, R. & Schulz, R. 1975. Evaluating cultural learnings. In R. Lafayette (Ed.), *The Culture Revolution in Foreign Language Teaching*. Skokie: National Textbook Company, 104–118.
Lantolf, J. P. & Pavlenko, A. 1995. Sociocultural theory and second language acquisition. *Annual Review of Applied Linguistics, 15*: 38–53.
Lantolf, J. P. 2000. *Socio-cultural Theory and Second Language Learning*. Oxford: Oxford University Press.
Lantolf, J. P. 2006. Sociocultural theory and L2: State of the art. *Studies in Second Language Acquisition, 28*(01): 67–109.
Lantolf, J. P. & Thorne, S. L. 2006. *Sociocultural Theory and The Genesis of Second Language Development*. Oxford: Oxford University Press.
Lantolf, J. 2012. Sociocultural theory: A dialectical approach to L2 research. In S. Gass & A. Mackey (Eds.), *The Routledge Handbook of Second Language Research*. London: Routledge, 56–72.
Larsen–Freeman, D. 1987. Recent innovations in language teaching methodology. *The ANNALS of the American Academy of Political and Social Science, 490*(1): 51–69.
Larsen–Freeman, D. 1997. Chaos/Complexity science and second language acquisition. *Applied Linguistics, 18*(2): 141–165.
Larsen-Freeman, D. & Cameron, L. 2008. Research methodology on language development from a complex systems perspective. *The Modern Language Journal, 92*(2), 200–213.
Larsen-Freeman, D. & Anderson, M. 2011. *Techniques & Principles in Language Teaching* (3rd ed.). Oxford: Oxford University Press.
Larzén-Östermark, E. 2008. The intercultural dimension in EFL-teaching: A study of conceptions among finland-swedish comprehensive school teachers. *Scandinavian Journal of Educational Research, 52*(5): 527–547.
Lessard-Clouston, M. 1996. Chinese teachers' views of culture in their EFL learning and teaching. *Language, Culture and Curriculum, 9*(3): 197–224.
Leavitt, J. 2015a. Linguistic Relativity: Precursors and Transformations. In F. Sharifian (Eds.), *The Routledge Handbook of Language and Culture*. London: Routledge, 18–30.
Leavitt, J. 2015b. Ethnosemantics. In F. Sharifian (Eds.), *The Routledge Handbook of Language and Culture*. London: Routledge, 51–65.
Lessard-Clouston, M. 1992. Assessing culture learning: Issues and suggestions. *The Canadian Modern Language Review, 48*(2): 326–341.

Levine, D. & Adelman, M. 1993. *Beyond Language: Cross-Cultural Communication* (2nd ed.). New York: Pearson.

Lewald, H. 1963. Problems in culture teaching. *The Modern Language Journal*, 47(6): 253–256.

Lewin, K. 1948. *Resolving Social Conflicts*. New York: Harper.

Li, S. 2021. *RICH-Ed pedagogical framework*. In International Workshop and Conference on Intercultural Learning in Higher Education in China: Global, Local and Glocal Perspectives.

Liddicoat, A. J. 2002. Static and dynamic views of culture and intercultural language acquisition. *Babel*, 36(3): 4–11, 37.

Liddicoat, A. J., Papademetre, L., Scarino, A. & Kohler, M. 2003. *Report on Intercultural Language Learning*. Canberra: Department of Education, Science and Training.

Liddicoat, A. 2004. *Intercultural Language Teaching: Principles for Practice*. Wellington: New Zealand Association of Language Teachers.

Liddicoat, A. 2006. Learning the culture of interpersonal relationships: Students' understandings of personal address forms in French. *Intercultural Pragmatics*, 3(1): 55–80.

Liddicoat, A. J. 2008. Pedagogical practice for integrating the intercultural in language teaching and learning. *Japanese Studies*, 28(3): 277–290.

Liddicoat, A. J. & Scarino, A. 2010. Eliciting the intercultural in foreign language education. In L. Sercu & A. Paran (Eds.), *Testing the Untestable in Language Education*. Clevedon: Multilingual Matters, 52–73.

Liddicoat, A. J. & Scarino, A. 2013. *Intercultural Language Teaching and Learning*. New York: Wiley and Sons.

Lindner, R. & Méndez-Garcia, M. D. C. 2014. The autobiography of intercultural encounters through visual media: Exploring images of others in telecollaboration. *Language, Culture and Curriculum*, 27(3): 226–243.

Liu, Y. 2013. Intercultural Communication: Paradigm Debate and Perspective of Global Integration. *China Media Report Overseas*, 9(3): 16–27.

Lo Bianco, J., Liddicoat, A. & Crozet, C. (Eds.). 1999. *Striving for the Third Place: Intercultural Competence through Language Education*. Melbourne: Language Australia.

Lussier, D., Ivanus, D., Chavdarova-Kostova, S., Golubina, K., Skopinskaja, L., Wiesinger, S. & de la Maya Retamar, G. 2007. Guidelines for the assessment of intercultural communicative competence. In I. Lazar, M. Huber-Kriegler, D. Lussier, G. S. Matei & C. Peck (Eds.), *Developing and Assessing Intercultural*

Communicative Competence: A Guide for Language Teachers and Teacher Educators. Strasbourg and Graz: European Centre for Modern Languages and Council of Europe Publishing, 23–39.

Mabry, L. 1999. *Portfolios Plus: A Critical Guide to Alternative Assessment*. California: Corwin Press.

Macedo, D. 1994. "Preface" In P. McLaren & C. Lankshear (Eds.), *Con-scientization and Resistance*. New York: Routledge, 1–8.

Macías, D. F. 2010. Considering new perspectives in ELT in Colombia: From EFL to ELF. *HOW Journal, 17*(1): 181–194.

MacIntyre, P. D. 2016. So far so good: An overview of positive psychology and its contributions to SLA. In D. Gabryś-Barker & D. Gałajda (Eds.), *Second Language Learning and Teaching. Positive Psychology Perspectives on Foreign Language Learning and Teaching*. Cham: Springer, 3–20.

Martin, J. N. & Nakayama, T. K. (Eds.), 2009. *Intercultural Communication in Context*. Shanghai: Shanghai Foreign Language Education Press, 55–94.

Matthies, B. 1968. TESOL at the "5 & 10". *TESOL Quarterly, 2*(4): 280–284.

Matveev, A.V. & Merz, M.Y. 2014. Intercultural competence assessment: What are its key dimensions across assessment tools? In L. T. B. Jackson, D. Meiring, F. J. R. Van de Vijver, E. S. Idemoudia & W. K. Gabrenya (Eds.), *Toward Sustainable Development through Nurturing Diversity*. Proceedings from the 21st International Congress of the International Association for Cross-Cultural Psychology, 123–135.

Marczak, M. 2010. New Trends in teaching language and culture. In H. Komorowska &, L. Aleksandrowicz-Pędich. (Eds.), *Coping with Diversity. New Trends in Language and Culture Education*. Warszawa: Wydawnictwo Wyższej Szkoły Psychologii Społecznej, 13–28.

May, S. (Ed.). 2013. *The Multilingual Turn: Implications for SLA, TESOL, and Bilingual Education*. London: Routledge.

May, S. 2019. Negotiating the multilingual turn in SLA. *The Modern Language Journal, 103*: 122–129.

McConachy, T. & Hata, K. 2013. Addressing textbook representations of pragmatics and culture. *ELT Journal, 67*(3): 294–301.

McConachy, T. 2018. Critically engaging with cultural representations in foreign language textbooks. *Intercultural Education, 291*: 77–88.

McNamara, T. 1997. Theorizing social identity. What do we mean by social identity? Competing frameworks, competing discourses. *TESOL Quarterly,* (3): 563–567.

Méndez García, M. D. C. 2016. Intercultural reflection through the autobiography of intercultural encounters: Students' accounts of their images of alterity. *Language and Intercultural Communication*, 17(2): 90–117.

Mezirow, J. 1978. Perspective transformation. *Adult Education Quarterly*, (28): 100–110.

Mezirow, J. 1981. A critical theory of adult learning and education. *Adult Education Quarterly*, 32(1): 3–24.

Mezirow, J. 2000. *Learning as Transformation: Critical Perspectives on a Theory in Progress* (1st ed.). San Francisco: Jossey-Bass.

Meadows, B. 2016. Culture teaching in historical review: On the occasion of ASOCOPI's fiftieth anniversary. *HOW Journal*, 23(2): 148–169.

Molina, M., Castro, E. & Castro, E. 2007. Teaching experiments within design research. *The International Journal of Interdisciplinary Social Science*, 2(4): 435–440.

Moore, Z. 1995. Teaching and testing culture: Old questions, new dimensions. *International Journal of Educational Research*, 23(7): 595–606.

Moore, Z., Morales, B. & Carel, S. 1998. Technology and teaching culture: Results of a state survey. *Calico Journal*, 15(1–3): 109–128.

Moran, P. R. 2004. *Teaching Culture: Perspectives in Practice*. Beijing: Beijing Foreign Language Teaching and Research Press.

Morain, G. 1983. Commitment to the teaching of foreign cultures. *The Modern Language Journal*, 67(4): 403–412.

Murphy, E. 1988. The cultural dimension in foreign language teaching: Four models. *Language, Culture, and Curriculum*, 1(2): 147–163.

Nababan, P. 1974. Language, culture, and language teaching. *RELC Journal*, 5(2): 18–30.

National Standards in Foreign Language Education Project. 1996. *Standards for Foreign Language Learning: Preparing for the 21st Century*. Lawrence: Allen Press.

Nguyen, L., Harvey, S. & Grant, L. 2016. What teachers say about addressing culture in their EFL teaching practices–the Vietnamese context. *Intercultural Education*, 27(2): 165–178.

Nault, D. 2006. Going global: Rethinking culture teaching in ELT contexts. *Language, Culture and Curriculum*, 19(3): 314–328.

Norton, B. 2000. *Identity and Language Learning: Gender, Ethnicity and Educational Change*. London: Longman.

Norton, B. & McKinney, C. 2011. An Identity Approach to Second Language Acquisition. In D. Atkinson (Eds.), *Alternative Approach to Second Language Acquisition*. London: Routledge, 73–94.

Nostrand, H. 1989. Authentic texts and cultural authenticity: An editorial. *The Modern Language Journal*, 73(1): 49–52.

Nostrand, F. & Nostrand, H. 1970. Testing understanding of the foreign culture. In H. Seelye (Ed.), *Perspectives for Teachers of Latin American Culture*. Springfield: Illinois State Office of the Superintendent of Public Instruction, 161–170.

Nunan, D. 1990. The teacher as researcher. In C. Brumfit & R. Mitchell (Eds.), *Research in the Language Classroom*. CASSELL, 16–32

Nunan, D. 1993. Action research in language education. In J. Edge & K. Richards (Eds.), *Teacher Develop Teachers Research: Papers on Classroom Research and Teacher Development*. Oxford: Heinemann.

Olaya, A. & Gómez, L. F. 2013. Exploring EFL pre-service teachers' experience with cultural content and intercultural communicative competence at three Colombian universities. *Profile Issues in Teachers' Professional Development*, 15(2): 49–67.

Oranje, J. & Smith, L. F. 2017. Language teacher cognitions and intercultural language teaching: The New Zealand perspective. *Language Teaching Research*, 22(3): 310–329.

Ortega, L. 2013. Language learning and teaching: Overview. In C. Chapelle (Ed.) *Encyclopedia of applied linguistics*. Malden: Wiley-Blackwell, 3041–3048.

Oxford, R. 1995. Teaching culture in the language classroom: Toward a new philosophy. In J. Alatis (Ed.), *Georgetown University Round Table on Languages and Linguistics*. Washington D., C.: Georgetown University Press, 26–45.

Paige, R. M. 1986. Trainer competencies: The missing conceptual link in orientation. *International Journal of Intercultural Relations*, (10): 135–158.

Paige, R., Jorstad, H., Siaya, L., Klein, F. & Colby, J. 2000. *Culture Learning in Language education: A Review of the Literature*. St. Paul: Center for Advanced Research on Language Acquisition.

Pearce, W. B. 2004. The coordinated management of meaning (CMM). In W. B. Gudykunst (Eds.), *Theorizing About Intercultural Communication*. Shanghai: Shanghai Foreign Language Education Press, 35–53.

Pearce, W. B. 2014. At home in universe with miracles and horizon. In S.W. Littlejoin. & S. McNamee (Eds.), *The Coordinated Management*. Madison: Fairleigh Dickinson University, xi–1.

Peng, R. Z., Wu, W. P. & Fan, W. W. 2015. A comprehensive evaluation of Chinese college students' intercultural competence. *International Journal of Intercultural Relations*, 47: 143–157.

Peng, R. Z. & Wu, W. P. 2016. Measuring intercultural contact and its effects on intercultural competence: A structural equation modeling approach. *International Journal of Intercultural Relations*, 53: 16–27.

Peng, R. Z. & Wu, W. P. 2019. Measuring communication patterns and intercultural transformation of international students in cross-cultural adaptation. *International Journal of Intercultural Relations*, 70: 78–88.

Peng, R. Z., Zhu, C. & Wu, W. P. 2020. Visualizing the knowledge domain of intercultural competence research: A bibliometric analysis. *International Journal of Intercultural Relations*, 74: 58–68.

Pennycook, A. 1989. The Concept of Method, Interested Knowledge, and the Politics of Language Teaching. *TESOL Quarterly, 23*(4): 589–618.

Pennycook, A. 1999. Introduction: Critical approaches to TESOL. *TESOL Quarterly, 33*(3): 329–348.

Pennycook, A. 2000. History: After 1945. In M. Byram (Ed.), *Routledge Encyclopedia of Language Teaching and Learning*. London: Routledge, 275–282.

Peirce, B. N. 1995. Social identity, investment and language learning. *TESOL Quarterly*, (1): 9–31.

Peterson, C. 2006. *A Primer in Positive Psychology*. New York: Oxford University Press.

Piątkowska, K. 2015. From cultural knowledge to intercultural communicative competence: changing perspectives on the role of culture in foreign language teaching. *Intercultural Education, 26*(5): 397–408.

Piller, I. 2012. Intercultural communication: An overview. In C. B. Paulston (Eds.), *The Handbook of Intercultural Discourse and Communication*. Malden: Wiley-Blackwell, 3–18.

Porto, M. & Byram, M. 2017. *New Perspectives on Intercultural Language Research and Teaching: Exploring Learners' Understandings of Texts from Other Cultures*. London: Routledge.

Porto, M. 2019. Using the Council of Europe's autobiographies to develop quality education in the foreign language classroom in higher education. *Language and Intercultural Communication, 19*(6), 520–540.

Porto, M. & Zembylas, M. 2020. Pedagogies of discomfort in foreign language education cultivating empathy and solidarity using art and literature. *Language and Intercultural Communication, 20*(4): 356–374.

Povey, J. 1967. Literature in TESL programs: The language and the culture. *TESOL Quarterly, 1*(2): 40–46.

Ramírez, L. 2007. *Comunicación y Discurso (Communication and Discourse)*. Bogotá: Magisterio.

Ramsey, C. 1981. Cultural understanding for global citizenship: An inservice model. In M. Conner (Ed.), *A Global Approach to Foreign Language Education: Selected Papers from the 1981 Central States Conference*. Skokie: National Textbook Company, 17–22.

Rathje, S. 2007. Intercultural competence: The status and future of a controversial concept. *Language and Intercultural Communication*, 7: 254–266.

Risager, K. 2000. Cultural awareness. In M. Byram (Ed.), *Routledge Encyclopedia of Language Teaching and Learning*. London: Routledge, 159–161.

Risager, K. 2005. Languaculture as a key concept in language and culture teaching. In B. Preisler, A. Fabricius, H. Haberland, S. Kjasrbeck & K. Risager (Eds.), *The Consequences of Mobility*. Roskilde: Roskilde University Press, 185–196.

Risager, K. 2006. *Language and Culture: Global Flows and Local Complexities*. Clevedon: Multilingual Matters.

Risager, K. 2007. *Language and Culture Pedagogy: From a National to a Transnational Paradigm*. Clevedon: Multilingual Matters.

Risager, K. 2015. Linguaculture: The language-culture nexus in transnational perspective. In F. Sharifian (Ed.), *The Routledge Handbook of Language and Culture*. London: Routledge, 87–99.

Risager, K. 2018. *Representations of the World in Language textbooks*. Clevedon: Multilingual Matters.

Risager, K. 2020. Language textbooks: windows to the world. Language. *Culture and Curriculum*, 1–14.

Roberts, C., Byram, M., Barro, A., Jordan, S. & Street, B. 2001. *Language Learners as Ethnographers*. Clevedon: Multilingual Matters.

Robinson, G. L. 1985. *Cross Cultural Understanding: Process and Approaches for Foreign Language, English as a Second Language and Bilingual Educators*. Oxford: Pergamon.

Robinson, W. P. 1996. *Social Groups and Identities: Developing the Legacy of Henri Tajfel*. Oxford: Butterworth–Heinemann.

Robinson, G. L. (Ed.). 1988. *Cross–cultural Understanding*. New York: Prentice Hall.

Ruben, B. D. 1976. Assessing communication competency for intercultural adaptation. *Group & Organization Studies*, 1(3): 334–354.

Sapir, E. 1921. *Language: An Introduction to the Study of Speech*. NewYork: Harcourt, Brace and Co.

Saussure, F. 2013. *Course in General Linguisitcs*. Beijing: Foreign Language Teaching and Research Press.

Savignon, S. & Sysoyev, P. 2002. Sociocultural strategies for a dialogue of cultures. *The Modern Language Journal, 86*(4): 508–524.

Saville-Troike, M. 1978. *A Guide to Culture in the Classroom*. Rosslyn: National Clearinghouse for Bilingual Education.

Scanlan, T. 1979. Teaching British and American language and culture with the aid of mail-order catalogues. *ELT Journal, 34*(1): 68–71.

Scarino, A. 2009. Assessing intercultural capability in learning languages: Some issues and considerations. *Language Teaching, 42*(1): 67–80.

Scarino, A. & Liddicoat, A. J. 2009. *Language Teaching and Learning: A Guide*. Curriculum Corporation, Melbourne:.

Scarino, A. 2010. Assessing intercultural capability in learning languages: A renewed understanding of language, culture, learning, and the nature of assessment. *Modern Language Journal, 94*(2): 324–329.

Scarino, A. 2017. Culture and language assessment. In E. I. Shohamy & S. May (Eds.), *Language Testing and Assessment* (3rd ed.). Cham: Springer, 15–31.

Schaetti, B. F. 2016. Identity Development in Relation to Socially Constructed Categories. In J. M. Bennett (Ed.), *The Sage Encyclopedia of Intercultural Competence*. California: Sage.

Schecter, S. R. 2015. Language, Culture, and Identity. In F. Sharifian (Eds.), *The Routledge Handbook of Language and Culture*. London: Routledge, 196–208.

Schulz, R. 2006. Reevaluating communicative competence as a major goal in postsecondary language requirement courses. *Modern Language Journal, 90*(2): 252–255.

Schulz, R. 2007. The challenge of assessing cultural understanding in the context of foreign language instruction. *Foreign Language Annals, 40*(1): 9–26.

Schattle, H., 2008. Education for global citizenship: Illustrations of ideological pluralism and adaptation. *Journal of Political Ideologies, 13*(1): 73–94.

Schauer, G. A. 2016. Assessing Intercultural Competence. In D. Tsagari & J. Banerjee (Eds.), *Handbook of Second Language Assessment*. Berlin: De Gruyter Mouton, 181–202.

Schmidt, R. 1993. Consciousness, learning and interlanguage pragmatics. In G. Kasper & S. Blum-Kulka (Eds.), *Interlanguage Pragmatics*. Oxford: Oxford University Press, 21–42.

Schulz, R. A. 2007. The challenge of assessing cultural understanding in the context of foreign language instruction. *Foreign Language Annals, 40*(1): 9–26.

Seelye, H. 1968. *Culture in the Foreign Language Classroom*. Springfield: Illinois State Office of the Superintendent of Public Instruction.

Seelye, H. 1977. Teaching the cultural context of intercultural communication. In M. Saville-Troike (Ed.), *Georgetown University Round Table on Languages and Linguistics*. Washington D.C.: Georgetown University Press, 249–256.

Seelye, H. N. 1984. *Teaching Culture: Strategies for Intercultural Communication* (3rd ed.). Skokie: National Textbook Company.

Seelye, H. 1993. *Teaching Culture Strategies for Intercultural Communication* (3rd ed.). Skokie: National Textbook Company.

Senyshyn, R. M. 2018. Teaching for transformation: Converting the intercultural experience of preservice teachers into intercultural learning. *Intercultural Education*, 29(2): 163–184.

Sercu, L. 2004. Assessing intercultural competence: A framework for systematic test development in foreign language education and beyond. *Intercultural Education*, 15(1): 73–89.

Sercu, L., Bandura, E., Castro, P., Davcheca, L., Laskaridou, C. Lundgren, U., Garcia, M. & Ryan, P. 2005. *Foreign Language Teachers and Intercultural Competence: An International Investigation*. Clevedon: Multilingual Matters.

Sercu, L. 2010. Assessing IC: More questions than answers. In L. Sercu & A. Paran (Eds.), *Testing the Untestable in Language Education*. Clevedon: Multilingual Matters, 52–73.

Setyono, B. & Widodo, H. P., 2019. The representation of multicultural values in the Indonesian Ministry of Education and Culture-Endorsed EFL textbook: a critical discourse analysis. *Intercultural Education*, 30(4): 383–397.

Sharifian, F. 2015. Language and culture: Overview. In F. Sharifian (Ed.), *The Routledge Handbook of Language and Culture*. London: Routledge, 3–17.

Shaules, J. 2016. The developmental model of linguaculture learning: An integrated approach to language and culture pedagogy. *Juntendo Journal of Global Studies*, 1: 2–17.

Shaules, J. 2019. *Language, Culture, and the Embodied Mind: A Developmental Model of Linguaculture Learning*. Cham: Springer.

Shirts, R. G. 1970. *BAFA BAFA: A Cross Culture Simulation*. California: US Navy Personnel Research Development Centre.

Shohamy, E. G. 2006. *Language Policy: Hidden Agendas and New Approaches*. London: Routledge.

Shohamy, E., Or, I. G. & May, S. 2017. Language testing and assessment (3rd ed.). In S. May (Ed.), *Encyclopedia of Language and Education*. Cham: Springer.

Simpson, C. 1997. Culture and foreign language teaching. *Language Learning Journal*, 15(1): 40–43.

Simpson, A. & Dervin, F. 2019. Global and intercultural competences for whom? By whom? For what purpose? An example from the Asia Society and the OECD, *Compare: A Journal of Comparative and International Education, 49*(4): 672–677.

Singh, P., & Doherty, C. 2004. Global cultural flows and pedagogic dilemmas: Teaching in the global university contact zone. *TESOL Quarterly, 38*(1): 9–42.

Sinicrope, C., Norris, J. & Watanabe, Y. 2007. Understanding and assessing intercultural competence: A summary of theory, research, and practice. *Second Language Studies, 26* (1): 1–58.

Skopinskaja, L. 2009. Assessing intercultural communicative competence: Test construction issues. *Synergies Pays Riverains de la Baltique,* (6): 135–144.

Snow, D. 2015. English teaching, intercultural competence, and critical incident exercises. *Language and Intercultural Communication, 15*(2): 285–299.

Soodmand Afshar, H. & Yousefi, M. 2019. Do EFL teachers "critically" engage in cultural awareness? A mixed-method investigation. *Journal of Intercultural Communication Research, 48*(4): 315–340.

Spitzberg B. H. & Cupach W. R. 1984. *Interpersonal Communication Competence.* California: Sage.

Spitzberg, B. H. & Changnon, G. 2009. Conceptualizing intercultural competence. In D. K. Deardorff (Ed.), *The Sage Handbook of Intercultural Competence.* California: Sage, 2–52.

Spradley, J. 1980. *Participant Observation.* New York: Holt, Rinehart and Winston.

Steffe, L. & Thompson, P. W. 2000. Teaching experiment methodology: underlying principles and essential elements. In A. E. Kelly & R. A. Lesh (Eds.), *Handbook of Research Design in Mathematics and Science Education.* Mahwah: Lawrence Erlbaum, 267–306.

Sterponi, L. & Lai, P. 2015. Culture and language development. In F. Sharifian (Eds.), *The Routledge Handbook of Language and Culture.* London: Routledge, 325–338.

Stern, H. H. 1983. *Fundamental Concepts of Language Teaching.* Oxford: Oxford University Press.

Stevick, E. W. 1986. *Images and Options in the Language Classroom.* Cambridge: Cambridge University Press.

Strasheim, L. 1981. Language is the medium, culture is the message: Globalizing foreign languages. In M. Conner(Ed.), *A Global Approach to Foreign Language Education: Selected Papers from the 1981 Central States Conference.* Skokie: National Textbook Company, 1–16.

Strugielska, A. & Piątkowska, K. 2016. Developing intercultural competence of teachers of English as a foreign language through an international project. *Intercultural Education, 276*: 534–545.

Sybing, R. 2011. Assessing perspectives on culture in EFL education. *ELT Journal, 65*(4): 467–469.

Swaffar, J. 2006. Terminology and its discontents: Some caveats about communicative competence. *Modern Language Journal, 90* (2): 246–249.

Taylor, J. 1970. Direct classroom teaching of cultural concepts. In H. Seelye (Ed.), *Perspectives for Teachers of Latin American Culture*. Springfield: Illinois State Office of the Superintendent of Public Instruction, 42–50.

Taylor, D. & Sorenson, J. 1961. Culture capsules. *The Modern Language Journal, 45*(8): 350–354.

The National Standards Collaborative Board. 2015. *World-Readiness Standards for Learning Languages* (4th ed.). Virginia: Author.

Thibault, L. V. 2020. Theatre of the Oppressed in French as a second language. *Language and Intercultural Communication, 20*(4): 312–324.

Timpe, V. 2013. *Assessing Intercultural Language Learning: The Dependence of Receptive Sociopragmatic Competence and Discourse Competence on Learning Opportunities and Input*. Bern: Peter Lang GmbH, Internationaler Verlag der Wissenschaften.

Ting-Toomey, S. 2004. The Matrix of Face: An Updated Face-Negotiation Theory. In W.B. Gudykunst (Eds.), *Theorizing About Intercultural Communication*. Shanghai: Shanghai Foreign Language Education Press, 71–92.

Trager, G. 1962. What kind of culture does the language teacher teach? In B. Choseed (Ed.), *Report of the Eleventh Annual Round Table Meeting on Linguistics and Language Studies*. Washington D. C.: Georgetown University Press, 135–138.

Turizo, J. & Gómez, P. 2006. Intercultural communication and ELT: A classroom experience. *HOW Journal, 13*(1): 139–152.

Van Ek, J. A. 1986. *Objectives for Foreign Language Learning*. Strasbourg: Council of Europe.

Van Lier, L. 2004. *The Ecology and Semiotics of Language Learning. A Sociocultural Perspective*. Boston: Kluwer Academic Publishers.

Vygotsky, L. S. 1978. *Mind in society: The development of higher psychological processes*. Cambridge: Harvard University Press.

Vygotsky, L. S. 1979. Consciousness as a problem in the psychology of behavior. *Soviet Psychology, 17*(4): 3–35.

Vygotsky, L. S. 1987. Thinking and speech. In R.W. Rieber & A.S. Carton (Eds.), *The Collected Works of L.S. Vygotsky : Problems of Genral Psychology*. New York: Plenum, 39–285.

Wang, Y. A. & Kulich, S. J. 2015. Does context count? Developing and assessing intercultural competence through an interview- and model-based course design in China. *International Journal of Intercultural Communications, 48*: 38–57.

Weiss, G. 1971. The language teacher: An interpreter of culture. *Die Unterrichtspraxis/Teaching German, 4*(1): 36–42.

Wierzbicka, A. 1979. Ethno-syntax and the philosophy of grammar. *Studies in Language, 3*(3): 313–383.

Widdowson, H. G. 1990. *Aspects of Language Teaching.* Oxford: Oxford University Press.

Widdowson, H. 1994. The ownership of English. *TESOL Quarterly, 28*(2): 377–389.

Xu, G. Z. 1980. Culturally loaded words and English language teaching. *Modern Foreign Languages,* (4): 21–27.

Yoko, S. 2015. 2013 Asia-Pacific Education Research Institutes Network (ERI-Net) Regional Study on Transversal Competencies in Education Policy & Practice (Phase I). *Regional Synthesis Report.* UNESCO Bangkok.

Young, T., Sachdev, I. & Seedhouse, P. 2009. Teaching and learning culture on English language programmes: A critical review of the recent empirical literature. *International Journal of Innovation in Language Learning and Teaching, 3*(2): 149–169.

Young, T. J. & Sachdev, I. 2011. Intercultural communicative competence: exploring English language teachers' beliefs and practices. *Language Awareness,* 20 (2): 81–98.

Yu, N. 2015. Embodiment, Culture, and Language. In F. Sharifian (Eds.), *The Routledge Handbook of Language and Culture.* London: Routledge, 227–239.

Zhu, H. 2013. *Exploring Intercultural Communication: Language in Action.* London: Routledge.

Zhu, H. 2016. Identifying Research Paradigms. In H. Zhu (Eds.), *Research Methods in Intercultural Communication.* Chichester: John Wiley & Sons Inc, 26–55.